スポーツ心理学の挑戦

―その広がりと深まり―

日本スポーツ心理学会

［編］

Sport Psychology:
its expanding and deepening JSSP Japanese Society of Sport Psychology

大 修 館 書 店

はじめに
発刊によせて

　日本スポーツ心理学会は1973年に発足して2023年に50周年を迎えました。本学会をこれまで築き上げてこられた先生方の取り組みに感謝をしながら，870名を超える学会員とともに慶びたいと思います。

　私が初めて日本スポーツ心理学会に参加したのは，大学院修士課程1年生時に大阪のビジネスセンター三水で開催された第9回大会でした。その時の参加者は40名ぐらいで，発表者は20名弱だったと思います。それから40年余りの時を経て，最近の学会大会では参加者450名以上で，発表者は130名を超えることもあります。このように本学会の規模は大きく発展してきました。

　学会の記念事業としては，10周年記念出版本として『スポーツ心理学Q&A』が出版され，修士課程時代に熟読したのを覚えています。25周年記念出版本として『コーチングの心理Q&A』が出版され，30周年記念出版本として『最新スポーツ—その軌跡と展望』が出版されました。40周年には，出版本ではありませんが，40周年記念誌が発行されています。それ以外に，2002年に『スポーツメンタルトレーニング教本』が出版されています。

　その教本とも関係しているのですが，日本スポーツ心理学会の大きな事業として，2000年にスポーツメンタルトレーニング指導士認定制度が発足しました。資格認定された者は，日本スポーツ心理学会資格委員会より「認定証」が交付され，「スポーツメンタルトレーニング指導士名簿」に登録されます。資格の有効期限は5年間で，その後所定の基準に基づき更新できます。現在159名の指導士が登録され，活躍されています。

　さて，本書のコンセプトをお伝えしたいと思います。30周年記念書籍出版以降の多様な領域における研究内容を反映できるように，スポーツ心理学の守備範囲を網羅する構成としました。また，本書の位置づけとして，入門書や学部教科書としてではなく，総説風の「学術専門書」とすることとしました。構成は，社会心理，健康，運動学習，心理サポートの4部制とし，それぞれ5〜7名に章を担当して執筆していただくこととしました。内容としては過去の研究レビューに加えて執筆者自身の最新研究を紹介することとしました。各部には，章の他に，現場への応用事例や最新のトピックスを紹介するコラムも多く設けました。

執筆者の選定にあたっては，本書のコンセプト（専門書の執筆）に合致する方で，博士号取得者を基本としました。なお，30周年記念誌執筆者は除くこととしました。さらに，中堅（55歳程度）より若手に依頼することと，その際，各部に女性1〜2名の執筆者を含めることをめやすとしました。その結果，章担当者の合計は24名，コラム担当者の合計は21名となりました。執筆者の選定及び交渉にあたっては，編集委員の杉山佳生，荒井弘和，工藤和俊，土屋裕睦の4名の先生方に大変お世話になりました。そのような経緯に従って選定しましたので，過去の記念書籍執筆者に比べて，平均年齢も若く，国際誌や国内誌の掲載本数は必ずしも多くはないかもしれません。すなわち，既に業績が確立されている執筆者ではないかもしれませんが，これから大いに注目を浴びる研究者になる可能性を感じています。本書の中から，これからのスポーツ心理学を牽引するテーマが生まれてくることを期待しています。本書籍の発刊に当たりご協力いただきました執筆者，編集者，大修館書店の丸山さんに厚くお礼申し上げます。

　最後に，学会HPにも掲示しておりますが，改めて，日本スポーツ心理学会会長として，学会員に望むことを二つ記させていただきます。
　一つめは，「スポーツ心理学」という学問領域を，日本におけるより多くの方々に理解していただき，その学問的重要性を広く認知していただくことが大切になると思います。学会設立当初から，現場への還元や啓蒙活動などが幅広く行われていたようですが，未だスポーツ科学の中においても，一般の方々においても，スポーツ心理学が十分認知されているとはいえない状況のように思われます。そのためには，学会発表に留まらず，学会誌への掲載に学会員が取り組む必要があります。学会発表から学会誌への掲載は，簡単なようで簡単ではありません。それは，スポーツ心理学会での発表数とスポーツ心理学研究への掲載数の比を見れば明らかです。しかし，その壁を越えて，世間が認めてくれる知見を論文として開示し，積み重ねていく努力を継続していくことが，全学会員の使命だと考えています。それが，「スポーツ心理学」を発展させてきていただいた先生方への恩返しでもあり，これから後を引き継いでいく若き研究者への財産でもあります。
　二つめは，研究成果を国内に留まらず，国際的な学会・学術誌で伝えていくことが，日本スポーツ心理学会が世界で認知されていくためには必要と感じています。言葉の違いもあって，日本人の研究は，それほど海外では認知されていません。30年くらい前に海外で研究生活を送った際に，あまりにも日本の研究が知られていないことに驚きを感じました。私自身は，日本の研究のいくつかは，国際的に誇れると思っていましたが，全く知られていませんでした。せっかくの素晴らしい知見を産み出しているのだから，それを英語で発表し，英語で執筆し，世界中の研究者に知ってもらう必要性を強く感じたのを憶えています。

100周年時に「スポーツ心理学」が学問領域として根づくためには，本当に価値のある知見をできるだけ多く生み出し，それを国内外ともに広くわかりやすく伝えていくことが必要と思います。会員各自がそのために，どのような研究を目指すのか，どのようにそれを伝えていくのかを自らに問いかけ続けていく必要があると考えます。そのためのきっかけを作り，会員相互の交流・研鑽の場を準備できるように，理事の先生方と共に取り組んでいきます。

令和5年8月
日本スポーツ心理学会会長
及び 本書籍編集委員長
筒井清次郎（東海学園大学）

目 次

III 運動スキルの上達とトレーニング方法　93

IV　実力発揮と心理的成長を支える心理サポート　159

I

社会の中の
スポーツ心理学

コラム

なぜ被体罰経験者ほど体罰を容認するのか？

審判の心理社会的ストレス

スポーツを通じた社会貢献

指導者の言葉がけ

1章　動機づけ

藤田 勉

1. 動機づけ研究の動向

　動機づけとは，人間に行動を起こさせ，その行動を持続してある一定の方向に向かわせる心的な過程であり，その機能には，行動を開始する機能，行動を方向づける機能，行動の再現性を高める機能がある（杉原，2008）。スポーツ心理学では，これらの機能に関する心理的な概念を動機づけ研究の対象としてきた。研究の動向としては，1990年代より達成目標理論（Ames & Archer, 1988; Dweck, 1986; Elliot & Church, 1997; Nicholls, 1989）と自己決定理論（Deci & Ryan, 1985; Ryan & Deci, 2017）に基づく研究が主流であったが，近年では様々な理論的立場も加わり，研究法や分析法も多様となり，研究へのアプローチの選択肢が増えている。

2. 達成目標理論

1 4者の達成目標

　達成目標理論とは，達成場面における目標の違いが認知，感情，行動に影響することを説明する理論である。この理論には，主にDweck, Elliot, Nicholls, Amesの4者の立場がある。達成目標の名称や先行要因は立場によって異なっていたが，概念の類似性からひとくくりにされがちであった。しかしながら，それぞれの研究の展開は独創的であり，立場の特徴があらわれている。

2 暗黙の知能観

　Dweck（1986）の達成目標は暗黙の知能観が先行要因である。暗黙の知能観のうち，増大理論（能力は増大するものという信念）を基盤とした場合は学習目標が設定され，固定理論（能力を固定されたものという信念）を基盤とした場合は成績目標が設定される。Dweck（2006）は，自身の研究成果に基づく思考の方略として，固定理論に基づく硬直マインドセットよりも増大理論に基づく成長マインドセットであることの有効性を提案した。

3 接近と回避の達成目標

　Elliot & Church（1997）は，学習目標のほうが成績目標よりも適応的な動機づけ要因でありながらも，研究によっては成績目標も適応的な動機づけ要因と関連があるという研究結果の非一貫性の問題を指摘した。その後，達成動機づけの源泉である，行動への接近傾向と回避傾向を達成目標の先行要因とし，達成目標を細分化し，目標の数を増やすことにより結果変数の説明力向上や属性の違いによる個人差の解明を試みている。

　達成目標の4目標視点（熟達接近目標，熟達回避目標，成績接近目標，成績回避目標）の立場から検討した研究では，藤田（2009a）は動機づけ，藤田（2010a）は社会的スキル，藤田（2010b）は援助要請との関係を分析した。その結果，いずれも，熟達接近目標が最も適応的な達成目標であることが示された。これらのことは，学習のプロセスを重要視し，熟達することに価値づけられている者は熟達接近目標が高く，適応的な動機づけがなされていることを示している。

4 達成目標志向性

　Nicholls（1989）の達成目標は能力概念が先行要因である。能力概念とは，能力の評価に関する個人的な基準のようなものであり，能力と努力を

区別しない未分化概念と，能力と努力を区別する分化概念がある。このうち，未分化概念の傾向が強い者は課題志向性が高く，分化概念の傾向が強い者は自我志向性が高い。

藤田（2009b）は，体育授業における達成目標志向性が動機づけを媒介して楽しさに及ぼす影響を分析した。その結果，楽しさに正の影響を及ぼす内発的動機づけは課題志向性と自我志向性からの正の影響を媒介するが，課題志向性のほうが自我志向性よりも影響指数が大きいこと，また，楽しさに負の影響を及ぼす非動機づけは課題志向性からの負の影響を媒介することが示された。このことは課題志向性のほうが自我志向性よりも楽しさを促す適応的な動機づけであることを示している。

藤田（2010c）は，体育授業における動機づけの先行要因として，達成目標の2目標視点（Nichollsの達成目標）と4目標視点（Elliotの達成目標）を重回帰分析により比較検討した。分析の結果，4目標視点は統計的な説明力として2目標視点より有力であった。しかしながら，4目標視点の場合，達成目標の先行要因として接近と回避の次元が設定されていることもあり，あらかじめ活動へ接近していないと適応的な動機づけにならない。一方，2目標視点の場合，接近と回避の次元が設定されていないため，活動へ接近していない学習者でも課題志向性であることにより適応的な動機づけがなされる。すなわち，実践的な観点からすれば，2目標視点が有力視される。

2目標視点の研究では，達成目標志向性を尺度得点から分類し，課題志向群や自我志向群といった属性の観点から分析することもある。藤田ほか（2013）は達成目標志向性の尺度得点から，課題志向群（課題志向性のみが高い），自我志向群（自我志向性のみが高い），両志向群（どちらの志向性も高い），無志向群（どちらの志向性も低い）の4群に分類し，競技意欲の尺度得点を比較した。分析の結果，忍耐力については群間に有意な差は示されなかったが，闘争心，自己実現意欲，勝利意欲については，いずれも両志向群が最も高かった。

このことは，競技意欲に課題志向性は適応的であるが，それに自我志向性が加えられた両志向がより適応的であることを示している。藤田（2017a）は小学校の体育授業における達成目標志向性と学業的援助要請の関係について，課題志向群，自我志向群，両志向群，無志向群の違いを検討した。分析の結果，課題志向群と両志向群は適応的な援助要請は高いが，両志向群と自我志向群は援助要請回避が高かった。すなわち，両志向群は適応的援助要請も援助要請回避も高い。これは適応的な援助要請には両志向群に含まれる課題志向性の機能が強く働き，援助要請回避には両志向群に含まれる自我志向性の機能が強く働くためと考えられる。

上記の研究は質問紙法によるものであるが，フィールド実験の要素を含んだ研究も展開されている。藤田・末吉（2010）はシャトルランテストの実施前に質問紙法を実施した。質問紙では運動開始後に電子音のペースに遅れそうになった場合の努力意図（最後まで諦めずに走り切るか）と諦め意図（無理をせずに止めようと思うか）をたずねた。分析の結果，努力意図については効力感の高低に関係なく，課題志向群は自我志向群よりも高かった。諦め意図についても効力感の高低に関係なく，課題志向群は自我志向群よりも高かったが，自我志向性で有能感が低い群は自我志向性で有能感が高い群よりもさらに低かった。また，藤田（2023a）はシャトルランテストの開始前に達成目標志向性と感情を測定し，テスト終了時に再度感情を測定した。分析の結果，終了時の感情は開始前の感情よりも達成目標志向性からの影響指数のほうが大きかった。これは達成目標志向性が運動後の感情を予測することを示している。

5 動機づけ雰囲気

Nicholls（1989）は効力感や有能感が低くかつ自我志向性の高い者が不適応的な状況に陥ることへの懸念から，課題志向性を促し，自我志向性を抑えるための教育への示唆として，個人の方略と同等以上に社会環境の重要性に言及していた。当

時，Nichollsと共に研究に取り組んでいたDudaも同様の立場からスポーツ指導への示唆を提案していた（Duda & Nicholls, 1992）。その後，Dudaの研究グループによって体育・スポーツの領域における環境要因の達成目標として動機づけ雰囲気が尺度化され，達成目標志向性と並行して研究が展開されていく。

Ames & Archer（1988）は環境要因の達成目標として熟達目標と成績目標を概念化した。スポーツ心理学では，前述の動機づけ雰囲気という名称で研究が開始され，当初は，努力や熟達を重要視する雰囲気は熟達雰囲気，他者との比較が重要視される雰囲気は成績雰囲気と呼ばれた。Duda & Whitehead（1998）はスポーツ心理学において目標に関する理論やモデルが多数あり，その中には異なる概念でありながらも同じ名称の目標が存在するため，混乱が生じないよう名称を統一する必要性を論じた。Newton et al.（2000）は動機づけ雰囲気尺度の改訂に伴い，Nichollsの達成目標の名称を採用し，熟達雰囲気を課題関与的雰囲気，成績雰囲気を自我関与的雰囲気とした。課題関与的雰囲気には，努力／熟達，重要な役割，協力的学習という下位概念があり，適応的な動機づけ要因と関連があること，また，自我関与的雰囲気には，失敗に対する罰，チーム内のライバル意識，不平等な認識という下位概念があり，不適応的な動機づけ要因と関連があることが示されている（藤田，2013a）。課題関与的雰囲気と自我関与的雰囲気という名称は，Empowering Coaching™（Duda, 2013）という指導者の教育プログラムに含まれている動機づけ方略の下位概念に引き継がれている。このプログラムは動機づけ雰囲気研究の知見が蓄積されたものであり，アスリートの権限を尊重する動機づけ方略（藤田，2022a）を指導者が学ぶことでコーチングスキルの向上を目指すものである。

わが国の動機づけ雰囲気研究は主に体育授業と運動部活動で展開されている。藤田・杉原（2007a）は動機づけ雰囲気と内発的動機づけの関係を心理的欲求の充足が媒介することを示し，また，藤田・松永（2009）は運動部活動において，藤田・森口・徳田ほか（2009）は体育授業において，心理的欲求を充足する社会的要因を指導者及び仲間の行動の観点から分析した。その結果，熟達，協力，努力等の課題関与的雰囲気の下位次元が心理的欲求を充足する社会的要因になることが示された。

動機づけ雰囲気研究には自己決定理論の概念との関連を扱ったものが多いが，ほかの要因との関連も検討されている。藤田・蛯原（2014）は体罰をする指導者の行動特性を動機づけ雰囲気の観点から検討した。分析の結果，高校時代に体罰を経験した者はしなかった者よりも指導者の行動を自我関与的と評価したことが示された。藤田（2023b）は体育授業における仲間の動機づけ雰囲気と学習意欲の関係を分析した。その結果，課題関与的雰囲気は学習のストラテジー，困難の克服，学習の規範的態度，学習の価値へ正の影響を及ぼすこと，一方，自我関与的雰囲気は緊張性不安と失敗不安へ正の影響を及ぼすことが示された。

3. 自己決定理論

■ 6つの下位理論

自己決定理論とは，6つの下位理論（認知的評価理論，有機的統合理論，因果律志向理論，基本的心理的欲求理論，目標内容理論，関係性動機づけ理論）の総称である。スポーツ心理学では自律性の程度から動機づけの概念を分類した有機的統合理論の応用による尺度開発がなされた（例えば，藤田・上妻，2022a）。また，認知的評価理論の仮説である，社会環境が動機づけに及ぼす影響を心理的欲求が媒介するという因果連鎖の検証（例えば，藤田，2010d），そして，目標を行動の目的の観点から概念化した目標内容理論は，主に健康運動領域に応用され，研究が展開されている（例えば，山下・藤田，2017）。いずれの下位理論においても，自律的動機づけ（内発的動機づけや自律性の高い外発的動機づけ）やウェルビーイングを促すた

めに心理的欲求（自律性への欲求，有能さへの欲求，関係性への欲求）の充足が重要であることは共通している。

　藤田ほか（2008）は体育授業において，藤田・杉原（2007b）と藤田・森口・松永（2009）は運動部活動において，継続意図を予測する動機づけモデルの検討の際に3つの心理的欲求のそれぞれから，内発的動機づけ，外発的動機づけ，非動機づけへの影響を分析した。その結果，いずれも3つの心理的欲求は動機づけに影響するが，自律性への欲求充足が自律的な動機づけに中核的な影響を及ぼすことが示された。

　藤田（2009c）は体育授業において教師からの自律性支援を高く認知する者ほど，自律的な動機づけが高いことを示した。この研究では心理的欲求の充足の程度は分析に含まれていなかったが，藤田（2010d）は教師及びクラスメイトからの自律性支援の認知を3つの心理的欲求が媒介して動機づけに影響する仮説モデルを分析した。その結果，自律性への欲求充足と有能さへの欲求充足からの各動機づけへの影響指数が大きかった。しかしながら，自律性支援の媒介要因としては有能さへの欲求充足よりも自律性への欲求充足の分散説明率が高かった。

　体育や運動部活動のほかにも，大学生を対象とした運動に対する動機づけについて調査が行われている。藤田・佐藤・森口（2010）や藤田・上妻（2022a）は運動に対する動機づけ尺度を作成し，尺度の妥当性と信頼性を検討した。このうち，後者の尺度を用いた別の研究では自律的な動機づけは非認知能力の概念である「GRIT」と弱い正の相関になることが示されている（藤田・上妻，2022b）。

　このほかにも前述したとおり，自己決定理論の下位理論には行動の目的を目標と位置づけた目標内容理論がある。山下・藤田（2017）は，運動に対する目標内容尺度を作成し，尺度の妥当性及び信頼性を検討した。また，藤田・山下（2022）はこの目標内容尺度と友人関係の動機づけや健康価値との相関分析から基準関連妥当性を検討した。

2 情熱

　自己決定理論の中心的な概念である自律性を応用した立場として情熱の二元モデルがある。この場合の情熱とは，当該活動を重要な活動として位置づけて長期的に愛着を持って取り組む心的傾向を指す（Vallerand, 2015）。この情熱には自律性を軸として調和的情熱と執着的情熱という区別がある。調和的情熱とは，当該活動と日常生活のバランスを保つ適度な情熱である。例えば，調和的情熱が高い大学運動部員は，スポーツに夢中であっても定期試験に向けて計画的に勉強することができる。一方，執着的情熱とは，当該活動に固執し過ぎてしまう過度な情熱である。例えば，執着的情熱が高い大学運動部員は，スポーツに夢中になり過ぎてしまい，定期試験が近づいても計画的に勉強することができない。情熱研究では，これまでの動機づけ研究とは異なり，当該活動からほかの活動への影響を分析することができる。

　藤田（2012a）は大学生を対象としてスポーツへの情熱尺度を作成し，調和的情熱及び執着的情熱の両方が競技意欲及びコミットメントと正の相関があることを示した。また，この尺度を用いて，藤田（2017b）は，調和的情熱，執着的情熱，競技意欲，生活意欲の因果関係を短期的縦断調査のデータにより分析したところ，執着的情熱は競技意欲と，また，調和的情熱は生活意欲と相互に影響し合っていることを示した。

　動機づけの理論やモデルの多くは，その限界を克服するために概念を増やすことで行動の説明力を高め，研究の発展を試みる傾向がある。しかしながら，情熱の二元モデルでは，ある活動への情熱からほかの活動への影響を説明することが可能である。このような考え方は行動の領域を限定してきたこれまでの動機づけ研究にはない視点である。

4. 有能さの評価基準

　国内外問わず，スポーツ心理学における動機づ

け要因として最も研究がなされている概念は有能感や効力感のような能力の認知（自己評価）であろう。藤田（2010e）は自身が過去に実施した研究データを用いて，体育・スポーツにおける動機づけを横断的に分析したところ，有能感をはじめとする適応的な動機づけ要因は小学生のほうが中学生よりも高いことを示した。

　有能感を測定する尺度は多く発表されているが，有能さの評価基準の観点から測定法を開発した研究もある。藤田・西種子田ほか（2010）は有能さの評価基準の違いから，課題基準有能感，他者基準有能感，過去基準有能感を測定する運動有能感尺度を作成し，尺度の妥当性及び信頼性を検討した。また，藤田ほか（2011）は運動能力の自己評価を測定する様々な尺度（身体的有能さの認知，統制感，課題志向性，自我志向性，増大的信念，実体的信念）と運動有能感下位尺度の相関関係を分析した。その結果，運動有能感下位尺度が妥当性の高い尺度であることが示された。

　藤田（2012b）は体育授業においても課題基準有能感，他者基準有能感，過去基準有能感を測定する尺度を作成し，小学生と中学生の比較をしたところ，すべての有能感は小学生のほうが中学生よりも高いことを示した。運動能力は中学生のほうが小学生より高いにもかかわらず，運動能力の自己評価である有能感は小学生が中学生より高いことは知られている。しかしながら，なぜ，そうなるかについて説明できるデータを示した研究はほとんどない。そこで藤田（2022b）は運動有能感の評価基準の分化過程を検討した。小学3年生から中学1年生を対象として運動有能感下位尺度を測定し，探索的因子分析を行った。その結果，小学3年生と小学4年生は，小学5年生以上のように各項目を運動有能感下位尺度の概念どおりに識別できないことが示された。これは評価基準の区別をせずに回答していることを意味している。

　体育授業において有能感が低下することの問題は学習の態度や行動が消極的になることである。困難に直面したときの学習方略として援助要請がある。しかしながら，学年が高くなると，援助要

請をしなくなる（藤田2012c）。できないことやわからないことをそのままにしておくことは，さらなる有能感の低下を招く可能性がある。藤田（2022c）は体育授業の学習意欲と援助要請の関係を短期的縦断調査から検討した。分析の結果，援助要請を規定する要因は有能感というよりは困難の克服等の接近傾向の学習意欲であることを示した。有能感を直接的に高めることは難しいため，困難を克服しようとする態度を育むこと，すなわち，努力することへの価値を課題志向性や課題関与的雰囲気によって高めることが有力であると思われる。

5. 潜在指標・行動指標の活用

■1 潜在指標

　スポーツ心理学における動機づけ研究の手法には質問紙法が多いが，社会的望ましさが反映されること，行動指標や他者評定との関連が弱いことが問題とされてきた。この問題に対応するべく，潜在指標・行動指標を活用した研究も行われるようになった。例えば，質問紙（顕在指標）の代わりに潜在連合テストや感情誤帰属手続き等の潜在指標による測定法，また，乱文構成課題等を用いたプライミングと呼ばれる実験的手法を用いた研究がある。

　他者評定との関連について，藤田（2012d）は大学運動部員の目上迎合性を潜在連合テストにより検討した。この研究では，潜在連合テストにより潜在的目上迎合性が，質問紙により顕在的目上迎合性が測定された。分析の結果，後輩の目上迎合性と先輩による他者評定の相関分析では潜在的目上迎合性のほうが顕在的目上迎合性よりも相関係数が大きな値であった。すなわち，潜在指標のほうが顕在指標よりも他者評定との関連が強かった。また，藤田（2021a）は体育教師の教え子に対する潜在的態度と生徒の学習意欲の関係を検討した。その結果，教師の潜在指標の高さによって生徒の学習意欲が異なっていた。これは教師の潜在的態度が生徒への指導行動としてあらわれてい

ることを示唆している。

　行動指標との関連について，藤田（2013b）は潜在的達成動機と顕在的達成動機を測定し，10か月以内に競技成績が更新している者で競技レベルが高い者は潜在指標のスコアが高いことを示した。一方で顕在的達成動機との関連は認められなかった。感情誤帰属手続きを用いた研究（藤田，2013c）では，スポーツの実施経験年数が長い者ほど，テスト中に呈示されるスポーツに関連する画像に対して肯定的に評価することが示された。また，藤田（2021b）は自転車エルゴメーター運動の実施前に感情誤帰属手続きによる運動に対する潜在的動機と質問紙による気分を測定し，運動中の心拍数との関連を分析した。その結果，運動中の心拍数は，潜在的動機と中程度の正の相関であったが，気分とはほぼ無相関であった。

❷ プライミング

　藤田（2021c）はプライミングという手法の1つである乱文構成課題を用いて，実験群には動機づけの環境要因，統制群には動機づけとは無関係な対象を連想させる単語に触れた後，各自にとって快適なペースで自転車エルゴメーター運動を実施するよう教示し，運動中の心拍数を測定した。分析の結果，運動中の心拍数は実験群のほうが統制群よりも高かった。運動終了後に実験の意図に気付いていたかを確認したところ，該当者はいなかった。このことは，実験群の運動行動が非意識的に活性化されたことを意味している。

❸ 社会的促進と社会的手抜き

　潜在指標の測定やプライミングによる実験をせ

ずとも運動時の集団の編成の仕方で参加者の運動行動の違いが生じてくる実験もある。藤田（2022d）はシャトルランテストを応用した漸進的ペース走を実験課題として，社会的促進と社会的手抜きを検証した。この実験には持久走を苦手とする学生が参加した。漸進的ペース走では快適なペースで走ることを維持できない時点で運動課題から離脱するというものであった。実験群には持久走を得意とするサクラの学生を含めたところ，実験群は統制群よりも運動継続時間が長かった。これは実験群に社会的促進が生じたことを意味している。また，別の実験では，持久走を苦手とする群，持久走を得意とする者と苦手とする者の混合群，持久走を得意とする群に分けて，同様の運動課題を実施したところ，混合群の中で持久走を得意とする者のみが著しく運動継続時間が短かった。これは，混合群の持久走を得意とする学生に社会的手抜きが生じたことを意味している。

6. 今後の展望

　本章で紹介したほかにも今日の動機づけ研究には，理論的立場，研究法，分析法が多様にある。これは解決するべき問題へのアプローチの選択肢が増えたことを意味する。新しいアプローチは研究の発展に欠かせないが，解決するべき問題を明確にすることの意義は，いつの時代も変わらない。これからは解決するべき問題に対して最適なアプローチを選択することが求められてくるのであろう。

◆文献

Ames, C. & Archer, J. (1988) Achievement goals in the classroom: Students' learning strategies and motivation processes. Journal of Educational Psychology, 80: 260-267.

Deci, E. L. & Ryan, R. M. (1985) Intrinsic motivation and self-determination in human behavior. Springer.

Duda, J. L. (2013) The conceptual and empirical foundations of Empowering Coaching™: Setting the stage for the PAPA project. International Journal of Sport and Exercise Psychology, 11: 311-318.

Duda, J. L. & Nicholls, J. G. (1992) Dimensions of achievement motivation in schoolwork and sport. Journal of Educational Psychology, 84: 290-299.

Duda, J. L. & Whitehead, J. (1998) Measurement of Goal Perspectives in the Physical Domain. In: J. Duda (ed.) Advances in

Sport and Exercise Psychology Measurement. Fitness Information Technologies, pp.21-48.

Dweck, C. S.（1986）Motivational processes affecting learning. American Psychologist, 41: 1040-1048.

Dweck, C. S.（2006）Mindset: The new psychology of success. Random House.

Elliot, A. J. & Church, M. A.（1997）A hierarchical model of approach and avoidance achievement motivation. Journal of Personality and Social Psychology, 72: 218-232.

藤田 勉（2009a）体育授業における達成目標の接近回避傾向と動機づけの関係. 鹿児島大学教育学部教育実践研究紀要, 19: 61-70.

藤田 勉（2009b）体育授業における目標志向性, 動機づけ, 楽しさの関係. 鹿児島大学教育学部教育実践研究紀要, 19: 51-60.

藤田 勉（2009c）体育授業における教師及びクラスメイトからの自律性支援の認知と動機づけの関係. 鹿児島大学教育学部教育実践研究紀要, 19: 41-50.

藤田 勉（2010a）体育授業における達成目標の接近回避傾向と社会的スキル及び適応感の関係. 鹿児島大学教育学部研究紀要教育科学編, 61: 75-81.

藤田 勉（2010b）体育授業における達成目標と援助要請の関係. 研究論文集―教育系・文系の九州地区国立大学間連携論文集, 3: 1-17.

藤田 勉（2010c）体育授業における達成目標と動機づけの関係―2目標視点と4目標視点の比較検討―. 鹿児島大学教育学部研究紀要教育科学編, 61: 83-92.

藤田 勉（2010d）体育授業における動機づけ因果連鎖の検討. 鹿児島大学教育学部研究紀要教育科学編, 61: 47-73.

藤田 勉（2010e）体育・スポーツにおける動機づけの横断的検討: 先行研究の概観から. 鹿児島大学教育学部教育実践研究紀要, 20: 87-99.

藤田 勉（2012a）スポーツにおける情熱の予備的検討. 鹿児島大学教育学部研究紀要人文・社会科学編, 63: 81-87.

藤田 勉（2012b）体育授業における有能感下位尺度の予備的検討. 鹿児島大学教育学部研究紀要. 教育科学編, 63: 69-76.

藤田 勉（2012c）中学生の体育授業における学業的援助要請の学年差と性差の検討. 鹿児島大学教育学部教育実践研究紀要, 22: 29-35.

藤田 勉（2012d）大学運動部員の潜在的目上迎合性と先輩による他者評定の関係. 鹿児島大学教育学部研究紀要人文・社会科学編, 64: 69-74.

藤田 勉（2013a）スポーツにおける動機づけ雰囲気. スポーツ心理学研究, 40: 185-192.

藤田 勉（2013b）競技成績の向上が潜在的達成動機に及ぼす影響. 鹿児島大学教育学部研究紀要. 教育科学編, 65: 67-73.

藤田 勉（2013c）感情誤帰属手続きによるスポーツにおける潜在的態度の測定. 鹿児島大学教育学部研究紀要 人文・社会科学編, 65: 115-119.

藤田 勉（2017a）小学校体育における達成目標志向性と学業的援助要請の関係. 九州地区国立大学教育系・文系研究論文集, 4（32）: 1-13.

藤田 勉（2017b）スポーツへの情熱が競技意欲と生活意欲に及ぼす影響. 九州地区国立大学教育系・文系研究論文集, 5（26）: 1-19.

藤田 勉（2021a）体育教師の潜在的な期待が生徒の動機づけに及ぼす影響. 鹿児島大学教育学部教育実践研究紀要, 30: 22-29.

藤田 勉（2021b）潜在的な動機づけが快適自己ペース運動時における心拍数に及ぼす影響. 鹿児島大学教育学部研究紀要. 人文・社会科学編, 72: 27-35.

藤田 勉（2021c）動機づけ環境要因の非意識的な活性化が運動行動に及ぼす影響. 鹿児島大学教育学部研究紀要教育科学編, 72: 65-73.

藤田 勉（2022a）アスリートの権限を尊重する動機づけ方略. 日本スポーツ心理学会・体育心理学専門領域共催, 一般公開講座（中高生, 市民のためのスポーツ心理学入門講座）, https://www.youtube.com/watch?v=ja_i_SbuFko（2022年12月08日参照）.

藤田 勉（2022b）運動有能感の発達に伴う評価基準の分化過程. 鹿児島大学教育学部研究紀要教育科学編, 73: 1-10.

藤田 勉（2022c）体育授業における学習意欲と援助要請の関係. 鹿児島大学教育学部研究紀要. 人文・社会科学編, 73: 45-55.

藤田 勉（2022d）運動行動における社会的促進と社会的手抜きの検証. 鹿児島大学教育学部研究紀要自然科学編, 73: 9-16.

藤田 勉（2023a）達成目標志向性がシャトルランテスト時の感情に及ぼす影響. 鹿児島大学教育学部研究紀要人文社会科学編, 74: 111-117.

藤田 勉（2023b）体育授業における仲間の動機づけ雰囲気と学習意欲の関係. 鹿児島大学教育学部研究紀要教育科学編, 74: 231-240.

藤田 勉・蛯原正貴（2014）動機づけ雰囲気に基づく高校の運動部活動で体罰をする指導者の行動特性: 大学生を対象とした回顧的アプローチ. 鹿児島大学教育学部教育実践研究紀要, 23: 61-66.

藤田 勉・上妻卓実（2022a）Behavioral Regulation in Exercise Questionnaire-3（BREQ-3）邦訳版の作成. 鹿児島大学教育学部研究紀要人文・社会科学編, 73: 57-65.

藤田 勉・上妻卓実（2022b）運動に対する動機づけと非認知能力の関係. 鹿児島大学教育学部研究紀要教育科学編, 73: 11-17.

藤田 勉・松永郁男（2009）運動部活動参加者の心理的欲求に影響するコーチ及びチームメイトの行動. 鹿児島大学教育学部教育実践研究紀要, 19: 71-80.

藤田 勉・森口哲史・松永郁男（2009）運動部活動からの離脱意図に影響する動機づけプロセスの検討. 鹿児島大学教育学部研究紀要人文・社会科学編, 60: 289-297.

藤田 勉・森口哲史・徳田清信・溝田さと子・山下健浩・浜田幸史（2008）運動参加意図を予測する中学校体育における動機づけモデルの検討. 鹿児島大学教育学部教育実践研究紀要, 18: 21-31.

藤田 勉・森口哲史・徳田清信・溝田さと子・山下健浩・浜田幸史・松永郁男（2009）体育授業における心理的欲求に影響する教師及びクラスメイトの行動. 鹿児島大学教育学部研究紀要教育科学編, 60: 69-80.

藤田 勉・中本浩揮・幾留沙智（2013）スポーツにおける目標志向性と競技意欲の構造の関係. 鹿児島大学教育学部研究紀要 教育科学編, 64: 77-84.

藤田 勉・西種子田弘芳・長岡良治・飯干 明・前田雅人・髙岡 治・佐藤善人（2010）大学生を対象とした運動有能感下位尺度の検討. 鹿児島大学教育学部研究紀要. 人文・社会科学編, 61: 73-81.

藤田 勉・佐藤善人・髙岡 治・飯干 明・福満博隆・松永郁男（2011）体育実技における能力関連要因を測定する尺度間の関係. 鹿児島大学教育学部研究紀要. 教育科学編, 62: 143-156.

藤田 勉・佐藤善人・森口哲史（2010）自己決定理論に基づく運動に対する動機づけの検討. 鹿児島大学教育学部研究紀要人文・社会科学編, 61: 61-71.

藤田 勉・末吉靖宏（2010）シャトルランにおける目標志向性と自己効力感の影響. 鹿児島大学教育学部研究紀要教育科学編, 61: 93-102.

藤田 勉・杉原 隆（2007a）大学生の運動参加を予測する高校体育授業における内発的動機づけ. 体育学研究, 52: 19-28.

藤田 勉・杉原 隆（2007b）スポーツ文脈における心理的欲求と動機づけの関係. 学校教育学研究論集, 16: 81-94.

藤田 勉・山下拓郎（2022）運動に対する目標と交友動機及び健康価値の関連. 鹿児島大学教育学部教育実践研究紀要, 31: 1-38.

Nicholls, J. G.（1989）The competitive ethos and democratic education. Harvard University Press.

Newton, M., Duda, J. L., & Yin, Z.（2000）Examination of the psychometric properties of the Perceived Motivational Climate in Sport Questionnaire-2 in a sample of female athletes. Journal of Sports Sciences, 18: 275-290.

Ryan, R. M. & Deci, E. L.（2017）Self-determination theory: Basic psychological needs in motivation, development, and wellness. Guilford Publishing.

杉原 隆（2008）新版 運動指導の心理学—運動学習とモチベーションからの接近. 大修館書店.

Vallerand, R. J.（2015）The Psychology of Passion. Oxford University Press.

山下拓郎・藤田 勉（2017）運動に対する目標内容尺度の開発. 九州地区国立大学教育系・文系研究論文集, 4（28）: 1-18.

2章　集団・社会的アイデンティティ　中川裕美

1. われわれは何者か

　われわれは自分が何者であるかを性別や国籍といった集団・社会的カテゴリーに沿って判断することがよくある。ほかにも自分が応援しているスポーツチーム，企業や大学，政治・宗教思想，そのカテゴリーは様々である。こうした集団・社会的カテゴリーによって自身の存在（自己概念）が定義づけられる（Turner, 1982）。さらに，「ある集団の一員である」ことに価値を置く集団・社会的アイデンティティが形成されると，自分の所属する集団（内集団）を所属しない集団（外集団）よりも優越して肯定的な自己概念を維持，または高揚させようとする（Tajfel & Turner, 1979）。

　中川・横田・中西の研究チームは，社会的アイデンティティの心理メカニズムの働きと内集団協力を検討してきた。内集団協力とは，内集団に対して外集団よりも好意的・協力的な態度を示したり，行動を取ったりすることである（Tajfel & Turner, 1979）。中川らは，内集団と外集団の比較が容易であり，強い社会的アイデンティティを持つと考えられる「スポーツ（日本プロ野球）チームのファン」を対象の集団とした。

2. スポーツの特徴と　社会的アイデンティティ

■1 チーム間の競争性と情報への接触頻度

　スポーツにおける競争の特徴には，①勝つか負けるかというゼロサム（Zero-Sum）の状態を作り出す，②チームの順位が強調され常に勝者と敗者が明確になりやすい，③社会（メディア，文化，

日常会話など）の中での注目度が高いことの3点があげられる（Boen et al., 2020）。勝敗のように内集団を外集団よりも優越させるための指標が明確であるほど，「われわれ（Us）」と「彼ら（Them）」という集団間関係が際立ち，社会的アイデンティティが強くなりやすい。また，ファン同士での会話やメディアを通じて試合結果に触れる機会が多いことも，社会的アイデンティティを強くする手助けとなる。

■2 スポーツファンダム（Sport fandom）

　社会的アイデンティティの形成には，集団への所属意識が重要であり，内集団に感じる魅力や価値，感情的な共感とも関連する（Turner, 1982）。その意味で，スポーツファンダム（熱狂的なファン集団，ファン文化）は社会的アイデンティティの獲得と相性が良い。スポーツチーム（内集団）にはチームカラー・ロゴ・応援歌などの特定のシンボルがあることで所属意識が高まりやすい。また，ファン同士・友人・家族とのネットワークは内集団の魅力や価値の増大につながる（Jacobson, 2003）。さらに，ファンたちは自分の応援するチームの勝敗に一喜一憂し，喜び，悲しみといった感情も生起する（Porat, 2010）。したがって，スポーツチームのファン（チーム）という集団カテゴリーから強い社会的アイデンティティが形成されやすいと考えられる。以下では，スポーツチームのファン（チーム）アイデンティティを「ファンアイデンティティ」と略す。

■3 多重構造のスポーツアイデンティティ　（Multi-layered sport identity）

　ファンアイデンティティは，チームの本拠地がある地域や性別アイデンティティと関連し，個人

が持つ複数のアイデンティティ間には相互作用的な関係があるとの主張がある（Kerwin & Hoeber, 2022）。例えば，スポーツ観戦そのものが男性社会の中で発展してきたという背景（Jones et al., 2022）から男性アイデンティティと結びつきやすい。すなわち，ファンアイデンティティは，地域や性別アイデンティティなどによって補強される場合がある（Kerwin & Hoeber, 2022）。

チーム間の競争関係，スポーツファンダム，複数のアイデンティティ間の結びつきという3つの特徴が，ファンアイデンティティを強化すると言える。

3. ファンアイデンティティがもたらす現象

ファンアイデンティティは，集団行動に影響を与え，ときには社会問題を引き起こすこともある。ポジティブな集団行動として，内集団協力（中川ほか，2015）や向社会的行動（チームアイデンティティ：出口ほか，2021）などがあげられる。他方で社会問題の1つに，フットボールにおけるフーリガンがある。フーリガンは当初，労働者階級の若者たちが憂さ晴らしで行っていると考えられてきた。しかし，その後，フーリガンの行動の中にも社会的アイデンティティに基づく規律やルールに則った集団行動があると主張された（Stott, 2020）。良くも悪くも，ファンアイデンティティが，人々の態度や行動を変える影響力を持つことは明らかである。

4. 内集団協力に関する研究

中川ほか（中川ほか，2015, 2019, 2022; Nakagawa et al., 2022）は，野球チームのファンを対象に社会的アイデンティティに基づく内集団協力に着目した検討を行ってきた。内集団協力の研究は，実験上の任意の基準（例えば，絵画の好み）で集団を分類する最小条件集団状況（Durrheim et al., 2016; Hartstone & Augoustinos, 1995; Tajfel et al., 1971）と実在する社会集団（以後，実在集団; 例え

ば，従業員：Terry et al., 2001, 国籍：Yamagishi et al., 2005, 言語：Vuong et al., 2021）のそれぞれで検討されてきた。

❶ 内集団協力を引き起こす心理メカニズム ──

最小条件集団パラダイムを構築したTajfel et al. (1971) によって社会的アイデンティティ理論（Social Identity Theory: SIT; Tajfel & Turner, 1979）が提唱され，内集団と外集団を区別する「社会的アイデンティティ」が内集団協力を引き起こすと主張されてきた。その一方で山岸らは，他の内集団成員からの「互恵性の期待」によって内集団協力が生じると主張し，SITを反証することを試みた（神・山岸，1997; Yamagishi et al., 1999）。彼らは，自分（参加者）と相手の集団所属性（内集団／外集団）が共有されるか否かの知識を操作する実験デザインを導入した。この知識の操作が互恵性を期待できる状況とできない状況を作り出す。自分と相手が互いに内集団成員であることが明確なとき，協力をすればその協力が集団内で巡り巡って自分に返ってくるかもしれないという互恵性を期待できる。彼らの研究では一貫して，互恵性を期待できる状況でのみ内集団協力が生じることが示され，閉ざされた一般互酬仮説（Bounded Generalized Reciprocity hypothesis: BGR; Yamagishi et al., 1999）が提唱された。SITでは内集団と外集団という集団カテゴリー，BGRでは互恵性の期待によって内集団協力が生じると説明される。

上述のとおり，最小条件集団における内集団協力の研究では，SITとBGRのどちらが妥当な説明かという議論が長年行われてきた（例えば，Böhm et al., 2020のレビューを参照）。しかし，近年の研究では，SITとBGRの心理メカニズムの働きは相互に反するものではなく，状況に応じてどちらの理論も成立しうることが主張されている（Stroebe et al., 2005; 横田・結城，2009）。中川らもSITとBGRの心理メカニズムが状況に応じてどちらも働くことがあるという前提から検証を行った。

② 最小条件集団と実在集団

　最小条件集団を対象に検討を行うメリットは，実在集団に存在する「内集団に協力すべき」という規範や成員間の相互作用を排除して，協力の心理メカニズムを明らかにできる点である。しかし，最小条件集団における研究のみで，生態学的妥当性を保証することは難しい。そこで，中川らは，最小条件集団と実在集団の研究をそれぞれ単体として扱うのではなく，研究間の比較を行うことが重要であると考えた。最小条件集団の研究を踏襲し，実在集団の研究にその実験デザインを組み込むことによって結果を比較することが可能になる。具体的には，最小条件集団で示されてきたSITとBGRの妥当性が，実在集団を対象としても保証されるのか否かを検討した。次節では，両理論の妥当性の検証に焦点を当て，野球チームのファンの内集団協力を検討した中川らの研究を紹介する。

5. プロ野球チームのファンを対象とした調査及び実験

① 大学生のカープファンを対象とした場面想定法

　最初の調査である中川ほか（2015）の目的は，実在集団におけるSITとBGRの妥当性と内集団協力を検討することであった。広島の大学生が調査に参加し，その中の広島東洋カープ（以下，カープ）ファン117名（男性52名，女性65名）を主な分析対象者とした。内集団協力の測定には，困っている相手に対する援助行動の意図を使用した。日常生活の中でBさん（第三者）が困っている場面（図1）に遭遇するシナリオを読み，想像してもらう。このような場面で参加者がどの程度相手を助けると思うかを5件法（1.全くそう思わない－5.非常にそう思う）で尋ねた。立場を入れ替え，困っている参加者をBさんがどの程度助けてくれると思うか（援助期待）も測定した。

図1　参加者に想定してもらう援助場面

　さらに，SITとBGRの心理メカニズムの働きを分別するために，集団所属性の知識操作（神・山岸，1997; 清成，2002）を導入した。上記の場面の中で参加者と困っている相手（Bさん）が互いにどのような状況にあるかの知識を操作したものである（図2）。内集団相互条件では，参加者と相手が互いに内集団成員であることが分かる。内集団一方条件では，参加者のみ相手が内集団成員であることが分かる。不明内集団条件では，相手のみ参加者が内集団成員であることが分かる。相互不明条件は統制条件であり，参加者も相手も互いに集団所属性が分からない。参加者の応援するチーム（カープ）のファンが内集団成員となる。参加者は，4場面×4条件（内集団相互・一方・不明内集団・相互不明）の計16項目に回答した。なお，中川ほか（2015）では，内集団相互条件を相互条件，内集団一方条件を自知条件，不明内集団条件を相知条件，相互不明条件を不明条件と表記しているが，後続の研究と条件名を統一して説明する。

　SITの心理メカニズムが働くなら，相手が内集団成員であると分かる内集団相互・一方条件で相互不明条件よりも協力的になるはずである。BGRによると相手が内集団成員であるとの認識に加え，互恵性を期待できる状況になければならない。したがって，BGRの心理メカニズムが働くなら，相手が内集団成員であると分かり，互恵性を期待できる内集団相互条件で他条件よりも協力的になるはずである。さらに，SITに基づき，社

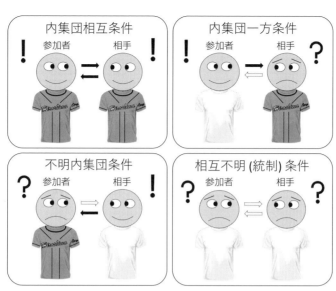

図2　集団所属性の知識操作（中川ほか，2015を基に作成）

会的アイデンティティと内集団協力の間には正の相関関係があるはずである。BGRの予測にしたがい，互恵性の期待が協力を導くのであれば，期待を統制したときにその関連は消失すると考えられる。

　まず，互恵性の期待の有無に関する操作が成功したか否かを確認した。集団内に互恵性を期待するなら，内集団相互条件で援助の期待が高くなるはずである。条件間の援助期待のパターンを検討した結果，内集団相互条件で最も援助期待が高くなり，操作は成功した（**図3**）。次に援助行動（内集団協力）のパターンを見ると，内集団相互条件が最も高く，続いて内集団一方条件でも相互不明条件よりは高くなっていた。「互恵性を期待できる内集団相互条件で最も協力的になった」ことは，BGRの心理メカニズムが働いたことを意味する。一方，「互恵性は期待できないが，相手が内集団成員と認識できる内集団一方条件でも相互不明条件よりは協力的になった」ことからSITの心理メカニズムの働きが同時に確認された。

　また，社会的アイデンティティと条件ごとの援助行動の相関分析，援助期待（互恵性の期待）を統制した偏相関分析を行い，両理論の心理メカニズムの働きを検討した。その結果，社会的アイデ

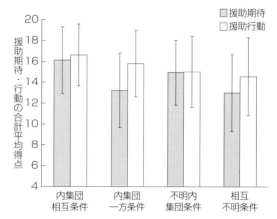

図3　条件ごとの援助期待・行動の合計平均得点
（中川ほか，2015を基に作成）

ンティティと内集団相互条件［統制前：r＝.24（p＜.01）→統制後：r＝.07（p＝.43）］・内集団一方条件［（統制前：r＝.18（p＜.10）→統制後：r＝.20（p＜.05）］における援助行動との間にはそれぞれ正の相関関係が確認された。期待を統制すると，内集団相互条件では有意な相関関係が見られなくなり，内集団一方条件ではその関係が残存した。つまり，内集団相互条件では互恵性の期待（BGR），内集団一方条件では社会的アイデンティティ（SIT）によって内集団協力が生じたことが示唆された。この結果から実在集団におけるSITとBGR

の妥当性が示され，両理論に基づく内集団協力が生じることが明らかになった。そこで，次の研究では，全国のプロ野球チーム（全12球団）のファンに対象を拡大し，同様の結果が再現されるか否かを検討した。また，中川ほか（2015）のシナリオを踏襲し，相手に援助（協力）をすると自分にコスト（負担）がかかることを明示した。日常場面での協力には何かしらのコストがかかることが一般的である。コストを明示することによって，より現実的な援助場面を想定しやすくなる。

❷ 全国の野球チームのファンを対象とした場面想定法1

　Web調査により回答を得た全国のプロ野球チームのファン1635名（男性937名，女性698名）が主な分析対象者である（中川ほか，2019）。シナリオで想定させる援助場面で協力すると自身にコストがかかることを明示した。コストの内容は，「道を教えると仕事に遅れる」「荷物を拾ってあげる間に欲しい惣菜が売り切れる」「席を譲ると40分間立つことになる」「排水溝に落としたカギをとってあげると友人との待ち合わせに遅れる」であった。

　中川ほか（2015）と同じく内集団相互条件で最も援助期待が高くなり，互恵性の期待の操作は成功した。一方で援助行動のパターンは，協力にかかるコストを明示したことによって部分的に変化した。中川ほか（2015）と変わらず，内集団相互条件（M＝14.17）が最も高かった（BGR）が，内集団一方条件（M＝13.77）で相互不明条件（M＝13.76）より協力的になる（SIT）ことはなかった。

　さらに，社会的アイデンティティと援助行動の相関分析にも違いがあった。社会的アイデンティティと内集団相互条件［（統制前：r＝.23（p<.01）→ 統制後：r＝.10（p<.01）］・内集団一方条件［（統制前：r＝.21（p<.01）→ 統制後：r＝.13（p<.01）］における援助行動との間にはそれぞれ正の相関関係が確認され，期待を統制するとその関連が弱まった。BGRに基づき，内集団相互条件では有意な相関関係がなくなるという結果は再現さ

れなかった。しかし，相関係数と偏相関係数の差を分析すると，内集団相互条件でその差が最も大きく，援助期待（BGR）が行動に与える効果が強かったことが示された。この結果から，協力にコストがかかるとBGRの心理メカニズムの働きが，相対的にSITよりも強くなることが示唆された。

　中川ほか（2015, 2019）の研究から，協力のコストが明示されていない場合には，SITとBGRの心理メカニズムが同時に働き，コストが明示されるとBGRの心理メカニズムの働きが強くなることが明らかになった。しかし，両研究ともに場面想定法であるため，行動意図ではなく，実際にコストがかかる協力行動で結果の再現性を確認する必要があった。そこで，広島と兵庫の2ヶ所で行動実験を実施し，内集団協力を行動指標で測定して検討を行った。

❸ 広島／兵庫に在住の野球チームのファンを対象とした行動実験

　研究1では広島の大学生が実験に参加し，その中のプロ野球チームのファン38名（男女19名ずつ）を主な分析対象者とした（Nakagawa et al., 2022）。内集団協力の指標には，1回限りの囚人のジレンマ（Prisoner's Dilemma; 以下，PD）ゲームを用いた。1回のセッションにつき4〜8名の参加者が個別の実験ブースに入り，集団所属性の知識操作が行われたPDゲームを内集団相互条件，内集団一方条件，相互不明条件で1回ずつ，計3回行う。毎回の元手として参加者は，実験者から200円の元手をもらう。その元手の中から，10円刻みで相手にいくら提供するかを決める。ゲームのルールとして，提供した金額は2倍になって相手に渡る。相手も同じ決定を行い，参加者は相手から提供された金額を受け取る。相手に渡さなかったお金は，参加者の手元に残る。つまり，参加者の獲得金額は，手元の残金と相手から提供されて2倍になったお金を合わせた金額となる。場面想定法と同じく，互恵性の期待の操作が成功したかを確認するため，相手から提供されると期待した金額も同時に測定した。

表1　条件ごとの期待・提供金額

実験場所		内集団相互条件	内集団一方条件	相互不明条件
広島	期待金額	116.84 (60.85)	74.74 (51.71)	61.58 (56.69)
	提供金額	118.68 (70.37)	105.26 (68.17)	80.26 (60.87)
兵庫	期待金額	129.68 (59.99)	70.53 (46.03)	61.91 (48.86)
	提供金額	119.04 (65.30)	95.85 (66.87)	76.28 (60.87)

注　（　）の値は標準偏差

PDゲームでも内集団相互条件における期待金額が最も高くなり，互恵性の期待の操作は成功していた（**表1**）。実験の結果，内集団相互条件で最も提供金額が高く，続いて内集団一方条件でも相互不明条件より多くのお金を提供していた。一見すると，SITに基づく協力パターンであるが，社会的アイデンティティと内集団一方条件における提供金額との間に有意な正の相関関係は見られなかった。つまり，内集団一方条件での協力は，SITの心理メカニズムの働きによるものではなかったと考えられる。

続いて，研究2は兵庫の大学で同様の実験を実施した。プロ野球チームのファン94名（男性53名，女性41名）のデータを用いて研究1の結果との整合性を確認したところ，研究1と2で同様の結果が得られた。内集団相互条件における期待金額が最も高くなり，互恵性の期待の操作は成功していた（**表1**）。内集団相互条件で最も提供金額が高く，続いて内集団一方条件でも相互不明条件より多くのお金を提供していたが，社会的アイデンティティと提供金額との間に有意な正の相関関係は見られなかった。中川ほか（2019）の場面想定法と同じく，コストがかかるとBGRの心理メカニズムの働きに基づく内集団協力行動が観測された。

以上の3つの研究から，SITとBGRそれぞれの妥当性が示され，コストが明示されるとBGRの心理メカニズムが優先的に働く内集団協力が生じることが明らかになった。しかし，ここまでの研究では，内集団成員と集団所属性の分からない相手しか登場せず，外集団成員の存在を明示してこなかった。なぜなら，実在する外集団の存在を明示すると協力と交絡する要因（例えば，規範やステレオタイプ）の影響によって適切な検証が難しい可能性があったからである（Yamagishi et al., 2005）。しかし，冒頭で述べたとおり，SITで重要なのは内集団と外集団との社会的比較にある。最後の研究では，交絡要因の影響をできるだけ抑止した状況で外集団の存在を明示した検討を行った。

４ 全国の野球チームのファンを対象とした 場面想定法2

Web調査により回答を得た全国のプロ野球チームのファン931名（男性560名，女性371名）が主な分析対象者である（中川ほか, 2022）。SITでは，内集団と外集団を比較したとき，内集団を優位に立たせることが，協力の目的と説明されている（Tajfel & Turner, 1979）。そのため，比較対象となる外集団の存在が明確であるほうがSITの検証には適切である。中川ほか（2015）では，内集団成員と集団所属性が不明の相手との協力の差によってSITの心理メカニズムが働いたと解釈した。この相手に外集団成員を追加した状況でSITの妥当性を再度検討した。

中川ほか（2015）で用いた集団所属性の知識操作に外集団3条件を追加した。外集団相互条件では，参加者と相手が互いに外集団成員であることが分かる。外集団一方条件では，参加者のみ相手が外集団成員であることが分かる。外集団相互不明（統制）条件では，参加者も相手も互いに集団所属性が分からない。内集団成員は参加者の応援するチーム（全12球団）のファンであり，外集団成員は別のチーム（参加者の応援しないチーム）のファンである。参加者がカープファン（内集団）であった場合，例えば巨人ファンを外集団に設定してしまうと，特定の規範やステレオタイプが生じ，内集団協力に影響する可能性が出てくる。そのため，外集団に特定のチームを設定せず，交絡

要因の影響を抑止することを試みた。

　内集団条件に関しては，中川ほか（2015）と同様の予測となる。内集団相互・一方条件で相互不明条件よりも協力的になればSIT，内集団相互条件で他条件よりも協力的になればBGRに基づく内集団協力であると言える。SITに基づくと，相互・一方条件では不明条件に比べ，内集団に協力的，外集団に非協力的になると考えられる。

　調査の結果，内集団条件における援助行動のパターンは，内集団相互条件（M＝15.79）が最も高く，次に内集団一方条件　（M＝15.41），内集団相互不明条件　（M＝15.16）　の順に低くなった。外集団条件における援助行動のパターンは，外集団相互不明条件（M＝15.38）が最も高く，外集団相互条件　（M＝15.20）と外集団一方条件　（M＝15.20）　には差がなかった。内集団と外集団に対する協力を比較すると，相互・一方条件ではSITに基づき，内集団に対して外集団よりも協力的になっていた。また，相互不明（統制）条件と比べて内集団相互・一方条件では協力的，外集団相互・一方条件では非協力的になっていた。さらに，互恵性の期待を統制しても社会的アイデンティティと内集団相互条件［統制前：r＝.18（p＜.01）→ 統制後：r＝.10（p＜.01）］・内集団一方条件［統制前：r＝.15（p＜.01）→ 統制後：r＝.10

（p＜.01）］における援助行動との間にある正の相関関係は消失しなかった。外集団を設定した上でSITとBGRが予測する協力パターンが確認されたが，その背後にある心理メカニズムの働きは再現されなかった。さらに，両理論では説明できない外集団相互不明（統制）条件における協力が生じた。中川ほか（2015）で得られた結果との相違が，実験デザイン上の問題か，実在集団の性質によるものかについては，今後の検討が必要である。

5 まとめ

　本章では，強い集団・社会的アイデンティティを持つ熱狂的な野球チームのファンを取り上げた。ファン同士が仲良くし，お互いに助け合う姿は直感的には想像しやすい。その直感が本当かどうかを調べることが研究のスタート地点であった。本研究は，野球チームのファンがいかなる状況及びどのような心理メカニズムの働きで内集団に協力するのかを明らかにしたものである。一連の研究の結果から，社会的アイデンティティ（SIT）に基づく内集団協力が観測され，協力のコストがかかる場合には互恵性の期待（BGR）の心理メカニズムが優先的に働くことが明らかになった。

◆文献

Boen, F., Wann, D. L., Bernache-Assollant, I., Haslam, S. A., & Fransen, K. (2020) Fan behaviour and loyalty. In: S. A. Haslam, K. Fransen, & F. Boen (eds.) The new psychology of sport and exercise: The social identity approach. SAGE Publications, pp. 303-319.

Böhm, R., Rusch, H., & Baron, J. (2020) The psychology of intergroup conflict: A review of theories and measures. Journal of Economic Behavior & Organization, 178: 947-962.

出口順子・長谷川健司・清川健一・菊池秀夫（2021）ファンのチーム支援行動：組織的アイデンティフィケーション理論を視座に．体育学研究, 66: 13-32.

Durrheim, K., Quayle, M., Tredoux, C.G., Titlestad, K., & Tooke, L. (2016) Investigating the evolution of ingroup favoritism using a minimal group interaction paradigm: The effects of inter-and intragroup interdependence. PLoS ONE 11 (11)：e0165974.

Hartstone, M. & Augoustinos, M. (1995) The minimal group paradigm: Categorization into two versus three groups. European Journal of Social Psychology, 25 (2)：179-193.

Jacobson, B. (2003) The social psychology of the creation of a sports fan identity: A theoretical review of the literature. Athletic Insight: The Online Journal of Sport Psychology, 5 (2)：1-14.

神 信人・山岸俊男（1997）社会的ジレンマ における集団協力ヒューリスティクスの効果．社会心理学研究, 12 (3)：190–198.

Jones, K., Pope, S., & Toffoletti, K. (2022) Women sports fans. In: D. S. Coombs & A. C. Osborne (eds.), Routledge handbook of sport fans and fandom. Routledge, pp.145-153.

Kerwin, S. & Hoeber, L. (2022) Sport fandom: The complexity of performative role identities. In: D. S. Coombs & A. C. Osborne (eds.), Routledge handbook of sport fans and fandom. Routledge, pp.133-144.

清成透子 (2002) 一般交換システムに対する期待と内集団ひいき―閉ざされた互酬性の期待に関する実験研究―. 心理学研究, 73 (1)：1-9.

中川裕美・横田晋大・中西大輔 (2015) 実在集団を用いた社会的アイデンティティ理論および閉ざされた一般互酬仮説の妥当性の検討：広島東洋カープファンを対象とした場面想定法実験. 社会心理学研究, 30 (3)：153-163.

中川裕美・横田晋大・中西大輔 (2019) 野球チームのファンの内集団協力に関する場面想定法実験. 心理学研究, 90 (1)：87-92.

Nakagawa, Y., Yokota, K., & Nakanishi, D. (2022) Ingroup cooperation among Japanese baseball fans using the one-shot prisoner's dilemma game. International Journal of Sport and Exercise Psychology, 20 (5)：1257-1273.

中川裕美・横田晋大・中西大輔 (2022) 集団間状況の顕現性と実在集団における内集団協力の心理メカニズム. 心理学研究, 93 (4)：366-372.

Porat, A. B. (2010) Football fandom: A bounded identification. Soccer & Society, 11 (3)：277-290.

Stroebe, K., Lodewijkx, H. F. M., & Spears, R. (2005) Do unto others as they do unto you: Reciprocity and social identification as determinants of ingroup favoritism. Personality and Social Psychology Bulletin, 31 (6)：831-845.

Stott, C. (2020) Crowd behaviour and hooliganism. In: S. A. Haslam, K. Fransen, & F. Boen (eds.) The new psychology of sport and exercise: The social identity approach. SAGE Publications, pp. 321-340.

Tajfel, H., Billig, M. G., Bundy, R. P., & Flament, C. (1971) Social categorization and intergroup behaviour. European Journal of Social Psychology, 1 (2)：149-178.

Tajfel, H. & Turner, J. C. (1979) An integrative theory of intergroup conflict. In: W. G. Austin, & S. Worchel (eds.) The social psychology of intergroup relations. Brooks/Cole, pp. 33-47.

Terry, D. J., Carey, C. J., & Callan, V. J. (2001) Employee adjustment to an organizational merger: An intergroup perspective. Personality and Social Psychology Bulletin, 27 (3)：267-280.

Turner, J. C. (1982) Towards a cognitive redefinition of the social group. In: H. Tajfel (ed.), Social identity and intergroup relations. Cambridge University Press, pp. 15-40.

Vuong, T. K., Chan, H. F., & Torgler, B. (2021) Competing social identities and intergroup discrimination: Evidence from a framed field experiment with high school students in Vietnam. PLoS ONE 16 (12)：e0261275.

Yamagishi, T., Jin, N., & Kiyonari, T. (1999) Bounded generalized reciprocity: Ingroup boasting and ingroup favoritism. Advances in Group Processes, 16: 161-197.

Yamagishi, T., Makimura, Y., Foddy, M., Matsuda, M., Kiyonari, T., & Platow, M. J. (2005) Comparisons of Australians and Japanese on group-based cooperation. Asian Journal of Social Psychology, 8 (2)：173-190.

横田晋大・結城雅樹 (2009) 外集団脅威と集団内相互依存性―内集団ひいきの生起過程の多重性―. 心理学研究, 80 (3)：246-251.

3章 リーダーシップ

小菅（町田）萌

1. リーダーシップとは

　スポーツの現場で，リーダーの重要性について言及されることは多い。チームにおいては監督やコーチなどの指導者はもちろん，キャプテンなどの選手のリーダー（＝アスリートリーダー）も大きな影響力をもつ人物として認識されている。

　リーダーシップは，一般的に個人（＝リーダー）がチームの目標達成に向けてメンバーに影響を与えるプロセスと定義される（Northouse, 2010）。この定義が示すようにリーダーシップは，リーダー個人，フォロワー，環境を含む様々な要因がかかわる複雑なプロセスである。年々，スポーツにおけるリーダーシップの研究は多様性を増している。本章では，これまでのリーダーシップとリーダーにまつわる研究を総括し，また近年注目を集めるリーダーの成長についての最新の研究を紹介する。

2. スポーツにおけるリーダーシップに関する研究

　日本国内で，スポーツをフィールドとしたリーダーシップの研究は少ないものの，リーダーシップは国外，主に欧米で広く研究をされてきた。1980年代から1990年代はコーチに関するリーダーシップの研究が盛んに行われ，多角的リーダーシップモデル（例えば，Chelladurai, 2007; Chelladurai & Saleh, 1980）など，スポーツにおけるリーダーシップについての代表的な理論が提唱され検証されてきた。2000年代以降は，役割機能（role function: Fransen et al., 2014）に関する理論などを用いたアスリートのリーダーシップに関する研究によって

新たな知見が積み重ねられている。これらスポーツにおけるリーダーシップの研究からの知見は，主にリーダーの特徴，リーダー・リーダーシップが与える影響，そしてリーダー・リーダーシップの成長に関する知見の3つに分けられる。

■リーダーの特徴

　まず，リーダーシップの研究で興味を持たれてきたことの1つに，リーダーになる人物，効果的なリーダーはどのような人物か，という問いがある。これまで，競技歴や競技レベルの高さ，中心的なポジションを担っていることなどのリーダーの基本的な特徴（例えば，Melnick & Loy, 1996; Wright & Côté, 2003），内発的動機づけ，高い自信，達成動機づけをもつことなどの性格や傾向（例えば，Price & Weiss, 2011; Watson et al., 2001）が効果的なリーダーの特徴として示されてきた。

　また，効果的なリーダーの行動に焦点をあてた研究も多く存在している。1980年代からは，リーダーの効果は，リーダーに要求される行動，好まれる行動，実際の行動の相互作用で決定されるとした多角的リーダーシップモデル（Chelladurai & Saleh, 1980; Chelladurai, 2007; 図1）の検証が行

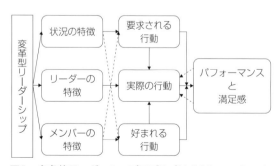

図1　多角的リーダーシップモデル（Multidimensional model of leadership: Chelladurai 2007, 一部抜粋し改変）

われ，男女や文化の違いなどでリーダーに好まれる行動が違う可能性等が示されてきた（例えば，Chelladurai et al., 1988; Sherman et al., 2000）。そして2000年代以降は，変革型リーダーシップ行動に関する研究が行われてきている（例えば，Cronin et al., 2015; Rowold, 2006）。変革型リーダーシップ行動は，多角的リーダーシップモデルの中でも，基盤になるリーダーシップであるとされ（Chelladurai, 2007），フォロワーの成長を目指し鼓舞することをとおして関係性を構築することに焦点をあてるものである（Callow et al., 2009：**表1**）。

ほかには，他者のニーズや願望を優先し，奉仕することを目的とするサーバント・リーダーシップ行動（servant leadership behaviors: 例えば，Rieke et al., 2008; Vidic & Burton, 2011）や，選手の基本的欲求（有能感，自律性，関係性への欲求）を満たすようなコーチの行動（自律サポート行動：autonomy supportive behaviors）が効果的であることも示唆されている（例えば，Curran et al., 2016; Mageau & Vallerand, 2003）。

また，リーダーシップに関連して，効果的なコーチ・選手間の関係性についても検証が重ねられてきている（例えば，Jowett & Ntoumanis, 2004; Rhind & Jowett, 2012）。

そして2010年以降は，リーダーの役割機能に焦点をあてた研究がなされ，リーダーが担うべき役割についても示されてきた。例えば，Fransen et al.（2014）は，アスリートリーダーの4つの役割（**表2**）とその妥当性を示し，4つの役割のすべてを担うリーダーは稀（約2%）であることや，リーダーはチームに複数存在することを報告している。ソーシャルネットワーク分析を用いた研究を含む一連の研究で，リーダーシップの共有が集団凝集性や集合的効力感，チームのランキング等，チームの機能にポジティブな影響を与える可能性が示されてきた（Fransen et al., 2014, 2015a, 2015b）。

❷ リーダー・リーダーシップが与える影響

効果的なリーダーの特徴と合わせて，リーダーやリーダーシップがチーム，選手に与える様々な影響についても検証されてきた。例えば，コーチと選手のリーダーシップ行動は，それぞれ集団凝集性を予測すること（Fransen et al., 2016; Price &

表1 スポーツにおける変革型リーダーシップ行動（Callow et al., 2009）

変革型リーダーシップ行動	内容
個別配慮 Individual consideration	フォロワーを尊重し，それぞれの気持ちやニーズに対して配慮する。
動機づけの鼓舞 Inspirational motivation	未来へのビジョンを明確にした上で，フォロワーを鼓舞して成長を促す。
知的刺激 Intellectual stimulation	課題への考え方を見直すこと，どのように課題を実行すべきかを考え直すことをフォロワーに促す。
集団目標の受け入れとチームワークの促進 Fostering acceptance of group goals and teamwork	フォロワー間の協力を促し，共通の目標の達成に向けてともに取り組むように促す。
高いパフォーマンスへの期待 High performance expectations	フォロワーの高いパフォーマンスへの期待を示す。
適切なロールモデル Appropriate role modeling	価値観に沿って，フォロワーが見習うべき行動の見本を見せる。
随伴的報酬 Contingent reward	フォロワーの行動やパフォーマンスに対して適切な報酬を与える。

表2 アスリートリーダーの役割（Fransen et al., 2014, 一部抜粋し改変）

リーダー	役割
課題リーダー Task leader	フィールド/コート上を取り仕切るリーダー。チームが目標に集中することを助け，戦術における意思決定を促す。また，試合中にチームメイトに戦術的なアドバイスを提供し，必要に応じて戦術を調整する。
社会的リーダー Social leader	フィールド/コート外で主導的な役割を持つリーダー。チーム内で良好な関係を促進し，チームの雰囲気を良くすることに貢献する。フィールド/コート外で起こるチームメイト間の対立の解決を促す。
動機づけリーダー Motivational leader	フィールド/コート上でチームメイトにモチベーションを与えるリーダー。チームメイトを励ます。また，落ちこんでいるプレーヤーの気持ちを切り替える。
外的リーダー External leader	チームと外部の人々との関係を結ぶリーダー。クラブ運営におけるチームの代表。メディアやスポンサーとコミュニケーションが必要な場合に，このリーダーが主導する。

Weiss, 2013），チーム内のリーダーシップの共有は集団凝集性と正の関連性があること（Lougheadet al., 2016）などが示されている。ほかには集合的効力感（Fransen et al., 2014, 2015），満足感（Paradis & Loughead, 2012），チームのコミュニケーション（Smith et al., 2013），アイデンティティ（Fransen et al., 2014, 2015），チームのパフォーマンス・ランキング（Fransen et al., 2014）がリーダーやリーダーシップと関連することが示唆されてきた。

さらに，リーダーやメンバーの特徴とリーダーの行動との相互作用も検討されている。例えば，Riemer & Chelladurai（1995）は，前述の多角的リーダーシップモデル（Chelladurai & Saleh, 1980; Chelladurai, 2007）を基盤に，コーチのリーダーシップ行動の影響について検証した。この研究では，一部のリーダーの行動（ソーシャル・サポート）においては，選手に好まれるリーダーの行動と実際のリーダーの行動が一致したときに，選手の満足感が高まることを示した。また，Arthur et al.（2011）は選手の性格傾向の1つであるナルシシズムに着目し，コーチが見せる一部の変革型リーダーシップ行動（集団目標の受け入れとチームワークの促進，高いパフォーマンスへの期待）はナルシシズムの高い選手には効果的ではないことを報告している。

3 リーダー・リーダーシップの成長

リーダーの特徴，リーダーやリーダーシップが与える影響に関する知見と比べると，リーダーやリーダーシップの成長に関する研究はいまだ限られている。しかしながら，特に近年の研究から，当該分野に関する知見は積み上げられてきており，コーチや選手のリーダーの成長にかかわる要因が明らかとなってきている。

①コーチのリーダー・リーダーシップの成長プロセス

コーチの成長についての研究は多く存在し，様々な提案がされている。また，変革型リーダーシップモデルを基盤としたコーチの育成プログラム（Turnnidge & Côté, 2017）が提案されるなど，コーチの成長にはリーダーとしての成長が重要であると認識されてきた。

しかしながら，コーチがどのようにリーダーとして成長するかという「リーダーとしての成長」に焦点をあてた研究は少ない。その中で，Machida-Kosuga et al.（2017）は，コーチのリーダーとしての自己効力感（leader self-efficacy）がリーダーとしての成長プロセスに影響するという仮説を立て検証している。リーダーとしての自己効力感は「効果的にリーダーシップを取るために必要な能力に対する認知」（Machida & Schaubroeck, 2011）と定義され，リーダーの成長に与える影響が論じられてきた（例えば，Machida & Schaubroeck, 2011）。

これらの提言をふまえて，Machida-Kosuga et al.（2017）は，米国の大学女子スポーツを指導する男女アシスタントコーチ674名を対象にオンラインでの質問紙調査を行い，リーダーとしての自己効力感がコーチのリーダーシップキャリアを発展させることに対する意図へ与える影響を検討した。共分散構造分析の結果，リーダーとしての自己効力感とコーチングのキャリアに対する結果期待が，コーチのリーダーシップキャリアを発展させることに対する意図と正の関係があることが示された（**図2**）。

また結果は，コーチとしての様々な経験がリーダーとしてのキャリアに与える影響を示唆した。仕事でチャレンジをする経験やヘッドコーチからのサポートは，アシスタントコーチのリーダーとしての自己効力感と正の関係があり，ファミリー・ワーク・コンフリクトや職場における性差別の認知は，コーチングのキャリアに対する結果期待と負の関係性があることが報告されている。

さらに，このMachida-Kosuga et al.（2017）の研究では，女性のアシスタントコーチは男性に比べて，コーチとしてのキャリアに対する高い結果期待を持っているにもかかわらず，リーダーとしてのキャリアを発展させることに対する意図は低く，リーダーとしての自己効力感が低いこと，そ

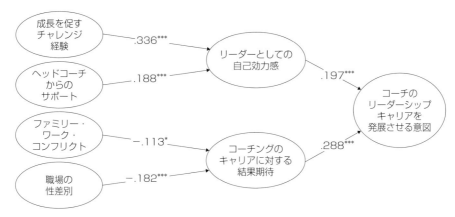

Note. ***p<.001, **p<.01, *p<.05. 誤差変数, 因子間相関は記載を省略

図2 コーチのリーダーシップキャリアを発展させる意図を予測するモデル（Machida-Kosuga et al., 2017, 一部抜粋し改変）

して職場でチャレンジする経験が少ないことを報告した。これらの結果は，女性と男性のコーチはリーダーシップキャリアの成長プロセスにおいて異なる経験をしている可能性を示唆している。

この研究に関連して，ヘッドコーチとアシスタントコーチの性別の構成がリーダーの成長に与える影響も検討されている（Machida-Kosuga, 2021）。Machida-Kosuga（2021）は，239の米国大学スポーツのヘッドコーチ・アシスタントコーチのペアを対象とし，性別の構成がメンターシップの質とアシスタントコーチのリーダーシップスキルの関係に与える影響を検証した。アシスタントコーチはヘッドコーチとのメンターシップの質の評価を行い，ヘッドコーチはアシスタントコーチのリーダーシップスキルを評価した。階層的な重回帰分析で交互作用を検討した結果，男女にかかわらず男性のヘッドコーチをメンターに持つアシスタントコーチは，メンターシップの質とリーダーシップスキルに有意な関係が見られなかった。一方で女性のヘッドコーチをメンターに持つアシスタントコーチは，ヘッドコーチとのメンターシップの質が高まるほど，リーダーシップスキルが高くなることが示された（**図3**）。これまでにも女性のメンターは，メンタリングを受ける側に過小評価され，効果を発揮できない場合があることが示唆されてきた（Ragins, 1997）。この研究の結果は，女

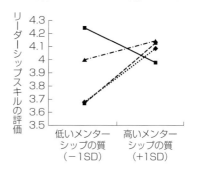

Note. リーダーシップスキルは1〜5点で評価

図3 アシスタントコーチのリーダーシップスキル評価におけるメンターシップの質とアシスタントコーチとヘッドコーチの性別構成の相互作用（Machida-Kosuga et al., 2021, 一部抜粋し改変）

性のメンターが抱える負担を示すものではあるものの，女性のヘッドコーチはメンターシップの質を向上させることで，メンターとして不利な立場を変え，アシスタントコーチのリーダーシップスキルの成長を促す可能性を示唆した。

②アスリートリーダー・リーダーシップの成長プロセス

前述のとおり，選手のリーダー（＝アスリートリーダー）に焦点をあてた研究は2000年以降増加

し，それに伴い，アスリートリーダーの成長を検討した研究も行われている。まず，アスリートを対象としたリーダーシップ・プログラムの検証が行われ，効果的な介入方法が示唆されてきた。例えば，Cotterill（2016）はクリケットの選手を対象に，一部の選手を対象としたキャプテンシーの成長，全体を対象としたリーダーシップスキルの発達，人間性とリーダーシップの発達という3つのレベルでのプログラムの効果を報告している。Duguay et al.（2016）は，チームのすべてのメンバーを対象としたリーダーシップ介入プログラムの検証を行い，メンバーの人的資源（human capital）と社会資源（social capital）のどちらにも焦点をあてたリーダーシッププログラムの効果を示した。

また，アスリートリーダーの成長についても質的に検討されている。例えば，Wright & Côté（2003）は選手のリーダーとしての発達は，スキル，労働倫理（work ethics），スポーツに関する知識，人との信頼関係を築くことの4つが中心になること，また選手の経験がこれらに影響を与えることを示した。また，Duguay et al.（2016）はチームにおける共有されたリーダーシップ（shared leadership）の成長を促すため，リーダーシップグループやリーダーシップ構造へのアプローチ，ポジティブなチーム環境の醸成などをコーチが行っていることを示した。

さらに，最近の研究でMachida-Kosuga & Kohno（2023）は，公式，そして非公式なアスリートリーダーの成長プロセスを監督，アスリートリーダー自身，そしてそのチームメイトの目線を採用したマルチパースペクティブデザイン（multiperspectival design）を用いて質的に検討した。この研究では，3チームを対象に，それぞれのチームからアスリートリーダーとして3名から4名が選出され（1~3でランク付けされ，点数化），それぞれのチームの監督（n=3），チームメイト（n=6）合計19名に半構造化インタビューが行われた。データ分析には解釈的現象学的分析（interpretative phenomenological analysis）が用いら

れた。

分析の結果，大きく2つのカテゴリー（アスリートリーダーの成長プロセスにかかわる要因，アスリートリーダーに必要なリーダーシップスキル）が生成された。アスリートリーダーの成長にかかわる要因としては，まずは成長を促す経験（developmental experiences）があげられ，様々な役割やポジションを経験すること，自身で決断をする機会等，チャレンジを伴う経験がリーダーとしての成長を促すことが示唆された。またそれらの経験に加えて，コーチを含む周囲からのフィードバックやサポート，ロールモデルの存在やほかの選手と一緒にリーダーシップを取ることができる等のコンテクストにかかわる環境要因，プレイスキル，自身に対して規律を持つこと，感情を管理すること等の個人要因が選手のリーダーとしての成長を助けることも示されている。さらに，この研究では，対人スキル（チームのメンバーと関係性を作るために必要なスキル：interpersonal skills），マネジメントスキル（生産的なチーム環境やチームの成長を促すスキル：management skills），ビジョニングスキル（チームの方向性を示し導くスキル：visioning skills）の3つのスキルが，選手のリーダーとしての成長過程で発達が必要なスキルとしてあげられた。

3. 今後のスポーツにおける　　リーダーシップ研究の展望

ここまで，スポーツにおけるリーダーシップの研究を概観してきた。様々なアプローチで多様な研究が行われてきたが，この分野の研究はいまだ発展途上であると言える。先行研究をふまえ，今後のリーダーシップ研究について考えていく。

■リーダーシップの階層に関する検討

チームにはリーダーシップの階層が存在する。まず，チームにはコーチと選手のリーダーシップがある。これまでの研究では，一部の研究（Fransen et al., 2016; Loughead & Hardy, 2005; Price

& Weiss, 2013）を除き，コーチと選手のリーダーシップは別に検討されていることがほとんどである。またコーチと選手のリーダーシップを同時に検証した研究も，2つのリーダーシップが同時に存在することを認めてはいるが，その階層については検討していない。また，リーダーシップの階層はコーチ陣（監督，ヘッドコーチ，アシスタントコーチなど）と選手（キャプテン，副キャプテン，主務，非公式リーダーなど）の中にも存在する。

今後の研究では，このようなスポーツチームにおけるリーダーシップの階層の検証が望まれる。例えば，コーチのリーダーシップは選手のリーダーシップを形作る先行要因になり得るのか，コーチやキャプテンに求められるスキルはそのほかの選手のリーダーシップによって変化するのか，などについて，今後の研究で検討が必要である。またマルチレベルの分析等を用いての，リーダーシップの階層やそれが与えるチームへの影響を明らかにすることも求められる。

❷悪いリーダーシップに関する検証

チームに悪い影響を与えるコーチや選手のリーダーシップも検証が必要なトピックの1つである。Hackman & Wageman（2007）は，「悪い」リーダーシップは，ただ単純に「良い」リーダーシップが欠けている状態ではなく，「良い」リーダーシップと「悪い」リーダーシップはそもそも質的に違うのではないか，と疑問を呈している。本章でも見てきたように，選手やコーチにどのようなリーダーシップが求められるか，どのようなリーダーシップがチームの成長を促すのかについては，これまでの研究で検証されてきた。しかしながら，今後の研究では，このような「良い」とされるリーダーシップが，チームの成長を妨げ，悪影響を与える「悪い」リーダーシップと質的に異なるか，異なるのであればどう異なるのかを検証することも必要である。

少ないながら，コーチのリーダーシップについて，この「悪い」リーダーシップと「良い」リーダーシップの検討がなされている。例えば，選手

の基本的欲求を満たすコーチの自律サポート行動と，充足を妨げるコントロール行動（control behaviors）が与える選手のモチベーションやエンゲージメント等への異なる影響が，自己決定理論をもとに検証されている(例えば，Amorose & Anderson-Butcher, 2015; Curran et al., 2016)。このような「悪い」リーダーシップと「良い」リーダーシップの質的な違いと，その影響に関するさらなる研究は，スポーツに携わるリーダーへの行動指針に貢献できる知見を生み出すと考えられる。

❸リーダーの成長 vs. リーダーシップの成長

一般的なリーダーシップの研究では，リーダーの成長とリーダーシップの成長は，概念的に区別されてきた。リーダーの成長は，個人の能力やスキルの成長に焦点をあてるのに対して，リーダーシップの成長はグループや組織における集合的な能力やスキルの成長に焦点をあてるとされる（Day et al., 2009; Wallace et al., 2021）。

スポーツの研究においては，リーダーとリーダーシップ，リーダーの成長とリーダーシップの成長は，同義語として扱われていることが多いが，これらは区別した上で検証される必要がある。本章で紹介したコーチや選手のリーダーとしての成長に関する研究はほとんどがリーダーの成長に焦点をあてたものである（例えば，Gould et al., 2013; Machida-Kosuga & Kohno, 2023; Machida-Kosuga et al., 2017; Wright & Côté, 2003）。リーダーシップに関しては，Duguay et al.（2020）が人的資源の発達を軸においたリーダーの成長と社会関係資源の発達を軸においたリーダーシップの成長を目指したプログラムを実施し，その効果を検証している。また最近の研究で，共有されたリーダーシップの成長に与えるコーチの影響（Duguay et al., 2020）について質的に検討が行われており，リーダーシップの成長についても，わずかながら知見が集まっている。しかしながら，リーダーシップスキルの縦断的な変化の検証や，理論と研究をもとにしたリーダー/リーダーシップ育成プログラムの作成とその評価方法の開発など，今後のさら

なる研究が望まれる。

4. まとめ

　リーダーシップは，リーダー個人，チーム・組織のメンバー，それを取り巻く環境と様々な要因がかかわる複雑なプロセスである。複雑であるが故に，スポーツにおいても様々な理論をもとに，多様なアプローチを用いた研究が行われてきた。今後は，これらの知見を統合していくこと，そして理論のさらなる発展が期待される。

　また，リーダーシップは時代の背景に大きく影響される。スポーツを取り巻く環境は常に変化している。継続的な研究を行い，既存の知識を見直しながら，スポーツにおけるリーダーシップへの理解を深めていくことが求められる。

◆文献 ....

Amorose, A. J. & Anderson-Butcher, D.（2015）Exploring the independent and interactive effects of autonomy-supportive and controlling coaching behaviors on adolescent athletes' motivation for sport. Sport, Exercise, and Performance Psychology, 4: 206-218.

Arthur, C. A., Woodman, T., Ong, C. W., Hardy, L., & Ntoumanis, N.（2011）The role of athlete narcissism in moderating the relationship between coaches& transformational leader behaviours and athlete motivation. Journal of Sport & Exercise Psychology, 33: 3-19.

Callow, N., Smith, M. J., Hardy, L., Arthur, C. A., & Hardt, J.（2009）Measurement of transformational leadership and its relationship with team cohesion and performance level. Journal of Applied Sport Psychology, 21: 395-412.

Chelladurai, P.（2007）Leadership in sports. In：G. Tenenbaum & R. C. Eklund（eds.）Handbook of sport psychology. John Wiley & Sons, Inc, pp.113-135.

Chelladurai, P. & Saleh, S. D.（1980）Dimensions of leader behavior in sports: Development of a leadership scale. Journal of Sport Psychology, 2: 34-45.

Chelladurai, P., Imamura, H., Yamaguchi, Y., Oinuma, Y., & Miyauchi, T.（1988）Sport leadership in a cross-national setting: The case of Japanese and Canadian university athletes. Journal of Sport and Exercise Psychology, 10: 374-389.

Cotterill, S.（2016）Developing leadership skills in sport: A case study of elite cricketers. Case Studies in Sport and Exercise Psychology, 1: 16-25.

Cronin, L. D., Arthur, C. A., Hardy, J., & Callow, N.（2015）Transformational leadership and task cohesion in sport: The mediating role of inside sacrifice. Journal of Sport & Exercise Psychology, 37: 23-36.

Curran, T., Hill, A. P., Ntoumanis, N., Hall, H. K., & Jowett, G. E.（2016）A three-wave longitudinal test of self-determination theory's mediation model of engagement and disaffection in youth sport. Journal of Sport & Exercise Psychology, 38: 15-29.

Day, D. V., Harrison, M. M., & Halpin, S. M.（2009）An integrative approach to leader development: Connecting adult development, identity, and expertise. Taylor & Fransis.

Duguay, A. M., Loughead, T. M., & Munro-Chandler, K. J.（2016）The development, implementation, and evaluation of an athlete leadership development program with female varsity athletes. The Sport Psychologist, 30: 154-166.

Duguay, A. M., Loughead, T. M., Hoffmann, M. D., & Caron, J. G.（2020）Facilitating the development of shard athlete leadership: Insights from intercollegiate coaches. Journal of Applied Sport Psychology, 34: 251-272.

Fransen, K., Vanbeselaere, N., De Cuyper, B., Vande Broek, G., & Boen, F.（2014）The myth of the team captain as principal leader: Extending the athlete leadership classification within sport teams. Journal of Sports Science, 32: 1389-1397.

Fransen, K., Haslam, S. A., Steffens, N. K., Vanbeselaere, N., De Cuyper, B., & Boen, F.（2015）Believing in "Us": Exploring leaders' capacity to enhance team confidence and performance by building a sense of shared social identity. Journal of Experimental Psychology: Applied, 21: 89-100.

Fransen, K., Van Puyenbroeck, S., Loughead, T. M., Vanbeselaere, N., De Cuyper, B., Vande Broek, G., & Boen, F.（2015a）The art of athlete leadership: Identifying high-quality athlete leadership at the individual and team level through social network analysis. Journal of Sport & Exercise Psychology, 37: 274-290.

Fransen, K., Van Puyenbroeck, S., Loughead, T. M., Vanbeselaere, N., De Cuyper, B., Vande Broeck, G., & Boen, F.（2015b）Who takes the lead? Social network analysis as a pioneering tool to investigate shared leadership within sports teams. Social Networks, 43: 28-38.

Fransen, K., Decroos, S., Vande Broeck, G., & Boen, F.（2016）Leading from the top or leading from within? A comparison between coaches' and athletes' leadership as predictors of team identification, team confidence, and team cohesion. International Journal of Sports Science & Coaching, 11: 757-771.

Gould, G., Voelker, D. K., & Griffes, K.（2013）Best coaching practices for developing team captaons. The Sport Psychologist, 27: 13-26.

Hackman, J. R. & Wageman, R. (2007) Asking the right questions about leadership: Discussion and conclusions. American Psychologist, 62: 43-47.

Jowett, S. & Ntoumanis, N. (2004) The coach-athlete relationship questionnaire (CART-Q) : Development and initial validation. Scandinavian Journal of Medicine & Science in Sports, 14: 245-257.

Loughead, T. M., Fransen, K., Van Puyenbroeck, S., Hoffmann, M. D., De Cuyper, B., Vanbeselaere, N., & Boen, F. (2016) An examination of the relationship between athlete leadership and cohesion using social network analysis. Journal of Sport Sciences, 34: 2063-2073.

Loughead, T. M. & Hardy, J. (2005) An examination of coach and peer leader behaviors in sport. Psychology of Sport and Exercise, 6: 303-312.

Machida, M. & Schaubroeck, J. (2011) The role of self-efficacy beliefs in leader development. Journal of Leadership & Organizational Studies, 18: 459-468.

Machida-Kosuga, M. (2021) Gender (dis) similarity in mentorship among intercollegiate coaches: Implications for leader development. The Sport Psychologist, 35: 181-189.

Machida-Kosuga, M. & Kohno, N. (2023) Athlete leader development: The perspectives of athlete leaders, teammates, and coaches. Journal of Applied Sport Psychology, 35: 111-135.

Machida-Kosuga, M., Schaubroeck, J. M., Gould, D., Ewing, M., & Feltz, D. L. (2017) What influences collegiate coaches' intentions to advance their leadership careers? The roles of leader self-efficacy and outcome expectancies. International Sport Coaching Journal, 4: 265-278.

Mageau, G. A. & Vallerand, R. J. (2003) The coach-athlete relationship: A motivational model. Journal of Sport Sciences, 21: 883-904.

Melnick, M. J. & Loy, J. W. (1996) The effects of formal structure on leadership recruitment: An analysis of team captaincy among New Zealand Provincial Rugby Teams. International Review for the Sociology of Sport, 31: 91-105.

Northouse, P. G. (2010) Leadership: Theory and practice (5th ed.). Sage.

Paradis, K. F. & Loughead, T. M. (2012) Examining the mediating role of cohesion between athlete leadership and athlete satisfaction in youth sport. International Journal of Sport Psychology, 43: 117-136.

Price, M. S. & Weiss, M. R. (2011) Peer leadership in sport: Relationships among personal characteristics, leader behaviors, and team outcomes. Journal of Applied Sport Psychology, 23: 49-64.

Price, M. S. & Weiss, M. R. (2013) Relationships among coach leadership, peer leadership, and adolescent athletes' psychosocial and team outcomes: A test of transformational leadership theory. Journal of Applied Sport Psychology, 25: 265-279.

Ragins, B.R. (1997) Diversified mentoring relationships in organization: A power perspectives. Academy of Management Review, 22: 482-521.

Rhind, D. J. A. & Jowett, S. (2012) Development of the Coach-Athlete Relationship Maintenance Questionnaire (CARM-Q). International Journal of Sports Science & Coaching, 7: 121-137.

Rieke, M., Hammermeister, J., & Chase, M. (2008) Servant leadership in sport: A new paradigm for effective coach behavior. International Journal of Sports Science & Coaching, 2: 227-239.

Riemer, H. A. & Chelladurai, P. (1995) Leadership and satisfaction in athletics. Journal of Sport & Exercise Psychology, 17: 276-293.

Rowold, J. (2006) Transformational and transactional leadership in martial arts. Journal of Applied Sport Psychology, 18: 312-325.

Sherman, C. A., Fuller, R., & Speed, H. (2000) Gender comparisons of preferred coaching behaviors in Australian sports. Journal of Sport Behavior, 23: 389-406.

Smith, M. J., Arthur, C. A., Hardy, J., Callow, N., & Williams, D. (2013) Transformational leadership and task cohesion in sport: The mediating role of intrateam communication. Psychology of Sport and Exercise, 14: 249-257.

Turnnidge, J. & Côté, J. (2017) Transformational coaching workshop: Applying a person-centered approach to coach development programs. International Sport Coaching Journal, 4: 314-325.

Vidic, Z. & Burton, D. (2011) Developing effective leaders: Motivational correlates of leadership styles. Journal of Applied Sport Psychology, 23: 277-291.

Wallace, D. M., Torres, E. M., & Zaccaro, S. J. (2021) Just what do we think we are doing? Learning outcomes of leader and leadership development. The Leadership Quarterly, 32: 101494. https://doi.org/10.1016/j.leaqua.2020.101494.

Watson, C. B., Chemers, M. M., & Preiser, N. (2001) Collective efficacy: A multilevel analysis. Personality and Social Psychology Bulletin, 27: 1057-1068.

Wright, A. & Côté, J. (2003) A retrospective analysis of leadership development through sport. The Sport Psychologist, 17: 268-291.

なぜ被体罰経験者ほど体罰を容認するのか？ 　　内田遼介

スポーツ場面での体罰に着目した研究では，被体罰経験者ほど体罰を容認することが報告されている。ここでは，なぜ被体罰経験者ほど体罰に容認的な態度を示すのか，いくつかの説明（内田，2020）のうち，特に心理学にかかわる説明を紹介する。

第一に，認知的不協和による説明がある（例えば，兄井ほか，2014）。認知的不協和とは，相いれない認知を同時に抱えている状態を指し，人間はこの不協和を低減させるため，自らの態度や行動を変容するように動機づけられる（フェスティンガー，1965）。体罰の場合，自分自身が過去にスポーツ場面で体罰を受けたという認知と，体罰には効果がないという認知は相いれないため，体罰への態度をあらためることで不協和を低減しようと試みる。庄形（2018）は，高校のハンドボール部員が，体罰を受けていた当時は不快感や恐怖を覚えていたにもかかわらず，引退後に「成長」という肯定的な意味を付与することで体罰への態度を変容させていく過程を論じている。こういった態度変容の背景には認知的不協和が関係している可能性がある。

第二に，体罰効果性の学習説（内田ほか，2020）がある。この説では，体罰による指導を経験した人々が，競技力の向上を自らの努力ではなく体罰に帰属することで，受けた体罰に効果があったと信じ込み，その結果として体罰を容認するようになると論じられている。実際，体罰を受けた後の意識について調査した研究（豊田ほか，2021）によれば，精神的に強くなったなど望ましい結果が得られたと振り返る人々が一定数存在することが報告されている。本来，運動パフォーマンスの改善や勝利といった望ましい結果は，体罰だけが主たる要因ではなく，自らの努力など内的な要因にあると考えることもできる（日本行動分析学会，2014）。それにもかかわらず，望まし

い結果が得られた際に，その主たる要因を体罰に誤帰属してきた人々が体罰に効果があると学習，ひいてはその効果を根拠に体罰を容認すると説明されている。

以上のように，体罰を容認する背景には複数の説明が提示されている。これらの説明は，どれか1つだけが正しい訳ではなく，実際には並列的に作用しながら体罰容認に至ると考えられる。最後に，ここで示した研究を含め，体罰に着目した多くの研究が言語報告に依拠している点には留意されたい。一般的に肯定され難い態度を測定するときは社会的望ましさが影響する。今後の研究では異なる測定法を併用するなど，多面的に検討することが望まれる。

◆文献 ....

兄井 彰・永里 健・竹内奏太・長嶺 健・須崎康臣（2014）将来教員を志望する大学生の体罰に関する意識調査.福岡教育大学紀要，63: 95-101.

フェスティンガー: 末永俊郎監訳（1965）認知的不協和の理論: 社会心理学序説.誠信書房.

日本行動分析学会（2014）「体罰」に反対する声明. http://j-aba.jp/data/seimei2014.pdf（参照日2022年6月30日）.

庄形 篤（2018）体罰肯定意識の形成過程と＜成長＞に収斂する運動部活動の構造: 事例研究による可能性の示唆.早稲田大学大学院スポーツ科学研究科博士論文.

豊田 隼・飯塚 駿・三澤孝康・遠藤俊郎（2021）学校運動部活動における指導者の体罰に関する一考察: 被体罰経験の実態と体罰に対する意識に着目して.山梨学院大学スポーツ科学研究，4: 1-10.

内田遼介・寺口 司・大工泰裕（2020）運動部活動場面での被体罰経験が体罰への容認的態度に及ぼす影響.心理学研究，91: 1-10.

内田遼介（2020）体罰に対する認識と実情: 根絶するために必要なこと.荒井弘和編，アスリートのメンタルは強いのか?: スポーツ心理学の最先端から考える.晶文社，pp.149-170.

審判の心理社会的ストレス　　　　　村上貴聡

審判の世界は，うまくできて当たり前，少しのミスが選手や指導者，観客などの批判の的になる。国際審判員ともなればオリンピックをはじめ，ワールドカップや世界選手権など，世界中から注目される大会で審判をしなければならない。例えば，ストレスの影響のため，バスケットボール国際審判員の40％に頭痛や筋痙攣，血圧上昇などの兆候がみられたという報告もある。このように過度なストレスは，審判員の心身の健康に悪影響を与える。ストレスに対する感受性は個人差が大きく一様ではないが，ここでは審判員の心理社会的ストレスについて紹介する。

■テニス審判員の心理社会的ストレス

それでは審判員はどのようなストレスにさらされているのだろうか。村上ほか（2019）はテニス国際審判員を対象に，ストレス発生の原因をカテゴリー別に分類した。具体的には，まず「選手からの抗議や圧力」がストレスになることが示された。当然，曖昧な判定があった場合，あるいはコードバイオレーション（スポーツマンシップやマナーに関する違反）の警告をとった際には，選手からの抗議が想定される。中には激しく圧力をかけてくる選手もでてくるであろう。また，集中力の持続や判定ミスへの恐れなど，「ジャッジパフォーマンス」に関する内容が見られた。テニスの試合時間は，長くなれば3〜4時間かかるため，長時間にわたって集中し続けなければならない。続いて，「自身のパフォーマンス評価」に関する内容もストレッサーとして報告された。より上級の審判資格を得るためには，国際テニス連盟専属の評価者からアセスメントを受け，自身のパフォーマンスを評価される必要がある。「時間的負担」もストレッサーとしてあげられた。テニスの国際大会は世界各国で行われており，国際審判員であれば1年間の大半を海外で過ごすことも予想され

る。そうした海外遠征の影響として，家族との生活や自身の仕事に十分な時間を当てられなかったりするであろう。

「審判間の人間関係」がストレッサーとして抽出されたことにも注目したい。大規模な大会では，審判は主審・副審，そして線審の複数名で構成される。よって審判は一人で行うものではないため，審判員全員のチームワークが必要になってくる。しかしながら，線審のミスジャッジに対して激しく非難する主審や，ときにはアイコンタクトなどのメッセージを送らない審判もいるようである。そのほか，「金銭的な負担」や「暑熱環境下での活動」もストレッサーとして報告された。

■審判員へのストレスマネジメントの導入

多くの審判員は，このような様々なストレスを抱え，その対処法を学びたいと考えている。ストレッサーに対しどう対処するのか，あるいはそのストレスをどう活かすのか，問題事象に対する認知的評価やコーピングスキルの技量を考慮し，計画的に対策を練ることが重要と言えよう。サッカーワールドカップで主審を務めた上川（2008）は，メンタルサポートを受けたことにより様々なストレスを受け入れられるようになったと自著の中で述べている。近年は一部の競技団体における審判委員会でもメンタルトレーニングやストレスマネジメントに関する講習・研修会が行われるようになってきた。審判員は競技種目あるいはレベルに関係なく多様なストレスがあるため，このような取り組みがより普及することが期待される。

◆文献

上川　徹（2008）サッカー国際審判員とストレス．体育の科学，58（6）：389-393.

村上貴聡・阪田俊輔・平田大輔・松浦真澄（2019）質的研究法を用いたテニス国際審判員におけるストレッサーの検討．テニスの科学，27: 1-7.

4章 体育・スポーツをとおした学校適応

須﨑康臣

1. 学校に適応するということは

1 新環境への移行

　新環境への移行には，中学校から高校や，高校から大学へといった異なる校種への入学があり，新しい環境に適応できるかどうかは，その後の学校生活に大きな影響を及ぼしてしまう（古川ほか，1991）。なぜなら，新環境への移行は，新しい環境への適応をもたらすか，あるいは適応に失敗して不都合な事態を引き起こしてしまうかの分岐点であり，危機的な場面になるからである（古川ほか，1991）。つまり，新環境への移行は，心理的成長を促す機会となる一方で，心理的な危機をもたらす機会にもなる（大隅ほか，2013）。したがって，生徒と学生が充実した学校生活を送るためには，学校への適応（以下，学校適応）を促すための支援が重要になる。

　学校適応の状態を把握する概念としては，適応感があげられる。適応感とは，「個人が環境と適合していると意識していること」（大久保・青柳，2004）である。この適応感の概念に準拠すると学校適応感とは，「個人が学校と適合していると意識していること」である。学校適応感と関連する要因には，学習と対人関係の2つがあげられる（大久保，2005; 大久保・青柳，2004）。学校適応感を促進するには，学習と対人関係の2つの要因から支援を行うことが有効であると考えられる。

2 学校適応を促す体育授業の可能性

　学習と対人関係の2つの要因を含む教科の1つとして，体育授業があげられる（佐々木，2003）。木内・橋本（2012）は，体育授業の役割に関して，「体育授業を通じた健康的なライフスタイルの構築は良好な修学状況の基盤として機能し（学問的適応），体育授業でのスポーツ活動を介した他者との関わりは友人関係の開始や発展（社会的適応）への貢献が期待される」とまとめている。つまり，体育授業は学習に取り組む機会と対人関係を構築できる機会を有するため，学校適応感を促す方策として体育授業が有効であると考えられる。

　体育授業と学校適応感との関連に関して，体育授業での体験が直接的に学校適応感を高めるのではなく，体育授業に対する適応感（以下，体育適応感）が高まることに伴い学校適応感が促進されている可能性が考えられる。体育適応感とは，「意欲や態度，達成に向けた動機づけなどの諸機能が統合され1つの心理的能力として運動やスポーツの実践に活かされ，学習の目的や目標，また個々人の目指す目標にそっていきいきと活動できている状態」（佐々木，2003）の認知である。佐々木（2003）は，体育適応感が授業に対する適応を示す体育適応と友人との関係性を示す連帯志向の2つの因子から構成されることを明らかにしている。体育適応感の体育適応は学習，連帯志向は対人関係と対応していると考えられる。つまり，生徒や学生が体育授業をとおして学習課題の達成を経験したり，クラスメイトとの良好な対人関係を構築することによって，学校に対して適応した生活を送ることが可能になると考えられる。

2. 学校適応感を促す体育授業

1 学校適応感を促す体育適応感の仮説モデル

　このように，学校適応感は体育授業をとおして体育適応感が高まることで向上すると考えられる

ことから，須﨑・杉山（2015a）は，大学生を対象に体育適応感と学校適応感との関係について仮説モデル（**図1**）を構築し検討を行っている。仮説モデルでは，自己調整学習方略が体育適応感を介して，学校適応感に影響を及ぼす関係を仮定している。学校適応感は居心地の良さの感覚，課題・目的の存在，被信頼・受容感，劣等感の無さの下位因子を分析に用いている。

　自己調整学習とは，学習目標の達成に向けて，自らの行動や思考を組織的に運用していく学習である（シャンク，2006）。この自己調整学習で用いられる具体的な取り組み方は，自己調整学習方略とされており，これは「学習の効果を高めることをめざして意図的に行う心的操作あるいは活動」（辰野，1997）と定義することができる。体育授業における自己調整学習方略には，目標設定，自己教示，先生への援助要請，クラスメイトへの援助要請，モニタリング，努力，イメージ，自己評価，適応があることが報告されている（須﨑・杉山，2015b）。自己調整学習を仮説モデルに組み込んだ理由としては，自己調整学習は特性的なものではなく（シャンク，2006），習得的なスキルであり（ジマーマン，2007），介入での操作が可能な要因であると考えられるためである。

　分析の結果，体育適応感から学校適応感への関係において，居心地の良さの感覚には，連帯志向

と体育適応の両方が有意な正の影響を及ぼしていた。これは，体育授業における良好な人間関係の構築や体育授業に対して積極的に取り組むことは，自分の存在について確認し，自分の価値を見出すことで，大学での安心感を得ることに寄与すると考えられる。

　課題・目的の存在には，連帯志向と体育適応が有意な正の影響を及ぼしていた。これは，体育授業でのクラスメイトとの良好な関係の構築や授業に対して積極的に取り組むことが大学における課題や目的となり，これらに対して積極的に取り組むことが，大学での充実感の獲得につながると考えられる。

　被信頼・受容感には，体育適応のみが有意な正の影響を及ぼしていた。学生と教師とのかかわりを促すことによって，学生と教師との良好な関係が構築され，体育授業に積極的に取り組むことで，大学で自分が周囲の人から受け入れられている感覚を得ていることが推察される。しかし，連帯志向から被信頼・受容感からの関連は確かめられなかった。この研究では体育授業といった特定の文脈での友人関係との関連を検討しているため，そこでの良好な対人関係の構築が他者からの受容や信頼に結びつかないことが考えられる。

　劣等感の無さには，連帯志向と体育適応が有意な正の影響を及ぼしていた。これは，体育授業で

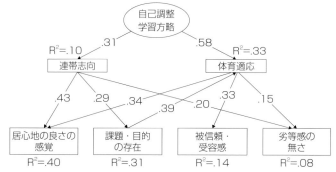

GFI=.94, CFI=.95, RMSEA=.079

†パス上の数値はすべて標準化推定値を示す
††潜在変数から観測変数へのパスはいずれもp<.01。また，有意でないパスは記載せず
†††独立変数間の共分散及び従属変数間の誤差変数は省略した
††††自己調整学習方略を構成する観測変数は省略した

図1　体育適応感と学校適応感の仮説モデル

良好な対人関係が構築されたり，授業に対して積極的に取り組めるようになることで，自己評価が高まり，他者との比較から生じる劣等感が抑制されたからだと考えられる。

次に，自己調整学習方略と体育適応感との関係において，自己調整学習方略は，連帯志向と体育適応に正の影響を及ぼしていた。これは，体育授業において目標を達成するために行動や思考を調整しながら学習を行う学生は，学習に対して積極的に取り組み，その過程でクラスメイトと協力して授業に取り組むことで，授業への適応感を促していることが考えられる。

❷ 仮説モデルに基づく介入

図1の仮説モデルを検討した結果，モデルの妥当性が示されている。しかし，豊田（1998）が指摘するように，データに矛盾しない1つの仮説モデルが示されたにすぎない。そのため，図1の仮説モデルの有効性を検討すべく，須﨑・杉山（2016a）は仮説モデルに基づく介入を行っている。介入研究では，自己調整学習形成を意図した授業を介入群，自己調整学習形成を意図しない授業を対照群と設定している。

介入群固有のプログラムは，ジマーマン（2008）が提案した自己調整学習のサイクルモデルに準拠して開発されている。このサイクルモデルは，自己評価とモニタリング，目標設定と方略計画，方略実行とモニタリング，方略結果のモニタリングといった4つの過程があり，この過程の循環をとおして自己調整学習が形成される。そして，介入プログラムでは，このサイクルモデルに基づき，自己調整学習を促すための学習ノートを作成している。自己調整学習ノートは，授業の目標設定，方略の設定，自己評価，方略の評価の4つの内容から構成されている。この自己調整学習ノートにおける授業の目標設定と方略の設定は授業開始直後に行い，自己評価と方略の評価は授業終了直前に行っている。

分析の結果，体育適応において，介入群の事後は事前より高い得点を示していた。学校適応感に

おける居心地の良さの感覚と被信頼・受容感は，事前に比べて事後で得点が有意に向上することが確かめられた。介入群は，体育適応が向上していたことから，大学といった新しい環境に慣れ，親密な対人関係を構築するための要因の1つとして体育授業が影響したと考えられる。これは，体育授業に対して積極的に取り組み，自分が体育授業に適応できていると感じることによって，大学での居心地の良さを感じたり，自分は周囲の人から信頼され，受け入れられていると感じていることを意味する。一方，対照群の学校適応感も向上していたが，体育適応感の向上は確かめられなかった。このことから，対照群において体育授業以外の要因がきっかけとなり，大学での居心地の良さを感じ，まわりの人から自分は信頼されているといった感覚が向上したと考えられる。

❸ 体育適応感を促す自己調整学習の仮説モデル

これまでの研究（須﨑・杉山，2015a，2016a）によって，学校適応感を高めるためには，体育適応感を促す体育授業が有効であることが示唆されている。そして，体育適応感の向上を促す手がかりとして自己調整学習が有効であると考えられる。しかし，自己調整学習では動機づけも重要な機能を果たしており，特に自己効力感が重要な動機づけの1つと考えられている（Zimmerman, 1989）。自己効力感とは，ある結果を導くために必要な行動をうまく行うことができるという確信である（Bandura, 1977）。Zimmerman（1995, p.203）は，学業領域の自己効力感（以下，学業自己効力感）を「学習目標を達成するために行動の内容を計画し，実行する自分の能力についての確信」と定義している。この学業自己効力感は学業成績（Pintrich & DeGroot, 1990; Zimmerman & Bandura, 1994）や学業適応（Cazan, 2012; Lent et al., 2009）との間に正の関連が報告されている。このことから，体育授業の学業自己効力感（以下，体育自己効力感）は体育適応感との関連が想定される。そこで，須﨑・杉山（2016b）は，体育自己効力感が自己調整学習方略を介して，体育適応感を促す

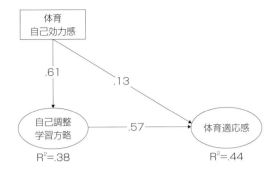

体育
自己効力感

.61

.13

自己調整
学習方略

.57

体育適応感

R²=.38

R²=.44

GFI=.947, AGFI=.901, CFI=.964, RMSEA=.078
†パス上の数値はすべて標準化推定値を示す
††実線のパスはp<.05を示す
†††潜在変数を構成する観測変数と，誤差変数，攪乱変数は
　　省略した

図2　自己調整学習と体育適応感の仮説モデル

仮説モデルを設定し，検討を行っている。

　分析の結果，仮説モデルの各適合度指標は基準を満たす値が得られたことから（**図2**），本研究の仮説モデルは妥当性を有していることが考えられる。体育自己効力感が体育適応感に及ぼす直接効果と間接効果について検討した結果，体育自己効力感から体育適応感への直接効果は有意であり，体育自己効力感が自己調整学習方略を介して，体育適応感に及ぼす間接効果も有意であった。自己効力感は行動を予測するための変数であるが（Bandura, 1977），その働きは行動だけではなく，行動によってもたらされる結果に対して直接的及び間接的に寄与する（Zimmerman & Bandura, 1994）。体育自己効力感は，授業内でのクラスメイトとの良好な関係の構築や授業に対して積極的に取り組めているといった適応状態の認知を直接的に促進するだけでなく，効果的な学習成果を導く自己調整学習方略の使用に働きかけることによって，これらの適応状態の認知に影響を及ぼしていることが示唆された。

■4　仮説モデルに基づく介入

　図2の仮説モデルから体育自己効力感は体育適応感の向上だけではなく，自己調整学習方略をも促す可能性が示唆される。そこで，須﨑・杉山（2017）は，**図2**の仮説モデルに基づき，介入群と対照群を設定し，体育適応感を促すための介入を行っている。介入は，自己調整学習の形成と体育自己効力感を高めるためのプログラムを実施している。なお，自己調整学習の形成の介入プログラムは須﨑・杉山（2016a）に基づき行われている。

　自己効力感は自然発生的に獲得されるものではなく，いくつかの行動や経験をとおして形成されるものである（バンデュラ, 1979）。自己効力感を形成する要因としては，遂行行動の達成，代理的経験，言語的説得及び情動喚起の4つの情報源がある（Bandura, 1977; バンデュラ, 1979）。情報源は単独で用いるより複数の情報源を用いることが自己効力感の形成に効果が高いことが指摘されている（Maddux & Lewis, 1995）。このことから，自己効力感の介入プログラムでは情報源として，遂行行動の達成，代理的経験，言語的説得を取り上げた。

　遂行行動の達成とは，行動をして，その行動が達成できた経験である。達成できた経験を得るために，目標と自己調整学習方略の設定とそれらの評価から構成される自己調整学習ノートを用いている。代理的経験とは，他者の行動の観察をとおして自分もできると感じる経験のことである。他者の行動を観察するために，授業ごとにペアを組ませ，ペア同士で設定した目標と自己調整学習方略及びその評価内容について確認する時間を設けている。言語的説得とは，他者からの前向きな言葉がけである。この言葉がけを得るために，ペア同士で設定した目標と自己調整学習方略及びその評価について確認を行う際に，ペア同士で肯定的な言葉がけを行う時間を設定している。

　分析の結果，自己調整学習方略において，介入群は介入前に比べて介入後で，目標設定，自己教示，モニタリング，努力，自己評価，適応の使用が向上していた。このことから，自己調整学習と体育自己効力感を意図した介入によって，自己調整学習方略の使用が高まったことが考えられる。

　体育自己効力感において，介入群が介入前より介入後で得点が高かった。本研究では，自己効力

感の情報源である遂行行動の達成，代理的経験，言語的説得に焦点をあてて介入を行っており，この介入によって体験群の体育自己効力感が向上した可能性が考えられる。

体育適応において，介入群と対照群が介入前に比べて介入後で有意に向上していた。つまり，介入群において，自己調整学習形成を目的とした介入によって，体育適応が促進されたと考えられる。一方，対照群は，体育自己効力感の向上は確かめられなかったが，イメージや先生への援助要請といった自己調整学習方略を用いながら授業に取り組むことによって，体育適応が有意に向上したと推察される。

連帯志向において，両群ともに授業をとおして有意な変容は確かめられなかった。介入プログラムでは，自己効力感の情報源である言語的説得を操作するために，自己調整学習ノートを用いて，学生同士で評価を行う時間を設けていた。介入をとおしてクラスメイトとの交流が行われていたものの，介入プログラムが体育自己効力感の向上を目的とした内容であったために，連帯志向を促すための効果が得られなかったと考えられる。

以上のことから，体育授業を行うことで体育適応感の向上を促すことは可能であると考えられる。また，体育授業をとおして自己調整学習の形成を目的とした場合には，自己調整学習形成を意図した授業を行うことが必要となると考えられる。

5 豊かな生活を促す体育授業

高等学校の保健体育科では「生涯にわたって豊かなスポーツライフを継続する資質や能力を育てるとともに＜中略＞明るく豊かで活力ある生活を営む態度を育てる。」（文部科学省，2008, p.11）ことを目標としている。つまり，体育授業をとおして，生涯スポーツを実施する能力と豊かで活力ある生活を営む態度が形成されることで，卒業後の生活の質が向上することが推察される。このような生活に対する評価を含む概念として，主観的幸福感があげられる。主観的幸福感は，喜び，悲し

みといった感情反応や，仕事，家族，健康といった各領域の満足，人生の満足に対する全般的評価を含む概念である（Diener et al., 1999）。そのため，主観的幸福感が高いことは，人生や各領域に対する満足感を有し，ポジティブ感情を体験する頻度が多く，ネガティブ感情の体験頻度が少なく，感情体験の強度が比較的強い状態を意味する（石井，1997）。Valois et al. (2004) は，高校生において運動実施が高い者は，運動実施が低い者に比べて，人生の満足感が高いことを報告している。このことから，高校時代の体育授業での運動に対して積極的に取り組むことで，成功体験やそれに伴うポジティブ感情を多く経験し，これらの経験の蓄積が大学生の主観的幸福感の形成に寄与するといったような関係があると考えられる。

しかしながら，高校時代の体育授業での運動への積極性と授業外での運動実施状況が直接的に大学生の主観的幸福感を高める関係を想定することは難しい。この関係には，いくつかの心理的変数が媒介することが考えられる。そこで，須﨑ほか（2018）では，高校時代の体育授業での運動への積極性及び授業外での運動実施状況が主観的幸福感に及ぼす影響に介在する心理的変数として，先行研究で関係性が報告されている運動有能感（西田・澤，1993）と自尊感情（大場，2010）を仮定している。これらの心理的変数の位置づけとしては，高校時代の体育授業での運動への積極性と授業外での運動実施状況が運動有能感に影響を及ぼし，運動有能感が自尊感情を規定し，自尊感情が主観的幸福感に影響を与えるものとする（図3）。

分析の結果，高校時代の体育授業での運動積極性と授業外での運動実施は，運動有能感に正の影響を及ぼしていた。このことから，運動実施が多いほど，運動を行うことで得られる爽快感や満足感を得たり，課題を達成する体験をしたりすることができ，これらの体験の積み重ねによって運動有能感を形成していることが推察される。また，運動有能感が自尊感情に正の影響を及ぼしていた。このことから，運動が上手にできるといった認識を有することが，運動領域に関する評価を高

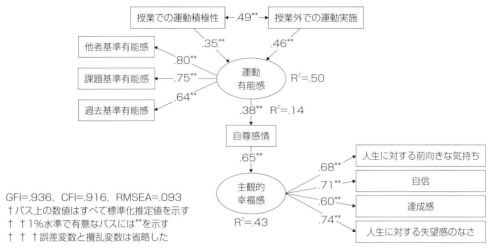

図3 主観的幸福感を促す体育授業の仮説モデル

め，その評価が全般的な自己評価である自尊感情を高めた可能性が推察される。さらに，自尊感情が主観的幸福感に有意な正の影響を及ぼしていた。このことから，自分自身を価値あるものと評価している感覚を有していることで，自分の生活に対する満足感が充足された可能性が推察される。

　以上のことから，高校時代の体育授業での運動への積極性と授業外での運動実施状況は，大学生の運動有能感と自尊感情を介して，主観的幸福感を高める可能性を有することが示唆される。

3. 学校適応感を促すためのスポーツ活動

■ 運動部活動の恩恵

　スポーツ活動には体育授業で行われる活動と，体育授業外で行われる活動がある。そして，体育授業外で行われるスポーツ活動は，構造化された活動と構造化されていない活動に分類される。構造化された活動とは，定期的に参加し，一定のルールや指導者による指導があり，複雑さや難易度が増すスキルの継続的向上が重視され，積極的な注意の持続が必要で，明確なフィードバックを受けることができるといった特徴を有する（Mahoney & Stattin, 2000）。岡田（2009）は，部活動は顧問

が活動を管理・運営し，一定の目的に向けて定期的に活動していることから，構造化された活動として捉えることができると述べている。したがって，本章でも体育授業外での構造化されたスポーツ活動の1つとして運動部活動を位置づける。

　運動部活動の参加と学校適応との関係は，様々な校種において報告がされている。松村・日下部（2014）は，運動部に所属する中学生は，文化部所属と無所属の中学生に比べて学校適応の友人関係と学習関係が，有意に高いことを明らかにしている。竹村ほか（2007）は，運動部活動に参加している高校生は，無所属の高校生に比べて授業満足感が高く，現在から将来にかけての自分自身を把握できないといった自己不明瞭感が低いことを示している。須﨑ほか（2017a）は，運動系の部・サークルに所属する大学生は，所属しない大学生に比べて大学への帰属意識と学校適応感が高いことを明らかにしている。

　このように，運動部活動への参加は学校適応と肯定的な関係を有していることが考えられる。では，運動部活動に参加をすれば，運動部活動の恩恵を得ることができるのだろうか。この点について，岡田（2009）は，部活動への参加が必ずしも恩恵をもたらさないことを指摘している。また，角谷・無藤（2001）は，所属の有無による比較研究ではなく，部活動での傾倒の程度の違いを考慮

することの重要性を指摘している。つまり，運動部活動と学校適応との間に肯定的な関係が生じるためには，運動部活動と個人の関係という観点が重要になると考えられる。

❷ 部活動と個人との関係

　運動部活動と個人との関係を捉える概念として，運動部活動適応感がある。運動部活動適応感とは，「部員個人が，部生活において自己を良好な適応の状態にあると意識していること，あるいは，その状態を近い将来獲得する可能性を認めていること」である（桂・中込，1990）。

　そこで，須﨑ほか（2017b）は，運動部活動が運動部活動適応感を介して，学校適応感に影響を及ぼす仮説モデルを構築し，検討を行っている（図4）。仮説モデルでは，活動頻度と活動時間から学校適応感に直接の影響を及ぼす関係を想定していたが，有意な影響関係は認められなかった。これは，岡田（2009）が指摘するように運動部活動への参加が，必ずしも恩恵をもたらさないことを支持する結果であると考えられる。

　一方で，活動頻度は運動部活動適応感に有意な正の影響を及ぼし，運動部活動適応感は学校適応

GFI=.988，CFI=.984，RMSEA=.049
†パス上の数値はすべて標準化推定値を示す
††有意でないパスは記載せず
†††学校適応感を構成する観測変数，
　　誤差変数，攪乱変数は省略した

図4　学校適応感を促す運動部活動のかかわりの仮説モデル

感に正の影響を及ぼすことが示された。このことから，運動部活動が直接的に学校適応感を促すのではなく，運動部活動をとおして運動部活動適応感が育まれることによって，学校適応感を高めていることが考えられる。

　以上のことから，スポーツを行える運動部活動は，学校適応感を促す機能を有していることが考えられるが，単に所属をするといったことだけではその機能が発揮されないことが考えられる。運動部が生徒や学生にとって重要な居場所として機能することによって，運動部活動をとおして学校適応感を促すことが可能となると考えられる。

◆文献

Bandura, A.（1977）Self-efficacy: Toward a unifying theory of behavioral change. Psychological Review, 84: 191-215.

バンデュラ：根本橘夫訳（1979）社会的学習理論―人間理解と教育の基礎―. 金子書房, pp.89-95.

Cazan, A. M.（2012）Self regulated learning strategies—predictors of academic adjustment. Procedia Social and Behavioral Sciences, 33: 104-108.

Diener, E., Shu, E. M., Lucas, R. E., & Smith, H. L.（1999）Subjective well-being: Three decades of progress. Psychological Bulletin, 125: 276-302.

古川雅文・小泉令三・浅川潔司（1991）小・中・高等学校を通した移行. 山本多喜二・S・ワップナー編著，人生移行の発達心理学. 北大路書房, pp.152-178.

石井留美（1997）主観的幸福感研究の動向. コミュニティ心理学研究, 1: 94-107.

桂 和仁・中込四郎（1990）運動部活動における適応感を規定する要因. 体育学研究, 35（2）：83-91.

木内敦詞・橋本公雄（2012）大学体育授業における健康づくり介入研究のすすめ. 大学体育学, 9: 3-22.

Lent, R. W., Taveira, M. D. C., Sheu, H. B., & Singley, D.（2009）Social cognitive predictors of academic adjustment and life satisfaction in Portuguese college students: A longitudinal analysis. Journal of Vocational Behavior, 74: 190-198.

Maddux, J. E. & Lewis, J.（1995）Self-efficacy and adjustment: Basic principles and issues. In: Maddux, J. E.（ed.）Self-efficacy, adaptation, and adjustment: Theory, research, and application. Plenum Press, pp.37-68.

Mahoney, J. L. & Stattin, H.（2000）Leisure activities and adolescent antisocial behavior: The role of structure and social context. Journal of Adolescence, 23: 113-127.

文部科学省（2008）高等学校学習指導要領解説 保健体育編. 東山書房, p.11.

松村宏美・日下部典子（2014）部活動適応感が学校適応感に及ぼす影響. 福山大学こころの健康相談室紀要, 8: 83-91.

西田 保・澤 淳一（1993）体育における学習意欲を規定する要因の分析. 教育心理学研究, 41: 125-134.

岡田有司（2009）部活動への参加が中学生の学校への心理社会的適応に与える影響―部活動のタイプ・積極性に注目して―. 教育心理学研究, 57: 419-431.

大場 渉（2010）体育における学習意欲プロセスモデルの検討. 日本教科教育学会誌, 33（3）: 21-30.

大久保智生（2005）青年の学校適応への適応感とその規定要因－青年用適応感尺度の作成と学校別の検討－. 教育心理学研究, 53: 368-380.

大久保智生・青柳 肇（2004）中学生用学校生活尺度の作成と信頼性・妥当性の検討. 日本福祉教育専門学校研究紀要, 12: 9-15.

大隅香苗・小塩真司・小倉正義・渡邉賢二・大崎園生・平石賢二（2013）大学新入生の大学適応に及ぼす影響要因の検討―第1志望か否か，合格可能性，仲間志向に注目して―. 青年心理学研究, 24: 125-136.

Pintrich, P. R. & DeGroot, E. V.（1990）Motivational and self-regulated learning components of classroom academic performance. Journal of Educational Psychology, 82: 33-40.

佐々木万丈（2003）体育の授業に対する適応: 中学生の場合. 体育学研究, 48: 153-167.

シャンク: 伊藤崇達訳（2006）第4章 社会的認知理論と自己調整学習. 塚野州一編訳, 自己調整学習の理論. 北大路書房, pp.119-147.

角谷詩織・無藤 隆（2001）部活動継続者にとっての中学校部活動の意義―充実感・学校生活への満足度とのかかわりにおいて―. 心理学研究, 72（2）: 79-86.

須﨑康臣・中須賀巧・谷本英彰・杉山佳生（2018）高校体育授業が大学生の主観的幸福感に及ぼす影響. 体育学研究, 63（1）: 411-419.

須﨑康臣・杉山佳生（2015a）大学生の体育適応感が学校適応感に及ぼす影響: 自己調整学習の視点から. 体育学研究, 60（2）: 467-478.

須﨑康臣・杉山佳生（2015b）自己調整学習と体育授業に対する適応との関連. 九州体育・スポーツ学研究, 29（2）: 1-11.

須﨑康臣・杉山佳生（2016a）自己調整学習理論に基づく体育授業が大学新入生の体育適応感と学校適応感に及ぼす影響. 体育・スポーツ研究, 15: 16-23.

須﨑康臣・杉山佳生（2016b）自己効力感および自己調整学習方略が大学生の体育適応感に及ぼす影響. 体育学研究, 61: 91-102.

須﨑康臣・杉山佳生（2017）大学生を対象とした体育授業における自己調整学習方略と体育自己効力感を促すための介入プログラムの効果. 体育学研究, 62（1）: 227-239.

須﨑康臣・斉藤篤司・杉山佳生（2017a）大学への帰属意識と大学適応感との関連：部活動・サークルの所属からの検討. 体育・スポーツ教育研究, 17（1）: 5-13.

須﨑康臣・斉藤篤司・杉山佳生（2017b）大学生における学校適応感と部活動・サークル適応との関係. 九州体育・スポーツ学会第65回大会発表抄録, 31（1）補遺版: 22.

竹村明子・前原武子・小林 稔（2007）高校生におけるスポーツ系部活動参加の有無と学業の達成目標および適応との関係. 教育心理学研究, 55: 1-10.

辰野千尋（1998）学習方略の心理学―賢い学習者の育て方―. 図書文化社, p.11.

豊田秀樹（1998）共分散構造分析［入門編］―構造方程式モデリング―. 朝倉書店.

Valois, R. F., Zullig, K. J., Huebner, E. S., & Drane, J. W.（2004）Physical activity behaviors and perceived life satisfaction among public high school adolescents. Journal of School Health, 74: 59-65.

Zimmerman, B. J.（1989）A social cognitive view of self-regulated academic learning. Journal of Educational Psychology, 81: 329-339.

ジマーマン: 塚野州一訳（2007）第1章 学習調整の自己成就サイクルを形成すること: 典型的指導モデルの分析. 塚野州一編訳, 自己調整学習の実践. 北大路書房, pp.1-19.

ジマーマン: 塚野州一・牧野美知子訳（2008）自己調整学習の指導―学習スキルと自己効力感を高める. 北大路書房.

Zimmerman, B. J.（1995）Self-efficacy and educational development. In: Bandura, A.（ed.）Self-efficacy in changing societies. Cambridge University Press, pp.202-231.

Zimmerman, B. J. & Bandura, A.（1994）Impact of self-regulatory influences on writing course attainment. America Educational Research Journal, 31: 845-862.

5章 運動・スポーツ活動への参加を通じた心理社会的発達

上野耕平

1. はじめに

スポーツ経験が人間的成長を導くことは，これまで自明のことであるように受け止められてきた。他方，高校・大学運動部員やスポーツ指導者による問題行動や事件に関する報道が珍しくない現状において，本テーマはより関心をもって取り組まれるべきテーマであると言える。近年，欧米の研究成果について行われたメタ分析の結果は，スポーツ経験が青少年の健全育成（positive youth development：以下，PYD）に及ぼす影響は一様ではなく，スポーツ経験の内容によって，またパーソナリティやライフスキルなど発達を促す側面によっても異なることを示している（Bruner et al., 2021）。

本章では，運動・スポーツ活動への参加を通じた心理社会的発達に関する研究成果について，諸外国における研究成果を視野に入れつつも，わが国における研究の発展を中心に説明していく。なおその際，著者による研究成果を中心として先行研究を位置づけることをあらかじめ断っておく。

2. 運動・スポーツ活動への参加を通じた心理社会的発達に関する先行研究

① 先行研究の眺め方

本テーマに関する研究はアスリートや学校体育の参加者を対象として，スポーツ活動への参加が主に彼らのパーソナリティに及ぼす影響の確認から始められた（鈴木・中込，1988）。現在，北米やオーストラリアを中心に行われているスポーツ活動への参加を通じたPYDプログラムでは，従属変数がパーソナリティからコミュニケーションスキルや自己コントロール能力，課題解決能力など，多様な心理社会的スキルや能力に広がっているほか，それらの獲得に注目した活動が実施されるようになっている（Bruner et al., 2021）。

厳密な意味では，運動・スポーツ活動への参加を通じて参加者の心理社会的発達が促進されたことを明らかにすることには限界がある。一方で，一定の条件を備えた研究成果に基づくならば，両者の因果関係について推測することは可能であると考えられる（中込，1993）。したがって，この一定の条件が本テーマに関する研究を眺める上での視点となる。

まず第一に，運動・スポーツ活動における経験内容を特定・限定する必要がある。運動・スポーツ活動と言っても，参加者がそこで経験する内容は様々である。その中から，パーソナリティの変容や心理社会的スキルの獲得を促進すると推測される経験内容を特定・限定した上で，その影響について確認する必要がある。本条件が満たされた研究成果からは，参加者の心理社会的発達を促す具体的な活動内容を提示することができる。次に，運動・スポーツ活動への参加を通じた変容や獲得について，理論的説明が可能なパーソナリティや心理社会的スキルなどを研究上の従属変数とする必要がある。運動・スポーツ活動への参加を通じた変容や獲得が理論的に説明された変数であれば，それを確認する手立てを研究に含めることも可能となり，両者の因果関係を説明する拠り所とすることができる。最後に，従属変数とするパーソナリティや心理社会的スキルなどの選択に際しては，対象者の発達段階を考慮する必要がある。生涯発達心理学の視点からは，人生の各時期において解決すべき課題が示されている（ニュー

マン・ニューマン，1988）。また学校教育の観点からは，児童や生徒の発達に応じて育成すべき資質や能力が学習指導要領に示されている。対象者の発達段階に応じた課題の解決，資質や能力の獲得を目指すことにより，そこでの運動・スポーツ活動の意義について彼らの生涯発達の中での説明が可能となる。

われわれは子どもも含め一日中運動やスポーツ活動を行っているわけではない。また，運動経験ほか，様々な要因を統制した上でのランダム化比較試験を行うことも現実的には不可能である。しかし，上述した条件を満たした研究を積み重ねることにより，「どのような活動をすれば，どのような側面の発達が促されるのか」について，社会に対して説明可能な成果が得られると考えられる。

❷ これまでの研究の到達点

これまでの間に，本テーマに対して最も説得力のある説明を行った研究として中込（1993）があげられる。中込は大学生スポーツ競技者が遭遇する経験内容として「けがや二軍落ち，競技成績の不振」など，スポーツに高い自我関与を示すスポーツ競技者にとって心理的危機となる経験に着目した。その上で，エリクソン（1973）による漸成原理を拠り所として，青年期にある彼らの心理社会的発達課題であるアイデンティティ形成を従属変数として研究を行った。その結果，競技的にスポーツに参加する中で直面するけがや二軍落ちといった危機的な経験への対応が，職業選択など自らの生き方を決める課題に対する対処様式の獲得につながっていたこと，また競技場面での危機経験が，青年期後期におけるアイデンティティ形成のための先行経験となることを確認し，競技場面で遭遇する危機への取り組み（危機様態における相互性）が，青年期の発達上の課題であるアイデンティティ形成への取り組みにおいても繰り返されると結論している。以上のように，一連の研究を通じて中込は運動・スポーツ活動への参加を通じて心理社会的発達が促進される可能性を示した

と言える。

一方で，中込（1993）は学生スポーツ競技者が競技場面において遭遇する危機的な経験に注目しており，日常的に経験するスポーツ活動の内容については扱っていない。また，その対象についても青年期後期にある大学生を中心とした研究成果であった。そこで上野（2015）は，青年期の入り口に立つ中学・高校生を対象とし，彼らが運動部活動において経験する内容として「目標設定や計画立案，コミュニケーション」など，勝利や能力の向上を目指して活動する中で獲得が期待され，日常生活場面に般化可能な心理社会的スキルに着目した。その上で，Danish et al.（1993）による生涯発達介入モデルに基づき，中学・高校生が自らの人生を主体的に選び取っていく上で必要とされるライフスキルを従属変数として研究を行った。その結果，運動部員が獲得している競技状況スキル（競技場面における心理社会的スキル）はライフスキルとして般化することにより，学校生活において彼らが直面する課題（日常生活におけるストレス，競技成績の向上，大学進学に向けた進路選択）への対応能力を促進する役割を果たすこと，また競技状況スキルのライフスキルへの般化は，観察学習の学習過程（注意・記憶の保持・運動再生・動機づけ）を反映させた指導を行うことにより促進されることを確認し，適切な指導を伴う運動部活動への参加を通じて，生徒は自らの人生を主体的に選び取っていく上で必要とされるライフスキルを獲得できると結論している。以上のように，上野は中学・高校生が経験する運動・スポーツ活動においても，適切な指導を受けることにより心理社会的発達が促進される可能性を示したと言える。

❸ 児童期における運動・スポーツ経験への注目

上述した研究成果は，いずれも参加者の生涯発達を視野に含めており，参加者の発達段階である青年期に即して従属変数及び運動・スポーツ経験の内容が特定・限定されていた。他方，青年期と同様に運動・スポーツ経験が参加者の心理社会的発達に少なからず影響を及ぼすと考えられる発達

段階として児童期があげられる。したがって，児童期において体験することが期待される運動・スポーツ経験の内容についても確認する必要がある。

　児童期は子どもが初めてスポーツと出会う時期である。そして児童期にあたる小学生を主たる対象として，運動やスポーツの楽しさを味わう中で心身の健全な発達を促進してきた活動としてスポーツ少年団があげられる（米谷，2019）。ただし，加入が任意であるスポーツ少年団の活動では，活動に参加できない子どもについては取り残されることになる。子どもの身体活動・運動量の二極化が指摘されて久しい現状において，置かれた環境にかかわらずあまねく子どもに運動やスポーツを体験させることのできる活動は学校体育である。したがって，学校体育に注目することでより多くの児童の心理社会的発達を促すことができると考えられた。そこで次節では，学校体育における教材として鬼ごっこ（以下，鬼遊び）に注目し，鬼遊びへの参加を通じた援助自己効力感の向上を促す体育授業の開発と実践に関する研究成果について紹介する。

3. 鬼遊びへの参加を通じた援助自己効力感の向上を促す体育授業の開発と実践

■ 援助行動を含む鬼遊びの開発

①鬼遊びの学校体育における位置づけ

　上野ほか（2018）は学校体育における運動・スポーツ経験として鬼遊びに注目することの意義について以下のように指摘している。

　まず1つは，鬼遊びが児童期の身体的発達を促進する上で有効な運動遊びである点である。鬼遊びは，学校の休憩時間に盛んに行われるなど，子どもにとって非常に身近な遊びである。そして児童期が生涯にわたって運動やスポーツに親しむ上で必要とされる基礎的能力を培う時期であることからすれば，多様な動きが含まれている鬼遊びは特に児童期において実施されるべき運動遊びであ

ると言える（三木，2010；上田，2007）。

　次に，鬼遊び自体に援助行動が含まれている点である。一部の鬼遊びにはただ単に自分だけが鬼から逃げ切るのではなく，鬼に捕まった仲間やともに逃げている仲間を助けつつ，自らも逃げ切れることを目指すルールが存在する。梅垣・友添（2010）は，体育における道徳学習や責任学習の先行研究をレビューし，今後の研究に求められる内容として，運動やスポーツで用いられる技術そのものに含まれている，道徳性や社会性を高める要素に注目した研究をあげている。そしてその具体例として，柔道において相手が受け身を取りやすいよう行われる投げ技後の引き手を紹介し，こうした運動やスポーツに特有な要素を利用した教授方法を開発することが，教科としての体育の存在意義を高めることにつながると述べている。したがって，鬼遊び自体に含まれる社会的な態度である援助行動に注目した体育授業を展開することは，過去に多くの国で非生産的であると批判された体育の存在意義（友添・梅垣，2007）を高めることにつながると考えられる。

　最後に，援助行動を促進する鬼遊びが小学校学習指導要領において実施が求められている体ほぐしの運動の教材として利用できる点である。体ほぐしの運動は全学年を対象に「体への気づき」「体の調整」「仲間との交流」を主眼として実施され，運動の得意不得意を越えて，仲間と運動を楽しんだり，協力して運動課題を達成することを目的としている。大津ほか（2010）は，学級崩壊やいじめなどの問題を前にして，児童の心の問題に対する体育の役割が再認識された結果，「仲間との交流」などを主眼とする体ほぐしの運動にその役割が期待されるようになったとしている。本研究において開発する鬼遊びは，鬼から捕まらず逃げ切れることや，また鬼として沢山の逃げ手を捕まえられることではなく，逃げる仲間を鬼から助けられることが技能の卓越を示すルールとなっている。以上のように，援助行動によって仲間同士の交流を促進する鬼遊びは，体ほぐしの運動の教材としても有効であると考えられる。

②援助行動を導く援助自己効力感への注目

　鬼遊びへの参加を通じて発達を促す心理社会的側面として本研究では援助自己効力感に注目している。そもそも援助行動は心理学において向社会的行動の1つであるとされる。その定義は研究者によって少しずつ異なるものの，自発的に行われ，かつ他者に利益を与えるという特徴がほぼ共通して認められる（永井，2011）。田崎（1993）は児童・生徒の向社会的行動についてレビューする中で，その中心として分与行動とともに援助行動を位置づけている。そして援助行動を促進する要因として，時間的余裕や援助にかかるコストなどとともに，過去の援助経験によって得られた肯定的な気分があることを示している。永井（2011）もまた，これまでの援助行動に関する研究をレビューし，援助行動を促進する個人内要因の1つとして過去の援助経験をあげている。これらの研究成果は，他者を援助することによって得られる肯定的な気分や援助の成功経験が，次に援助が求められる事態に遭遇した際の援助行動を促進する可能性を示している。そしてMidlarsky（1991）は援助経験が次なる援助行動を生み出す過程について，援助行動を行った結果得られる人生の有意義感や自己効力感の高まり，肯定的な気分などの援助成果を感じることが，援助行動に対する動機づけの高まりを導き，ひいては次なる援助行動につながるとするモデルを提唱している。例え鬼遊びの中での経験であっても，援助経験を重ねることによって得られる自己効力感の高まりや肯定的な気分は，児童の援助行動に対する動機づけを高め，次なる場面における児童の援助行動を促進する可能性があると推測された。

　山極（2015）は長年にわたる霊長類研究に基づき，家族やコミュニティが果たす役割が変化する中で，個人の能力を高めるだけでなく，仲間が互いに補い合い他者と協力して目標に向かうことが社会の維持や幸福につながるとしている。他者の置かれた状況への共感や援助行動の重要性は個人主義が進む現代社会においてより高まっていると考えられ，まさに学校現場において促進されるべ

き行動であると考えられた。

③援助行動を含む鬼遊び（なかま鬼）のルール

　本研究において開発した鬼遊びであるなかま鬼は以下のルールに基づいて行われる。バレーボールコート半面程度の広さの四角形の枠内において6人の児童により実施する。児童が1人の鬼と逃げ手5人に別れる。鬼が手を叩く合図で鬼遊びが開始され，逃げ手の児童は鬼にタッチされないように枠内を逃げ回る。逃げ手の児童は逃げ手同士で手をつないでいる間は鬼にはタッチされないが，逃げ手の児童は一度に複数の児童と手をつなぐことはできない。逃げ手が鬼にタッチされた場合は，一端鬼遊びを停止した後，鬼が手を叩く合図で鬼遊びを再開する。授業担当教諭の笛が鳴るまでの1，2分程度の間，タッチされても鬼と逃げ手は交代することなく鬼遊びを続けた後に，順番に鬼の役割を交代しながら鬼遊びを繰り返す。なお開始前に「自分だけが助かるのは簡単である一方，鬼に追われている児童を助けようとすることに価値がある」ことを，授業担当教諭が説明した上で実施する。一般的な鬼遊びでは「できるだけ長く鬼に捕まらないこと」や「鬼から巧みに逃げること」が技能の卓越を示す。しかしなかま鬼では「自分が捕まるリスクを抱えつつも，できるだけ多くの仲間を助けるために行動すること」が技能の卓越を示す行動となる。また，多くの鬼遊びでは敏捷性に優れていることが技能の卓越を強く説明するが，なかま鬼では敏捷性に劣っていたとしても，動き方を工夫することによって仲間を助けることができる。したがって，なかま鬼への参加を通じて，より多くの児童が他者を助ける経験を重ねることができると考えられた。

❷ 運動遊びにおけるなかま鬼の実践

①援助自己効力感尺度（低・中学年児童用）の作成

　上野（2017a）は援助自己効力感を「援助行動に対する効力の予期」と定義し，なかま鬼への参加を通じた援助自己効力感の変化を測定する尺度として援助自己効力感尺度（低・中学年児童用）

を作成している。吉村（2003）が作成している向社会的行動尺度の下位尺度である「援助行動」を下敷きに質問項目を構成し，2年生から4年生までの児童213名に対して4件法により行った質問紙調査の結果，1因子6項目から構成される尺度を作成した（表1）。本尺度は同時に実施した児童用社会的スキル尺度（石川・小林，1998），児童用共感測定尺度（桜井，1986），さらには児童の過去1週間の援助頻度を尋ねた質問に対する回答との間で，それぞれ中程度以上の相関関係が認められ，低・中学年児童の援助自己効力感を測定する尺度としての妥当性を備えていると考えられた。坂野・東條（1993）は自己効力感の査定や評価に際して，人格特性と同様に個人の行動を規定する一般的な自己効力感を測定する必要性とともに，ある特定の課題や状況における行動を規定する自己効力感を測定する必要性に言及した上で，後者を測定する尺度が喫煙行動のほか，不安反応や恐怖反応などの変容を予測する上で有効であったことを示している。援助自己効力感尺度（低・中学年児童用）は「学校生活場面における援助行動」という特定の課題に対する自己効力感を測定する尺度であると言える。なお後に上野（2017b）は，児童の発達に合わせて項目の一部に修正を加えたほか，回答をより詳しく分析できるよう6件法に修正した援助自己効力感尺度（高学年児童用）も作成している。

表1　援助自己効力感尺度（低・中学年児童用）の質問項目

No	質問項目
1	先生にしかられた子をなぐさめる
2	先生がにもつをはこんでいるときに手つだう
3	かかりや日直のしごとを手つだう
4	教室でけんかしている子がいたら先生をよびに行く（教室でけんかしている子がいたら何とかして止めようとする）
5	あそぶとき，教室でひとりになっている子もさそう
6	しっぱいしておちこんでいる子をはげます

注　高学年児童用では括弧内の質問を使用する

②運動遊びにおけるなかま鬼への参加による影響の確認

上野（2017a）は作成した尺度を用いて，自らが主催する学童保育活動に参加した2・3年生児童45名を対象として，なかま鬼への参加が援助自己効力感に及ぼす影響について確認した。学童保育活動の中での運動遊びとして，なかま鬼とともに「しっぽ取り」を実施した上で，両鬼遊びへの参加前後の援助自己効力感の値について反復測定による分散分析を行った（表2）。その結果，交互作用は有意傾向に止まったものの，援助行動を含まない鬼遊びであるしっぽ取りと比較して，なかま鬼への参加後に援助自己効力感が高まる傾向が認められ，鬼遊び中に頻繁に行われる援助経験が援助自己効力感の向上に関係する可能性が窺われた。また，参加者の一部から得られた反復横跳びの記録となかま鬼参加中の援助頻度及び被援助頻度に関する主観的評価との相関係数を確認した結果，それぞれ有意な相関関係は認められなかった。つまり，なかま鬼において技能の卓越を示す援助行動が，敏捷性に優る一部の児童に偏っていたわけではなかったほか，被援助行動についても敏捷性に劣る児童に偏っていたわけではなかったと言える。本結果は運動の得意不得意を越えて仲間と運動を楽しむという体ほぐしの運動の趣旨に沿うものであり，なかま鬼が体ほぐしの運動として適した運動遊びであることの一端を示していると考えられた。

③ 体育授業におけるなかま鬼の実践

①鬼遊びの実施方法の調整

これまでに実施されたなかま鬼は学童保育活動における運動遊びの場において実施されたものであり，その活動の目的や内容について特に問われるものではなかった。一方で，学校の体育授業においてなかま鬼を実施する上では，学習指導要領に沿うだけでなく，授業を実施する担当教諭と意見を交換しつつ，体育における教材として授業内で実践可能な形に再構成する必要があった。そこで上野ほか（2018）では，著者が所属する大学の

附属学校教員の協力を仰ぎ手続きを整えた。授業では最初になかま鬼の目的とルールについて説明し，間に振り返りの時間を挟んで前半戦と後半戦を行い，最後に授業のまとめを行う。児童は1グループ6名程度からなる4つ以上のグループに分かれ，十字型に4分割した体育館のそれぞれの場所もしくは休憩グループに割り当てられる（図1）。担当教諭による役割交代の合図のたびに時計回りに場所を移動しながら，役割が一回りする回数分前半戦を実施する。その後，仲間の助け方や助けられたときの気持ちについて全員で振り返った後に後半戦を実施し，最後に再度児童の気持ちや援助・被援助行動について確認して終了する手続きとした。そして3年生児童63名を対象として試行的に授業を実施し，授業が想定どおり進むことを確認した。また児童の反復横跳びの記録となかま鬼参加中の援助頻度及び被援助頻度に関する主観的評価との相関係数を確認した結果，運動遊びの場合と同様に有意な関係性は認められなかった。

②体育授業におけるなかま鬼への参加による影響の確認

　上野ほか（2018）はなかま鬼を実践する体育授業に参加した2クラスの5年生児童60名を対象として，なかま鬼への参加が援助自己効力感に及ぼす影響について確認した。体育における体ほぐしの運動として，なかま鬼とともに「しっぽ取り」を2クラスで交互に実施した上で，両鬼遊びへの参加前後の援助自己効力感の値について，鬼遊びの種類（なかま鬼・しっぽ取り）及び調査時期（実施前・実施後）を独立変数として，反復測定による分散分析を実施した（表3）。その結果，両独立変数の交互作用が有意であった。そこで単純主効果を確認したところ，なかま鬼実施前後の平均値の差が有意であり，実施前よりも実施後のほうが高かったほか，なかま鬼実施後としっぽ取り実施

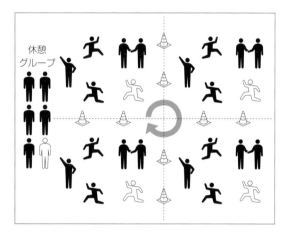

図1　なかま鬼の体育における実践状況

表2　運動遊びにおけるなかま鬼の実践に関する分散分析の結果

| | | 参加前 | | 参加後 | | 交互作用 | 主効果 | | 単純主効果 | η^2 |
		Mean	SD	Mean	SD		時期	鬼		
援助自己効力感	なかま鬼	3.13	.09	3.34	.08	3.86†	4.45*	.03	参加前<参加後**	.03
	しっぽ取り	3.24	.08	3.25	.11	.03	.03	.00		

交互作用・主効果：上段F値，下段η^2　　　　　　　　　　　　　　　　**p<.01,*p<.05,†p<.10

表3　体育授業におけるなかま鬼の実践に関する分散分析の結果

| | | 鬼遊び前 | | 鬼遊び後 | | 交互作用 | 主効果 | | 単純主効果 | η^2 |
		Mean	SD	Mean	SD		時期	種類		
援助自己効力感	なかま鬼	4.10	1.32	4.33	1.30	9.29**	.43	1.94	なかま鬼前<なかま鬼後*	.05
	しっぽ取り	4.19	1.30	4.05	1.46	.15	.01	.04	しっぽ取り後<なかま鬼後**	.07

交互作用・主効果：上段F値，下段η^2　　　　　　　　　　　　　　　　　　　　**p<.01,*p<.05

後の平均値の差が有意であり，しっぽ取り実施後よりもなかま鬼実施後のほうが高かった。さらに，鬼遊び実施中に児童が行った援助行動及び被援助行動の頻度に関する主観的評価について比較したところ，援助行動及び被援助行動ともに，しっぽ取りよりもなかま鬼に参加している間のほうが行動の頻度に関する主観的評価が高いことが明らかになった。以上の結果から，援助行動がより促されるなかま鬼に参加することにより，児童の援助自己効力感が高まる可能性が示された。

　一連の研究を通じて，学校体育で実施されるなかま鬼に参加する中で援助経験を重ねることにより，児童の援助自己効力感が向上する可能性があることが示された。Midlarsky（1991）が示したモデルに従えば，鬼遊びの中での経験ではあっても，援助経験を重ねることによって得られる自己効力感の高まりや肯定的な気分は，児童の援助行動に対する動機づけを高め，次なる場面における児童の援助行動を促進すると推測された。

4. 研究のまとめと今後の展望

　運動・スポーツ活動への参加を通じた心理社会的発達について明らかにすることには限界があるものの，一定の条件を備えた研究成果であれば，そのメカニズムの解明に迫ることができることを指摘した。そして本章において紹介した研究は，それらの条件を満たしていたことから，両者の関係性に対する説明を可能にしたと言える（**表4**）。欧米における本テーマに関する研究は，スポーツ活動への参加を通じたPYDプログラムの効果の検証という形で続けられてきたと言える（Bruner et al., 2021, Williams et al., 2022）。そしてそこでも，より効果的なPYDプログラムを開発する上で，介入内容（独立変数）とその成果（従属変数）の関係について，理論的に説明する研究が必要であると結論されている（Bruner et al., 2021）。運動・スポーツ活動への参加を通じた心理社会的発達に関する研究を眺める上で，上述した条件は今後も変わりなく重要とされるであろう。

　少子化が急速に進むわが国では，14歳以下にあたる年少人口は2020年からの30年間でおよそ3分の2まで減少すると推定されている（内閣府, 2022）。また世界的に展開される動画共有サービス等を通じて幼少期から多種多様な情報に触れる現代では，子どもが親しむ遊びもますます多様化しており，運動やスポーツが遊びとして選ばれる機会はより少なくなっている。

　一方で，運動やスポーツが置かれている状況も大きく変化している。VR（virtual reality）機器の進歩は運動やスポーツの新たな魅力の創出につながるであろうし，eスポーツの発展は障害の有無

表4　本章で紹介した研究のまとめ

	中込（1993）	上野（2015）	上野ほか（2018）
背景にある考え方	生涯発達心理学	生涯発達心理学	学習指導要領 生涯スポーツ
経験内容 （独立変数）	怪我や二軍落ちなどの危機的な経験	試合への目標設定や練習計画の立案	なかま鬼での援助経験
心理社会的発達 （従属変数）	アイデンティティ形成	ライフスキルの獲得	援助自己効力感の向上
説明理論	漸成原理（エリクソン, 1973） 危機理論	生涯発達介入モデル（Danish et al., 1993） 社会的学習理論（バンデュラ, 1979）	援助行動に関する概念モデル（Midlarsky, 1991） 社会的学習理論（バンデュラ, 1979）
対象者の発達段階	青年期後期	青年期前期	児童期
運動・スポーツ場面	大学運動部活動 競技スポーツ	中学・高校運動部活動	小学校体育

にかかわらずスポーツを楽しむ環境を作り出す上で大きな役割を果たすと考えられる。これまで人々は，運動やスポーツの楽しさといった自己目的的な価値に止まらず，時代背景に応じて体力強化や人間形成，仲間づくりなど様々な価値を強かに見出し，運動やスポーツを次世代に残してきた。本テーマに関しても，個人として自立することの重要性が叫ばれた時代（アイデンティティ形成）から，自己責任が強調され能力やスキルの獲得を通じて社会を生き抜く力が求められた時代（ライフスキルの獲得），そして行き過ぎた能力主義や個人主義からの揺り戻しが生じた時代（援助自己効力感）といった時代の変化が読み取れる。運動やスポーツを未来の社会にも残せるよう，時代に応じた運動・スポーツの価値を見出し，エビデンスに基づき主張する研究が求められる。

◆文献

バンデュラ：原野広太郎監訳（1979）社会的学習理論．金子書房．

Bruner, M. W., McLaren, C. D., Sutcliffe, J. T., Gardner, L. A., Lubans, D. R., Smith, J. J., & Vella, S. A.（2021）The effect of sport-based interventions on positive youth development: A systematic review and meta-analysis. International Review of Sport and Exercise Psychology, Published online: 28 Jan 2021.

Danish, S. J., Petitpas, A. J., & Hale, B. D.（1993）Life development intervention for athletes: Life skills through sports. The Counseling Psychologist, 21: 352-385.

エリクソン：小此木啓吾ほか訳（1973）自我同一性：アイデンティティとライフサイクル．誠信書房．

石川芳子・小林正幸（1998）小学校における社会的スキル訓練の適用について．カウンセリング研究，31: 301-309.

Midlarsky, E.（1991）Helping as coping. In: Clark, M. S.（ed.）Prosocial behavior. Sage, pp.238-264.

三木ひろみ（2010）体育のカリキュラム構成．高橋健夫ほか編著，新版体育科教育学入門．大修館書店，pp.39-45.

永井暁行（2011）援助行動に関する研究の動向と課題．中央大学大学院研究年報，40：53-69.

内閣府（2022）令和4年版　少子化社会対策白書　全体版．（参照日：2022年6月27日https://www8.cao.go.jp/shoushi/shoushika/whitepaper/measures/w-2022/r04pdfhonpen/r04honpen.html）

中込四郎（1993）危機と人格形成．道和書院．

ニューマン・ニューマン：福富護訳（1988）新版生涯発達心理学―エリクソンによる人間の一生とその可能性．川島書店．

大津展子・細越淳二・高橋健夫（2010）体育授業における社会的な行動の変容に関する検討―スポーツ教育モデルの実践を通して―．スポーツ教育学研究，29（2）: 17-32.

坂野雄二・東條光彦（1993）セルフ・エフィカシー尺度．上里一郎監　心理アセスメントハンドブック．西村書店，pp.478-489.

桜井茂男（1986）児童における共感と向社会的行動の関係．教育心理学研究，34：342-346.

鈴木壮・中込四郎（1988）スポーツ経験による人格変容に関する研究展望．岐阜大学教育学部研究報告（自然科学），12: 59-72.

田崎敏昭（1993）児童・生徒の向社会的行動―援助行動と分配行動―．佐賀大学教育学部紀要，41（1）: 135-148.

友添秀則・梅垣明美（2007）体育における人間形成論の課題．体育科教育学研究，23（1）: 1-10.

上田憲嗣（2007）豊かな運動感覚を育む低学年体育の在り方―コオーディネーション能力の育成を構想する―．体育科教育，55（10）: 36-39.

上野耕平（2015）運動部員が獲得した競技状況スキルのライフスキルへの般化．筑波大学博士論文．

上野耕平（2017a）運動遊びにおける援助経験が児童の援助自己効力感に及ぼす影響．香川大学教育学部研究報告第Ⅰ部, 148: 57-65.

上野耕平（2017b）援助行動を促進する鬼遊びへの参加が児童の援助自己効力感及び学級適応感に及ぼす影響．日本スポーツ心理学会第44回大会研究発表抄録集，pp.134-135.

上野耕平・山神眞一・石川雄一・野﨑武司・宮本賢作・米村耕平・前場裕平・大西美輪・山路晃代・山本健太・増田一仁・倉山佳子・三宅健司・石川敦子・山西達也（2018）児童の援助行動に注目した鬼遊びの体育授業における実践．香川大学教育実践総合研究, 36: 33-40.

梅垣明美・友添秀則（2010）JTPE掲載論文にみる体育における道徳学習と責任学習の研究動向．スポーツ教育学研究，29（2）: 1-16.

Williams, C., Neil, R., Cropley, B., Woodman, T., & Roberts, R.（2022）A systematic review of sport-based life skills programs for young people: The quality of design and evaluation methods, Journal of Applied Sport Psychology, 34（2）: 409-435.

山極寿一（2015）人にはどうして家族が必要なのでしょう．考える人，51: 26-53.

米谷正造（2019）スポーツ少年団の理念とその意義．日本スポーツ協会日本スポーツ少年編　スポーツリーダー兼スポーツ少年団認定員養成テキスト，pp.11-16.

吉村真理子（2003）児童の「向社会的行動」測定の試み．千葉敬愛短期大学紀要，25: 119-134.

スポーツを通じた社会貢献

渋倉崇行

スポーツが有する資源を効果的に用いて社会貢献につなげていくという観点は，今後ますます重要視されるであろう。企業の社会的責任を意味するCSR（Corporate Social Resposibility）が注目を集める中，プロスポーツチームによるCSR活動も行われている。具体的な活動としては，子どもを対象としたスポーツ教室の開催のほか，自治体との協定を通じて，スポーツに限定しない街づくりや新産業の創出など，地域の課題解決を目指す活動にも取り組んでいる。スポーツを通じた社会貢献は，健康や人間形成などスポーツの特性を活かしたものや，社会に対するスポーツの影響力を期待したものなどが想定される。

スポーツを通じた社会貢献は，国際協力という観点からも注目される。2000年に開催された国連ミレニアム・サミットでは，極度の貧困や飢餓の撲滅など，2015年までに達成すべき内容を示した「ミレニアム開発目標（MDGs）」が設定された。そして，その達成に向けてスポーツが果たしうる役割も検討された。現在は，「持続可能な開発目標（SDGs）」へと引き継がれ，そこでもSDGs達成に向けたスポーツの役割について言及されている。すなわち，スポーツが開発，平和，健康，教育，そして社会包摂的目標への貢献と同様に女性や若者，個人やコミュニティの能力強化に寄与することが指摘された。このように，開発の文脈ではスポーツがそれを後押しする効果的な手段であるとの位置づけがなされている。

わが国に目を転じてみると，東京2020大会に向けたスポーツによる国際貢献事業であるスポーツ・フォー・トゥモロー（SFT）が，2014年から展開されてきた。SFTでは開発途上国を対象とした国際協力や交流も活発に行われた。筆者が代表を務める一般社団法人もSFTコンソーシアム会員として，フィリピン・セブ市のスラムで暮らす子どもにスポーツ活動を提供する活動を行ってき

た。すなわち，学校に通うことが困難な子どもに対してスポーツ活動を通じたライフスキル教育を実施することにより，自らが直面する様々な問題（犯罪やドラッグの使用等）に効果的に対処できるようになることを期待した。また，上記以外に取り組む社会貢献として，国内のコーチ育成にかかわる活動がある。2013年に「スポーツ界における暴力行為根絶宣言」が発され，わが国のスポーツ界から暴力を根絶するという強固な意志が表明されたが，いまだその実現に至っているとは言えない。高い指導力を備えたコーチ育成は急務であるという課題意識から，コーチ育成にかかわる教育プログラムの開発や指導実践を他機関と連携して行っている。

このようなスポーツを通じた社会貢献にかかわりつつ研究者としての在り方を探ろうとすると，「実践に役立つ研究」という視点を持つことの重要性にあらためて気づかされる。研究による知識が難解すぎて実践に応用されないようでは意味がない。国際協力を巡っても，先進国の価値判断によるライフスキル教育が現地社会の要求と異なる内容を見込むのならば，その実践は援助とはほど遠い。このような問題に対する解決の糸口として，研究者と実践者の協働関係を基盤として展開される「実践に役立つ研究」に注目したいと思う。実践現場の課題を反映した研究活動により「理論知」を生成し，それを理論的根拠とした実践活動により「実践知」の獲得が可能となることが期待される（渋倉，2013）。スポーツを通じた社会貢献はスポーツの価値を高めることに大きく寄与する。したがって，この分野におけるスポーツ心理学研究の発展はますます期待される。

◆文献

渋倉崇行（2013）実践に役立つ研究とは：研究者と実践者の協働関係．スポーツ心理学研究，40：201-209.

6章 子どもの社会性の発達と指導者・養育者・仲間の影響

梅﨑高行

1. スポーツの恩恵と縦断的研究の要請

　子どもたちは次第に，それまで依存してきた養育者から独立し，仲間との関係を深めていく。児童から青年への発達移行期には，社会性の一部としての自尊感情や有能感の低下が認められるが（Williams & McGee, 1991），これは養育者など大人が示す規範に抗い，仲間とのかかわりを通じて自己を形成していく際の葛藤が現れたものと考えられる（Rose-Krasner & Ramey, 2018）。近年，予後の健康や社会適応を予測する変数としての社会情動的スキル（感情をコントロールし，他者と協働し，目標を達成する能力）が注目されている（OECD, 2015）。本章では，広範な心性からなるこのスキルと同義の語として社会性を用いる。青年期に子どもたちは，競技性を増す活動の中で指導者との衝突も経験する（Côté & Erickson, 2016）。このような場面でもそれまでに培った社会性を発揮し，危機を乗り越えてスポーツを継続することは，活動を通じて社会性をさらに磨く機会をもたらす（Ullrich-French & McDonough, 2013; Zarrett et al., 2009）。

　このようにスポーツは，社会性を育む手段として期待されてきた。ただし国内外の研究は，スポーツによる正負両面の効果を報告しており，一貫した結論は得られていない（Crean, 2012; Rose-Krasner & Ramey, 2018）。先行研究によれば理由の1つには，縦断的検討の欠如があげられる（Eime et al., 2013; Spruit et al., 2016）。発達の一時点についてスポーツ経験と社会性にかかわる変数を集めれば，結びつきを示す報告も見られる。しかし，ある時点の高低をもって，スポーツの効果を結論づけるのは適切ではない。例をあげれば，

スポーツ経験の結果として積極性が育つのか，それとも積極的な子どもがスポーツを行うのかは，横断デザインでは明らかにできない。ほかにも横断研究では，適応指標に対する多様な影響の考察に無理がある。青年期に著しい心理変化が認められることは述べたが，この時期のアスリートが示す心理的揺らぎや停滞は競技にも影響する（Williams & McGee, 1991）。発達期の特徴と，スポーツ経験の純粋な効果を区別するには，個人のフォローアップによりそれ以前や以後の発達期との照合が欠かせない。発達の要因がスポーツの効果に干渉する場合は特に，結果を正しく解釈する上で横断研究は不向きである。

　そこで発達期の心理を考慮した縦断的なエビデンスが求められる。青年移行期は，園・学校生活を通じて運動遊びや体育に親しみ，ほかにも地域の活動に参加するなどして身近であったスポーツから，子どもたちが離れていく時期でもある（Gould & Walker, 2019; 文部科学省，2022）。背景に心理的要因も指摘されており，問題への対処は健康的なライフスタイルの基礎となる。スポーツへの関与を支える物理的環境の整備とともに，自尊感情や有能感など社会性にかかわる心性の支援によって，離脱に傾く青年の判断を踏み止まらせる効果も期待できる。

2. 枠組みとしての動機づけ雰囲気

　活動の継続を支え，社会性の醸成にかかわるモデルとして，動機づけの2つの理論が知られている。1つは自己決定理論であり，生得的な3つの心理的欲求（自律性，関係性，コンピテンス）を仮定し，適応的な活動の要件としてこれら欲求の充足を唱えている（Deci & Ryan, 1985）。もう1つは

達成目標理論であり，コンピテンスを知覚する2つの志向性（マスタリーとパフォーマンス）を仮定し，自己の成長によってコンピテンスを満たすマスタリーを望ましい志向性と位置づけている（Ames, 1984; Dweck & Leggett, 1988; Nicholls, 1989）。2つの理論が共通して参照するのが環境要因としての動機づけ雰囲気であり，選手を取り巻く場の構造や，選手がおかれた文脈を指す（Ames & Archer, 1988）。動機づけ雰囲気がどのようであるかによって，動機づけの自律性や目標志向性が左右されると考えるこのモデルでは，近年，雰囲気を構成する人物（動機づけエージェント）が誰かにも注目してきた。なぜなら競技の文脈では，指導者，養育者，仲間など，競技に影響を与える他者の重みづけが，発達に伴い移り変わると考えられるからである（Atkins et al., 2015）。継続を支える上でも，競技を通じて子どもが心理社会的な発達を遂げる上でも，それぞれの発達期にエージェントが果たす役割を解明していくことには意味がある（Amorose et al., 2016; Keegan et al., 2014）。こうした背景から青年移行期を対象として，動機づけ雰囲気の影響を検討する研究が実施されている。

3. エージェント相互の補完的役割

■1 指導者×仲間

　Ntoumanis et al.（2012）は，サッカーなど集団スポーツに取り組むアスリートを対象に，指導者と仲間による動機づけ雰囲気が，道徳性の発達，情動的ウェルビーイング，競技継続の意思に与える影響を検討した。12～16歳のアスリートを対象に，競技シーズンの中盤，終盤，新シーズン序盤の3度に渡って調査を実施し，このうち3度目の調査では，147名のアスリートから回答を回収した。得られたデータを個人内・間，さらにチーム間で比較し，所属クラブの動機づけ雰囲気の違いを考慮したマルチレベルモデルによる分析を行った。結果として，指導者と仲間のマスタリー関

与的な動機づけ雰囲気が，パフォーマンス関与的な動機づけ雰囲気に比べてポジティブな影響をもたらした。競技文脈における動機づけ雰囲気の研究は，専ら指導者を取り上げるものが多かったが，Ntoumanis et al.（2012）により仲間のもつ影響力が示され，移行期に関係性の変化が生じるほかのエージェントも考慮することの重要性が指摘されている。

　Joesaar et al.（2012）も，青年期のスポーツの継続や社会性の発達にとって重要であるにもかかわらず，仲間の影響を捉える研究が大人（指導者や養育者）に比べて少なかった点を指摘している。そこで水泳などの個人スポーツやサッカーなどの集団スポーツから，11～16歳（M＝13.10±2.08歳）のアスリート362名の協力を得て，スポーツの継続や健康的な取り組みにかかわる内発的動機づけへの影響を検討した。シーズン序盤と終盤の2時点で収集されたデータを用いた交差時差遅延モデルによって，（1）指導者の自律性支援が1年後の仲間のマスタリー関与的な動機づけ雰囲気を予測し，その逆ではないこと，（2）指導者の自律性支援と仲間のマスタリー関与的な動機づけ雰囲気が，スポーツに対する内発的動機づけを同時に予測すること，の2点を実証する適合度の高いモデルを抽出した。選手は，仲間との親密で尊重し合える関係の中でスポーツを健康的に楽しむが，この結果は，指導者が選手の視点を重んじ選択の自由を認めるなど，条件として自律性支援が前提となることを示している。

■2 指導者×養育者

　Ntoumanis et al.（2012）やJoesaar et al.（2012）は，青年移行期に親密となる仲間の役割を取り上げたが，それ以前の発達期では養育者が最も影響の強いエージェントである（Dorsh et al., 2015; Gershgoren et al., 2011）。にもかかわらず，養育者の影響をほかのエージェントと同時に検討した研究はそれほど多くない。

　動機づけ雰囲気を直接扱った研究ではないものの，Gaudreau et al.（2016）はこうした観点から，

指導者と養育者の影響について短期縦断的な研究を行っている。サッカー選手46名（M＝12.40±0.62歳），体操選手85名（M＝12.71±2.36歳）を対象として，2つの研究を実施した。仮説として，相乗効果モデル（指導者と養育者の自律性支援がともに高い場合に効果はより高まる）と補償代替モデル（指導者の自律性支援が高ければ養育者の自律性支援が低い場合にも効果が補償される）を用意し，スポーツへの動機づけを含む心理的恩恵に対し，支援の組み合わせ効果を検証した。階層的重回帰分析を用いて解析を行った結果，仮説は支持され，養育者の支援がすでに十分に自律性支援である場合に指導者の役割は限定的となるが，そうでない場合に子どもが心理的恩恵を受け取るには，指導者の関与が鍵を握り，自律性支援である必要性が示された。

❸養育者×仲間

ところで青年移行期における競技からの離脱は，女児で深刻であると報じられている（文部科学省，2022）。横断的な研究ではあるもののAtkins et al.（2013）は，様々な競技レベルを含む10〜14歳の女児227名（M＝12.7±1.29歳）を対象として，今後半年から1年に渡って得意なスポーツを続ける意思を予測する変数が唯一，楽しさであることを見出した。この研究では継続意思のほか，セルフ・エスティーム，コンピテンス，楽しさの各変数に対する養育者と仲間による動機づけ雰囲気の影響を比較している。構造方程式モデリング（以下，SEM）を用いた分析の結果，心理変数との関連を示したのは養育者による温かく支援的なマスタリー関与であり，一方，仲間によるマスタリー関与は，これら心理変数との関連を示さなかった。児童期からの移行期に，仲間に比べて養育者の影響が強いという報告はわが国でも見られる。梅崎ほか（2023）は男子を主な対象としているが，養育者のパフォーマンス関与が高い場合には仲間のマスタリー関与が高い状況であっても，競技に対する選手の自律性が低下することを示している。

❹指導者×養育者×仲間

Atkins et al.（2015）はさらに，養育者と仲間に指導者を加えた3者の動機づけ雰囲気を一度に扱って，競技継続の意思等に対する影響を同定しようと試みている。この研究では，男子アスリート405名（レンジ12-15歳。探索群205名（M＝13.8±.55歳），確証群200名（M＝13.4±.52歳））を対象に，継続意思にかかわるマスタリー志向性のほか，セルフ・エスティーム，コンピテンス，楽しさについてデータを回収した。SEMによる検討の結果，両群とも3エージェントによるマスタリー関与的な動機づけ雰囲気が選手のマスタリー志向性を支え，マスタリー志向性が3つの心理変数を媒介して継続意思を予測する適合度の高いモデルを抽出した。青年移行期の子どもにとって，指導者，養育者，仲間がいずれもマスタリー関与であることの重要性を示したが，3エージェントを一度に扱った初期の研究としてのAtkins et al.（2015）は，Atkins et al.（2013）同様に横断デザインを採用するもので，移行期に推移するエージェントの影響を正しく捉えるには限界もある。

4. 継続と発達に対する3エージェントの影響

❶方法

概観した先行研究から，指導者によるマスタリー関与が継続と発達の基礎である点を確認できる。加えて移行の初期には養育者の関与が，終期には仲間の関与が重要性を増し，エージェントの重みづけは発達に伴う変化が予想される（O'Rourke et al., 2014）。ただし，研究の蓄積はメタ分析を実施できるほどに十分ではなく，縦断デザインが用いられた場合も最長で1年×2時点の調査に止まっている。移行期におけるエージェントの相互影響性を捉えるには，競技の継続と選手の発達に並走したより長期のデータ収集が求められよう。この課題をふまえて実施された3時点デ

ータの解析結果を報告する。

①手続き

　児童期からの競技人口が多く，移行期には一定の離脱も生じるスポーツのうちサッカーを対象とした。クラブや協会を通じて協力依頼文を配布した。依頼文では，調査の参加が任意であることや個人情報は厳重に守られることを説明し，応諾した選手と養育者が調査に参加した。

②期間と対象者

　2019年（以下，T1），20年（以下，T2），21年（以下，T3）の6月にアンケートの送付と回収を行った。T1時点の調査に参加した家庭は104家庭であり，青年移行期に揺れや停滞が見られる心理発達の検討を目的として，T1時点の対象学年を小学5年生（M＝10.72±.26歳，うち女児1名。同時点の養育者（母親）：M＝41.84±4.34歳）に統一した。選手はみな，少なくとも中学1年生までサッカーを継続した者たちであった。時点ごとのデータ数は欠損のために異なるが，本研究で関心のある変数の少なくとも1つに関する情報をもつ参加者を分析の対象とした。

③調査内容

　（ア）選手の向社会性（養育者評定，T1-T3）

　青年移行期の子どもの向社会性を行動レベルで把握する尺度として，Strengths and Difficulties Questionnaire（以下，SDQ）邦訳版（Goodman, 1997; 菅原，2007）のうち，向社会的行動傾向を測定する5項目を使用した。SDQは，向社会性のほかに行為，多動，情緒，仲間関係を含む5因子から子どもの発達を測定する尺度であり，信頼性と妥当性が確認され各国の臨床場面等で活用されている（厚生労働省，2019）。養育者にわが子の評定を依頼し，「他人の気持ちをよく気づかう」等に対し「あてはまらない（0）」から「あてはまる（2）」まで，3件法で回答を求めた。

　（イ）サッカーのコンピテンス（選手評定, T1）

　Ng et al.（2011）は自己決定理論（Ryan & Deci, 2000）に基づき，スポーツ文脈におけるアスリートの3心理欲求の充足を測定する尺度として，The Basic Needs Satisfaction in Sport Scale（以

下，BNSSS）を開発した。本研究では，コンピテンスを測定する5項目（「私はサッカーが得意だ」など）を使用した。「まったくあてはまらない（1）」から「完全にあてはまる（7）」までの7件法で回答を求めた。

　（ウ）指導者の動機づけ雰囲気（選手評定，T1）

　Appleton et al.（2016）によって開発されたEmpowering and Disempowering Motivational Climate Questionnaire-Coach（以下，EDMCQ-C）を使用した。EmpoweringとDisempoweringは，自己決定理論と達成目標理論を統合し，Duda（2013）によって概念化された動機づけ雰囲気の2側面を指す。階層的な構造が想定されて，Empoweringは3つの下位因子として，マスタリー志向性を育むマスタリー関与（以下，TI。例「新しいスキルに挑戦することを励ました」），自律性支援（以下，AS。例「選手に選択権と選択肢を与えた」），社会性支援（以下，SS。例「選手をフットボーラーとしてだけでなく，人として評価した」）をもつ。一方，Disempoweringは，パフォーマンス志向性を育むパフォーマンス関与（以下，EI。例「ミスしたときに選手を交代させた」）と統制的コーチング（以下，CC。例「コーチが言うようなやり方で努力しない選手には友好的でなかった」）の2つを下位因子にもつ。本研究では，主たるコーチ一人を思い浮かべた上で，「私のコーチは…」に続く一文に答えてもらった。「まったくそうではない（1）」から「まったくそうだ（5）」までの5件法で回答を求めた（このうちSSは，因子負荷量が不十分であった1項目を除外して合成得点を算出した）。

　（エ）養育者の動機づけ雰囲気（選手評定, T1）

　White（1996）によって開発されたThe Parent Initiated Motivational Climate Questionnaire-2（以下，PIMCQ-2）を使用した。尺度は3つの下位因子を想定した18項目で構成され，母親と父親それぞれを対象として回答する。マスタリー関与的な動機づけ雰囲気に当たるのが，学習／楽しさ雰囲気（以下，LEC。例「テクニックを伸ばす上で楽しむことがとても大切だと思っていると思う」）である。一方，パフォーマンス関与的な動機づけ雰囲

気に当たるのが，不安助長雰囲気（以下，WCC。例「私が失敗すると嫌な顔をすると思う（そのため私は失敗するのが恐くなる）」）と結果主義雰囲気（以下，SWEC。例「努力せずとも私が勝てば満足そうに見えると思う」）である。本研究では，いる場合には母親を想定した上で，「私はお母さんが…」に続く一文に答えるように依頼した。「まったくそうではない（1）」から「まったくそうだ（5）」までの5件法で回答を求めた。

（オ）仲間の動機づけ雰囲気（選手評定，T1）

Ntoumanis & Vazou（2005）によって開発されたPeer Motivational Climate in Youth Sport Questionnaire（以下，PeerMCYSQ）を使用した。全21項目からなり，高次のマスタリー関与的な動機づけ雰囲気の3つの下位因子として，関係性支援（以下，RS。例「私は受け入れられている”と仲間が思えるように接する」），上達（以下，Imp。例「上達するためお互いに助け合う」），努力（以下，E。例「一生懸命やるよう仲間を励ます」）を想定する。一方，パフォーマンス関与的な動機づけ雰囲気としては，競争と，チーム内の葛藤（以下，IC。例「仲間を落ち込ませる否定的なコメントを言う」）の2因子を想定する。本研究では，「競争」の内的整合性が不十分であったため（$\alpha = .24$），因子分析（主因子法，プロマックス回転）によって，チーム内の競争（以下，CC。例「仲間より上手くなろうと取り組んでいる」）と能力評価（以下，CA。例「いちばん上手い仲間と一緒にいたがる」）に再構成し，この際，因子負荷量が不十分であった1項目を除外した。「このチームでは，ほとんどの選手が…」に続く一文に答えるように依頼し，「まったくそうではない（1）」から「まったくそうだ（7）」までの7件法で回答を求めた。

④解析

以上の変数について，潜在成長曲線モデル（以下，GLM）を用いた3時点データの解析を行う。GLMは欠損データがあっても使用でき，縦断データを扱う上で利点をもつ（Curran & Muthen, 1999; Enders, 2001）。まず切片と傾きから，社会性の発達に対する個人差と分散を明らかにする。

その上で変化（傾き）にかかわる要因として，3エージェントによる動機づけ雰囲気の影響を探る。

❷結果

①変数間の関連

解析に先立ち，収集された変数の特徴を確認した。向社会性では，小5（11歳）が6.71（±2.22）点，小6（12歳）が5.97（±2.23）点，中1（13歳）が5.91（±2.06）点と先行研究（Moriwaki & Kamio, 2014）との近似値を示した。

次にコンピテンスについて，Ng et al.（2011）と本研究の値を順に見ると28.91（5項目の平均得点より算出）：24.46であり，平均18.97歳を対象としたNg et al.（2011）の得点のほうが約3.5ポイント高かった。

最後に3エージェントの動機づけ変数について，原版の合成得点と本研究の得点を順に見た。まず指導者（Appleton et al., 2016）は，TI＝36.00：34.29，AS＝19.18：18.55，SS＝7.57：7.42（本研究で除外された項目を原版からも除外して算出），EI＝16.92：15.55，CC＝18.14：21.33であった。次に養育者（White, 1996）は，LEC＝4.08：3.81，WCC＝1.90：1.85，SWEC＝1.77：1.83であった。最後に仲間（Vazou et al., 2006）は，RS＝5.24：4.90，Imp＝5.19：4.83，E＝5.64：5.19，IC＝3.18：2.73，CC＝4.59：5.40，CA＝4.59：3.80であった（CCとCAは原版の下位因子を構成する競争5項目の値）。3エージェントに共通して，マスタリー関与的な動機づけ雰囲気は原版のポイントのほうが高く，反対にパフォーマンス関与的な雰囲気は，本研究のほうで高い値が見られた。

次に各変数間の関連について検討した。結果変数としての向社会性得点との関連では，T1とT2が$r = .70$（$p < .001$），T2とT3が$r = .57$（$p < .001$），T1とT3が$r = .53$（$p < .001$）であり，時点間においていずれも有意な正の相関が認められた。このほか，T2時点の向社会性とT1時点の養育者のSWECに正の相関が見られた。

時点間の相関が見られた向社会性得点を従属変

数とし，1要因の分散分析を実施したところ，有意な差が示された（F (2, 284) ＝4.05, p＜.05, η^2＝.03）。多重比較（Tukey法）の結果，T1とT2及びT1とT3の間に差が見られ（p＜.05），小5から中1にかけて向社会性得点は有意に低下した。

②GLMによる切片と傾きの推定

養育者が評価する選手の向社会性の変化について1次の成長曲線を仮定し，潜在曲線モデルによって切片と傾きを推定した。モデルの当てはまりは χ^2＝2.55（df＝1, n.s.），CFI＝.977, RMSEA＝.103であり，RMSEA ＞ 0.1のため必ずしも適合度は十分でなかった。

推定された切片の平均値は6.62，傾きの平均値は-.39であった。また，切片と傾きの相関係数はr＝-.58と有意であった（p＝.05）。切片と傾きの間に負の有意な関係が見られたということは，小学5年生時点の向社会性得点とその後の減少には，負の関連があることを示している。

③切片と傾きに対する動機づけ雰囲気（指導者，養育者，仲間）の影響

向社会性の傾きに対して，選手が認知する3エージェント（指導者，養育者，仲間）の動機づけ雰囲気の影響を検討した。モデルの当てはまりは χ^2＝38.77（df＝31, n.s.），CFI＝.989, RMSEA＝.041であり，説明変数を加えることによって適合度が向上した。傾きに対して有意な関連を示した変数は，養育者のLECであり，正の値を示して社会性の低下を抑制した。影響力（非標準化係数）は.06（p＜.05）であり，LECの平均値（34.23）が1高い選手は，そうでない選手に比べて向社会性を.06ポイント高めていた。

❸考察

青年移行期の社会性の発達に対するスポーツの効果を検討した先行研究には，肯定的な結果と否定的な結果が混在している。縦断的な方法により，発達期を通じたスポーツの影響の検討が求められる。本研究では，議論に有効な枠組みとして動機づけ雰囲気を援用し，選手の環境を支えるエージェントを同時に複数扱ってその関連を見た。

この結果，青年移行期にかけて子どもは社会性を低下させるが，養育者によるマスタリー関与的な動機づけ雰囲気としての，LEC（学習／楽しさ雰囲気）の高さは，この低下を抑制した。養育者の支えは，たとえ直接的には競技力向上には結びつかない場合でも，選手が競技を継続し，競技を通して社会性を育む機会を守ると考えられた。一方，ほかのエージェントの影響が見られなかった点に関しては，移行期の中でも，比較的初期に注目したことが関係したと考えられる。

あらためて養育者のLECの構成に目を向ければ，合成変数は「（私はお母さんが）失敗することは学習の一部だと言うと思う」や「私が何か新しいことを学んだときにもっとも満足すると思う」といった項目からなる。社会性を低下させる移行期には，しばしば親への反発や反抗も目立つようになる（Tamminen et al., 2017）。本結果はその場合にも，養育者の応援（声かけや表情）がLECに満ちていれば，社会性の低下を緩やかにする見通しを示したと考えられる。

本研究の課題として，4点をあげる。1点目は，解析に用いたGLMは，統計手法としての最尤法を用いる。観測値の数によって推測の精度を上げるこの手法は，多くのデータを必要としており，本研究でも欠損を最小にしながら縦断研究を進める必要があった。2点目は，対象者のリクルートの際に，性別，種目や，競技レベルといった要因も考慮する必要があった。特に今回は，ほとんど男児のみを対象とせざるを得なかったが，女児を対象とした研究において男児とは異なる動機づけ雰囲気の影響を報告するものも見られる（Atkins et al., 2013）。3点目は，先行研究で広く用いられている尺度を選んで使用した。ただし一部の項目では，因子としてのまとまりや十分な内的整合性を欠く結果を示した。原版の開発に協力した対象者が，今回の対象者より年齢が高かったことも要因として考えられるが，ほかにも文化差などを考慮して，対象者の認知を正確に把握する尺度開発が求められる。最後に4点目は，こうした尺度のうち指導者の動機づけ雰囲気については，

Empowering/Disempowering雰囲気を援用した。今回は，社会性の発達に対する指導者の影響は確認できなかったが，動機づけ雰囲気をめぐる新旧の概念を混在させたことにより，結果が左右された可能性も考えられる。ゆえに本結果は慎重に解釈される必要がある。

　以上の課題を考慮する必要はあるものの，本研究では縦断的なデザインにより，社会性の発達に対する主要なエージェントの影響を検証した。スポーツの恩恵を受けながら，人間的にも成長する子どもにとって，養育者のマスタリー関与が重要であることを示した意味は大きい。課題をふまえ，競技の継続と社会性の発達に関する議論を重ねていくことが求められる。エージェントの相互補完的な役割を明らかにすることは，子どものスポーツに最も重要な他者は誰かを決めるより，建設的な意義が認められると考えられる。

　謝辞　GLMについて室橋弘人先生（金沢学院大学）のご指導をいただいた。感謝申し上げます。

◆文献

Ames, C.（1984）Achievement attributions and self-instruction under competitive and individualistic goal structures. Journal of Educational Psychology, 76: 478-487.

Ames, C. & Archer, J.（1988）Achievement goals in the classroom: Students' learning strategies and motivation processes. Journal of Educational Psychology, 80: 260-267.

Amorose, A. J., Anderson-Butcher, D., Newman, T. J., Fraina, M., & Iachini, A.（2016）High school athletes' self-determined motivation: The independent and interactive effects of coach, father, and mother autonomy support. Psychology of Sport and Exercise, 26: 1-8.

Atkins, M. R., Johnson, D. M., Force, E. C., & Petrie, T. A.（2013）"Do I still want to play?" Parents' and peers' influences on girls' continuation in sport. Journal of Sport Behavior, 36: 329-345.

Atkins, M. R., Johnson, D. M., Force, E. C., & Petrie, T. A.（2015）Peers, parents, and coaches, oh my! The relation of the motivational climate to boys' intention to continue in sport. Psychology of Sport and Exercise, 16: 170-180.

Appleton, P., Ntoumanis, N., Quested, E., Viladrich, C., & Duda, J. L.（2016）Initial validation of the coach-created empowering and disempowering motivational climate questionnaire（EDMCQ-C）. Psychology of Sport and Exercise, 22: 53-65.

Côté, J. & Erickson, K.（2016）Athlete development. In: R. J. Schinke., K. R. McGannon., & B. Smith. Routledge international handbook of sport psychology. Routledge, pp.128-137

Crean, K.（2012）Youth activity involvement, neighborhood adult support, individual decision making skills, and early adolescent delinquent behaviors: Testing a conceptual model. Journal of Applied Developmental Psychology, 33: 175-188.

Curran, P. J. & Muthen, B. O.（1999）The application of latent curve analysis to testing developmental theories in intervention research. American Journal of Community Psychology, 27: 567-595.

Deci, E. L. & Ryan, R. M.（1985）Intrinsic motivation and self-determination in human behavior. Plenum Press.

Dorsch, T. E., Smith, A. L., & McDonough, M. H.（2015）Early socialization of parents through organized youth sport. Sport, Exercise, and Performance Psychology, 5: 3-18.

Duda, J. L.（2013）The conceptual and empirical foundations of empowering coaching: Setting the stage for the PAPA project. International Journal of Sport & Exercise Psychology, 11: 311-318.

Dweck, C. S. & Leggett, E. L.（1988）A social-cognitive approach to motivation and personality. Psychological Review, 95: 256-273.

Eime, R. M., Young, J. A., Harvey, J. T., Charity, M. J., & Payne, W. R.（2013）A systematic review of the psychological and social benefits of participation in sport for children and adolescents: Informing development of a conceptual model of health through sport. International Journal of Behavioral Nutrition and Physical Activity, 10: 98.

Enders, C. K.（2001）The impact of normality of full information maximum-likelihood estimation for structural equation models with missing data. Psychological Methods, 6: 352-370.

Gaudreau, P., Morinville, A., Gareau, A., Verner-Filion, J., Green-Demers, I., & Franche, V.（2016）Autonomy support from parents and coaches: Synergistic or compensatory effects on sport-related outcomes of adolescent athletes? Psychology of Sport and Exercise, 25: 89-99.

Gershgoren, L., Tenenbaum, G., Gershgoren, A., & Eklund, R. C.（2011）The effect of parental feedback on young athletes' perceived motivational climate, goal involvement, goal orientation, and performance. Psychology of Sport and Exercise, 12: 481-489.

Goodman, R.（1997）The Strengths and Difficulties Questionnaire: A research note. Journal of Child Psychology and Psychiatry, 38: 581-586.

Gould, D. & Walker, L. (2019) Youth sport: Meeting unique development needs of youth athletes for preventing dropout. In: M. H. Anshel., T. A. Petrie., & J. A. Steinfeldt. APA Handbook in sport and exercise psychology: Vol. 1. Sport psychology. APA Older Department, pp.151-177.

Joesaar, H., Hein, V., & Hagger, M. S. (2012) Youth athletes' perception of autonomy support from the coach, peer motivational climate and intrinsic motivation in sport setting: one-year effects. Psychology of Sport and Exercise, 13: 257-262.

Keegan, R. J., Harwood, C. G., Spray, C. M., & Lavallee, D. (2014) A qualitative investigation of the motivational climate in elite sport. Psychology of Sport and Exercise, 15: 97-107.

厚生労働省 (2019) Strengths and Difficulties Questionnaire. Retrieved from https://www.mhlw.go.jp/bunya/kodomo/boshi-hoken07/h7_04d.html (参照日2022-6-15).

文部科学省 (2022) 第3期スポーツ基本計画. https://www.mext.go.jp/sports/content/000021299_20220316_3.pdf. (参照日2022-6-15).

Moriwaki A. & Kamio Y. (2014) Normative data and psychometric properties of the Strengths and Difficulties Questionnaire among Japanese school-aged children. Child and Adolescent Psychiatry and Mental Health, 8: 1.

Ng, J. Y. Y., Lonsdale, C., & Hodge, K. (2011) The basic needs satisfaction in sport scale (BNSSS) : Instrument development and initial validity evidence. Psychology of Sport and Exercise, 12: 257-264.

Nicholls, J. G. (1989) The competitive ethos and democratic education. Harvard University Press.

Ntoumanis, N., Taylor, I. M., & Thøgersen-Ntoumani, C. (2012) A longitudinal examination of coach and peer motivational climates in youth sport: Implications for moral attitudes, well-being, and behavioral investment. Developmental Psychology, 48: 213-223.

Ntoumanis, N. & Vazou, S. (2005) Peer motivational climate in youth sport: Measurement development and validation. Journal of Sport & Exercise Psychology, 27: 432-455.

OECD. (2015) Skills for social progress: The power of social and emotional skills. (OECD Skills Studies.) OECD Publishing. http://dx.doi.org/10.1787/9789264226159-en.

O'Rourke, D. J., Smith, R. E., Smoll, F. L., & Cumming, S. P. (2014) Relations of parent- and coach-initiated motivational climates to young athletes' self-esteem, performance anxiety, and autonomous motivation: who is more influential? Journal of Applied Sport Psychology, 26: 395-408.

Rose-Krasnor, L. & Ramey, H. L. (2018) Youth activity participation: An ecological peer-based approach for positive youth development. In: W. M. Bukowski., B. Laursen., & K. H. Rubin (eds.) Handbook of peer interactions, relationships and groups (2nd ed.). The Guilford Press, pp.676-695.

Ryan, R. M. & Deci, E. L. (2000) Self-determination theory and the facilitation of intrinsic motivation, social development, and well-being. American Psychologist, 55: 68-78.

Spruit, A., Van Vugt, E., Van der Put, C., Van der Stouwe, T., & Stams, G. J. (2016) Sports participation and juvenile delinquency: A meta-analytic review. Journal of Youth and Adolescence, 45: 655-671.

菅原ますみ (2007) 厚生労働省科学研究補助金 子ども家庭総合研究事業：要保護児童のための児童自立支援計画ガイドラインの活用と評価に関する研究 平成17-18年度総合研究報告書 厚生労働省.

Tamminen, K. A., Poucher, Z. A., & Povilaitis, V. (2017) The car ride home: An interpretive examination of parent-athlete sport conversations. Sport, Exercise, and Performance Psychology, 6: 325-339.

Ullrich-French, S. & McDonough, M. H. (2013) Correlates of long-term participation in physical activity-based positive youth development program for low-income youth: Sustained involvement and psychosocial outcomes. Journal of Adolescence, 36: 279-288.

梅崎高行・酒井 厚・眞榮城和美・前川浩子・則定百合子 (2023) 青年期初期のスポーツの自律的な動機づけに関わる養育者と仲間の相互影響性. スポーツ心理学研究, 50(2): 77-92.

Vazou, S., Ntoumanis, N., & Duda, J. L. (2006) Predicting young athletes' motivational indices as a function of the perceptions of the coach- and peer-created climate. Psychology of sport and exercise, 7: 215-233.

White, S. A. (1996) Goal orientation and perceptions of the motivational climate initiated by parents. Pediatric Exercise Science, 8: 122-129.

Williams, S. & McGee, R. (1991) Adolescents' self-perceptions of their strengths. Journal of Youth and Adolescence, 20: 325-337.

Zarrett, N., Fay, K., Li, Y., Carrano, J., Phelps, E., & Lerner, R. M. (2009) More than child's play: Variable- and pattern-centered approaches for examining effects of sports participation on youth development. Developmental Psychology, 45: 368-382.

指導者の言葉がけ

安部久貴

スポーツの指導場面では，指導者が選手に対してどのような言葉がけをするかが指導効果に重要な意味を持つと同時に，選手がそれをどのように受け取るかという側面も考慮し，指導場面を指導者と選手との相互作用の場としてとらえていく必要がある。この相互作用が有効に機能し，適切な指導効果をもたらすためには，指導者の言葉がけに影響を与える指導者側の要因，ならびに指導者からの言葉がけの受けとめ方にかかわる選手側の要因について理解しておく必要がある。

■指導者側の要因

指導者の言葉がけに影響を与える指導者側の要因としては，指導者が各選手に対して抱く期待があげられる。指導者の期待は言葉がけといった指導行動を通じて各選手に認識されることにより，技能のみならず有能感や内発的動機づけといった個人の心理的側面にも影響を及ぼす可能性があると考えられている（Becker & Solomon, 2005）。

一方で，指導者が選手に対して抱く期待値は選手ごとに異なるため，結果として各選手に対する指導者の言葉がけには偏りが生じる。例えば，安部・落合（2012）は，地区レベルの中学生年代のサッカーチームの指導者を対象として調査を行った結果，期待値の高い選手は低い選手に比べて，特に，賞賛や励ましといった肯定的な評価や具体的なプレーの指示といった言葉がけを多く受けていることを明らかにしている。

この結果は，指導者から期待されている選手に対する言葉がけの多さは選手の技能面と心理面の発達を促進させるが，期待されていない選手に対する言葉がけの少なさは選手の技能面と心理面の発達を妨げる可能性があることを示唆している。したがって，指導者は各選手に対する言葉がけについて常々省みる必要がある。

■選手側の要因

指導者からの言葉がけの受けとめ方にかかわる選手側の要因としては，指導者と選手の親和的信頼関係があげられる。松井（2014）は，高等学校の運動部に所属する生徒に対し，指導者への信頼感，指導者からのフィードバック行動，そして部活動に対する内発的動機づけについて質問紙調査を実施し，それぞれの関係性について検討した。その結果，賞賛や励ましといった肯定的な言葉がけが内発的動機づけに対して正の影響を与えるだけでなく，叱責といった否定的な言葉がけであっても，指導者との親和的信頼関係が築けている場合には，内発的動機づけに対して効果的に作用することを明らかにしている。加えて，指導者と選手の信頼関係の構築については，賞賛や励ましといった肯定的な指導者の言葉がけが有効な可能性があることを明らかにしている。

これらの結果は，指導者と選手の信頼関係によって，指導者から同じ言葉がけを受けたとしても，選手の受けとめ方が異なることを意味している。そして，指導者の言葉がけを効果的に用いる前提として，肯定的な言葉がけを用いた指導者－選手間の信頼関係構築の重要性を示唆している。

◆文献

安部久貴・落合 優（2012）サッカー指導者の選手に対する期待と声かけの関係性．学校教育学研究論集, 26: 55-67.

Becker, A. J., & Solomon, G. B. (2005) Expectancy information and coach effectiveness in intercollegiate basketball. The Sport Psychologist, 19: 251-266.

松井幸太（2014）高校運動部活動における生徒の内発的動機づけ ―指導者のフィードバック行動および生徒と指導者の関係に対する生徒の認知からの検討―. スポーツ心理学研究, 41: 51-63.

II

ウェルビーイングとスポーツ・運動

1章 アスリートのメンタルヘルスとマインドフルネス

雨宮 怜

1. アスリートにおけるメンタルヘルスの問題

　近年，様々な国際競技団体やスポーツ科学の学術団体が，アスリートのメンタルヘルスへの取り組みに関する基本方針を表明している。例えば2019年には，国際オリンピック委員会（International Olympic Committee：IOC）がエリートアスリートにおけるメンタルヘルスに関する合意声明（consensus statement）を発表している（Reardon et al., 2019）。そこでは，エリートアスリートが体験するメンタルヘルスの問題や疾病として，大うつ病や抑うつ症状，不安及び不安関連障害，自殺といった11種類の問題が取り上げられ，それぞれに関する研究知見について紹介がなされている。

　すでに，これらの声明に関するシステマティックレビュー及びメタ統合が行われている（Vella et al., 2021）。それによると，分析対象の基準を満たしたのは2013年から2020年にかけて発表された13団体からの声明であり，その中にはInternational Society of Sport Psychologyといった国際的な学術団体から，American Medical Society for Sport MedicineやCanadian Center for Mental Health and Sportといった国レベルの医科学団体によるものが含まれている。そして，それぞれの声明の中には，以下の内容が取り上げられていたことが報告されている：1）組織におけるメンタルヘルスプランの策定や，実装のためのスポーツ組織の実践的な戦略の提供，2）スポーツ組織の中で，予防や治療，継続的なメンタルヘルスケアがどのように構成され，実施されるべきか，3）スポーツ組織が提供でき，また提供すべきアスリートサポートの基準，システム，内容や方法，4）アス

リートが経験するメンタルヘルスの緊急事態や危機，（身体的，性的，心理的）虐待を含む高リスクの事象に組織がどのように備え，予防すべきか，5）アスリートのメンタルヘルスと関連する重要な考慮事項や影響，文脈の特定，6）今後取り組むべき課題や研究などの将来の方向性。このように，アスリートのメンタルヘルスに関する問題が，昨今では世界的に認知され始めており，その対策についての検討が進められている。

2. アスリートのメンタルヘルスに関する先行研究

　ここ10年の間に，先述のような声明が立て続けに発表された背景には，自身が経験したメンタルヘルスの不調について，少ないながらも，公表するトップアスリートが増えてきたことが影響していると予想される。そして，このようなアスリートの経験は，必ずしも特殊事例ではないということを，近年の先行研究が支持している。例えばGouttebarge et al.（2019）によると，およそ3分の1のアスリートが，抑うつや不安症状といったメンタルヘルスの問題を経験していることが報告されている。また日本でも，ここ数年でジュニアから大学生アスリート，プロ選手に至るまで，深刻なメンタルヘルスの問題を抱える者が，一定程度の割合で存在することが指摘されるようになってきた（Amemiya & Sakairi, 2021a; 栗林ほか, 2022; Ojio et al., 2021）。例えば，Amemiya & Sakairi（2021a）によると，大学生アスリートを対象とした縦断的調査の結果，中程度の抑うつ不安症状を有する者は，半年間3時点の調査時期の間で28～35％認められ，深刻な抑うつ不安症状を有する者は，4.2～10.5％確認されている。

3. アスリートの心理支援の利用を阻害・促進する要因

　しかしながら，アスリートのメンタルヘルスが注目されてきたのと同時に，以前から指摘されてきた，アスリートの心理支援へのつながりにくさという課題もまた，問題視されるようになってきた。特に，優れた競技パフォーマンスが求められる環境においては，成功と達成という競技の結果に大きく焦点が当てられ，メンタルヘルスの重要性は，その課題よりも低く扱われやすく，対策への資源も提供されにくいことが指摘されている（Purcell et al., 2022）。さらにPurcell et al.（2019）は，アスリートが心理支援を受けることを阻害する要因として，1）援助希求に対するより強いネガティブな態度，2）メンタルヘルスの問題に対する強いスティグマ（偏見）や，メンタルヘルスリテラシーの不足，3）セレクションから外される可能性への心配といった，支援を求めた結果への恐怖，4）支援を受ける時間的余裕の不足をあげている。また反対に，心理支援を受けることを促進する要因として，1）援助希求を一般化することが可能な，スティグマが生じにくい環境を作るコーチからのサポートや了承，2）パフォーマンスの最適化と同時にメンタルヘルスの介入を提供すること，3）短期的なアンチ・スティグマ介入や，メンタルヘルスリテラシープログラムの実施の有効性が示唆されている。

　本章では，アスリートの心理支援の利用を促進する「パフォーマンスの最適化と同時にメンタルヘルスの介入を提供すること」を実現する方法として，マインドフルネス（mindfulness）を取り上げ，その研究知見について紹介する。

4. マインドフルネスの定義と構成要素

　マインドフルネスとは，今の体験に評価や判断を加えることなく注意を向けることで生じる気づき（カバットジン，2012）と定義される心理的な

特性・状態と，それを高める瞑想やヨーガといった心身修養法から体系化されたプログラムの双方を指すものである（Kabat-Zinn, 1994; 杉浦，2008）。その原点は仏教にあり，心理的なマインドフルネスはいわゆる，八正道の中の「正念」を意味するものであるが，現在では，第三世代の認知行動療法における中心的な概念として扱われており，アスリートへのメンタルトレーニングでも，近年急速に導入が進んでいるものである。

　特性的なマインドフルネスの定義については，その構成要素を分類して検討することによって，より具体的な理解を図ることが可能である。藤田（2014）は，これまで発表されてきた，特性的なマインドフルネスの定義に共通して認められる要素として，「non-judgmental（判断を加えない）」と「present-centered（現在の瞬間に中心を置く）」をあげている。このような示唆は，量的な研究の結果からも支持されており，Tran et al.（2013）は，特性的なマインドフルネスを測定するために開発された，5因子マインドフルネス尺度（Baer et al., 2006）を用いて，高次因子分析を行っている。その結果，当該尺度で測定される5つの因子の背景には，「注意の自己制御（Self-regulated attention）」と「体験への態度（Orientation to experience）」という，2つの高次因子が存在することが報告されている。

5. アスリートにおけるマインドフルネスの有効性に関する研究知見と効果のメカニズム

　アスリートに対するマインドフルネスのプログラムが流行した理由としては，従来型の支援法が行ってきた，アスリートのネガティブな体験や状態を「変化」させようとする試みの問題点が，認識されるようになってきたことがあげられる（Baltzell & Akhtar, 2014; Gardner & Moore, 2007; Su et al., 2019）。具体的には，従来型の支援の問題点を説明する上で，これまで思考抑制の失敗：皮肉過程理論（ironic process theory）や再投資理

論（reinvestment theory）に基づく，非機能的な自己制御の問題が指摘されている（雨宮, 2022; Birrer et al., 2012; Fournier, 2021; Masters, 1992; Wegner, 1994）。そしてGardner & Moore（2006）は，これまでアスリートに提供されてきた心理的スキルトレーニング（Psychological Skills Training：PST）は，効果を支持する理論的な説明や，実証的な効果検証に基づく知見の蓄積が不十分であるにもかかわらず，実践家が使用し続けていることを批判した。その後，Brown & Fletcher（2017）によるレビュー論文によって，PSTの効果については反証がなされているものの，Fournier（2020）は，その研究の中で用いられた選定基準を満たす論文は，収集された全体の論文数よりも極端に減少したことを指摘している。さらに，理論的な説明に基づいても，Gardner & Moore（2006）の業績を再考する必要性が示唆されている（Fournier, 2020）。

　アスリートに対するマインドフルネスプログラムの活用が注目される中，その効果を説明するメカニズムについても，議論が行われている。例えばBirrere et al.（2012）は，そのプログラムをとおして獲得される特性的なマインドフルネスの構成要素が，アスリートの心理的なスキルに影響するメカニズムについて，仮説モデルを発表している。それによると，アスリートが有する特性的なマインドフルネスの要素が，1）ありのままの注意（bare attention），2）体験の受容（experiential acceptance），3）価値の明確化（values clarification），4）自己調整/ネガティブな感情の制御（self-regulation/negative emotion regulation），5）個人の内的生活の明瞭化（clarity about one's internal life），6）エクスポージャー（exposure），7）柔軟性（flexibility），8）ノンアタッチメント（non-attachment），9）反すうの少なさ（less rumination）と関連することが示唆されている。そして，それぞれが媒介変数となり，世界レベルのパフォーマンスに必要な心理的スキルにつながることが説明されている。

　このような仮説モデルに加えて，先述の皮肉過

程理論及び再投資理論に基づき，アスリートにおけるマインドフルネスの有効性について，研究が進められている。例えば，皮肉過程理論に基づく非機能的な自己制御が生じる背景には，アスリートが有するネガティブなパフォーマンスの自己評価が影響していることが予想される。そこでAmemiya & Sakairi（2021b）は，自己及び他者による競技パフォーマンスの評価と，マインドフルネス特性との関係性について検討を行っている。それによると，チームメイトによる他者評価の得点では，統計的に有意な差が認められないにもかかわらず，マインドフルネス特性が低いアスリートの場合，マインドフルネス特性が高いアスリートよりも，自身のパフォーマンスの状態を悪く自己評価することが明らかとなっている（**図1**）。

　さらに，再投資理論に基づくマインドフルネスの有効性について検討した研究によると，アスリートのマインドフルネス特性の得点が，プレッシャー状況下における競技不安とローイングの特定の動作への自己意識（Rowing specific movement self-consciousness：RS-MSC）や特定の意識的な運動処理（Rowing specific conscious motor processing：RS-CMP）の関係を調整することが報告されている（Sparks et al., 2021）。具体的には，マインドフル

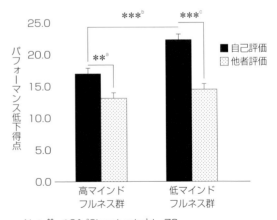

Note**p<.01 [a]Chronbachs'd=.78, [b]Chronbachs'd=1.53, [c]Chronbachs'd=1.18

図1　自己及び他者による競技パフォーマンスの評価とマインドフルネス特性との関係
縦軸のパフォーマンス低下得点は，得点が高いとパフォーマンスが低下していることを意味する。

ネス特性の合計得点とその下位尺度（マインドフ
ルな気づきやマインドフルな判断をしない態度）得点が，
ローイングの自己評価ならびにレースパフォーマ
ンスの得点と有意な関連性を示すことに加えて，
再投資のプロセスであるRS-CMPやRS-MSCによ
る競技不安や実際のパフォーマンス，知覚された
パフォーマンスへの影響を弱めることが報告され
ている。

これまでは，アスリートのパフォーマンスに対
する特性的なマインドフルネスの有効性について
紹介してきたが，メンタルヘルスに対する影響に
ついても，同様に研究が進められている。例え
ば，アスリートの特性的なマインドフルネスの得
点とバーンアウトの関係について，システマティ
ックレビュー及びメタ分析を行った研究による
と，双方には負の関連性が認められることが報告
されている（Li et al., 2019）。また，アスリート
の特性的なマインドフルネスとバーンアウトの関
係性を介在する多様な要因についても，すでに複
数の研究によって検討が行われている。それによ
ると，縦断的な調査の結果，アスリートの特性的
なマインドフルネスが直接的，また感情認識能力
を介して間接的に，将来のバーンアウトの得点と
負の関連性を示すこと（Amemiya & Sakairi,
2019）や，特性的なマインドフルネスが脱中心化，
体験の受容，認知的脱フュージョン，ノンアタッ
チメントを介して，バーンアウトや主観的ウェル
ビーイングと関連することが明らかとされている
（Zhang et al., 2021）。さらに，Amemiya & Sakairi
（2020）は，アスリートの特性的なマインドフル
ネスとバーンアウトの関係性に対する性差の調整
効果についても，検討を試みている。その結果，
女性アスリートの場合には，特性的なマインドフ
ルネスが自己への思いやりの態度を意味するセル
フコンパッションを介して，バーンアウトと抑制
的に関連する一方，男性アスリートの場合，特性
的なマインドフルネスが直接的にバーンアウトと
負の関連性を示すことが確認されている。

6. アスリートを対象としたマインドフル
    ネスプログラムの開発とその有効性

このように，アスリートにおける特性的なマイ
ンドフルネスの有効性が報告される中，アスリー
トを対象としたマインドフルネスプログラムもま
た，開発が行われている。なお，マインドフルネ
スのプログラムを用いた，最初のアスリートへの
実践報告は，マインドフルネスの概念を心理臨床
の現場に導入し，マインドフルネスストレス低減
法（Mindfulness-based Stress Reduction：MBSR）を
開発した，Jon Kabat-Zinn博士によるものである
（Kabat-Zinn, 1985; カバットジン，2007）。そして，
およそ10年後の1997年頃から，アスリートに特
化した，マインドフルネスプログラムが開発され
るようになってきた。

アスリートを対象として開発されたプログラム
の代表例としては，Mindfulness-Acceptance-
Commitment Approach（MACアプローチ）があげ
られる（Gardner and Moore, 2007）。MACアプロ
ーチは，第三世代の認知行動療法の1つとして誕
生した，Acceptance and Commitment Therapy
（ACT）を基本に開発されたものである（Hayes et
al.,1999）。このMACアプローチでは，競技場面で
生じるネガティブな内的体験を，アスリートが進
行中の意識の中で生じては消える無常な出来事と
して捉え，内的・外的な刺激に対して今ここの，
非判断的な気づきを向けることによって，最適な
パフォーマンスにつなげることを目的としている
（Gardner & Moore, 2007; Josefsson et al., 2019）。
そしてその後，MACアプローチに続き，開発さ
れたプログラムが，Mindful Sport Performance
Enhancement（MSPE）である（Kaufman et al.,
2018）。MSPEは，Kabat-Zinn（1990）が開発した
MBSRと，Teasdale et al.（2000）によって開発さ
れたマインドフルネス認知療法（Mindfulness-based
Cognitive Therapy：MBCT）を基本とし，アスリー
トのフローを促進することを目的に開発されたプ
ログラムである。6つのセッションから構成され

ており，各セッションの中には，静座瞑想や食べる瞑想，ボディスキャンや歩く瞑想といった，MBSRやMBCTの中で用いられる瞑想のプラクティスが含まれている。さらにスポーツ瞑想（sport meditation）といったような，専門とする競技において，コアとなる動きから生まれる身体感覚を，今ここに留まるためのアンカーとして使用する瞑想も提案されており，アスリートを対象としたプログラムの特徴が，ここに表れていると言える（Kaufman et al., 2018）。

これ以降では，MACアプローチやMSPEの問題点を考慮したプログラムも開発されている。例えば，MACアプローチやMSPEをアスリートに用いる際には，1セッションにかかる時間は最低でも1時間以上であり，必要となるセッション数も，MACアプローチは7−12回が想定されているなど，実施による時間的な負担が大きいという問題があった。そこで，各30分のセッションの中で，マインドフルネスや瞑想実践に関する説明，瞑想後の振り返りや瞑想の実践を行うMindfulness Meditation Training for Sport（MMTS）や，その改訂版のMMTS2.0が開発されている（Baltzell et al., 2014; Baltzell & Summers, 2017）。そのほかにも，西洋で開発されたプログラムをほかの文化圏の国で活用することの問題を指摘し，MACアプローチに中国の社会文化的要素を加え，個人の価値だけではなく，社会志向的な価値といった要素を加えたMindfulness Acceptance Insight Commitment（Si et al., 2016），パフォーマンスへの効果に注目して開発されたMindfulness for Performance（Fournier, 2021）など，様々なプログラムが開発されている（雨宮，2022）。

日本において，これまでマインドフルネスプログラムを用いて行われた研究は，事例的な報告が多く，量的な効果について検討を行った研究は限られている。その中でAmemiya et al.（2020c）は，新型コロナウイルスの感染拡大が生じた2020年において，オンラインでのマインドフルネスプログラムの実施と，その効果検証を行っている。ここでは，A大学の大学生アスリート及び，実業団

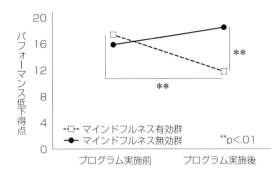

図2　パフォーマンス低下に対するマインドフルネスプログラムの効果

アスリートの22名を対象として，MBCTを基本とした週1回1時間の合計5セッションによる実践を行っている。そして，その効果を検討するために，アスリートのマインドフルネス特性の心理尺度を用いて，対象者をプログラム有効群と無効群に群分けし，効果指標への影響を検討した。その結果，プログラム有効群においてのみ，パフォーマンス低下（**図2**）や感情制御の困難さの得点が，プログラムの実施前後で有意に改善したことが確認されている。

7. まとめ

以上，本章では，アスリートのメンタルヘルスとその対応策の1つとして，マインドフルネスに関する研究知見を紹介した。先述のように，アスリートのメンタルヘルスの実態や，その解決に向けた提案が，国際競技団体や学術団体から発表されている。しかしながら残念ではあるものの，日本においては，そのような取り組みは，いまだ十分には行われていないのが実情である。そのため今後，日本スポーツ心理学会や競技団体が連携し，日本におけるアスリートのメンタルヘルスに関する実態を明らかにする，大規模なプロジェクトが行われることが必要であると考えられる。

しかしながら，そのようなアスリートのメンタルヘルスの実態を明らかにするだけでは，取り組みとしては不十分である。それだけではなく，先行研究や上述のようなプロジェクトで得られた知

見に基づき，アスリートを守るための方策についても，一人ひとり正解が異なる。そうであるならても，併せてアスリートやスポーツ現場に提供することが必要不可欠である。その解決策として，アスリートのメンタルヘルスとパフォーマンスに，同時にアプローチすることが可能な，マインドフルネスのプログラムの活用が期待される。特に，マインドフルネスのような瞑想やヨーガといった方法から構成されるプログラムは，一定期間，専門家から指導を受けた後は，自分だけでも行うことができるようになる（坂入，2012）。さらに，従来メンタルヘルス支援で行われるような，個人に向けた支援だけではなく，チームや集団単位での支援も可能である。そのため，時間的な制限や集団での活動が求められるアスリートにとっても，利用しやすい方法であると言える。

さらに，アスリートには個人差が大きく，メンタルヘルスやパフォーマンス支援の文脈において

も，一人ひとり正解が異なる。そうであるならば，特定の正解を導く取り組み（例えば，リラクセーション技法をとおしてリラックス状態を導く）では，その恩恵を得られない者が一定数存在することは容易に予想される。マインドフルネスプログラムは，自己の心身の体験を余計なフィルター（価値判断や反応）無しに客観的に観察し，冷静に自分の状態に気づき，そこで得られた情報に基づいて，各自に必要な対応を行うセルフレギュレーションを可能とするものである（雨宮，2019）。そのようなプログラムの特徴は，上述のような多様な個人差と正解を持つアスリートたちに，幅広く支援を提供する際に，マインドフルネスが有効であることを支持するものであると考えられる。

◆文献

雨宮 怜（2019）東洋的行法に基づく身体から心へのアプローチの役割―超競争社会の問題に対する多面的効果―. エモーション・スタディーズ, 4: 42-49.

Amemiya, R. & Sakairi, Y. (2019) The role of mindfulness in performance and mental health among Japanese athletes: An examination of the relationship between alexithymic tendencies, burnout, and performance. Journal of Human Sport and Exercise, 14: 456-468.

Amemiya, R. & Sakairi, Y. (2020) The role of self-compassion in athlete mindfulness and burnout: Examination of the effects of gender differences. Personality and Individual Differences, 166: 110167.

Amemiya, R. & Sakairi, Y. (2021a) Examining the relationship between depression and the progression of burnout among Japanese athletes. Japanese Psychological Research, doi.org/10.1111/jpr.12332.

Amemiya, R. & Sakairi, Y. (2021b) Relationship between mindfulness and cognitive anxiety-impaired performance: Based on performance evaluation discrepancies. Asian Journal of Sport and Exercise Psychology, 1: 67-74.

Amemiya, R., Shiroma, S., Yonehara, H., Inagaki, K., Yamada, S., & Sakairi, Y. (2021c) Effect of an online mindfulness program on athletes during the COVID-19 pandemic: Comparison between effective and ineffective groups. International Journal of Sport and Exercise Psychology (ISSP) 15th World Congress Proceeding: S357-S358.

雨宮 怜（2022）心理的準備のためのマインドフルネスの活用. 体育の科学, 5: 307-311.

Baer, R. A., Smith, G. T., Hopkins, J., Krietemeyer, J., & Toney, L. (2006) Using self-report assessment methods to explore facets of mindfulness. Assessment, 13: 27-45.

Baltzell, A. & Akhtar, V. L. (2014) Mindfulness meditation training for sport (MMTS) intervention: Impact of MMTS with division I female athletes. The Journal of Happiness & Well-Being, 2: 160-173.

Baltzell, A. & Summers, J. (2017) Mindfulness meditation in sport: Why MMTS 2.0? In: Baltzell, A. & Summers, J. (eds.) The power of mindfulness. Springer, pp.17-22.

Birrer, D., Röthlin, P., & Morgan, G. (2012) Mindfulness to enhance athletic performance: Theoretical considerations and possible impact mechanisms. Mindfulness, 3: 235-246.

Brown, D. J. & Fletcher, D. (2017) Effects of psychological and psychosocial interventions on sport performance: A meta-analysis. Sports Medicine, 47: 77-99.

Fournier, J. (2020) Mindfulness and mental preparation. In: Bertollo. M., Filho, E., and Terry, P. C. (eds.) Advancements in mental skills training. Routledge, pp.57-69.

藤田一照（2014）日本における"マインドフルネス"の展望:「日本のマインドフルネス」へ向かって. 人間福祉学研究, 7: 13-27.

Gardner, F. & Moore, Z. (2006) Clinical sport psychology. Human kinetics.

Gardner, F. & Moore, Z. (2007) The psychology of enhancing human performance: The mindfulness-acceptance-commitment (MAC) approach. Springer Publishing Company.

Gouttebarge, V., Castaldelli-Maia, J. M., Gorczynski, P., Hainline, B., Hitchcock, M. E., Kerkhoffs, G. M., Rice, S. M., & Reardon, C. L. (2019) Occurrence of mental health symptoms and disorders in current and former elite athletes: a systematic review and meta-analysis. British Journal of Sports Medicine, 53: 700-706.

Hayes, S. C., Strosahl, K., & Wilson, K. G. (1999) Acceptance and commitment therapy: An experiential approach to behavior change. Guilford Press.

Josefsson, T., Ivarsson, A., Lindwall, M., Gustafsson, H., Stenling, A., Böröy, J., Mattsson, E., Carnebratt, J., Sevholt, S., & Falkevik, E. (2017) Mindfulness mechanisms in sports: Mediating effects of rumination and emotion regulation on sport-specific coping. Mindfulness, 8: 1354-1363.

カバットジン: 春木 豊訳 (2007) マインドフルネスストレス低減法. 北大路書房.〈Kabat-Zinn, J. (1990) Full catastrophe living. Delta.〉

カバットジン: 田村麻里・松丸さとみ訳 (2012) マインドフルネスを始めたいあなたへ―毎日の生活でできる瞑想. 星和書店.〈Kabat-Zinn, J. (1994) Wherever you go there you are. Hyperion.〉

Kabat-Zinn, J., Beall, B., & Rippe, J. (1985) A systematic mental training program based on mindfulness meditation to optimize performance in collegiate and Olympic rowers. Poster presented at the World Congress in Sport Psychology, Copenhagen, Denmark.

Kaufman, K.A., Glass, C. R., & Pineau, T. R. (2018) Mindful sport performance enhancement: Mental training for athletes and coaches. American Psychological Association.

栗林千聡・武部匡也・佐藤 寛 (2021) ジュニア選手の抑うつ症状および不安症状の実態調査―リスク要因としての競技不安. スポーツ精神医学, 18: 46-53.

Li, C., Zhu, Y., Zhang, M., Gustafsson, H., & Chen, T. (2019) Mindfulness and athlete burnout: A systematic review and meta-analysis. International Journal of Environmental Research and Public Health, 16: 449.

Masters, R. (1992) Knowledge knerves and know-how: The role of explicit versus implicit knowledge in the breakdown of a complexmotor skill under pressure. British Journal of Psychology, 83: 343-358.

Ojio, Y., Matsunaga, A., Hatakeyama, K., Kawamura, S., Horiguchi, M., Yoshitani, G., Kanie, A., Horikoshi, M., & Fujii, C. (2021) Anxiety and depression symptoms and suicidal ideation in Japan rugby top league players. International Journal of Environmental Research and Public Health, 18: 1205.

Purcell, R., Gwyther, K., & Rice, S. M. (2019) Mental health in elite athletes: increased awareness requires an early intervention framework to respond to athlete needs. Sports Medicine-Open, 5: 1-8.

Purcell, R., Pilkington, V., Carberry, S., Reid, D., Gwyther, K., Hall, K., Deacon, A., Manon, R., Walton, C. C., & Rice, S. (2022) An Evidence-Informed Framework to Promote Mental Wellbeing in Elite Sport. Frontiers in Psychology, 13: 780359.

Reardon, C. L., Hainline, B., Aron, C. M., Baron, D., Baum, A. L., Bindra, A., & Engebretsen, L. (2019). Mental health in elite athletes: International Olympic Committee consensus statement (2019). British Journal of Sports Medicine, 53: 667-699.

坂入洋右 (2012) 瞑想法は"健康の科学・実践"にパラダイムシフトをもたらすか?―アウトカムと個人差を重視した統合的実践システムの有効性の評価. トランスパーソナル心理学精神医学, 11: 1-11.

Sparks, K. V., Kavussanu, M., Masters, R. S., & Ring, C. (2021) Mindfulness, reinvestment, and rowing under pressure: Evidence for moderated moderation of the anxiety-performance relationship. Psychology of Sport and Exercise, 56: 101998.

Su, N., Si, G., & Zhang, C. Q. (2019) Mindfulness and acceptance-based training for Chinese athletes: The mindfulness-acceptance-insight-commitment (MAIC) program. Journal of Sport Psychology in Action, 10: 255-263.

杉浦義典 (2008) マインドフルネスにみる情動制御と心理的治療の研究の新しい方向性. 感情心理学研究, 16: 167-177.

Teasdale, J. D., Segal, Z. V., Williams, J. M. G., Ridgeway, V. A., Soulsby, J. M., & Lau, M. A. (2000) Prevention of relapse/recurrence in major depression by mindfulness-based cognitive therapy. Journal of Consulting and Clinical Psychology, 68: 615-623.

Tran, U. S., Glück, T. M., & Nader, I. W. (2013) Investigating the Five Facet Mindfulness Questionnaire (FFMQ): Construction of a short form and evidence of a two-factor higher order structure of mindfulness. Journal of Clinical Psychology, 69: 951-965.

Vella, S. A., Schweickle, M. J., Sutcliffe, J. T., & Swann, C. (2021) A systematic review and meta-synthesis of mental health position statements in sport: Scope, quality and future directions. Psychology of Sport and Exercise, 55: 101946.

Wegner, D. M. (1994) Ironic processes of mental control. Psychological Review, 101: 34-52.

Zhang, C. Q., Li, X., Chung, P. K., Huang, Z., Bu, D., Wang, D., Guo, Y., Wang, X., & Si, G. (2021) The effects of mindfulness on athlete burnout, subjective well-being, and flourishing among elite athletes: A test of multiple mediators. Mindfulness, 12: 1899-1908.

女性アスリートのストレス　　　　　煙山千尋

■女性アスリートの三主徴と心理的ストレス

　オリンピックなどの国際大会で女性アスリートが活躍する一方，女性アスリートの三主徴（Female Athlete Triad：以下，FAT）と呼ばれる重大な健康問題が注目されている。FATは，Low energy availability（利用可能エネルギー不足），視床下部性無月経（運動性無月経），骨粗鬆症の3つの症状が関連し合った状態で出現する（Nattive et al., 2007）。

　FATは，日々のトレーニングや食事制限により摂取エネルギーの割合が低下することで現れやすくなるだけではなく，心理的ストレスとの関係も深い。例えば，体脂肪や体重の維持・減少への努力というストレス要因（ストレッサー）が，摂食障害や月経障害を引き起こす危険性がある。また，無月経の選手がほかの選手よりも多くのストレスを受けており，これらのストレスがさらに相乗的に無月経の原因となることも懸念されている。

■女性アスリート特有のストレッサーと 競技ストレスモデルの検討

　これまで，アスリートのストレッサーとして，競技力不振，けが，仲間や指導者との人間関係などが明らかになっている。これらに加え，女性アスリートが，ハラスメントに関連する内容，月経，女性役割の遂行と競技継続との葛藤，体型の維持などをストレッサーとして認識していることが浮き彫りになった（煙山，2019）。

　また，ストレスコーピング（対処）がストレス反応を抑制するかを検討した「女性アスリートの競技ストレスモデル」がある（煙山，2019）。それによると，FATを発症している場合は，ストレス状況に対して心配しすぎず，場合によってはその状況を楽しむ認知的対処方略，すなわち楽観的コーピングが有効であることが示唆された。一方，FATを発症していない場合は，ハラスメントに関するストレッサーを認識するとストレスの問題と向き合わずに解決を先送りにし，ほかのことに没頭したり，ほかの誰かに問題解決をゆだねる対処方略である回避的コーピングを選択しやすいことが分かった。回避的コーピングは，ストレス反応を増大させる要因となり得るため，なるべく問題を根本から解決することを試みたり，ストレッサーが自らにとって脅威でなくなるように認知面に働きかけることが重要であると言える。

■食行動異常，指導者への依存性とストレス反応 との関連

　女性アスリートの特徴として，男性アスリートよりも指導者に対する依存性が高く，指導者の存在により心身の健康問題が悪化することが危惧されている。そこで，指導者への依存性と食行動異常，ストレス反応の関連が検討された（Kemuriyama & Amazaki, 印刷中）。

　その結果，指導者への依存性が食行動異常を引き起こす恐れがあることが明らかとなった。また，指導者への依存性が強く食行動異常の傾向が高いと，身体的疲労感や無気力感，抑うつ，怒り感情，対人不信感といったストレス反応を増大させる結果が示された。このことから，FATに直接的に関係する食行動の改善だけでなく，指導者のかかわり方も考慮したFATの予防策を講じる必要がある。

◆文献

煙山千尋（2019）女性アスリートのストレス．ストレス科学研究，34: 3-8.

Kemuriyama, C. & Amazaki, M.（印刷中）The relationship between the female athlete triad and dependence on sports coaches and stress responses. Lecture Notes in Bioengineering.

Nattiv, A., Loucks, B. A., Manore, M. M., Sanborn, F. C., Sundgot-Borgen, J., & Warren, P. M.（2007）American College of Sports Medicine position stand. The female athlete triad. Medicine and Science in Sports and Exercise, 39（10）: 1867-1882.

2章 思春期アスリートとメンタルヘルス

江田香織

1. 思春期の心理的発達

■1 一般的な思春期

　思春期と言うと，一般的にも心身ともに不安定な状況になることは広く知られている。一般的に，思春期は，第二次性徴という身体的成熟，成長が際立ってくる時期である。男子であれば身体が急激に男性的体格に近づき，声変わりもする。女子は初潮を迎え，胸がふくらみ始めるなど，女性らしい体つきに変化していく。こういった身体的な変化をきっかけに，それまでの自分とは明らかに違う"もうひとりの自分"とも言うべき自分に出会い，自分自身に対する評価などを問い直していくと言われている（馬場ほか，1987; 村瀬，1983）。

　この身体的な変化をきっかけに自分や他者，あるいは両者の違いに目が向き始めることで，子どもたちは，それまで信頼し，理想化してきた親に対して疑問を持ち，幻滅し，親を否定する（藤田，1983）。たてまえだけの空疎な権威が全く通用しなくなるのもこの頃であり，親から受け継いできたはずの価値観も，無条件でこれに従う拠り所とはならなくなる（村瀬，1983）。つまり，思春期の子どもたちは，それまで無条件に受け入れてきた大人の価値観や基準を疑い，崩し，あらためて自分なりに確立していくために模索し始めると言える。このような模索の作業は現実的な世界でも同時に行われ，時には親への反抗やルール違反などという形で表現されることもある。

■2 ライフサイクルにおける思春期

　このように，思春期は自分の身体の変化を手掛かりとして，自分の中や他者に対して新たな一面を見出すようになるため，社会心理的にも不安定な時期となる。しかし，この不安定さは，思春期の後に位置付けられている青年期の主な発達課題となる自我同一性形成の準備をしているためとも言える。

　エリクソン（Erikson, 1982）はライフサイクルの観点から人間の生涯にわたる8つの発達段階を提唱した（**図1**）。ここでは，思春期は青年期の中に含まれており，青年期の入り口に位置付けられている。エリクソン（Erikson, 1982）による「自我同一性」とは，幼児期以来形成されてきたすべての同一化や自己像が，青年期において取捨選択され再構成されることによって成立する，斉一性，連続性を持った自我の確立状態であると考えられている。そのため，青年期の準備段階である思春期では，それまでの同一化や自己像を問い直すことになる。

　図1にあるように，思春期以前の学童期では，勤勉性（対劣等感）が課題となる。学童期では，就学が大きなテーマとなるように，周囲と同じように学び，成長することが求められる。ところが，上述のように思春期では身体的な変化が顕著となる。さらに，この変化には個人差がある。この個人差をきっかけに，周囲との違いに気づくようになる。

　サリバン（Sullivan）[注1]は，学童期から思春期への過渡期に生じる，特定の同性同年輩との親密な一対一の友人関係をチャムシップ（chum-ship）と名付け，この時期には友人関係において顕著な変化がみられるとし，この関係がそれ以前の発達の歪みを修復すると同時に，以降の心理的発達を促進するという点で，人間の心理発達にとって大きな意味を持つものとして重視した。この仲間との関係の中で，ありとあらゆる事象や象徴について

	第1段階	第2段階	第3段階	第4段階	第5段階	第6段階	第7段階	第8段階
老年期 61歳頃～								統合対絶望, 嫌悪
成人期 35-60歳							生殖性対停滞	
前成人期 23-34歳						親密対孤立		
青年期 13-22歳					同一性対同一性混乱			
学童期 8-12歳				勤勉性対劣等感				
遊戯期 5-7歳			自主性対罪悪感					
幼児期初期 2-4歳		自律性対恥, 疑惑						
乳児期 0-2歳	基本的信頼感対基本的不信							

図1　エリクソンによる心理・社会的危機（Erikson, E. H.：村瀬・近藤訳，1989）

の自分達の感覚，思考，感情など様々な体験について，相互に語り合い，確認し，他者の視点を取り入れる。そして彼らは，それまでの自己中心的な視野を超えて自他に共通の人間性に目覚め，特定の相手に対してだけでなく，人間一般やひいては共同体としての社会や世界に対する共感的態度を抱くようになると言われている（Erikson, 1982）。

さらに，この時期の友達関係においては，チャムシップと並んで，この年代に特有の仲間集団（ギャング・徒弟）の果たす役割も大きい。小林（1968）によれば，この集団は，通常，同性で年齢の近い5，6名の成員によって，遊びの中で自発的に構成され，成員間にはリーダーを中心とした強いわれわれ感情が存在し，それに基づく相互依存性と一体性の高いことが特徴であると言われている。また，この集団には，成人からの社会化の要求に対する対抗，仲間の評価による行動の改変，リーダーとの同一化，役割の賦与といった機能がある（Kagen, 1960）。子どもたちはこの集団の中で，受容や親密への欲求の充足，一体感やわれわれ感情の充足を体験するとともに，成員を支配している掟や制裁の底に流れるものをも含めて，共感促進的なかかわり合いを体験する（藤田，1983）。藤田（1983）はこういった思春期の仲間関係を概観した上で，この時期の人格の発達は親友（チャム）関係と仲間関係（ギャング）を介しての，共感性拡大・深化とそれに基づく自己中心性からの脱却ないし社会化の増進の過程であると結論づけ，思春期の親との分離を乗り切るためには，このような仲間関係をとおして，あらかじめ共同性の基盤をしっかりと根付かせていることが必要であると指摘した。

以上のことから，思春期では，身体的な変化をきっかけに，新たな自分に気づき，自身や他者への注意を深めていく。そして周囲の大人に見守られつつ，同世代の友人関係の中で共感的な理解を得ながら試行錯誤し，自分づくりを始める時期であると言える。

2. 来談する思春期アスリートの心理的発達の特徴

筆者は，近年，思春期トップアスリート[注2]のサポート依頼を受けることが多く，来談する思春期トップアスリートの相談事例を分析した（江田ほか，2017）。ここでは，思春期世代ですでにトップアスリートとして活躍しているアスリートを取り上げ，彼らは，上述のような一般的な思春期

とは異なる歩みとなることが明らかになった。先に思春期では，同世代の友人関係の中で試行錯誤する経験が非常に重要であると述べたが，彼らは幼少期からトレーニングに多くの時間を割き，心身ともに競技に専心している場合が多い。そのため，友人や家族と過ごす時間は非常に少ない。競技にかかわる友人関係は非常に濃密である反面，その友人がライバルである場合も多く，複雑である。

さらに，彼らの心理的発達にとって有益な体験となり得る試行錯誤は，広辞苑（新村，2011）によると，「新しい状況や問題に直面して解決する見通しが立たない場合，いろいろ試みては失敗を繰り返すうちに，偶然成功した反応が次第に確立されていく過程」であり，失敗を繰り返す経験である（西村，2013）。彼らが専心している競技環境は，勝つことが重視されているため，失敗を許容し難い側面があり，試行錯誤を試みることは容易ではない。

■ 来談した思春期トップアスリートの事例

思春期トップアスリートの心理的発達に対する理解を深めるために，ここでは，江田ほか（2017）で取り上げた事例の中から代表的な1事例を紹介する。

以下では，「　」はクライエントの語り，〈　〉はカウンセラー（以下，Co.）の語りとする。

①症例概要

事例1：A，女性，来談時17歳
［主訴］主要動作の崩れ
［競技］対戦型個人競技
［来談経緯］体調不良と動作の崩れを心配したAの担当コーチが同種目の男子担当コーチに相談し，男子担当コーチの紹介により来談。
［現病歴］来談の4か月前に日本代表に選ばれたが，帰国後翌日より，本人が得意とする動作がうまくできなくなった。これをきっかけに，食欲不振や腹痛，頭痛といった体調不良（身体症状）が生じること，これが原因で学校を休むことが増えていた。

［競技歴・性格］小学校低学年のときに友達に誘われて近くのクラブに行くようになり，競技開始。その頃からまじめに競技に取り組み，飛躍的に競技力を向上させた。中学校で親元を離れ，強豪校へ入学する。
［環境］寮生活かつ海外遠征が多く，学校へ行けないことも多い。また，遠征先では，選出された選手間でライバル関係となってしまい，うまく関係を築けず，気を遣って過ごしていた。
［診断名］特になし

②面接経過

基本的には毎週50分。遠征のため不規則になることが多かった。

インテーク（#1）では，日本代表として選出された試合から帰国した翌日から「相手の近くでB（Aの得意技）するときはいいんですけど，離れてBすると，動きが崩れてしまう」と主要動作の崩れを訴えた。これをきっかけに，食欲不振や腹痛，頭痛といった体調不良が続き，学校へも行けなくなっていること，立て続けに海外遠征に出なければならず，動作の崩れの修正に取り組む時間がないということが語られた。

また，#2では，Aは小さい頃から熱心に練習する選手であり，「とにかくコーチに言われたことを1つ1つ忠実にやっていました。それでうまくなった」と言う。動作の崩れを経験してからも，Aは「コーチが疲れても練習につき合わせていた」というほど，熱心に練習していた。しかし，納得いく試合ができないと，「全く練習しなくなってしまう」など，その取り組みは不安定であった。

#4では，股関節痛，#6では，太ももの痛みを訴えるなど，怪我が続いた。Co. には，Aの様子がとても疲れているように見えたため，Aの担当コーチに〈遠征を減らし，じっくりと練習とカウンセリングに取り組める環境を確保してほしい〉と環境調整を行った。

じっくりと練習できるようになると，少しずつAは自身のプレーについて語るようになった。そして「自分は相手の攻撃を受けるのはうまかった

んです。どんな角度からでも返せた。でもそれは下半身を使わないで，手だけで対応するので，変な体勢だったりしたんですよ（#8）」とそれまでの自身の動きへの理解を深めた。そして「（相手を）いつも横目で見ている　（#8）」「身体が先に反応して，手だけで動いてしまうから動きが崩れてきたと思う（#8）」と現在の動作の崩れに対する体験的な理解へとつなげた。彼女はその理解に基づいて，試行錯誤しているようであった。そして，「（それまでのAは）いばっているわけじゃないけど，言われても納得しないと反論したり，言うことを聞かなかったりしたけど，うまくプレーできなくなって，いろいろなことを試しているうちにいろいろな考えを素直に聞けるようになった（#8）」と試行錯誤をとおして，様々な感覚や体験を経験することにより，多面的に物事や他者を受け入れることができるようになっていったようであった。

　こういった試行錯誤が実を結び，Aは本調子ではないながらも全国大会で優勝した（#12）。この頃，Aは進路選択もせまっており，自分1人で練習をしなければならないが，経済的な支援や自由度は高い所属先か，仲の良い先輩がいて，練習もチームでできるが，経済的にも自由度も低い所属先のどちらかを選ばなければならないことが語られた（#13）。

　こういった悩みを抱えながらもAは試行錯誤を繰り返すとともに，技術を支える上で必要な体幹トレーニングを中心とした身体の基礎的な土台作りの必要性についても言及した（#13）。Aはこのことを「つくり直し（#13）」と捉えており，動きとともに，身体をつくり直していった。このような中，Aは「自分はランニングとか，ちょっとしたことでも負けたら悔しい。だからオリンピックに行くと覚悟しました」と1人で練習する所属先を選んだ（#15）。

　Aは自身の動きへのさらなる理解を深め，#18では，「できるだけ（相手の）正面に移動して技を出すようにしたら，前は何回かに1回しかできなかったけど，連続してできるようになったんで

す」と技術的な変化が見られた。そして，「これまでは，言われたことをやれば強くなれたけど，今は自分で考えてやっている。そのほうが練習量は少なくても身につくし，失敗しない（#18）」と自分なりに考え，試行錯誤することで，安定したパフォーマンスや技術を習得したようであった。

　このような動きや心理的変化に伴い，Aには様々な変化が見られた。来談当初，海外遠征でもうまく関係性をつくれないAであったが，（#18）では，後輩と仲良くなったことが語られた。さらに，競技においても，「練習でも遊び心がないと，やってられない（#30）」「それまでは練習でもまじめにと思っていたけれど，ちゃんとできるようになってからまじめにやればいいのではないか（#30）」と遊びを取り入れるようになった。そして，「試合って何が起こるか分からないから，遊びを入れて，いろいろな対応を練習したほうが試合には役に立つ」と実践的なトレーニングへと変化していった。Aはその後，所属先を辞め，大学受験を試み，競技を続けながら大学生活を送った。

❷ 思春期トップアスリートの特徴

　以下では，江田ほか（2017）に基づき，上述の思春期トップアスリートの来談事例の分析によって明らかになった思春期トップアスリートの特徴及びその心理的発達過程を紹介する。

①思春期らしい身体的変化に気づきにくい

　1－❶で述べたように一般的には思春期において，身体的変化をきっかけに思春期の自分づくりが始まると言われている。しかし，思春期の段階ですでに高いレベルで競技に専心しているアスリートにおいては，思春期らしい身体的変化が自分づくりのきっかけとなり難い。江田ほか（2017）で取り上げた選手8名は皆このような身体への気づきに関する言及がみられない。また，Co. から見ても，身体的変化に対する戸惑いをあまり感じていないように見受けられる。

　その理由の1つに，トレーニングによる恒常的な身体的変化が考えられる。この時期に競技に専

心しているアスリートの場合，すでに厳しいトレーニングを行っており，男子であれば男性的な体格への変化は，トレーニングの効果として捉えられ，女子であれば，厳しいトレーニングのために女性特有のふくよかな体型になりにくく，発達的な身体の変化に気づきにくくなる。そのため，思春期らしい身体的変化が自分づくりのきっかけとなり難いようである。

②当たり前にできる力の喪失

思春期トップアスリートの多くは，それぞれの種目に適した才能を持っていたため，大きな工夫や試行錯誤をあまり必要とせず，指導者の指示を天性の勘のようなものですぐに取り入れ，当たり前のように再現し，競技力を向上させている場合が多い。事例Aも指導者の指示どおり競技に取り組んでいた。そのため，自分自身の身体について振り返ることや深く考えることはなく，指導者の言ったことをそのままこなしていた。

ところが来談に至る前に何らかの理由で，当たり前にできていたはずのこと（動きや技など）に疑いを持つことや，再現できなくなるということが生じている。

思春期の心身の変化を描いている（武田，2005; 田中，2008; 田村，2014）魔女の宅急便では，このように思春期に当たり前にできることができなくなるという体験を見事に表現している。主人公のキキが唯一身につけた魔法であり，彼女にとって最も得意とするほうきで飛ぶ特別な能力を例にこの現象を説明したい。物語の中で魔女は「血で飛ぶ」という台詞がしばしば見られる。キキはそれまで特別試行錯誤せずともほうきで飛ぶということだけはできた。しかしある日，突然，魔法の力が弱くなり，飛べなくなってしまう。同時に，相棒である猫のジジの言葉も分からなくなってしまう。ほうきで飛ぶことも，ジジと話せることも，特別な努力を経て，できるようになったわけではなく，魔女の「血」を受け継いでいるからできたことである。それまで当たり前にできていたこれらの能力がなくなってしまったということは，魔女という自分のアイデンティティを揺るがすもの

でもあると言える。これをきっかけに，キキは，あらためてほうきの乗り方を試行錯誤して獲得していくが，それこそが血で受け継いだものではなく，キキ自身が自ら身につけた飛ぶ能力となっていく過程である（岩宮，2013）。

思春期トップアスリートたちは，まさにキキのように，それまで得意としていた技や動き，能力について，それまでと同じやり方では力を発揮できなくなる。そのことをきっかけに試行錯誤を始めていく。

③支えとなる存在の不足

先にも少し触れているが，思春期トップアスリートは多くの場合，競技力向上のために親元を離れて寮生活をしており，その中では，学校へ行っている時間以外のほとんどの時間をトレーニングに費やしている場合が多く，「遊び」に割く時間はあまりない。事例Aも寮生活であることに加え，遠征が多く学校へも行けないほど，自由な時間がなかった。こういった環境の中では，一般的な思春期に形成するような親友（チャム）関係や仲間関係（ギャング）を形成するのに必要な時間や空間を作ることが難しい。

また，厳しい競技環境の中では，指導者や親など周囲にいる大人も彼らに厳しく接することが多い。競技では，様々な感情を体験しうる要素が凝縮されており，それらの感情を体験することでアスリートは「自己と出会う」と言われている（中込，2013）。しかし，彼らに対して周囲の大人は結果を求める傾向が強く，アスリートたちが様々な感情を伴うような自己表現の場となっていないことが多い。思春期では，家出や反発などの反抗的態度が自己表現の1つとしてしばしば見受けられるが，競技環境の中でこれらは，競技者としてあるまじき行為としてみなされてしまう。また，競技環境の中でも多くの時間を共有し，同じ目標を目指す濃密な友人関係を築くことができるが，多くの場合，親しい友人であると同時にライバルでもあるという複雑な関係性でもある。そのため安心して自己表現し，共感的理解を得られるようなチャムやギャングといった関係性となるには少

し難しさがある。つまり，競技環境では，自由に自分を表現できる対象となる存在が少ない。例え彼らの内面に新たな自分が育っていたとしても，それを表現する対象や関係性を育む時間が十分にない。

④競技への過剰適応

このような限られた経験世界の中で，彼らが自分を確認できる手掛かりとしやすいものが競技成績である。事例Aはそれまでの自身の競技経験や特性からオリンピックを目指すと決断していた。彼らが競技成績を向上させていくほど，周囲も彼らへの期待を強めていく。それはとても自然で望ましいことでもある反面，競技成績を向上し続けることを強く望むメッセージとして彼らに発信してしまうことにもなりかねない。藤田（1983）は思春期の早い段階においては，友人関係を介して共感性がとりわけ増大する時期であり，それがその後のさらなる人格の統合的発達の基盤となると主張している。他者への関心や他者をとおした自己への関心に興味を抱くこの時期を高い競技レベルを求める集団の中で過ごすということは，必然的に，その集団内で重要視されている高い競技レベルを目指すという勝利志向性を取り入れることになると考えられる。さらに，この時期に才能を開花させつつあるアスリートに対しては，指導者や周囲の大人が彼らに期待する。その期待も彼らに高い競技レベルを目指すことを助長する。こういった内的，外的な要求により，彼らは競技力向上を強く求め，このことが自身を図る物差しが競技力に偏ることになり，競技への過剰適応を強化しているとも考えられる。

❸ 来談する思春期トップアスリートの心理的発達過程

①身体にかかわる自己感覚の否定

一般的に思春期では子どもの近くに存在し，それまで思考や考えの源となっていた親に反発することや，今までとは違う新たな自分を模索し，服装をあれこれ変えてみるなどして，それまでの自分を否定し，新たな自分を創っていくことにな

る。しかし，思春期トップアスリートの場合は，幼少期から競技のためにトレーニング中心の生活をしていることが多いため，反発すべき親が近くにいないことや厳しい競技環境では服装や身なりを自由に変えることが許されない場合も多い。つまりアスリートは一般的な思春期の子どもたちと同じ方法ではそれまでの自分を否定するという経験ができない。

そのため，思春期トップアスリートは，それまでの自分自身の取り組みや重要視してきた動き，身体そのものなど，それまでの自分を定位してきた枠組みや拠り所を否定せざるを得ないようである。事例Aでは動作の崩れとして，それまでの自分の"動き"を喪失している。

これは2−❷②の「当たり前にできる力の喪失」で記述したように，それまで得意とした，いわば自身のアイデンティティとなっていたような技や動き，感覚を失うこととして表出する場合が多い。親や周囲の大人に反発，反抗することや服装などでそれまでの自分を否定し，つくり直すことができない代わりに，彼らはそれまでに拠り所としてきた身体にかかわる何かを否定する体験を経て，それに対処しようとすることで，自己感覚が賦活化され，新たな自分づくりを始めるようである。そしてカウンセリングでは，自分自身の感覚や身体に対しての違和感や否定的な感覚を抱いていることを語り，それまでの拠り所を崩す。この違和感や否定的な感覚が自分自身に訪れた変化を感じる体験となり，この違和感に導かれるように，新たな拠り所を模索し，確立していく過程で新たな自己像を明確化していく。

②関係性に支えられた試行錯誤経験

上述のように，思春期の新たな自分づくりにおいては，親以外の親密な対象を実際に持つ経験が重要であると言われている（西村，2013）。Blos（1962）は第二次分離—個体化の発達論で高校生時を「練習期」ととらえ，交友関係をとおして，友人を「移行対象（transitional objects）」として親からの分離の練習を行っていくという。

しかし，2−❷思春期トップアスリートの特徴

で述べたように，競技経験の中では，そういった友人関係を築きにくい。そんな彼らにとって，カウンセリングの中でCo. は従来の治療者としてのニュートラルな，評価しない存在であるだけでなく，多面的な役割を求められる。このような多面的なかかわりは，彼らの視野を広げ，自分の中にあってもそれまで触れることのなかった様々な感覚を呼び起こすことにつながるようである。そして，アスリートたちは，試行錯誤を始めることが出来るようになる。

事例Aは，来談当初，来談を促した指導者が寄り添い，親代わりや友達の肩代わりとなっていた。Co. との間では，Co. が環境調整を図り，じっくりと取り組む場を持つことによって，自身の取り組みを振り返り，動きの土台を作り直すことをとおして，心理的にも土台を作り直したようであった。

③新たな自分なりの感覚の芽生えと確認

上述のようにカウンセリングをとおして，アスリートは試行錯誤を繰り返すことにより，自分なりの感覚を感じ始め，それを信頼できるようになる。そして，その感覚に基づいた経験を積み重ねていく。

事例Aは自身の動作の崩れについて面接で語ることをとおして，自身の動きに対する理解を深めた。そして体幹トレーニングを中心とした土台のつくり直しを行った。この試行錯誤をとおして，様々な経験を経ることによって，いろいろな考え方を受け入れられるように変化していった。

このように主要動作の崩れを訴えたアスリートが自身の動きの崩れや違和感についてカウンセリングの中で語ることにより，これまでの自身の歩みを振り返り，現在の自身に適した技術や動作，感覚の習得を目指していくといったことは非常に多い。2－**2**②で触れたように，これまでの体験の中で試行錯誤する経験が少ないアスリートが多く，カウンセリングに訪れた際には何をどうすればいいのか全く分からず途方に暮れている状態である場合が多い。カウンセリングにおいて，彼らの歩んできたプロセスをなぞるように聴いていく

とともに，現在滞っていることについてもその状況や感覚を丁寧に聴いていくことにより，彼ら自身が自分なりの感覚を賦活化させ，主体的に新たな自分の感覚や動き，技術などを模索し始める。このことが彼らの自分づくりとなっていくようである。

3．思春期アスリートのメンタルヘルス

ここまで述べてきたように，アスリートの思春期は，一般的に心の発達に必要とされる過程とは異なる歩みとなり，そこには心理的発達を遂げる上での危険性もある。このことについて永島（2002）は精神科医の立場から，ジュニア期のアスリートが様々な心理的・身体的問題を呈した事例を紹介し，スポーツ活動がストレスとなり，彼らの心の発達を阻害する危険性を訴えている。ところが，この世代のアスリートの心理的側面や彼らの心理サポートに関する研究は十分でなく，実際にサポートにかかわる者たちが手探りで彼らにかかわっている場合が多い（江田，2015）。

世界的にも2015年に国際オリンピック委員会（International Olympic Committee：IOC）が思春期を含むユース世代のアスリート育成に関する合同声明を発表している（Bergeron et al., 2015）。その中では，若いアスリートが不適切かつ非現実的な要求や期待にさらされ，結果的に心理的な負担が過度になっていること（例えば，DiFiori et al., 2014），親の期待や批判が高まることによって不適応的な完全主義傾向を促進させる可能性（Appleton, 2012）などが指摘されており，アスリートが幼少期から競技に専心することに対する心身の危険性を指摘されている。

わが国では，大学生以上の青年期アスリートに対する研究は比較的多いものの，思春期世代のアスリートに関する研究は十分とは言えない。日本においてもこの観点からの研究の蓄積が望まれる。

ここで述べてきたように，思春期は青年期の入り口として，自分づくりを始める重要な時期であ

る。この時期をどのように過ごすかは，その後の同一性形成に大きく影響する。今後さらにこの観点での研究や実践が蓄積され，思春期アスリートが心身ともに発達できる競技環境を模索していくことが期待される。

注1）サリバンのチャムシップの解釈には諸説あるが，本研究では同年代の仲間との間で築かれる特有の関係性と理解する。
注2）来談時に思春期（中学生もしくは高校生）であり，全国大会上位のアスリートを思春期アスリートとする。

◆文献 ....

Appleton, P. R. & Hill, A. P.（2012）Perfectionism and athlete burnout in junior elite athletes: The mediating role of motivation regulations. Journal of Clinical Sport Psychology, 6: 129-145.

馬場謙一・小川捷之・福島 章・山中康裕編（1987）日本人の深層分析10 青年期の深層. 有斐閣.

ピーター・ブロス：野沢英司訳（1971）青年期の精神医学. 誠信書房〈Blos, P., 1962, On Adolescence. Free Press〉.

DiFiori, J. P., Benjamin, H. J., Brenner, J. S., Gregory, A., Jayanthi, N., Landry, G. L., Luke, A.（2014）Overuse injuries and burnout in youth sports: a position statement from the American Medical Society for Sports Medicine. British Journal of Sports Medicine, 48: 287-288.

江田香織（2015）思春期トップアスリートへの心理サポートから. 中込四郎・鈴木 壮編著，スポーツカウンセリングの現場から アスリートがカウンセリングを受けるとき. 道和書院, pp.121-137.

江田香織・関口邦子・秋葉茂季（2017）来談する思春期トップアスリートの心理的特徴および心理的発達過程. スポーツ精神医学, 14: 13-26.

E. H. エリクソン：仁科弥生訳（1977）幼児期と社会1, 2. みすず書房〈Erikson, E. H., 1950, Childhood and society. W. W. Norton & Company.〉

E. H. エリクソン・J. M. エリクソン：村瀬孝雄・近藤邦夫訳（1989）ライフサイクル，その完結. みすず書房.〈Erikson, E. H., 1982, The Life Cycle Completed. W. W. Norton & Company.〉

藤田早苗（1983）前思春期の心性―その危険と成長―. 飯田 真・笠原 嘉・河合隼雄ほか編，岩波講座 精神の科学6 ライフサイクル. 岩波書店, pp.115-140.

岩宮恵子（2013）すきなのにはワケがある 宮崎アニメと思春期のこころ. 筑摩書房.

小林さえ（1968）ギャング・エイジ―秘密の社会をつくる年頃. 誠信書房.

村瀬孝雄（1983）思春期の諸相. 飯田真・笠原嘉・河合隼雄ほか 編，岩波講座 精神の科学6 ライフサイクル. 岩波書店, pp.141-180.

村瀬孝雄（1996）中学生の心とからだ 思春期の危機をさぐる. 岩波書店.

中込四郎（2013）臨床スポーツ心理学. 道和書院.

永島正紀（2002）スポーツ少年のメンタルサポート. 講談社.

西村喜文（2013）青年期をいかに過ごすか―大人になるということ―. 佐藤仁美・西村喜文編著，思春期・青年期の心理臨床. 放送大学教育振興会.

武田京子（2005）少女から女性へ―キキの成長―. 岩手大学教育学部研究年報, 64: 122-130.

田中慶江（2008）13歳少女のイニシエーションに関する一考察―初潮と猫イメージをとおして―. 京都大学大学院教育学研究科紀要, 54: 558-571.

田村奈保子（2014）教材としての映画：『魔女の宅急便』の精神分析的考察. 福島大学行政社会学会, 16（3）: 37-53.

スポーツ傷害の心理学

直井愛里

■受傷後の心理的反応

　アスリートは受傷後，不安，抑うつ，気分の変動，孤独感などを経験し，怪我が重症なほど否定的な心理的反応がみられることが報告されている（Ruddock-Hudson，2012）。また，再建術後2週間以内では，痛みへの破局的思考が高い人ほど抑うつが高かった。さらに，再建術後2週間以内のスポーツ選手としてのアイデンティティが高い人ほど，再建術後2週間以内と再建術後6か月の抑うつが高いことが報告されている（Baranoff et al.，2015）。このようなことから，個人的な要因を考慮しながら，受傷時のアスリートの心理的反応への援助が必要とされる。

■感情を表出できる場を提供すること

　スポーツ心理学者は，アスリートが経験する怪我にかかわる不安，悲しみ，怒りを軽減する方略を考えるだけでなく，安心できる治療環境で，アスリートが自らの感情を探求したり，引き出したり，整理したりするように導くことが有益である（Tamminen & Watson，2021）。

　指導者，チームメイト，家族，友人などが受傷したアスリートの気持ちに寄り添うことにより，アスリートが自らの孤独感や将来への不安や焦りなどを素直に表現し，必要なサポートを受けることができるようになる。一方で，Tamminen & Watson（2021）は，アスリートの怪我の程度を理解していなかったり，痛みを我慢できないので弱いとほのめかしたり，アスリートの努力をそれとなしに，もしくは明白に軽視し，無価値とし，退けるかもしれないコーチ，チームメイト，親に苦しむアスリートがいる可能性に対して，セラピストは注意を払うべきであると述べている。アスリートが周囲の大人から必要なサポートを受けることが難しい状況では，スポーツ心理学の専門家がアスリートに寄り添い，丁寧に悩みを傾聴し，感情を表現できる場を提供していくことが大切である。

■受傷中における心理的スキルトレーニング

　リハビリテーションにおけるモチベーションの維持や痛みの軽減，そして復帰後のパフォーマンスのために，イメージトレーニングやリラクセーションなどの心理的スキルトレーニングを取り入れることが効果的である。順調に怪我が回復しないアスリートは，目標を見失うときもあるかもしれない。そのため，目標設定などでは，個人の性格や回復状況を考慮し，短期間の目標設定を柔軟に修正していく必要がある。

■おわりに

　アスリートは，受傷による心理的な落ち込みにより，感情のコントロールや人間関係の難しさに直面することもある。受傷経験による様々な問題を乗り越えるためにも，日頃からスポーツ以外の活動も経験しながら自らのアイデンティティを育てつつ，柔軟な対処行動や幅広いソーシャルサポートのネットワークを持っておくことが大切である。アスリートの周囲の指導者や親なども，アスリートが幼少期からスポーツのみに固執するのではなく，多様な分野に興味・関心を広げられるような環境を提供していくことが勧められる。

◆文献

Baranoff, J., Hanrahan, S.J., & Connor, J.P.（2015）The roles of acceptance and catastrophizing in rehabilitation following anterior cruciate ligament reconstruction. Journal of Science and Medicine in Sport, 18: 250-254.

Ruddock-Hudson, M., O'Halloran, P., & Murphy, G.（2012）Exploring psychological reactions to injury in the Australian Football League（AFL）. Journal of Applied Sport Psychology, 24: 375-390.

Tamminen, K.A. & Watson, J.C.（2021）Emotion focused therapy with injured athletes: Conceptualizing injury challenges and working with emotions. Journal of Applied Sport Psychology, 1-25.

スポーツ傷害をきっかけとした心理的成長　　中村珍晴

■受傷後の心理

　重度のスポーツ傷害は，アスリートの心理面に重篤なストレス負荷を与える。一方で，スポーツ傷害をきっかけとした心理的成長が，スポーツ心理学の研究テーマとして扱われる機会が増えてきた。困難からの心理的成長という体験は，ハーディネスやレジリエンスなどいくつかの概念を用いて研究されてきたが，その1つに心的外傷後成長（Posttraumatic Growth; 以下，PTG）がある。

■スポーツ傷害とPTG

　PTGとは危機的な出来事や困難な経験における精神的なもがき・闘いの結果生じるポジティブな心理的変容体験と定義されている（Tedeschi & Calhoun, 1996）。広い意味では，自身の価値観を揺さぶるような出来事をきっかけに経験されるポジティブな変化を指す。中村ほか（2018）は，因子分析を用いてスポーツ傷害特有のPTGの特徴について検討し，以下の4因子を報告している。

①チームメンバーとの関係

　この成長は，チームメンバーへの感謝の気持ちなど，受傷から復帰への過程を通じて，チームメンバーとのつながりの中で経験される肯定的な変化を指す。

②競技者としての心理的強さ

　この成長は，受傷という思い通りにならない経験を通じて自覚した自身の強さを指し，困難を乗り越えたことに対する自信に近いものである。

③新たな可能性への取り組み

　この成長は，受傷という競技生活を一時的に停止せざるを得ない状況の中で見出した競技人生における新たな可能性への取り組みを指す。

④競技における準備力の向上

　この成長は，受傷をきっかけに日々の生活から受傷予防に努め，さらにはその思考を競技生活全般に拡大させた内容を指す。

■PTGを後押しする要因

　では受傷アスリートにおけるPTGを促進する要因とはなんだろうか。またNakamura & Tsuchiya（2020）は，受傷アスリートを対象にソーシャルサポートとPTGの関係について縦断的データを用いて検討している。その結果，チームメイトが話を聞いてくれた，受け入れてくれたといったサポートがPTGを高めることを明らかにした。PTGは，二度と変えることのできない喪失体験を自分なりに意味づけていく過程が不可欠である。そのため，受傷から現在までの道のりを自分の言葉で語ることで新たな人生を構築し，その結果PTGにつながると考えられる。

　最後にPTGを実感したからといって，受傷によって生じた問題が必ずしも解決するわけではないことを強調したい。あくまでもPTGは，自分では望んでいない苦難に遭遇してしまい，その中で，もがき苦しみ，悩み抜いた過程で実感されるものである。つまりPTGを経験することは危機体験を肯定視することではないという点を考慮しなくてはならない。それでも「なるべく早く復帰したい」「受傷前の自分に戻りたい」という願いがかなわない状況で，その先にPTGがあることは受傷アスリートにとって心の支えになるのではないだろうか。

◆文献

中村珍晴・土屋裕睦・宅 香菜子（2018）スポーツ傷害に特化した心的外傷後成長の特徴. 体育学研究, 63: 291-304.

Nakamura, T. & Tsuchiya, H.（2020）Association of hardiness and social support with Posttraumatic Growth following athletic injuries. International Journal of Sport and Health Science, 18: 28-38.

Tedeschi, R.G. & Calhoun, L.G.（1996）The Posttraumatic Growth Inventory: Measuring the positive legacy of trauma. Journal of Trauma Stress. 9: 455-471.

3章 運動・身体活動とメンタルヘルス

西田順一

日本の100歳以上の超長寿者（センテナリアン）は8万人を超え，グラットン・スコット（2016）が予測する「100年ライフの時代」は身近になっている。わが国は長寿社会であるとともに「ストレス社会」でもあり相反する特徴を有している。精神疾患により医療機関を受診する患者数は年々増加し，2017年には400万人を超過している（厚生労働省，2017）。また，外来費用や薬剤費用，うつ病による自殺の死亡費用等の総額からうつ病の社会的損失額は2兆円に上る（佐渡，2014）。ほかの先進諸国と同様，莫大な社会的損失額が推計されている。

心の不調に際して，毎日の生活での「つらい気分」「悲しい気持ち」「気持ちの落ち込み」等の気分不調が比較的長く続く場合は，適切な対処方略を用いメンタルヘルス改善・向上に努める必要がある。メンタルヘルスの悪化から，精神疾患の段階に移行させないために適切な対処はきわめて重要である。対処方略は様々あるが，薬物と比較して運動には同等の有効性が確認されている。運動療法は副作用が生じにくく，費用がかからず手軽に取り組みやすいため有効な対処方略となる。習慣的な運動・身体活動は，心臓病や糖尿病，大腸癌等の非感染症疾患の予防や治療に有効であるだけではなく，メンタルヘルス改善やQOL，ウェルビーイング改善の可能性が示唆されている（WHO，2018）。

本章では，運動・身体活動とメンタルヘルスに関するこれまでの心理学的研究の蓄積をふまえ，本領域にて近年に公表された重要なトピックから学術的な知見を概観し，合わせて著者による研究成果の一端を述べることとした。

1. コロナ禍における運動・身体活動の メンタルヘルスへの効果

運動・身体活動とメンタルヘルスに関する研究を概観する際，近年の新型コロナウイルス感染症（COVID-19）による影響は看過できない。

1 コロナ禍のメンタルヘルス

コロナ禍は急激な感染拡大や医療逼迫の状況から特殊災害として捉えられる。特殊災害では，不確定な要素が多いため不安や恐怖が強まりやすく，慢性ストレスが続きやすい（國井，2021）。また，平時よりストレスを感じる閾値が低下し，様々なストレス因が顕在化しやすく（國井，2021），広範かつ深刻なメンタルヘルスの悪化が懸念される。COVID-19の心理的影響に関して，Vindegaard & Benros（2020）は，学術論文43編のシステマティックレビューから，COVID-19患者には心的外傷後ストレス症状が96.2%に，また摂食障害症状の悪化が37.5%に，不安症状が56.2%に示されたことを報告した。また，医療従事者や一般市民は，平時に比べて高い抑うつや不安症状が認められ，睡眠の質の悪化や心理的ウェルビーイングの低下等が示された。

わが国の全国規模の調査（厚生労働省，2022）では，対象者のほぼ半数にメンタルヘルス悪化（神経過敏，そわそわ落ち着かなさ等）が示された。

2 コロナ禍における運動・身体活動とメンタルヘルスとの関係

コロナ禍での運動と健康やメンタルヘルスとの関係について，最初に，Sallis et al.（2021）は，米国南カリフォルニア州の住民約5万名の大規模

研究にて，COVID-19流行期における運動実践と健康との関係を調べている。対象者は，大手保険会社による運動調査（Exercise Vital Sign: EVS）に連続回答し，また日頃の運動頻度や運動時間を記録した。EVSへの回答を運動時間から3群（運動不足群，活動群，身体活動ガイドライン充足群）に分類した。COVID-19成人患者（平均47.5歳；女性61.9%）のうち4,236名（8.7%）は入院治療が必要とされ，また入院患者のうち約17%（集中治療室における重症患者のうち約16%，死亡者のうち約22%）は，運動不足群（週10分以下の運動時間）であった。一方，入院患者のうち約2%（集中治療室における重症患者のうち約3%，死亡者のうち約1%）は活動群（週150分以上の運動時間）であり，推奨された身体活動ガイドラインを満たしていたことが報告された。また，危険因子の調整により活動群に比べ，運動不足群の入院率は2.26倍，集中治療室での治療率は1.73倍，そしてコロナによる死亡率は2.49倍に上ることを明らかにしている。

コロナ禍の運動の重要性が確認されたが，非常事態宣言や外出自粛等の感染予防行動により，実際の運動行動はプレコロナ期と比べ男性で4割，女性で3割ほど減少を示した（西田ほか，2021）。

さて，Rosel et al.（2022）はドイツ初のロックダウン時期となった2020年4月に4,253名の成人を対象に運動とメンタルヘルスとのかかわりを調べている。PHQ-9（Patient Health Questionnaire）により抑うつ症状等を測定し，同時に過去1か月の運動トレーニングへの取組（運動量や運動従事の変化）を調査している。プレコロナ期では一般成人の抑うつ症状（PHQ-9合計値10点以上のスコアを抑うつと判定）は8.1%であったのに対し，コロナ禍では抑うつを示したのは31.2%に上り，うつ症状を呈する者は平時の約4倍（全般不安症は平時の約3.5倍）に上ることを明らかにした。運動量の分析では，週に約1時間に満たない短い運動時間の場合，抑うつ症状は42%に見られ，一方，週に5時間を超える運動時間の場合，抑うつ症状は22%に留まった。また，コロナ禍での運動行動の変化について，パンデミック前と比べた運動量の減少

は抑うつ症状に正の影響を，運動量に加えて運動に伴う情動調整は抑うつ症状に負の影響を及ぼすことが示された。同時に，不活動者と比べ運動実施者にて，運動に伴う情動調整力が高い者にて抑うつ症状（全般不安症及び睡眠の質）が少ないことを示した。

Carriedo et al.（2020）は，スペインにおける高齢者（平均年齢65歳）483名を対象に運動と心理的ウェルビーイング（レジリエンス，情動，抑うつ）との関係を調べている。過去7日間の行動を思い出して回答する国際標準化身体活動質問票（IPAQ-short form）にて測定した身体活動量についてWHO（2010）が提示した健康のための身体活動に関する国際勧告（Global Recommendations on Physical Activity for Health）の充足の程度より3群に分類し，運動実施レベルによる心理的ウェルビーイングの差異を比較している。ロックダウン期における習慣的な高強度身体活動，中高強度身体活動の実施者は統制の位置，自己効力感，楽観性というレジリエンス及びポジティブな情動が高値を示し，また抑うつ症状が低値であることを示した。高強度身体活動はネガティブなメンタルヘルス症状を軽減し，またパンデミックにてWHO（2010）による身体活動の国際勧告を満たすことは，肯定的なレジリエンスや情動等の心理的ウェルビーイングに貢献する可能性を示唆している。

❸ コロナ禍におけるメンタルヘルス改善・向上のための運動：ヨガに着目して

コロナ禍において自宅や職場等で初心者も比較的容易に実施でき，自身のペースでゆっくりと身体を動かし，呼吸を調整し，身体全体の筋肉を使うポーズを導入して行われる特徴を有する理由から，本稿ではヨガ（yoga）実践とメンタルヘルスとの関係に着目した。伝統的ヨガは心身の状態を調整することを目指し，精神疾患にとって効果的な介入法である（Macy et al., 2018）。

COVID-19パンデミック時のヨガ実践とメンタルヘルスについて，Dos Santos et al.（2022）は，ブラジルの実践者860名にヨガの実践内容と抑う

つ，不安，ストレスに関してオンライン調査を行った。様々な流派やスタイルが存在する中，最も多く実践されたのはハタヨガ（Hatha Yoga）であった。ヨガ経験を5年以上有し，60分間以上の実践，そして週に5日間以上のヨガを実践している者の抑うつ，不安，ストレスが通常値を示し，一方，ヨガ経験が1年未満で，ヨガの実践時間や日数が少ない者の抑うつ等の悪化が示された。

続いて，Wadhen & Cartwright（2021）はコロナ禍での在宅勤務者52名に6週間のパイロットRCT介入研究を実施し，ヨガ実践によるメンタルヘルスの経時変化を検討している。リアルタイム型のオンラインにてヨガ介入は行われ，50分間のクラスへ毎週2−3回の参加が求められた。指導歴8年の研究者がヨガ指導を担当した。ヨガ・プログラムには，ハタヨガが採用され，様々な要素の内容から単純化，修正された手順により実施された。プログラムは，主にポーズ（Asana：蝶，猫，コブラ等の10ポーズ）や呼吸法（Pranayama），そしてリラクセーション（Sithilikaran）で構成された。ヨガ・プログラム実践より，介入後には主観的ストレス，抑うつの低下を示し，同様に精神的ウェルビーイング，コーピング・セルフエフィカシーの向上が明らかにされた。

さらに，Divya et al.（2021）は医療従事者にスダルシャンクリヤ・ヨガ（Sudarshan Kriya Yoga：SKY）介入を行い，ウェルビーイングへの影響を検討している。SKYは，周期的に呼吸と瞑想を統制する実践法であり，4つの別個の呼吸段階から構成され，典型的な1セッションの長さは30分であった。また，SKYは毎日2時間のセッションが実施され，対象者はオンラインにて計4日間，合計8時間のワークショップにてSKYを学んだ。合わせて自宅で毎日35分程度のSKYの復習が奨励されている。介入対象者92名（平均年齢43歳）の解析の結果，SKY介入後は，ストレス，不安，抑うつの軽減が，また睡眠の質，レジリエンス，生活の質の向上が示されている。介入40日後の時点でもレジリエンス，生活の質が高値であることも示された。本研究は，医師や看護師，臨床心理士

等の医療従事者に対して行われた貴重な研究であり，オンラインの4日間のワークショップによりレジリエンスや生活の質向上が40日間後にも認められたことは大きな意義がある。

以上，自宅や職場で気軽にできるヨガのメンタルヘルスへの有効性が確認された。ヨガ実践は，コーピングスキルを改善し，ストレスを軽減する可能性が示唆された。また，オンラインによる実践のため実践者とインストラクターの交通費等の費用対効果も好ましく，従業員の健康や生産性の向上のため管理職にとって有用なツールとなる。

2. 勤労者を対象とした運動・身体活動とメンタルヘルス

運動・身体活動のメンタルヘルスへの影響を解明する際，いかなる対象者に着眼するかは重要な視点である。今後の研究では，職業上の過度な心理・身体的ストレスを抱える勤労者（医療従事者や消防士等）に焦点をあて，心の不調に対する運動・身体活動の影響を検証することも望まれる。

❶ 学校教員のメンタルヘルス

学校教員は単一職種として最多数で身近な職業である一方，特殊な職業でもある。実際，動機づけの曖昧な職務，実施困難な職務といった職務自体のストレッサーに加え，役割葛藤や同僚との関係，評価懸念といった職場環境のストレッサーを抱える。学校教員は多様なストレスに囲まれ，社会の期待や要請が高い仕事であるゆえ，メンタルヘルスが悪化しやすい環境に置かれている。

文部科学省は，「令和元年度公立学校教職員の人事行政状況調査について」にて病気休職者が一年間で8,157名にのぼり，そのうち67.2%は精神疾患であると報告している。精神疾患を理由とする休職者の多い深刻な現状では，予防的対処を講じることが必要不可欠である。学校教員のメンタルヘルスの改善・向上が進むことにより，学校運営及び児童・生徒に対する直接的な指導にも好影響が及ぼされると期待できる。

❷ 学校教員の運動・身体活動とメンタルヘルス

　最初に，西田・大友（2010）は学校教員（小・中学校教員255名：男性186名，平均年齢40歳）の個人的特性を考慮した上で，メンタルヘルスを検討している。橋本・徳永（1999）の作成したMHP（Mental Health Pattern）尺度により性差を比較した結果，男性に比べて女性のメンタルヘルスパターンが望ましくないことを示した。また，中堅，ベテランに比べて若手教員の生きがい度が高く，学級の生活指導や教科指導を主として担当する教員（学級担任）の生きがい度が高いこと，また教職経験や学級担任の有無により生きがい度に差異があることを明らかにした。諸属性に加え，ストレス経験及び身体活動の差異によりメンタルヘルスを検討したところ，多忙・労働条件の悪さ（教員のストレス経験）が低値の場合，日常活動性（運動・身体活動）の高・低による生きがい度（メンタルヘルス）の差異はないことが示された。一方，多忙・労働条件の悪さが高値の場合，また日常活動性が低値であると生きがい度が低く，また日常活動性が高値であると生きがい度は高いことを明らかにしている。ストレス経験が高くなる，つまり高ストレッサー状態では運動・身体活動がメンタルヘルスの良し悪しを決定するキーの役割を果たすことが示唆された。さらに，パス解析にて運動・身体活動は性別にかかわらず，生きがい度に正の影響を，またストレス度に負の影響をそれぞれ及ぼす因果関係（**図1**）が明らかにされた。

　以上から，職場や家庭にて高ストレッサーにさらされる状況でも日常活動性が高い場合は良好なメンタルヘルスを維持できる可能性が示された。

　さらに，西田（2018）は学校教員のメンタルヘルスへ及ぼす運動・身体活動の影響を精緻に検証している。小学校教員542名を対象に，運動・身体活動の指標として国際標準化身体活動質問表に則って作成された「IPAQ日本語版Long Version（LV）」を，またメンタルヘルス指標として「日本版GHQ28」を測定し，両者の影響を検討した。最初に，学校教員のメンタルヘルス（GHQ28）について，カットオフ・ポイントから算出されたハイリスク者は，対象者の45.9%に上った。また，健常者（基準値）と本対象者間に有意な差異が認められ，男性，女性ともに健常者に比べ学校教員のメンタルヘルスは不調を示した。さらに，GHQ28合計得点には性差が認められず，一方，男性に比べ女性の身体的症状が不調を示した。また，学校教員の総身体活動量には有意な性差は認められず，レジャータイム場面での身体活動及び活動強度別の身体活動（高強度）は女性に比べ男

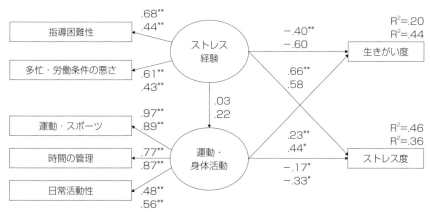

上段は男性教員，下段は女性教員のパス係数を示している（**p<.01，*p<.05）
パス係数は標準化されている
誤差変数は省略した

図1　学校教員のメンタルヘルスへのストレス経験及び運動・身体活動の影響（西田・大友，2010）

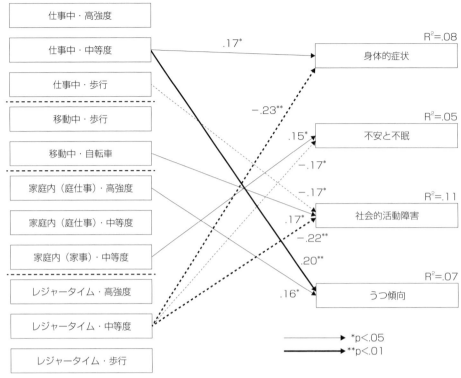

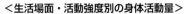

＜生活場面・活動強度別の身体活動量＞

＜GHQ28下位尺度＞

各パスの数値は標準偏回帰係数を示した。実線は正の値，点線は負の値を表す。
また，パスの太さは以下のように標準偏回帰係数の有意水準を示した。

図2　小学校教員の身体活動量からメンタルヘルスへの影響に関する重回帰分析結果（男性）（西田，2018）

性が各々高値を示した。続いて，身体活動による
メンタルヘルスへの影響を検討したところ，おお
むね男性の仕事中場面における中等度身体活動は
身体的症状やうつ傾向に正の影響を示し，またレ
ジャータイム場面における中等度身体活動は身体
的症状，不安と不眠，そして社会的活動障害に負
の影響を示した（**図2**）。

　以上から同じ活動強度の身体活動であっても，
身体活動を実施する場面により，メンタルヘルス
への影響性が異なる可能性が示唆された。

3. 自然環境下における運動と
   メンタルヘルス

❶ 自然環境下における運動への着眼

　屋外において運動・身体活動が行われる場合，

単に運動強度や運動時間のみを効果の要因と捉え
るのではなく，運動を実施するフィールド，とく
に自然環境にも注目する必要があろう。マラソン
や登山，ハイキング，キャンプ，スキー等，自然
環境下で行われる運動では心理的恩恵をより多く
獲得できる可能性が考えられる。

❷ 自然環境がメンタルヘルスに及ぼす影響

　環境心理学や生態学領域等で自然環境が人の心
理的側面に及ぼす影響について以前から検討され
てきた。胆嚢摘出患者の術後の回復に病室の外的
環境が影響するかどうかを調べたUlrich（1984）
は代表的な研究成果である。ここでは，対象者の
性や年齢，生活習慣，入院歴等をマッチングさ
せ，落葉樹を望める病室または茶色のレンガ壁を
望める病室にて，術後を過ごしたことの影響が検
討されている。窓から樹木を眺めることができる

病室の患者は，比較的に入院日数が短く，看護師からのネガティブな言葉掛けを受けている認識が少なく，そして不安抑制の鎮痛剤の服用量が少なかったこと等が明らかにされた。人工的な景色に比べ，自然の景観において患者の治癒的効果が高い可能性が明らかにされ，病院の設計や敷地決定にて窓からの眺めを考慮することの有効性が示されている。また，Ulrich et al.（1991）は一過性ストレス状態への環境の影響を調べている。歩行者モールや交通環境の視聴と比べ，草木や植物，小川や木々等の自然環境の視聴はストレス状態からの顕著な回復が生じることを明らかにしている。加えて，自然環境の視聴から怒り感情や恐怖感の減少が起こり，肯定的感情が高まるという反応を得ている。さらに，自然風景のポスターを職場の壁に飾ることで怒りやストレスを軽減させる効果が示され,労働者のための簡便なストレスマネジメント方略として注目が集まっている（Kweon et al., 2008）。

　以上は受動的な自然の認知の範疇に留まるが，人の心身の健康に自然環境が影響を及ぼすという知見は蓄積されている。

3 自然環境下での運動実施による メンタルヘルスへの影響

①グリーン・エクササイズの影響

　グリーン・エクササイズは，「自然と触れあいながら身体活動に従事すること」により自然と運動の双方から効果を期待するものである。これまで，自然と運動の効果は別個に検証されてきたが，グリーン・エクササイズは両者の相乗効果を意図する点が特徴的である。

　景観の影響について，Pretty et al.（2005）は運動実施者に田舎と都会の風景を比較させて心理的・身体的健康への影響を検討した。プロジェクターにより壁に映し出された4つのカテゴリー（心地良い田舎，不快な田舎，心地良い都会，そして不快な都会）のいずれかの風景写真を見ながら，トレッドミル20分間のジョギング（RPE 12：「楽である」の主観的強度）による，血圧や自尊感情，

気分の変化を調べた。結果，血圧は運動実施のみでも有意に低下するが（平均血圧：運動前90.1，運動後87.7），心地良い田舎の風景を眺めて運動することで，より顕著な低下が認められている（平均血圧：運動前94.1，運動後85.8）。また，心地良い都会の風景を眺めながら運動することにより複数の気分改善が起こり，反対に不快な田舎の風景を眺めながら運動を行うことは，顕著なネガティブな効果が生じることを示している。

　さらに，Pretty et al.（2007）は，スコットランドやウェールズ等の自然豊富な地域で行われた10のグリーン・エクササイズ（具体的な運動内容は，ウォーキングやサイクリング，そして乗馬等であった）のメンタルヘルスへの影響を検証している。13歳から84歳までの健康的な参加者263名の心理的データを解析し，グリーン・エクササイズに伴い，気分プロフィール検査（POMS：Profile of Mood State）から判定されるTMD得点及び緊張，怒り，混乱，抑うつの各側面の改善及び疲労の悪化が確認されている。

　さらに，10研究の結果を統合したメタ分析にて，メンタルヘルスの改善に最適なグリーン・エクササイズに関する解明が試みられている。グリーン・エクササイズを用いた介入研究（対象者：1,252名）の前後での変化を評価した場合，自尊感情（d=0.46）と比較して気分（d=0.54）の効果量が大きく，両指標とも改善が確認されている（Barton and Pretty, 2010）。POMSのTMD得点では5分間程度の活動時間にて，また運動強度では軽度運動（3メッツ以下）にて，そして運動実施環境では水辺（waterside）の効果量が最大であること等が示された。

②組織キャンプ（Organized Camp）の影響

　自然環境下での運動によるメンタルヘルスへの影響については，野外教育領域における組織キャンプを扱った研究でも確認できる。組織キャンプは，「グループ生活の中で，創造的・レクリエーション的・教育的機会を提供する体験であり，またリーダーシップと自然環境を活用してキャンパーの精神的・身体的・社会的そしてスピリチュア

ルな成長に寄与する体験である」とされ，乳幼児から高齢者まで，そして身体・精神的疾患を有する者等に国内外にて古くから実践される。組織キャンプでは，自然との触れあい，挑戦・達成，他者協力，自己開示，自己注目の体験を多面的に得ることができ（西田ほか，2002），登山やハイキング，トレッキング等，自然環境での身体活動も組織キャンプの代表的なプログラムである。実際，川遊び体験や登山，アドベンチャーアクティビティーを主とした6泊7日の組織キャンプにて，児童は1日あたり約18,600歩の歩数を，また約320kcalの運動量が確認され（西田ほか，2005），日常生活より運動が多く行われている。この背景から，組織キャンプの体験に伴うメンタルヘルスへの影響の検討が行われ，児童用精神的健康パターン診断検査：MHPC（Mental Health Pattern for Children：西田ほか，2003）の怒り感情，疲労の軽減と，生活の満足感，目標・挑戦，自信の向上が組織キャンプ体験によりもたらされ（西田ほか，2003；2005），さらにメンタルヘルス改善は参加の決定感（自発的参加であるか他律的参加であるか）によらないこと等が示されている（西田ほか，2003）。加えて，組織キャンプ体験により生じるエンジョイメント（成就感や面白さ）を媒介としてメンタルヘルス改善がもたらされ（西田ほか，2003），組織キャンプ体験によるメンタルヘルス変容のメカニズムも徐々に提示されている。また，コロナ禍における自然体験活動の実践が児童のメンタルヘルスに及ぼす影響について縦断的に検討されている（遠藤ほか，2022）。COVID-19感染防止に配慮した2日間にわたるストレートハイクや仲間づくり活動等の自然体験活動プログラムの影響として，プログラム実施前に比して1か月後にて日常生活での運動時間が多い児童はMHPC怒り感情が低下し，また日常生活での運動時間に

よらず自信の向上が示されている。コロナ禍での自然体験活動の有効性が窺える。

わが国も政策レベルで人が運動を行う環境についての関心が次第に高まりつつある。しかし，自然環境下にて運動を行うことの心理的な有効性（メンタルヘルスや快適性，運動継続への影響等）については十分な解明には至っておらず，さらに精密な研究が必要である。

最後に，冒頭に述べた人々の心理面の不調を鑑みると，今後，メンタルヘルスの向上を意図した組織キャンプを積極的に導入すべきと考える。自然の植物や音に囲まれリラックスして時を過ごす森林浴等ではなく，自然環境下でのウォーキングや登山等の運動実践を中核に据えたプログラムは抑うつや不安等の低減のみではなく，ウェルビーイングや幸福感の向上に大きく貢献できると考えられる。

おわりに

学際的学術誌「Mental Health and Physical Activity」が創刊された。Taylor & Faulkner（2008）は，創刊のことばの中で身体活動と心理的ウェルビーイングでは，認知症，統合失調症，ドラック，アルコールのリハビリテーション，心不全，HIVとエイズ，癌とQOL，禁煙，睡眠，スポーツ，ソーシャルインクルージョン，犯罪減少といった新規分野の存在を示した。身体活動とメンタルヘルスの研究はさらに拡大が続いている。

最後に，身体活動とメンタルヘルスに関する研究のゴールとして第一に，実践者が必要とする科学的知見（精神的不調の改善方法等）を適切に提供すること，そして第二に，政策の立案等につなげる科学的知見を揃えることと考えられる。研究が益々発展し，運動・身体活動による人々のメンタルヘルス改善・向上に貢献できることを期待する。

◆文献 ....

Barton, J. & Pretty, J.（2010）What is the best does of nature and green exercise for improving mental health? A multi-study analysis. Environmental Science Technology, 44: 3947-3955.

Carriedo, A., Cecchini, J. A., Fernandez-Rio, J., & Mendez-Gimenez, A.（2020）COVID-19, psychological well-being and physical activity levels in older adults during the nationwide lockdown in Spain. American Journal of Geriatric Psychiatry, 28（11）: 1146-1155.

Divya, K., Bharathi, S., Somya, R., & Darshan, M.H.（2021）Impact of a yogic breathing technique on the well-being of healthcare professionals during the COVID-19 pandemic. Global Advances in Health and Medicine, 10: 1-8.

Dos Santos, G.M., Verlengia, R., Ribeiro, A.G.S.V., Corrêa, C.A., Ciuldim, M., & Crisp, A.H.（2022）Yoga and mental health among Brazilian practitioners during COVID-19: An internet-based cross-sectional survey. Sports Medicine and Health Science, 4: 127-132.

遠藤伸太郎・矢野康介・大石和男（2022）COVID-19蔓延下における小学生の自然体験がメンタルヘルスに及ぼす影響：日常生活における運動時間を考慮した検討．体育学研究, 67: 657-672.

橋本公雄・徳永幹雄（1999）メンタルヘルスパターン診断検査の作成に関する研究（1）－MHP尺度の信頼性と妥当性－．健康科学, 21: 53-62.

厚生労働省（2017）平成29年患者調査の概況.

厚生労働省（2022）新型コロナウイルス感染症に係るメンタルヘルスとその影響に関する調査報告書.

國井泰人（2021）コロナ禍におけるメンタルヘルスの実態と科学的根拠に基づく対策の必要性．学術の動向, 26（11）: 40-46.

Kweon B-S., Ulrich, R.S.,Walker, V.D., & Tassinary, L.G.（2008）Anger and stress - The role of landscape posters in an office setting. Environment and Behavior, 40: 355-381.

Macy R.J., Jones, E., Graham, L.M., & Roach, L.（2018）Yoga for trauma and related mental health problems: A meta-review with clinical and service recommendations. Trauma Violence and Abuse, 19（1）:35-57.

西田順一（2018）小学校教員の身体活動がメンタルヘルスに及ぼす影響性：身体活動質問表（IPAQ）日本語版を用いた検討．体育学研究, 63: 837-853.

西田順一・大友 智（2010）小・中学校教員のメンタルヘルスに及ぼす運動・身体活動の影響－個人的特性およびストレス経験を考慮した検討－．教育心理学研究, 58: 285-297.

西田順一・橋本公雄・柳 敏晴（2002）児童用組織キャンプ体験評価尺度の作成および信頼性・妥当性の検討．野外教育研究, 6（1）: 49-61.

西田順一・橋本公雄・柳 敏晴・村井伸二・田中一生（2005）組織キャンプ体験に伴う日常生活における身体活動量およびTV視聴時間への影響．体育学研究, 50: 699-711.

西田順一・橋本公雄・徳永幹雄（2003）組織キャンプ体験が児童のメンタルヘルスに及ぼす効果―とくに自己決定感を中心として―．スポーツ心理学研究, 30: 20-32.

西田順一・橋本公雄・徳永幹雄（2003）児童用精神的健康パターン診断検査の作成とその妥当性の検討．健康科学, 25: 55-65.

西田順一・木内敦詞・中山正剛・難波秀行・園部 豊・西脇雅人・平工志穂・小林雄志・西垣景太・中田征克・田原亮二（2021）新型コロナウイルス感染症第1波の流行直後における大学体育授業の学修成果：遠隔授業による主観的恩恵と身体活動に焦点をあてた検証．大学体育スポーツ学研究, 18: 2-20.

Pretty, J.N., Peacock, J., Sellence, M., & Griffin, M.（2005）The mental and physical health outcomes of green exercise. International Journal of Environ Health Research, 15: 319-337.

Pretty, J.N., Barton, J., Bragg, R.E., & Sellensn, M.（2007）Green exercise in the UK countryside: Effect on health and psychological well-being, and implications for policy and planning. Journal of Environtal Planning and Management, 50: 211-231.

リンダ・グラットン／アンドリュー・スコット：池村千秋訳（2016）LIFE SHIFT　100年時代の人生戦略．東洋経済新報社.

Röse, I., Bauer, L.L., Seiffer, B, Deinhart, C., Atrott, B., Sudeck,G., Hautzinger,M., & Wolf, S.（2022）The effect of exercise and affect regulation skills on mental health during the COVID-19 pandemic: A cross-sectional survey. Psychiatry Research, 312:114559.

佐渡充洋（2014）うつ病による社会的損失はどの程度になるのか？―うつ病の疾病費用研究―．精神神経学雑誌, 116（2）: 107-115.

Sallis, R., Young, D.R., Tartof, S.Y., Sallis, J.F., Sall1, J., Li, Q., Smith, G.N., & Cohen, D.A.（2021）Physical inactivity is associated with a higher risk for severe COVID-19 outcomes: A study in 48 440 adult patients. British Journal of Sport Medicine, 55: 1099-1105.

Taylor, A.H. & Faulkner, G.（2008）Inaugural editorial. Mental Health and Physical Activity, 1: 1-8.

Ulrich, R.S.（1984）View through a window may influence recovery from surgery. Science, 224: 420-421.

Ulrich, R.S., Simons, R., Losito, B.D., Fiorito, E.（1991）Stress recovery during exposure to natural and urban environments. Journal of Environmental Psychology, 11: 201-230.

Vindegaard, N. & Benros, M.E.（2020）COVID-19 pandemic and mental health consequences: Systematic review of the current evidence. Brain, Behavior, Immunity, 89: 531-542.

Wadhen, V. & Cartwright, T.（2021）Feasibility and outcome of an online streamed yoga intervention on stress and wellbeing of people working from home during COVID-19. Work, 69（2）: 331-349.

WHO（2018）Global action plan on physical activity 2018–2030: More active people for a healthier world. WHO.

WHO（2010）Global recommendations on physical activity for health. WHO.

レジリエンス

上野雄己

■スポーツにおける困難な状況とは

　長い競技生活の中で，多くのアスリートは様々な困難な状況を経験している。例えば，目標としていた大会で結果が残せなかったことや大きな怪我はアスリートにとって大きなストレスとなり得る。さらには緊張やプレッシャー，プレーの失敗などの試合中のストレスはその後の実力発揮に大きな影響を及ぼすだろう。しかし，同じ経験をしても，心身ともに疲弊しパフォーマンスが著しく低下する人もいれば，そうした逆境を乗り越えて輝かしい功績を残す人もいる。

■レジリエンスの概念

　こうした両者の個人差を理解するための概念として，レジリエンス（resilience）があげられる。もともとレジリエンスは社会生態学や工学的分野において，バネに圧をかけた後の跳ね返りや木が強風にあおられてたわみながらももとの姿に戻る「弾力性」を意味する用語として用いられてきた。1980年代以降，心理学においても研究が行われ始め，精神的な落ち込みからの回復や，ストレス状況における適応を促す心理的特性として注目がされるようになった。

■アスリートのレジリエンスとは

　アスリートのレジリエンスが盛んに研究され始めたのは2000年代以降である。先に示したように，アスリートが抱える心理的問題の多くはパフォーマンスの低下を起因とした心の健康の悪化があげられる。そうした状況で，レジリエンスは心理的な回復を促進し，高ストレス化におけるパフォーマンスの調整にも心理的な側面から働きかけてくれる（Sarkar & Fletcher, 2014；上野，2021）。レジリエンスの概念はアスリート個人だけでなく，チームにおいても適用することができ，チームマネジメントやチームビルディングにも応用可能とされている（Morgan et al., 2017）。

■レジリエンスの良い面と悪い面

　心理的な恩恵が高いとされるレジリエンスであるが，ネガティブに働く場合もある。心の回復プロセスは千差万別であり，すべての状況に一貫して同じようなパターンで乗り越える人もいれば，状況によって変わる人もいる。すなわち，個人の特性や状況に合わないレジリエンス要因を高めることや活用することは逆効果になりかねない。実際に，レジリエンスや競技スポーツの種類によっては1年後の傷害発生リスクを高めることが報告されている（小林・水上，2019）。

　こうしたレジリエンスを始めとするポジティブな心理的特性は「高いから良い，低いから悪い」といった二極化して捉えてしまいがちだが，一般社会でネガティブな心理的な特性であったとしてもある環境・状況では適応的に働く可能性もある。つまり，特定のレジリエンスが低いから直接的に心の健康やパフォーマンスにネガティブに働くとは言えず，個々人の状況やほかの特性要素も総合的に判断することが望ましい。ほかの心理的特性と同様に，レジリエンスにおいても固定観念に囚われることなく，広い視野で理解することが必要であろう。

◆文献 ∙∙

小林好信・水上勝義（2019）大学生アスリートにおけるスポーツ傷害の発生に関連する心理社会的要因の縦断研究―種目と重症度による違いからの検討―. 運動疫学研究, 21：148-159.

Morgan, P. B., Fletcher, D., & Sarkar, M. (2017) Recent developments in team resilience research in elite sport. Current Opinion in Psychology, 16：159-164.

Sarkar, M. & Fletcher, D. (2014) Psychological resilience in sport performers: A review of stressors and protective factors. Journal of Sports Sciences, 32：1419-1434.

上野雄己（2021）レジリエンスと身体活動・スポーツ. 小塩真司・平野真理・上野雄己編, レジリエンスの心理学―社会をよりよく生きるために―. 金子書房, pp.108-117.

4章　スポーツ・運動行動の促進

尼崎光洋

1. スポーツ・運動行動の必要性

　古くは英国の二階建てバスの運転手と車掌の心疾患の発症率の違いから身体を動かすことの必要性が示されて以降（Morris et al., 1966），スポーツ・運動行動による恩恵が多く報告されてきた。例えば，非感染性疾患の予防（例えば，American College of Sports Medicine, 2021），認知機能に関連する脳由来神経栄養因子やうつに関するセロトニン神経活動が活性化することが報告されている（例えば，北・大塚・西島，2010）。このようなスポーツ・運動行動の恩恵が国民に広く浸透したのか，2021年度の日本の成人のスポーツ実施率は，週1回以上のスポーツ実施率は56.4%であった（スポーツ庁，2022）。また過去の世論調査と直接比較できないが，1991年度のスポーツ実施率より高い値を示している（スポーツ庁，2022）。しかし，第2期スポーツ基本計画で掲げた目標値（65%程度）には届かなかった。2026年度までの第3期スポーツ基本計画では，成人の週1回以上のスポーツ実施率の目標値を70%と設定しており（文部科学省，2022），今後もスポーツ・運動行動を促進するための働きかけが必要である。

2. スポーツ・運動行動の行動変容に用いられる理論・モデル

　スポーツ・運動行動を促進させるための働きかけを行う際には，場当たり的に働きかけるのではなく，心理学的理論・モデルに基づき行うことが重要であることが知られている（上地，2004）。これらの理論・モデルはヒトの望ましい行動（例えば，スポーツ・運動）の発現に至るまでのプロセスについて心理社会的要因を用いて説明したものであり，いわゆる行動変容に至るまでの「地図」のようなものである。行動変容を促す介入（例えば，運動の促進）を実施する際に，どの要因に働きかけると効率的に行動変容していくかを理解することができるため，このような理論・モデルを用いることで行動変容がより容易に行われる。上地（2004）は身体活動・運動行動の変容に用いられる代表的な6つの理論・モデルとして，健康信念モデル（Health Belief Model）（Rosenstock, 1974; Becker & Maiman, 1975），合理的行為理論（Theory of Reasoned Action：TRA）（Fishbein & Ajzen, 1975），計画的行動理論（Theory of Planned Behavior：TPB）（Ajzen, 1985），自己決定理論（Self-Determination Theory）（Deci & Ryan, 1985），社会的認知理論（Social Cognitive Theory：SCT）（Bandura, 1986）及びトランスセオレティカル・モデル（Transtheoretical Model; TTM）（Prochaska et al., 1992）を取り上げ，これらの理論・モデルを用いた研究の紹介を行っている。そこで，本節ではこれら6つ以外のスポーツ・運動行動の促進に活用できる統合的行動モデル（Integrated Behavioral Mode）と健康行動過程アプローチ（Health Action Process Approach）について説明する。

1 統合的行動モデル

　統合的行動モデル（Integrated Behavioral Mode：IBM）は，性感染症予防を目的とした安全な性行動に対する行動意図（Intention to perform the behavior）を説明するためにTRAとTPBの構成要素を統合したモデルである（Kasprzyk et al., 1998）。行動意図を予測する要因として「態度（attitude）」「規範（perceived norm）」「個人的能力（personal agency）」をあげ，それぞれに2つずつの要素が含

まれている（**図1**）。そして，行動に直接影響するものとして，「知識とスキル（knowledge and skill to perform the behavior）」「行動の重要性（salience of the behavior）」「環境的制約（environmental constraints）」「習慣（habit）」が要因としてあげられている（Montaño & Kasprzyk, 2015）（**表1**）。

IBMは身体活動量を予測するための理論的枠組みであると高い評価をする先行研究があり（例えば，Branscum & Bhochhibhoya, 2016），習慣的な行動に対しても説明力の高いモデルであると評価

されている。その一方で，IBMは複数の構成要因から構成されていることから，介入プログラムを設定する際に複雑になるという欠点があることが指摘されている（福田，2019）。

❷ 健康行動過程アプローチ

健康行動過程アプローチ（Health Action Process Approach：HAPA）はSCT，TPB，防護動機理論（protection motivation theory）（Rogers, 1975）といった従来の理論・モデルを統合した行動変容を説

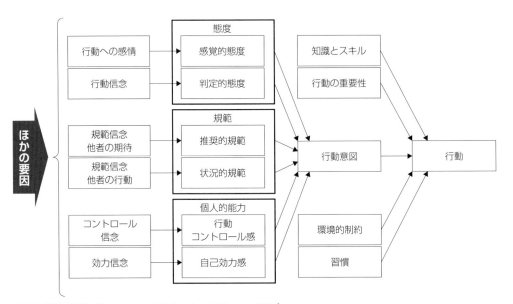

図1　統合的行動モデル（Integrated Behavioral Mode：IBM）

表1　IBMの構成概念の説明

要因		説明
行動意図		行動を実行しようとする意思・意欲
態度	感覚的態度	行動を実行することに対する個人の感情的反応
	判定的態度	行動を実行した場合に想定されるアウトカムについての考え方（信念）
規範	推奨的規範	対象者にとっての重要な他者がその行動を支持（推奨）しているという思い
	状況的規範	対象者の社会的あるいは個人的ネットワーク内の人々の行動状況についての認識のこと
個人的能力	行動コントロール感	その行動を実行するかしないかを自分の意思でコントロールできる感覚
	自己効力感	行動を実行する能力についての全体としての思い
知識とスキル		行動を実行するのに必要な知識と技術
行動の重要性		行動を起こすことへの重大さ
環境的制約		行動を起こすことが許される環境要因あるいは阻害要因
習慣		行動を経験し，習慣的な行動となっていること

(Montaño & Kasprzyk, 2015：木原・加治・木原訳, 2018)

明するモデルである（Schwarzer, 1992）。当初提唱されたHAPA（Schwarzer, 1992）から改良が加えられ，現在のHAPAのモデル構成となっている（**図2**）。HAPAは，主に5つの心理的要因（リスク知覚，結果予期，自己効力感，行動意図，計画）を用いて健康行動の発現に至るまでのプロセスが仮定されている（**表2**）。HAPAの特異的な点は，①健康行動の実行に至るまでのプロセスを想定している点，②意図と行動の不一致に対応している点，③自己効力感を重視している点，④対象者のレディネスによる期分けを行っている点があげられる（Lehane, 2014；島崎, 2016；Schwarzer, 2008）。

①HAPAの特徴：健康行動の実行に至るまでのプロセスを仮定している

HAPAは，健康行動の実行に至るまでのプロセスとして，健康行動を実行しようという行動意図を醸成するまでの「動機づけ段階（Motivational Phase）」と行動意図が醸成された後に健康行動が発現するまでの「意図段階（Volitional Phase）」を仮定している。これら2つのプロセスでは影響を及ぼす要因が異なるため，これらの2つのプロセスを明確に区別している（Luszczynska & Schwarzer, 2003；Schwarzer, 1992）。動機づけ段階では，リスク知覚，結果予期，自己効力感から影響を受けて行動意図が醸成すると仮定されている。そして，意図段階では，動機づけ段階で醸成された行動意図が計画（行動計画，対処計画）を媒介して健康行動の発現に影響することが仮定されている。その際，自己効力感や妨害要因と資源（例えば，ソーシャルサポート）も健康行動の発現に影響することが仮定されている。

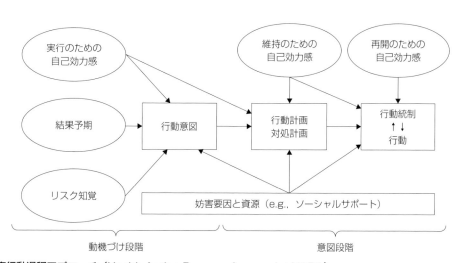

図2　健康行動過程アプローチ（Health Action Process Approach：HAPA）

表2　HAPAの主な心理的要因の説明

要因		説明
リスク知覚		行動を実行しなかったことに対する危険性の認識
結果予期		行動を実行することで得られる両側面の結果（ポジティブ・ネガティブ）の予測
自己効力感	実行のための自己効力感	行動を実行できるという見込み感
	維持のための自己効力感	妨害に抗っても行動を実行できるという見込み感
	再開のための自己効力感	中断したとしても，行動を再開し始めることができるという見込み感
行動意図		行動を実行しようとする意思・意欲
行動計画		行動を実行するための具体的な計画（例えば，いつ，どこで）
対処計画		妨害に遭遇した際の対処の具体的な計画

②HAPAの特徴：意図と行動の不一致への対応

　HAPAが提唱される以前の行動変容の理論・モデルは，実際の行動変容よりも行動変容の意図を予測することに主眼が置かれていた（Schwarzer et al., 2008）。しかしながら，人が必ずしも自分の意図どおりに行動しない，例えば「行動しようと思ったが，出来なかった」という「意図と行動の不一致（intention-behavior gap）」といった現象が起こる（Sheeran, 2002）。このような不一致を減らす要因として計画があり（Sheeran & Webb, 2016），HAPAでは2つの計画が考えられている。1つ目の計画は，実行する健康行動に対する行動計画（Action planning）であり，実行する健康行動の具体的な行動計画（例えば，いつ，どこで）を立案する要因である。もう1つの計画は，健康行動を実行する段階で問題が起きたときの対処に対する対処計画（coping planning）であり，実行する健康行動を阻害する状況に対して具体的な対処計画（例えば，もし妨害要因Aに出くわしたらBをする）を立案する要因である。

③HAPAの特徴：自己効力感の重視

　HAPAは自己効力感を重視し，自己効力感が動機づけ段階から意図段階に至るまでのプロセスに影響を及ぼすことが仮定されている。HAPAは嗜癖行動の予防などで用いられているPhase-specific Self-efficacyの概念（Marlatt et al.. 1995）を援用し，3つの自己効力感（action self-efficacy, maintenance self-efficacy, recovery self-efficacy）が動機づけ段階と意図段階のそれぞれに働きかけると想定している（Schwarzer & Renner, 2000）。実行のための自己効力感（action self-efficacy）は，動機づけ段階に働きかけ，健康行動を遂行できるという自己効力感である。実行のための自己効力感が高い者は，ポジティブな結果を予期し，健康行動を実行している姿を想像しやすく健康行動を始めやすいと言われている（Schwarzer, 2008）。維持のための自己効力感（maintenance self-efficacy）は，意図段階に働きかけ，健康行動を実践していこうとした際に出現する様々な妨害要因（例えば，時間がない，天候不順）に対して抗ってもできるという

自己効力感である。維持のための自己効力感が高い者は，健康行動が習慣化されるまでに出現する様々な妨害要因に対応し，妨害要因に打ち勝つことができると言われている（Schwarzer, 2008）。再開のための自己効力感（recovery self-efficacy）は，意図段階において，何らかの理由によって一度中断してしまった健康行動を再開し始める段階に働きかける自己効力感である。

④HAPAの特徴：対象者のレディネスによる期分け

　HAPAでは対象者のレディネスによる期分けが行われている。TTMのように期分けを時間軸によって弁別することの批判をふまえつつ（例えば，Sutton, 2000），行動変容におけるレディネスによる期分けは実用的な概念であることを認め（例えば，Lippke & Plotnikoff, 2006），HAPAでは時間軸を用いずに行動意図による期分けを行っている（表3）。健康行動に対して動機づけられていない者を意図形成前者（pre-intender），動機づけられているが行動に結びついていない者を意図形成者（intender），すでに健康行動を実践している者を実行者（actor）とし，この期分けがあらゆる健康行動に適用できると指摘している（Schwarzer et al., 2011）。また，介入の際にはこの期分けに対応させた着目すべき心理的要因も提案している（Schwarzer et al., 2011）（表4）。

3. HAPAを用いたスポーツ・運動行動の促進の検討

　これまでにHAPAは様々な健康行動を説明する理論・モデルとしての有効性が示され，スポーツや運動行動に対してもHAPAの有効性を示す研究が複数報告されている（例えば，Scholz et al., 2008; Scholz et al., 2005; Sniehotta et al., 2005 ; Schwarzer et al., 2007）。例えば，がん患者の身体活動を対象とした研究では，HAPAの枠組みが，がん患者の中高強度の身体活動の時間的変化を促進するモデルとして有用であることが示されている（例えば，Hardcastle et al., 2021）。国内では，

表3　HAPAにおける対象者の期分け

リハビリを始める前の1か月間について考えてみて下さい。週に3日以上，40分以上の身体活動を行いましたか。最も当てはまるもの1つを選択して下さい。

項目	期分け
1．いいえ，始めるつもりもありません。	意図形成前者
2．いいえ，でも検討中です。	意図形成前者
3．いいえ，でも本気で始めるつもりです。	意図形成者
4．はい，でも期間は短いです。	実行者
5．はい，長期間にわたって行っています	実行者

(Schwarzer, Lippke, & Luszczynska, 2011を著者が和訳)

表4　HAPAに基づく期分け別の介入マトリックス

		期分け		
		意図形成前者	意図形成者	実行者
動機づけ段階	実行のための自己効力感	○		
	リスク知覚	○		
	結果予期	○		
	目標設定	○		
意図段階	行動計画		○	○
	対処計画		○	○
	ソーシャルサポート		○	○
	維持のための自己効力感		○	
	再開のための自己効力感			○
	行動コントロール			○

※期分けに応じて，表内で丸印のある要因を高める働きかけが必要となる。
(Schwarzer, Lippke, & Luszczynska, 2011を著者が和訳)

日本人の治療中または治療終了から半年以内のがん患者を対象に，HAPAを用いて中高強度の身体活動量を説明可能であるか検討が行われている（松井・尼崎，2022）。松井・尼崎（2022）の研究では，HAPAの最小限の構成要素（リスク知覚，結果予期，自己効力感，行動意図，行動計画，健康行動）を用いて，行動意図から中高強度の身体活動量への直接的な影響性を含めて検討した。その結果，行動意図から身体活動量への直接的な影響性は認められず，がん患者の中高強度の身体活動量を増加させるためには，HAPAの構造のとおり，行動計画を高めるような介入や，そのほかの支援（例えば，ソーシャルサポート）が重要となることが示唆されている。すなわち，がん患者個人だけに働きかけるだけでは，十分な身体活動量を増加させることは難しく，他者からのサポートが必要であることが示唆されている。また，勤労者の身体活動量をHAPAで検討した研究においてもソーシャルサポートの有用性が報告されている（尼崎・煙山，2014）。ただし，尼崎・煙山（2014）では，ソーシャルサポートが身体活動量に対しての直接的な影響性は認められておらず，行動意図や計画などのHAPAの構成要因を媒介して間接的に身体活動量を増加させることが示唆されている。このようにHAPAの構成要素とソーシャルサポートへの働きかけが身体活動量を高めるためには必要である。

　一般的にスポーツ・運動行動を促進させるためには，性差を考慮した働きかけが必要なことが知られている。小学生や大学生，勤労者の身体活動を対象とした研究では，HAPAが身体活動を説明するモデルとして適応可能であることが報告されているが（尼崎・煙山，2013；尼崎・煙山，2015；尼崎・煙山・森，2014），性別によってHAPAの構

成要因間の影響性の一部に違いがあることも報告されている（尼崎・煙山，2013）。特に着目したいのが，女子大学生は「行動意図」から行動計画と対処計画を含む「計画」への影響性が男子大学生よりも高い値を示しているが，「計画」から「身体活動」への影響性は男子大学生よりも低い値を示していた。この結果から，尼崎・煙山（2013）は，女子大学生の場合は，特にスポーツ・運動行動の実行に対する計画の立案が不得意である可能性や「意図と行動の不一致」が起こりやすい可能性を示唆している。そのため，女子大学生のスポーツ・運動行動を促進させるためには，スポーツ・運動行動の実施のための具体的な計画へのアプローチが必要であることが考えられる。このような「意図と行動の不一致」は，小学4－6年生の身体活動を対象とした研究でも報告されている（尼崎・煙山，2015）。小学生においては，行動意図から計画に対して有意な影響性が確認されるも，計画から身体活動への影響性は認められず，身体活動に影響を与える要因が自己効力感のみであった。このことから小学生の身体活動量を高めるための働きかけには自己効力感へのアプローチが必要であることが考えられる。

　HAPAの応用性の1つとして，HAPAの構成要素である「妨害要因と資源」として，尼崎・煙山・駒木（2013；2014）は探索的に身体活動の促進要因として環境要因を加えたHAPAのモデル検討を行っている。例えば，運動施設・場所に通う起点となる場所（例えば，自宅，職場）から最も利用する運動施設・場所までの距離を地理情報システムにより算出した運動施設・場所までの推定距離（以下，物理的距離）を設定してHAPAで身体活動量を検討したところ（尼崎ほか，2013），運動施設・場所までの物理的距離は，身体活動量を直接・間接的に促進する要因である一方で，結果予期や意図を媒介して身体活動量を間接的に低減させる要因であることが報告されている。一方で，運動施設・場所に通う起点となる場所（例えば，自宅，職場）から最も利用する運動施設・場所までの距離に対する主観的な距離（以下，主観的距離感）を設定してHAPAで身体活動量を検討したところ（尼崎ほか，2014），運動施設・場所までの主観的距離感は，結果予期を媒介して身体活動量を間接的に低減させる要因であることが報告されている。このように，運動施設・場所までの距離といった物理的あるいは主観的な環境要因が身体活動量に対して，促進あるいは阻害要因として二面性を持つ要因であることが示唆されている（尼崎・煙山・駒木，2013；2014）。すなわち，身体活動量を促進するためには，意図形成前者に対しては，運動施設・場所までの距離が身体活動量の阻害要因となるため，可能な限り運動施設・場所までの距離を感じさせないようにするために，自宅でできる運動，あるいは，本人が運動を行いたくなるような近所の運動施設の場所を紹介する必要性が考えられる。一方で，意図形成者や実行者には，運動施設・場所までの距離が離れていても身体活動量を促進する要因であることから，普段利用する運動施設とは異なる少し距離の離れた新たな運動施設などを紹介し，運動を継続させるような，いわゆる「逆戻り」を予防するような働きかけの必要性が考えられる。

　以上のように，HAPAを用いた身体活動を検討した研究（尼崎・煙山，2013；2015；尼崎・煙山・森，2014；尼崎・煙山・駒木，2013；2014）により，スポーツ・運動の促進にHAPAを用いることは妥当であると判断できるものの，これらの一連の研究では，横断的調査であることや，対象者の期分け（意図形成前者，意図形成者，実行者）による詳細な分析が行われていないため，今後もさらなる実証的検討を続けていく必要がある。

◆文献

American College of Sports Medicine (2021) ACSM's guidelines for exercise testing and prescription (11th ed.). Wolters Kluwer.

Ajzen, I. (1985) From intentions to actions: A theory of focus on these important subgroups. In: Kuhl, J. & Beckman, J. (eds.) Action-control: From cognition to behavior. Springer.

尼崎光洋・煙山千尋 (2013) 大学生における身体活動へのHealth Action Process Approachの適用. スポーツ心理学研究, 40 (2):125-137.

尼崎光洋・煙山千尋 (2014) ソーシャルサポートが身体活動量に与える影響―Health Action Process Approachを用いた検討―. 九州スポーツ心理学研究, 26 (1):48-49.

尼崎光洋・煙山千尋 (2015) 子どもの運動遊びを促進する心理・社会的要因―Health Action Process Approachモデルの適用可能性の検討―. 平成26年度日本体育協会スポーツ医・科学研究報告Ⅱ「社会心理的側面の強化を意図した運動・スポーツ遊びプログラムの開発および普及・啓発」第2報, 22-26.

尼崎光洋・煙山千尋・駒木伸比古 (2013) 環境要因が身体活動に与える影響―地理情報システムによる環境要因の測定およびHealth Action Process Approachを用いた行動モデルの検討―. 第28回健康医科学研究助成論文集, 52-64.

尼崎光洋・煙山千尋・駒木伸比古 (2014) 運動実施環境および居住地域環境に対する認知的評価が身体活動量に与える影響―愛知県豊橋市を対象として―. 地域政策学ジャーナル (愛知大学地域政策学部地域政策学センター), 4 (1):81-97.

尼崎光洋・煙山千尋・森 和代 (2014) Health Action Process Approachを用いた勤労者の運動量の検討. 健康心理学研究, 27 (1):53-62.

Bandura, A. (1977a) Social Learning Theory. Prentice-Hall: Englewood Cliffs.

Bandura, A. (1986) Social foundations of thought and action: A social cognitive theory. Englewood Cliffs.

Becker, M. H. & Maiman, L. A. (1975) Sociobehavioral determinants of compliance with health and medical care recommendations. Medical Care, 13 (1):10-24.

Branscum P. & Bhochhibhoya, A. (2016) Exploring gender differences in predicting physical activity among elementary aged children: An application of the Integrated Behavioral Model. American Journal of Health Education, 47 (4):234-242.

Deci, E. L. & Rayan, R. M. (1985) Intrinsic motivation and self-determination in human behavior. Plenum Press.

Fishbein, M. & Ajzen, I. (1975) Belief, Attitude, Intention, and Behavior. Addison-Wesley Pub Co. https://people.umass.edu/aizen/f&a1975.html. (accessed 2021-06-27)

福田吉治 (2019) 個人レベルの理論・モデル. 一般社団法人日本健康教育学会編, 健康行動理論による研究と実践. 医学書院, pp.36-60.

Hardcastle, S. J., Maxwell-Smith, C., & Hagger, M. S. (2021) Predicting physical activity change in cancer survivors: An application of the Health Action Process Approach. Journal of Cancer Survivorship : Research and Practice, 10.1007/s11764-021-01107-6.

Kasprzyk, D., Montaño, D. E., & Fishbein, M. (1998) Application of an integrated behavioral model to predict condom use: A prospective study among high HIV risk groups. Journal of Applied Social Psychology, 28 (17):1557-1583.

北 一郎・大塚友実・西島 壮 (2010) うつ・不安にかかわる脳内神経活動と運動による抗うつ・抗不安効果. スポーツ心理学研究, 37 (2):133-140.

Lehane, E. (2014) The Health Action Process Approach Theory. In: Joyce J. Fitzpatrick, J. J. & Mccarthy, G (eds.) Theories Guiding Nursing Research and Practice: Making Nursing Knowledge Development Explicit. Springer, pp.103-123.

Lippke, S. & Plotnikoff, R. (2006) Stages of change in physical exercise: A test of stage discrimination and non-linearity. American Journal of Health Behavior, 30 (3):290-301.

Luszczynska, A. & Schwarzer, R. (2003) Planning and self-efficacy in the adoption and maintenance of breast self-examination: A longitudinal study on self-regulatory cognitions. Psychology and Health, 18 (1):93-108.

Marlatt, G. A., Baer, J. S., & Quigley, L. A. (1995) Self-efficacy and addictive behavior. In: A. Bandura (ed.) Self-efficacy in changing societies. Cambridge University Press, pp. 289-315.〈マーラット, G. A., ベア, J. S., & クイグレイ, L. A. (1997) 自己効力と中毒行動 バンデューラ, A.編:本明 寛・野口京子監訳, 激動社会の中の自己効力. 金子書房, pp.255-281.〉

松井智子・尼崎光洋 (2022) がん患者における身体活動促進のための支援策の検討. 令和3年度日本スポーツ協会スポーツ医・科学研究報告Ⅱ「多様な対象者をセグメント化した運動・スポーツ習慣形成アプローチ第3報」, pp.120-125.

Montaño, D. E. & Kasprzyk, D. (2015) Theory of reasoned action, theory of planned behavior, and the integrated behavioral model. In: K. Glanz, B. K. Rimer, & K. Viswanath (eds.) Health behavior: Theory, research, and practice. Jossey-Bass, pp. 95–124.〈木原雅子・加治正行・木原正博訳 (2018) 健康行動学. メディカル・サイエンス・インターナショナル, pp.87-115.〉

Morris, J. N., Kagan, A., Pattison, D. C., & Gardner, M. J. (1966) Incidence and prediction of ischaemic heart-disease in London busmen. Lancet (London, England), 2 (7463):553-559.

文部科学省 (2022) スポーツ基本計画 https://www.mext.go.jp/sports/content/000021299_20220316_3.pdf, (参照日2022年6月21日)

Prochaska, J. O., DiClemente, C. C., & Norcross, J. C. (1992) In: search of how people change. Applications to addictive behaviors. American Psychologist, 47: 1102-1114.

Rogers R. W.（1975）A Protection Motivation Theory of Fear Appeals and Attitude Change 1. The Journal of Psychology, 91（1）: 93-114.

Rosenstock, I. M.（1974）Historical origins of health belief model. Health Education Monographs, 2: 328-335.

Scholz, U., Schüz, B., Ziegelmann, J. P., Lippke, S., & Schwarzer, R.（2008）Beyond behavioural intentions: planning mediates between intentions and physical activity. British Journal of Health Psychology, 13（Pt 3）: 479-494.

Scholz, U., Sniehotta, F. F., & Schwarzer, R.（2005）Predicting physical exercise in cardiac rehabilitation: The role of phase-specific self-efficacy beliefs. Journal of Sport and Exercise Psychology, 27（2）: 135-151.

Schwarzer, R.（1992）Self-efficacy in the adoption and maintenance of health behavior: theoretical approaches and a new model. In R. Schwarzer（Ed.）, Self-efficacy: Thought control of action. Hemisphere, pp.271-242.

Schwarzer, R.（2008）Modeling health behavior change: How to predict and modify the adoption and maintenance of health behaviors. Applied Psychology: An International Review, 57（1）: 1-29.

Schwarzer, R., Lippke, S., & Luszczynska, A.（2011）Mechanisms of health behavior change in persons with chronic illness or disability: The Health Action Process Approach（HAPA）. Rehabilitation Psychology, 56（3）: 161-170.

Schwarzer, R., Luszczynska, A., Ziegelmann, J. P., Scholz, U., & Lippke, S.（2008）Social-cognitive predictors of physical exercise adherence: Three longitudinal studies in rehabilitation. Health psychology, 27（1S）: S54-S63.

Schwarzer, R., Schuz, B., Ziegelmann, J. P., Lippke, S., Luszczynska, A., & Scholz, U.（2007）Adoption and maintenance of four health behaviors: Theory-guided longitudinal studies on dental flossing, seat belt use, dietary behavior, and physical activity. Annals of Behavioral Medicine, 33（2）: 156-166.

Schwarzer, R. & Renner, B.（2000）Social-cognitive predictors of health behavior: Action self-efficacy and coping self-efficacy. Health psychology, 19（5）: 487-495.

Sheeran, P.（2002）Intention-behavior relations: A conceptual and empirical review. European Review of Social Psychology, 12: 1-36.

Sheeran, P. & Webb, T. L.（2016）The intention–behavior gap. Social and Personality Psychology Compass, 10（9）: 503-518.

島崎崇史（2016）ヘルスコミュニケーション―健康行動を習慣化させるための支援―. 早稲田大学出版部.

Sniehotta, F. F., Scholz, U., Schwarzer, R., Fuhrmann, B., Kiwus, U., & Völler, H.（2005）Long-term effects of two psychological interventions on physical exercise and self-regulation following coronary rehabilitation. International Journal of Behavioral Medicine, 12（4）: 244-255.

Sutton, S.（2000）. Interpreting cross-sectional data on stages of change. Psychology and Health, 15: 163-171.

スポーツ庁（2022）令和3年度スポーツ実施状況等に関する世論調査」結果の概要　https://www.mext.go.jp/sports/content/20220222-spt_kensport01-000020451_1.pdf.（参照日2022年6月21日）

上地広昭（2004）身体活動・運動行動の採択および継続. 日本スポーツ心理学会編, 最新スポーツ心理学―その軌跡と展望. 大修館書店, pp.119-128.

ライフスキルの可能性を探る　　島本好平

■ライフスキルを獲得する意義

　ライフスキル獲得の意義を一言で表現すれば，日常生活の中で生じる多様な問題への対応力を身につけることと言える。ライフスキルは「コミュニケーションスキル」や「目標設定スキル」等の汎用性の高いスキルから構成される能力であるため，日々の生活の中で生じる様々な問題への対応が可能になるというわけである。一方で，そのことが逆にこのスキルを獲得する意義を分かりづらくしている面もある。例えば，学校の運動部活動や一般のクラブチーム，実業団においてスポーツに取り組むアスリート（スポーツ選手）に対してライフスキルの獲得を求めるのであれば，なぜこのスキルを獲得する必要があるのか，具体的な説明を行うことが望まれる。以下，アスリートを対象とした先行研究を概観しながら，同対象がライフスキルを獲得する意義について考えたい。

■ライフスキルのパフォーマンスへの影響

　筆者たちの研究グループでは，個人種目のアスリートを対象に，ライフスキルが競技パフォーマンスに及ぼす影響を追跡調査により検証してきた。その結果，目標設定スキルや考える力，最善の努力（最後まで諦めずベストを尽くそうとする行動特性）というライフスキルを高いレベルで獲得しているアスリートは，後に全国レベルの大会において優秀な競技成績を達成する可能性があることが示されている（例えば，山本ほか，2018）。

■ライフスキルがアスリートのセカンドキャリアに及ぼす影響

　Shimizu et al.（2015）は，全国上位レベルにある男子レスリング選手を対象として，大学卒業時点において目標設定スキルや考える力，最善の努力というライフスキルを高いレベルで獲得して　いた選手は，卒業後1年以内に正規雇用を獲得できていたことを追跡調査より明らかにしている。また，清水ほか（2016）は，同じく全国レベル上位の男子レスリング選手を対象に大学卒業後4年間に渡り縦断調査を実施し，その期間のライフスキルの平均値とキャリア形成との関連を個人レベルで調べている。分析の結果，目標設定スキルや考える力等の各ライフスキルを高いレベルで獲得している個人は，「早期に希望する職種に就職」「早期に正規雇用を獲得」「卒業後3年目に起業を達成」等というように，本人が望む形でのキャリア形成を実現できていることを明らかにしている。

■ライフスキルの可能性

　以上の先行研究から言えることは，アスリートにおいて目標設定スキルや考える力等のライフスキルは，同対象が現役時に最も重視する競技パフォーマンスの発揮を促し，さらには引退後のセカンドキャリアの形成にもプラスの影響を及ぼす可能性があるということである。この結果はアスリートにおいて，ライフスキルが日々の健康的な生活の実現に寄与するだけではなく，現役時から引退後までを含め，自らが望むキャリアの形成にプラスの影響を及ぼすことを示唆していよう。ライフスキルはキャリア教育の文脈においても，その力を提示していくことができるのかもしれない。

◆文献

Shimizu. S., Shimamoto. K., & Tsuchiya. H. (2015) The relationships between life skills and post-graduation employment for top college student wrestlers in Japan. International Journal of Sport and Health Sciences, 13：17-22.

清水聖志人・島本好平・久木留 毅・土屋裕睦（2016）大学生トップアスリートの卒業後における雇用状態とライフスキルの関連．スポーツ産業学研究，26（2）：303-313.

山本浩二・垣田恵佑・島本好平・永木耕介（2018）大学生柔道選手におけるライフスキル獲得が競技成績に及ぼす影響．武道学研究，51（2）：75-87.

III

運動スキルの
上達と
トレーニング方法

1章　視知覚と運動制御

國部雅大

1. はじめに

　スポーツの場面で運動を行う際には，視覚，聴覚，触覚など種々の感覚情報が用いられる。感覚情報の中でも視覚情報の役割は大きく，空間内にある情報をもとに運動の制御を行う上では，注視及び眼球運動などの顕在的な注意の移動が重要な役割を果たしていると考えられる。また，周囲の状況が様々に変化する中で運動を遂行するオープンスキルが用いられる状況下で素早い状況判断や意思決定をする際には，例えば相手選手や味方選手，ボールの位置や動きなど，環境内にある種々の情報を的確に認識することが重要となる。このようなスポーツ場面における視覚性運動制御を検討するために，これまで多くの研究において眼球運動や注視行動が測定され，スポーツ熟練者のもつ特徴が明らかにされてきた。

　そこで本章では，スポーツ場面において重要となる顕在的な注意の移動である眼球運動や，注意の焦点づけの特徴に関して，これまで得られてきた知見を発展させるために行われている研究について紹介する。具体的には，1) スポーツのプレー指示場面での視知覚情報の利用や注視行動に関する検討，2) 運動開始直前の準備段階における3次元空間内での注視位置が反応に与える影響に関する検討，3) 奥行き方向への輻輳開散運動と運動パフォーマンスとの関連についての検討，4) 実際のフィールド環境に近い状況における注視行動についての検討，5) 注意の焦点が運動パフォーマンスや学習に与える影響，6) 視知覚以外の感覚（聴覚）を用いた空間定位と運動パフォーマンス，に関する研究知見を紹介する。これらをとおして，様々な運動における運動準備時及び運動遂行中における注視，眼球運動，注意と運動パフォーマンスとの関係について検討する。

2. スポーツ場面での注視行動や注意と意思決定の関係

　熟達したスポーツ選手の状況判断及び意思決定能力には，それぞれのスポーツ競技における特有の視覚探索方略が寄与していることが多くの研究から報告されている。例えば，熟練者は非熟練者に比べて，より少ない回数で長い時間注視しているといった実験結果が多いことが，スポーツ場面の視覚情報を提示した条件で眼球運動を測定したメタ分析の結果から示されている（Mann et al., 2007）。また，熟練した選手はあらかじめ対象における一定の箇所に視線を固定していることが報告されており，この方略は周辺視を用いて全体を包括的に捉えるために有効であると考えられている。このような方略は，対象とする選手の動作情報を手掛かりとする課題を用いた研究だけでなく，連続的に変化する複数の対象に関する情報を手掛かりとする課題を取り上げた研究からも報告されている。

　このように，これまで実際に運動を遂行する選手の視覚探索パターンについては多くの研究がなされてきた。しかし，チームスポーツの場面では，実際にプレーを行う選手だけではなく，その選手に対しどのようなプレーを行うかを指示する役割の選手も，周囲の状況をもとにした判断が重要となる場合がある。例えば，野球においては，捕球や送球を行う野手だけではなく，野手に対し送球先を指示する捕手についても，視知覚情報をもとにした的確な状況判断が求められる。このような場面で，プレー内容を指示する選手がどのよ

図1　実験で使用したテスト映像の一部（菊政・國部, 2018）

うな視覚探索をして状況判断や意思決定をしているかについては，十分な検討が行われてこなかった。プレーの遂行に関する指示を行う選手に関するこれまでの研究結果をふまえて考えると，プレーの指示を行う捕手特有の状況判断には，特定の対象に視線を固定するといった方略が貢献していることが仮定される。

　そこで，野球の捕手におけるチームメイトに対するプレー指示場面での状況判断及び視覚探索に関する方略について明らかにすることを目的とした研究が行われている（菊政・國部，2018）。大学生の捕手，野手，非球技経験者を対象とし，捕手視点から撮影された送りバントの映像が提示された（**図1**）。研究対象者は眼球運動測定装置を装着し，適切なタイミングでボタンを押すことにより1塁または2塁への送球に関する判断（投手への指示）を行い，各試行後に注意を向けた対象について質問紙により確認した。

　その結果，捕手は野手や非球技経験者に比べて，視覚情報をもとにどちらの塁への送球を指示すべきかを弁別することに優れていること，また野球選手（捕手及び野手）は誤った判断によって失点の可能性が高い状況が生じるリスクを回避するための意思決定の方略を有することが明らかになった。これらのことは，野球選手がプレー指示をする際には，必ずしも早い段階での判断をしているわけではなく，リスクを回避する方略を選んでいることが示唆された。さらに，眼球運動に関するデータと注意に関する質問紙への回答結果からは，捕手はバットとボールのインパクトから判断までボールに視線を固定した状態で，インパクト時には主にボールに注意を向け，判断時には主に注意を向ける対象を周辺視野内の投手やランナ

ーに切り替えていることが明らかになった。これらの結果は，捕手は眼前に提示されたプレーに関連する視覚情報の種類を弁別する能力が高く，野球経験に基づいた特有の判断基準及び効果的な視覚探索方略を有することを示唆している。

　また，イニングや得点差といった試合状況に関する情報が野球の捕手におけるプレー指示場面での状況判断に及ぼす影響について検討した結果，試合状況によって捕手の判断の傾向が変化しており，試合の終盤で負けている状況では，序盤で同点や終盤で勝っている状況に比べて，1塁よりも2塁への送球を指示する傾向が強くなることが明らかになった。このことから，捕手は試合の序盤で同点や終盤で勝っている状況では，誤った判断によって生じるリスクを回避する傾向が強く，試合の終盤で同点や負けている状況ではよりリスクを志向することが示唆された（菊政・國部, 2020）。このように，意識的に選択した判断の方略に基づいて捕手の判断の傾向が変化することも示されている。

3. 奥行き方向への注視・眼球運動と反応・運動パフォーマンスの関係

■1 奥行き方向の注視距離が反応時間に与える影響

　これまでに，球技スポーツ選手は非競技選手に比べて，中心視野及び周辺視野に提示された視覚刺激に対する反応時間が短いことが報告されてきた（例えば，Ando et al., 2001）。スポーツ選手における反応時間を測定した多くの研究では，視覚刺激やプレー場面の映像を提示する際，主にモニタ

ーやスクリーン等が用いられている。しかし，実際のスポーツ場面を考慮すると，周辺視野の視覚情報に対して反応する際には，近方や遠方など，注視距離が様々に変わりうる中で反応を行っていることが考えられる。そこで，奥行き方向を含めた3次元空間内における注視位置がその後の反応時間に与える影響について検討する必要があると考えられる。これまでに，視線方向と視覚刺激の方向が近接している，つまり視覚刺激が中心視野にある場合の反応時間については検討されてきたが（Kimura et al., 2009），周辺視野に位置した視覚刺激に対する反応時間については検討されていない。

　そこで，注視距離が反応の早さに与える影響に関して検討することを目的とした実験が行われた（Kokubu et al., 2018）。参加者が頭部を固定した状態で様々な距離に設置された注視点となるLEDを注視して準備し，その後，上下左右4か所いずれかの方向の周辺視野（25度）にランダムに呈示される視覚刺激LEDの点灯に対してできるだけ早くボタンを離す単純反応を行った。その結果，視覚刺激の呈示位置よりも注視位置を遠方に向けることにより，周辺視野に呈示された視覚刺激に対する反応時間が短いことが示された。また，上視野は下視野に比べ，注視位置を近くすることによる反応時間の遅延が大きい結果となった（**図2**）。これまで，中心視野に限られた範囲での実験では，注視点より遠方の空間には注意を向けにくいことが報告されてきた。周辺視野における反応を調べた本実験結果をふまえると，同じ空間位置に呈示された周辺視野の視覚刺激に対しても，刺激が呈示される平面より遠方を注視することで，手前を注視するよりも早く反応できる可能性が新たに示唆された。また，注視距離が反応の早さに与える影響にも上下視野間で非対称性があることが示唆された。以上のことから，注視位置が反応時間に与える影響に関するこれまでの知見を，3次元空間での注視や注意を含んだものへと拡張可能であると考えられる。

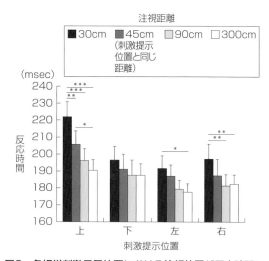

図2　各視覚刺激呈示位置における注視位置が反応時間に与える影響（Kokubu et al., 2018）

❷ 奥行き方向への注視移動における両眼眼球運動と運動パフォーマンスの関係

　上に示したように，注視距離が反応の早さに影響を与えることが示されたが，奥行き方向における注視の移動を行う際に用いられる両眼眼球運動（輻輳開散運動）に着目し，運動パフォーマンスとの関係を調べた研究はみられない。そこで，大学女子バスケットボール選手を対象に，奥行き方向への注視移動を行う際の両眼眼球運動の潜時と技能レベルとの関係が検討された（國部ほか, 2018, 2020）。視覚ターゲットLEDが対象者の両眼の中央から20cm及び150cmの距離に並べて設置され，対象者はランダムな時間間隔で交互に点灯するLEDに対してできるだけ早く注視の移動を行った。眼電図を用いて左右各眼の運動を個別に記録し，輻輳及び開散眼球運動における左右各眼の潜時を測定した。

　その結果，バスケットボール選手の両眼眼球運動の潜時とシュートパフォーマンス（スリーポイントシュート練習課題の平均成功率）との関係については，開散眼球運動における非利き目の潜時が短い選手はシュート成功率が高いという結果が得られた。このことから，遠方にある対象物であるゴール（リング）への注視移動を早く開始するこ

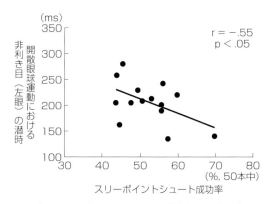

図3　バスケットボールのシュート成功率と眼球運動の
潜時の関係（國部ほか，2018）

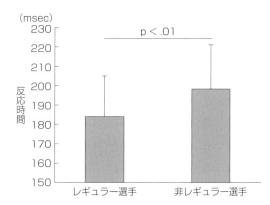

図4　バスケットボールの競技レベルと輻輳開散眼球運動
の潜時の関係（國部ほか，2020）

とが，高いシュートパフォーマンスと関係していることが示唆された（國部ほか，2018；**図3**）。また，レギュラー選手は非レギュラー選手より輻輳開散運動の潜時が短いことが示され，より高い競技レベルを有するバスケットボール選手は，奥行き方向への注視移動を素早く開始できることが示唆された（國部ほか，2020；**図4**）。以上のことから，奥行き方向への注視移動の際に行われる両眼眼球運動が，球技スポーツ選手のパフォーマンスと関連している可能性が考えられる。

4．実際のフィールドにおける視知覚と視覚探索方略

　スポーツ選手の視覚探索方略を検討したこれま

での研究の多くは，各研究対象者に提示する視覚情報の条件を揃えるため，事前に作成された課題場面を模した映像をスクリーン等に提示し，言語やボタン押しのような単純化した反応を測定する手法が用いられてきた（例えば，Piras et al., 2014, 2016）。しかし，このような手法では条件統制が行いやすくなるものの，実際のスポーツ場面で生じる知覚と行為の連関を分断しているという点で，生態学的妥当性の問題が含まれることがこれまでに指摘されてきた（Farrow & Abernethy, 2003; Mann et al., 2010）。この問題を解決する方法の1つとしては，実際に反応する際の身体運動を用いて反応するという工夫が行われている。以上の点を考慮すると，実践場面での現象をより反映した知見を得るためには，実際のフィールドにより近い環境下で視覚情報が得られる中での注視行動を測定することが有効と考えられる。ただし，実際の環境下では，各種視覚情報と対象者との距離が遠い場合や近い場合があるため，眼球運動測定装置に記録された映像をもとに注視対象を詳細に分類し分析することが困難になる場合がある。そこで，実際のフィールドにより近い環境下で得られた結果を統制された実験室実験で得られた結果と合わせることで，得られた結果の妥当性を検討できると考えられる。

　例えば，厳しい時間制約下での的確に打球に反応することが求められる野球の内野手の注視行動を分析した研究（宮下ほか，2021）では，野手が実験室環境下と実際の守備位置についた環境下で，打球に対してできるだけ的確な全身反応を行った。その結果，インパクト時までの視覚探索行動は大きく2つのパターンに分類された。反応に優れた内野手は投球動作開始時には打者に視線を配置し，リリースからインパクトにかけてストライクゾーンに視線を移動させ，視線移動パターンが安定していた。一方，反応に劣った内野手は，投手に視線を配置して投球動作の開始を確認しながら，その後探索的に視線を移動させ，インパクト時にはストライクゾーンに視線を移動させていた。以上のことから，実際のフィールドにおける

視覚探索方略を検討した研究からは，反応に優れた選手が，反応準備の段階では大きな視線移動を行わず，特定の領域に視線を配置していることが考えられる。

5. 注意の焦点と運動の学習・制御

　スポーツの場面においては，視線移動を伴う注意の移動だけではなく，視線移動を伴わない注意の焦点づけについても重要な要素である。注意の焦点づけが運動のパフォーマンスや学習に与える影響に関して，自分の身体運動へ注意を向ける"内的焦点（internal focus）"と，環境に対して身体運動が与える効果へ注意を向ける"外的焦点（external focus）"とが比較され，有効であることがこれまで数多くの研究で示されてきた（例えば，Wulf, 2013）。この理由として，外的焦点は運動の自動化を促進し，内的焦点は逆に自動化を阻害することが考えられてきた。しかし，外的焦点が有効であると主張している先行研究の多くでは，ダーツなどの正確性が要求される課題（例えば，Abdollahipour et al., 2014）が主に用いられており，全身運動であり全力の発揮が求められる運動課題における注意の焦点づけの影響については，正確性への影響に比べると十分な検討が行われていない。そこで，注意の焦点づけが全身を用いた遠投パフォーマンスに与える影響を明らかにするため，手首に注意を向ける手首内的条件，体幹に注意を向ける体幹内的条件，外的焦点条件の3条件を比較検討した（Oki et al., 2018）。その結果，外的焦点条件や体幹内的条件に比べ，手首内的条件ではパフォーマンスが悪化した。また，体幹内的条件は，外的焦点条件と比べ，パフォーマンスへの影響に差はみられなかった。これらのことから，同じ内的焦点であっても，注意を向ける部位によってパフォーマンスへの影響が異なることが明らかになり，内的焦点が常にパフォーマンスを悪化させるわけではないことが考えられる。

　また，注意の焦点づけが遠投運動の学習に与える影響を検討した結果からは，遠投の学習において，外的焦点よりもむしろ内的焦点のほうが有効であることが明らかになった。また，最も遠投の学習に有効な注意は，体幹への注意であることが示され，体幹に注意を向けることにより，ボールの初速を維持しつつ，投射角を向上させることによって，遠投距離が有意に向上することが示唆された（大木・國部，2021）。これまで一般的には内的焦点は運動の自動化を阻害するため，外的焦点がパフォーマンス発揮や学習において有効であることが示されてきたが，課題の性質や課題に対する熟練度などによっては，内的焦点が必ずしも阻害要因とはならない可能性があると考えられる。外的焦点と視覚情報及び視線行動には関係がみられることが想定されるため，今後は両者の関係について検討を進めていく必要があると考えられる。

6. 視覚以外の感覚（聴覚）を用いた　　空間定位と運動

　これまでに述べてきたように，人は知覚情報の大部分を視覚から得ており，視覚情報は空間定位を行う上で重要な役割を果たすが，視覚情報が使用できない場合は，空間定位を行う上で視覚情報だけではなく聴覚情報も重要となる。視覚情報を利用できない状況において対象物の位置や方向を知る際は，音や声などの聴覚情報を用いた空間定位が重要となる。視覚情報が用いられない状況下で行われる球技スポーツ（例えばブラインドサッカーやゴールボール等）においては，ボールの音やチームメイトの声が，集団の中でコミュニケーションをとり，運動を遂行するための重要な情報源となる。しかし，聴覚情報の知覚が，巧みで優れた運動の実現にどのように寄与するかに関しての研究は十分に行われていなかった。

　そこで，ブラインドサッカー選手，晴眼サッカー選手，晴眼一般成人を対象に，閉眼立位状態で周囲4方向（左前，左後，右前，右後）に設置されたスピーカーから提示された音の方向へできるだけ素早く正確に一歩足を踏み出す課題が行われた

(Mieda et al., 2019)。その結果，単純反応では，ブラインドサッカー選手は晴眼一般成人より有意に早かったが，晴眼サッカー選手との間に差はみられなかった。一方，選択反応では，ブラインドサッカー選手は晴眼一般成人と晴眼サッカー選手の両群に比べ有意に早く，前後方向の誤反応（front-back confusions）が少なかった。以上から，ブラインドサッカー選手は晴眼サッカー選手に比べ，非視覚下での音源定位を伴う運動遂行における音源方向の識別が早いことが示唆された。

　しかし，実際のブラインドサッカーではボール等の音源は動くため，その際どのように音源を定位しているかについても調べることが重要である。そこで，ブラインドサッカー選手におけるボールトラップ時の音源定位方略に関する検討が行われた（Mieda & Kokubu, 2020）。ブラインドサッカー選手と晴眼一般成人が，ランダムな方向や速度で接近するブラインドサッカーボールを閉眼状態で足元にトラップする課題を行い，ボールトラップ中の身体各部の動きを測定し，その特徴が分析された。その結果，ブラインドサッカー選手は晴眼一般成人に比べて，ボールトラップを行う際の垂直方向の頭部角度変化が大きいことが示された。このことから，接近してくるボールの位置を正確に定位するために，ボールの方向へと頭部を向けるような定位方略を用いていることが示唆された。このように，視知覚を用いた空間定位ができない場合は，聴覚情報を用いた音源定位をもとに空間を定位していることが考えられる。

を行う際の注意や注視の特徴に関して，これまでの知見を拡張するいくつかの新たな知見が得られた。スポーツのプレー実行場面だけではなく，指示場面においても，状況判断や意思決定に習熟した選手はボールを注視する時間が長く，ランナーなどの周囲の情報を周辺視でとらえていることが示唆された。注視回数は少なく注視パターンが安定していることが示された。また，運動開始直前の準備段階における3次元空間内での注視位置が遠方になると，周辺視野の視覚情報に対して早く反応できることが示唆された。さらに，奥行き方向の注視移動における両眼眼球運動が，空間内での素早い視線移動が求められる特定の運動パフォーマンスと関連していることが確認された。注意の焦点づけに関して，多くの研究で運動遂行を阻害するとされていた内的焦点は，課題の種類や学習者の課題に対する熟練度によっては有効であることが示唆された。最後に，視覚情報を用いることができない状況下で運動を行うことに熟練したスポーツ選手は，聴覚情報を用いてより正確な音源定位を行い空間内の情報を認識している可能性が示された。

　今後はこれらの知見をもとに，様々な種目及び技能レベルの選手に対して，視覚情報や聴覚情報の用い方に関する情報を提示し，運動の制御や学習を効果的に行うための枠組みを構築していくことが期待される。

7. まとめと展望

　以上のことをまとめると，スポーツ場面で運動

◆文献 ....

Abdollahipour, R., Psotta, R., Nieto, M., Rouzbahani, M., Nikdast, H., & Bahram, A. (2014) Effects of attentional focus instruction on the learning of a target task: A moderation role of visual feedback. Kinesiology, 46: 210-217.

Ando, S., Kida, N., & Oda, S. (2001) Central and peripheral visual reaction time of soccer players and nonathletes. Perceptual and Motor Skills, 92: 786-794.

Farrow, D. & Abernethy, B. (2003) Do expertise and the degree of perception-action coupling affect natural anticipatory performance? Perception, 32: 1127-1139.

菊政俊平・國部雅大（2018）野球の捕手におけるプレー指示場面での状況判断および視覚探索に関する方略．スポーツ心理学研究，45: 27-41.

菊政俊平・國部雅大（2020）試合状況に関する情報が野球の捕手におけるプレー指示場面での状況判断に及ぼす影響．体育学研究，65: 237-252.

Kimura, T., Miura, T., & Shinohara, K.（2009）Effect of fixation point distances on allocation of attention in real three-dimensional space. Perceptual and Motor Skills, 109: 327-337.

Kokubu, M., Ando, S., & Oda, S.（2018）Fixating at far distance shortens reaction time to peripheral visual stimuli at specific locations. Neuroscience Letters, 664: 15-19.

國部雅大・東 亜弓・村上なおみ・荒木雅信（2018）大学女子バスケットボール選手における輻輳および開散眼球運動の潜時とシュートパフォーマンスとの関係．筑波大学体育系紀要，41: 1-6.

國部雅大・東 亜弓・村上なおみ・荒木雅信（2020）大学バスケットボール選手における輻輳開散運動の潜時と速度に関する実験的研究．大阪体育学研究，58: 1-12.

Mann, D. T. Y., Williams, A. M., Ward, P., & Janelle, C. M.（2007）Perceptual-cognitive expertise in sport: a meta-analysis. Journal of Sport and Exercise Psychology, 29: 457-478.

Mann, D. L., Abernethy, B., & Farrow, D.（2010）Action specificity increases anticipatory performance and the expert advantage in natural interceptive tasks. Acta Psychologica, 135: 17-23.

Mieda, T., Kokubu, M., & Saito, M.（2019）. Rapid identification of sound direction in blind footballers. Experimental Brain Research, 237: 3221-3231.

Mieda, T. & Kokubu, M. Blind footballers direct their head towards an approaching ball during ball trapping. Scientific Reports, 10, 20246.

宮下寛太・菊政俊平・國部雅大（2021）野球の内野手における視覚探索方略と打球に対する反応の関係．野球科学研究，5: 12-25.

大木雄太・國部雅大（2021）注意の焦点づけが遠投運動の学習に与える影響．スポーツ心理学研究，48: 37-49.

Oki, Y., Kokubu, M., & Nakagomi, S.（2018）External versus two different internal foci of attention in long-distance throwing. Perceptual and Motor Skills, 125: 177-189.

Piras, A., Lanzoni, I. M., Raffi, M., Persiani, M., & Squatrio, S.（2016）The within task criterion to determine successful and unsuccessful table tennis players. International Journal of Sports Science & Coaching, 11: 523-531.

Piras, A., Lobietti, R., & Squatrito, S.（2014）Response time, visual search strategy, and anticipatory skills in volleyball players. Journal of Ophthalmology, 189268.

Wulf, G.（2013）Attentional focus and motor learning: A review of 15 years. International Review of Sport and Exercise Psychology, 6: 77-104.

重力空間の知覚と身体運動　　久代惠介

■重力空間を知覚する

　ボールの到達予測，フォームの安定性，跳躍時の踏み切り動作など，様々な運動パフォーマンスは重力による直接的な影響を受ける。運動中に重力の存在を意識することはないが，重力を含む重力空間の情報は常に感覚器から入力し続けている。重力空間の知覚には高い空間分解能を持つ視覚のほか，頭部の姿勢や動きを感知する前庭覚，筋・皮膚への刺激に感受性を持つ体性感覚が機能する。これらの感覚器から入力する情報は中枢において統合され，脳内に重力空間が表象される。

■ゆがむ重力空間

　中枢で知覚される重力空間は必ずしも実際の重力空間とは一致しない。例えば，暗所のように視覚が機能しにくい状況において身体を側方に30度ほど傾けた場合，知覚される重力方向は実際の重力軸から身体傾斜と反対の方向に〜5度ほど傾く。この現象は，暗所において視覚以外の感覚情報に重み付けを施し身体傾斜を鋭敏に感知する中枢の機能的性質と捉えられる。さらに，身体の傾斜が5分ほど持続されると，知覚される重力方向は身体傾斜方向へ徐々に偏移する現象が生じる。このように，知覚される重力空間は環境や状況に応じて時々刻々と変化する性質を持つ。

■重力空間と調和するヒトの運動行動

　ヒトは重力の作用を利用しながら運動することが知られている。例えば，上肢を鉛直下方向に運動させた場合，手は運動開始後に（上方向の運動よりも）ゆるやかに加速する（Yamamoto & Kushiro, 2014）。すなわち，重力の作用方向と一致する下方向の運動では，消費エネルギーを抑制する制御が無意識下で生じる。換言すれば，中枢は重力環境に調和した無駄のない運動を戦略的に生成していると言える。

　このように感覚入力から重力空間が知覚され，それに基づき運動が生成される過程とは反対に，運動の遂行が重力空間の知覚を促進させる現象が知られている。身体の傾斜が持続された状態で上肢を身体長軸方向に往復運動させると（図1），知覚される重力方向の偏倚（前述）が抑制される現象が生じる（図2）（Tani et al., 2018）。この現象の生起は，動的運動によって生じる感覚入力が重力空間の知覚を促進させるためと考えられる。すなわち，重力空間の知覚と身体運動は循環システムを構成し，相補的に影響を及ぼし合っていると捉えられる。

　以上のように，ヒトが重力空間を知覚する機構は様々な性質を持ち，身体運動と連携しながら機能している。環境に調和した日常の身体運動，さらにはスポーツにおける運動パフォーマンスをかげで下支えしていると言えよう。

身体長軸方向に往復運動もしくは静的運動

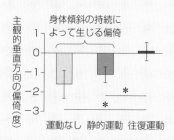

図1　身体傾斜状態における上肢運動

図2　上肢運動が主観的垂直方向に及ぼす影響

◆文献

Yamamoto, S. & Kushiro, K. (2014) Direction-dependent differences in temporal kinematics for vertical prehension movements. Experimental Brain Research, 232 (2) : 703-711.

Tani, K., Shiraki, Y., Yamamoto, S., Kodaka, Y., & Kushiro, K. (2018) Whole-body roll tilt influences goal-directed upper limb movements through the perceptual tilt of egocentric reference frame. Frontiers in Psychology, 9: 84.

2章 観察に基づく運動学習とその神経機構

中本浩揮

　卓越した技能の獲得には，先天的要因よりも後天的要因の影響が強い。Ericsson et al.（1993）の意図的・計画的練習理論（deliberate practice theory）によれば，高度に構造化された領域特殊の練習を10年1万時間積み上げることが必須とされており，スポーツもその例外ではない。言い換えれば，卓越した競技者になるためには，卓越した学習者になる必要があるということである。

　ただし，Ericssonの提案する「10年1万時間」は，急激な技能変化が生じる特別な境界時間ではない。Hambrick et al.（2014）は，高い技能水準に到達した者の意図的・計画的練習時間を調査した結果，2,500時間の者もいれば，25,000時間以上の者もいたことを報告している。つまり，到達点は同じでも到達時間には大きな個人差がある。

　ここで話題にしたいのは，学習の個人差である。特定の技能水準に達するまでの学習時間の個人差には複数の要因が関与すると思われるが，本章では，その1つとして模倣能力を取り上げる。一般的に学ぶの語源は真似る（まねる）とされ，運動学習はモデルに真に似せることとも言える。もちろん先人の技能を超えるのがアスリートの使命であるため，真似るだけでは本当の意味での卓越した技能とは言えないが，少なくとも体育・スポーツ，リハビリテーション，あるいは技術伝承などの様々な文脈において，モデルを真似ることは基本となる学習方法である。これは，われわれが運動技能を伝承するに十分な言語表現を持ち得ないためであり，その言語の壁を突破するためには，動作を示範し真似させるしかないとも言える。このような運動学習の性質を考慮すると，学習の個人差の原因として模倣能力を重視することにそれほど違和感はないだろう。

　そこで，本章では，模倣にかかわる神経機構であるミラーニューロンをキーワードに，ミラーニューロン発見以前に発展した観察に基づく運動学習の諸理論，そしてミラーニューロンと模倣の関係について概観する。次に，自動模倣（automatic imitation）が運動学習効率に及ぼす影響について検討した研究を紹介し，観察に基づく運動学習効率を促進する方法について論考する。

1. 観察運動学習

　運動技能習得の文脈において，モデルの動作観察と実行を繰り返す学習形態は，観察運動学習（observational motor learning）と呼ばれる。この学習では，運動遂行方略（Martens et al., 1976），運動の時・空間的協応パターン（Horn et al., 2005）やダイナミクス（Mattar & Gribble, 2005），効果器末端（手・足末端）の動き（Hodges et al., 2005），あるいは誤差検出・修正過程（Andrieux & Proteau, 2016）が習得される。また，運動の出力に必要な運動記憶は，単に他者の運動学習を観察するだけでも形成されうる（Stefan et al., 2005）。

　このような学習は，様々な運動課題における技能習得に有用な方法であることが実証されてきたが，一方で，全く同じ示範モデルを観察しても，たった数回の観察で学習する者もいれば，数十回以上観察しても学習できない者がいる。体育・スポーツの練習では，観察と実行の繰り返しが大半であることを考えると，この学習効率の差は，特定の技能水準に到達するまでの時間に大きな差を生み出すと思われる。

　そこで，この学習の個人差がなぜ生じるのかを探求するために，まず観察運動学習がそもそもどのような仕組みによって生じるかについて説明した諸理論を概観する。

2. 観察運動学習を説明する諸理論

　影響力のある説明として，社会行動の獲得に関するBanduraの社会的学習・認知理論がある（Bandura, 1985）。Banduraは，他者の行動を繰り返し観察することで，観察行動の認知表象が構築され再現可能になると考えた。この理論では，観察から行動の発現までに，注意，保持，行動再生，動機づけの4つの心的プロセスが想定されている。具体的には，まず，観察モデルの特徴に対して選択的に注意を向け，抽出した特徴をイメージ・言語化し，抽象的な認知表象を保持・記憶する。次に，保持された表象を基準に運動を再生し，表象と実行動作の誤差検出・修正を行うことで観察行動を学習する。また，動機づけは，学習者が観察行動に注目し，それを再現したいという欲求であり，上記プロセスの調整変数として機能する。この理論では観察と実行を媒介する認知表象の役割が重視され，認知表象の発達と動作獲得に関連があることも示されている（St. Germain et al., 2019）。

　これに基づく研究は，より効果的な学習のために，モデルのどこに注意を向けるべきか，どの程度注意が必要か，どのようにモデルを呈示すべきか，あるいは，どのようなモデルを呈示すべきかなどに焦点をあててきた（Ste-Marie et al., 2012, 2020）。つまり，認知表象の形成・保持にかかわる学習者の知覚過程に学習効果の個人差の主な原因があると考えてきたと言える。

　別の視点として，直接知覚におけるアフォーダンス（Gibson, 1979）に着目したScully & Newell（1985）の説明がある。アフォーダンスは，環境が行為者に提供する価値や意味を指し，環境知覚が行為を直接引き起こすと考える。これは，Banduraのような表象主義の考えと異なり，表象を介さず，環境情報が持つ意味を直接知覚し，運動が引き起こされると考える視点である。よって，学習者がどのように認知表象を処理するかではなく，運動をアフォードするどのような情報を抽出するかに焦点があてられる。Scully & Newell（1985）は，学習者は観察によって四肢・関節の時空間的な相対運動情報（特定の身体部位の絶対運動ではなく，各身体部位間の相対的運動の情報）を抽出し，この情報が学習者の自己組織的な動作協応パターンの制約（観察動作の再現）として機能すると考えた。

　これに基づいた観察運動学習研究では，四肢・関節の相対運動情報のみを映像で示す点光源表示（Point-Light-Display: PLD）を用いた取り組みがなされてきた。Scully & Carnegie（1998）は，ダンスの観察運動学習において，ビデオ呈示よりも相対運動が容易に読み取れるPLD呈示のほうが学習効果は高かったと報告している。また，Horn et al.（2005）は，ビデオとPLD呈示に学習効果の違いはなく，いずれの観察でも相対運動が学習され，協応パターンの獲得を促したとしている。

　一方，Hodges et al.（2005）は，課題によっては運動協応パターンの獲得に相対運動情報の呈示が必須ではないことを明らかにしている。彼女の研究では，サッカーのキックを観察させる際，相対運動情報を含む膝関節・足関節・つま先を光点で呈示する群，相対運動情報を含まないつま先のみを光点で呈示する群の観察運動学習の効果を比較した。結果として，つま先だけを観察した群のほうがモデルの協応パターンに類似した。この知見から，課題によっては，手・足末端の動きや運動結果（ボール軌道）が協応パターンの獲得につながる情報であると主張している（Hodges et al., 2007）。

　以上から，学習者がいかに不変項としての相対運動情報や手・足末端の運動情報を抽出できるかが学習効果に影響すると考えられる。直接知覚の考えそのものは知覚と運動を不可分と考えるが，少なくとも観察運動学習の文脈では，認知表象に基づく研究と同様に，主に知覚側面に焦点をあて学習効果の差異を検討してきたと言える。

3. 観察運動学習を支える神経機構

　観察運動学習には複数の神経機構が関与するが，核となる神経機構の1つとして，ミラーニューロンシステム（Mirror Neuron System: MNS）が提案されている。ミラーニューロンとは，サルの腹側運動前野のF5領域（di Pellegrino et al., 1992）で発見された動作の実行と観察の両方で活性する特性を持つニューロンである。つまり，自己の運動実行にかかわる脳領域が，単に他者動作を観察するだけで活性するということである。同様のニューロンは，下頭頂小葉，一次運動野，背側運動前野の領域でも発見された。ヒトでも同様に，患者の単一細胞記録を用いた研究（Mukamel et al., 2010），あるいは健常者における反復抑制と多変量パターン解析を用いたfMRI研究（Fuelscher et al., 2019）によってその存在が確認され，上頭頂小葉，下前頭回，小脳などもミラー特性を示すことが報告されている。

　MNSが観察運動学習に重要と思われるのは，上記のミラー特性を示す領域が，運動技能の習得にかかわる広範囲なネットワーク（Hardwick et al., 2013）に含まれているためである。当然，活性すれば学習が必ず生じるわけではない点に注意は必要であるが，この事実はMNSが観察運動学習の神経機構として重要な役割を演じることを期待させる。ただし，MNSの機能やその詳細なメカニズムについては現在でも議論が続いている（Heyes & Catmur, 2022）。ここでは観察運動学習にかかわると考えられ，かつ比較的コンセンサスが得られている機能として模倣を取り上げる。

❶ MNSと模倣

　観察運動学習では，観察によって得た視覚情報を運動に変換（視覚-運動変換）する必要がある（Vogt & Thomaschke, 2007）。MNSが視覚－運動変換にかかわることを示す行動的観測として自動模倣がある。自動模倣は模倣の潜在的な形式を指し，観察動作が非意図的に自己の動作に影響する

現象である（Heyes, 2011）。Brass et al.（2000）は，模倣抑制課題という秀逸な方法でこれを実験的に示した。この課題では，画面に呈示された数字に応じて，示指と中指のいずれかを挙上することを参加者に求める。その際，数字刺激の背景に，示指と中指のいずれかを挙上するモデルも同時に呈示する。この課題において，参加者は数字の指示のみに基づいて反応すればよいにもかかわらず，モデルの挙上した指が数字の指示と異なる場合は反応が遅延する（逆に同じ場合は促進）。この結果は，他者動作の視覚情報が自動的に観察者の運動に変換されたことを意味する。

　MNSと模倣の関連は，MNSに含まれる下前頭回への刺激が，模倣を選択的に抑制・促進することを示した研究によって支持されている。例えば，経頭蓋磁気刺激によって下前頭回に抑制的な刺激を与えると自動模倣は抑制され（Catmur et al., 2009），経頭蓋直流電気刺激によって促進的な刺激を与えると模倣は促進されることが報告されている（Hogeveen et al., 2015）。

　以上のように，MNSは自動的な視覚-運動変換の役割を担っていると考えられる。しかし，MNSは観察運動学習の神経基盤として様々な学術書で取り上げられている一方で，その機能に着目し，学習の個人差との関連を検討した研究は意外にも行われていない。特に，自動模倣が示す視覚－運動変換に着目した研究は，伝統的な観察運動学習を含めても扱われてこなかった。自動模倣の程度には個人差があることが報告されていることから（Obhi et al., 2014），個人によって視覚－運動変換の程度に違いがあると推測される。そこで，以降の節では，自動模倣に反映される視覚－運動変換の個人差が観察運動学習における学習効果に及ぼす影響を検討した研究について紹介する。

4. 非意図的な動作模倣と運動学習

❶ 自動模倣の個人差と運動学習効率

　まず自動模倣と運動学習の関係を検討する前

に，比較的単純な動作（指揮上やリーチング）で報告されてきた自動模倣が，スポーツのような複雑な動作でも同様に生じるのかを確認する必要がある。

われわれは，ハンマー投げ選手を対象に，モデルの投擲映像観察後に，自身で投擲する課題を行わせた。参加者には，常にフィールドの中心に向かって投擲することを教示したが，観察映像にはファールするモデル（失敗）を挿入した。結果として，失敗映像観察後に，参加者は観察動作を模倣するように動作が変調し（ファール方向へステップ），投擲方向も同様の傾向を示した（Takeuchi et al., 2018: Experiment 1）。興味深いことに，失敗する他者映像観察中に，自己焦点させた（観察中に自己の投擲を意識させた）場合，自動模倣は抑制された（Takeuchi et al., 2018: Experiment 2）。この現象は，MNSによる自動模倣が自己焦点による前部内側前頭前野（aFMC）の活性によって抑制されることと一致する（Spengler et al., 2010）。つまり，上記の研究は，スポーツの複雑な動作の観察においてもMNSによる自動模倣メカニズムが働いていることを示唆する。

では，この自動模倣は，観察運動学習に影響を与えるのであろうか？前述のとおり，自動模倣の行いやすさには個人差がある（Obhi et al., 2014）。仮に，自動模倣が観察運動学習に影響を及ぼすのであれば，その個人差によって学習効果に差違が生まれるはずである。

そこでわれわれは，体育大学に所属する学生210名に対して，前述の模倣抑制課題を利用して，自動模倣を行いやすい者（模倣傾向高群）と行いにくい者（模倣傾向低群）を20名ずつ抽出した。そして，的の中心（10点）に向かって指でボールをパッティングする課題の観察運動学習を行わせた（竹内ほか，2019）。

図1は，群ごとの学習曲線を示したものである。まず，上手なモデルを観察させた場合，模倣傾向が高い群（図中の○）は，低い群に比べ（図中の□），学習初期の段階で高いパフォーマンスを示し，最終的なポストテストや保持テストにおいても高いパフォーマンスを示した。つまり，模倣傾向の高低は，観察運動の学習効率に影響することが示唆された。

ただし，上記の実験のように，自動模倣傾向が高い参加者を選定したとしても，これらの参加者は意図的な模倣にも優れる可能性がある。つまり，自動模倣が学習に影響したと結論づけられない。そこで，今度は，下手なモデルを観察させて同様の実験を行った。理由として，投擲研究で示したように，自動模倣は観察者が望まない運動（失敗）でも模倣する特性がある。真に自動模倣が学習に影響するのであれば，下手なモデルの観察時には，模倣傾向の高い者は学習効率が低下すると考えられる。実験の結果はこれを支持し，学習中に下手なモデルを観察させると，模倣傾向が高い群（図中の●）は低い群（図中の■）よりも

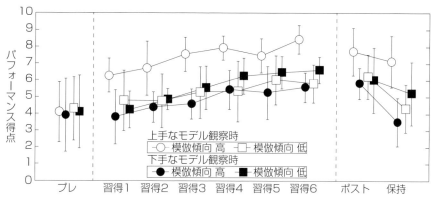

図1　自動模倣傾向の個人差と学習効果（竹内ほか，2019を筆者改編）

学習初期で低いパフォーマンスを示し，学習後期やテスト局面でも低いパフォーマンスのままであった。

以上2つの結果は，自動模倣傾向の高低が観察運動学習の効率に影響することを示している。言い換えれば，自動的な視覚－運動変換の効率が観察運動学習の個人差を生み出す要因であるということである。実行時には的の中心を狙っていることを考えると，下手なモデルの観察による自動模倣は，学習者の意図を超えて学習に作用するほど強い影響があることを示す。

また，興味深い結果として，模倣傾向が低い者は，上手なモデルより下手なモデルを観察したほうが学習効果は高かった。先行研究では，頻繁にエラーするモデルを観察するほうがエラーをしないモデルを観察するよりも学習が促進されること，また，熟練モデルだけよりも，未熟練モデルも合わせて観察したほうが学習効果は高いことが報告されている（Robertson et al., 2018; Rohbanfard & Proteau, 2011）。理由として，熟練モデルは理想動作の学習機会を，未熟練モデルは，エラー検出・修正の学習機会を提供するためであると考えられている（Andrieux & Proteau, 2016）。模倣傾向が低い者が示したエラー（下手なモデル）の観察による正の学習は，彼らが自動模倣に頼らず（頼れず），意図的なエラー学習によって学習したことを示唆する。

模倣傾向の異なる両者の学習過程の違いは，Heyes（2011）が示す模倣の2重経路モデルからも説明可能と思われる（図2：点線四角部分）。このモデルでは，他者の動作観察時には2つの経路が運動反応に影響すると考える。意識的経路は，課題の教示（的の中心に打つ）によって運動表象を形成する。非意識的経路は，観察によって自動的に運動表象が形成され，運動反応が生じる。これを考慮すると，観察時の運動反応は，模倣傾向の高い者は，非意識的経路（自動模倣）が優先され，低い者は意図的経路（意図的なエラー修正）が優先されると考えられる。つまり，自動模倣傾向の高低によって，観察運動学習に関与するプロセス

は異なり，学習効果を高めるためには，自動模倣傾向に応じて呈示モデルを変えることが有効と考えられる。

❷ 自動模倣とエラー学習

前述の実験では，模倣傾向が高い者は，下手なモデルを観察することが学習に悪影響となった。ここでの疑問は，模倣傾向が高い者は，他者のエラーから学習できないのかという点である。人間の様々な学習文脈において模倣が重要な機能であることを考えるとそうは考えにくい。実際，観察学習には，系統的なエラーが含まれていることが不可欠とされており（Mattar & Gribble, 2005），エラー処理に関連する脳領域の活動は，他人のエラーを観察するだけでも変化する（van Schie et al., 2004）。これらは，観察運動学習では，むしろエラーが積極的に処理されていることを示唆する。

われわれは以前，観察者がモデルの動作結果をどのように予測するかによって非意図的な模倣は全く異なるふるまいをすることを報告し（Ikegami et al., 2018），予測誤差運動伝染と名付けた（図2：Ikegami et al., 2019）。ここでいう予測誤差とは，観察対象の運動結果などに関する観察者の予期（例えば，成功）と実際の結果（例えば，失敗）の誤差を指す。予測誤差のない通常の自動模倣では観察運動と類似する方向に変化するのに対し，予測誤差によって誘発される自動模倣は，観察運

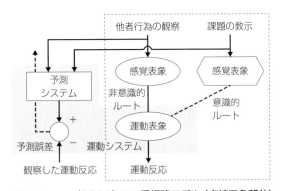

図2 Heyes（2011）の二重経路モデル（点線四角部分）とIkegami et al.（2019）の予測誤差運動伝染を含む拡張モデル（Ikegami et al, 2019を筆者邦訳）

動の予測誤差を修正する方向に自己の運動が変調する。これに従えば，模倣傾向の高い者が他者の失敗を観察する場合であっても，モデルが成功するという予期を持って観察した場合，予測誤差が生じ，その誤差を修正するように自動模倣が生じるはずである。言い換えれば，下手なモデルのエラーが学習を進展させると考えられる。

そこで，模倣傾向が高い者に対し，前述の指パッティング課題の学習を行わせる際，予測誤差あり条件となし条件を加えた実験を行った。具体的には，参加者は，**表1**に示された教示を受けて映像を観察した。結果として，予測誤差なしの状況では，竹内ほか（2019）の結果と同じく，模倣傾向が高い者は下手なモデルの観察では学習が進展しなかった（**図3左**の●）。一方で，予測誤差あり条件では，正反対の結果が得られ，下手なモデルを観察したほうが上手なモデルを観察するよりも保持テストの誤差が小さかった（**図3右**の●）。

予測誤差にかかわらず，学習が進展した群は，

いずれも「モデルは的の中心を狙っている」と成功予期を誘発した群であった。これを鑑みると，模倣傾向の高い者は，モデル観察時に成功予期を持つことで，上手なモデルでは自動模倣が，下手なモデルではエラー修正が促進され，結果として学習効果が高まると考えられる。逆に失敗予期を持つと上手なモデルでは不要な修正が，下手なモデルでは自動模倣が促進される。言い換えれば，他者の成功を期待すると益を得て，他者の失敗を期待するとしっぺ返しを食らうということである。

このように，自動模倣は非意図的ではあるが，様々な要因によってその機能を操作できる（レビューとして，Ikegami et al., 2019）。自己に関する処理が自動模倣を抑制することを示した前節の投擲研究もその例である。よって，自動模倣のメカニズムに基づいた学習方略の調整が学習効率の促進に重要と思われる。

3 自動模倣能力のトレーナビリティ

自動模倣傾向は上述の短期的な適応だけでなく，長期的な学習によっても変容すると思われる。自動模倣にかかわるMNSは，生得的な機能と考える立場もあるが，感覚運動連合学習によって獲得されるとする立場もある。これによれば，最初，運動ニューロンは動作実行時にのみ活動するが，自己観察や同じ動きを繰り返し観察・実行する社会的相互作用の中で，これらの運動ニューロンが同様の動作に同調する視覚ニューロンと強く結合する。その結果，もともとは運動ニューロンであ

表1　予測誤差の有無と観察モデルの種類による群分けと教示

群	予測誤差の有無を操作するために行った教示
予測誤差無×上手なモデル	モデルは的の中心（10点）を狙っています（実際に中心）。
予測誤差無×下手なモデル	モデルは手前/奥（5点）を狙っています（実際に5点付近）。
予測誤差有×上手なモデル	モデルは手前/奥（5点）を狙っています（実際は中心）。
予測誤差有×下手なモデル	モデルは的の中心（10点）を狙っています（実際は5点付近）。

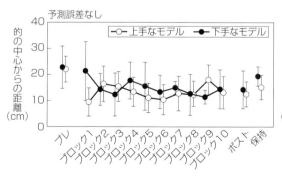

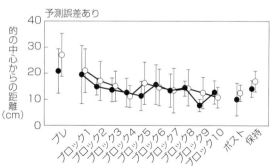

図3　予測誤差を操作した場合の学習曲線

ったものが，ある動作の視知覚と実行の両方に反応するミラーニューロンへと変化すると考えられている（Heyes, 2011; Heyes & Catmur, 2022）。

これをよく示すものとして，Catmur et al.（2011）は，小指の動きを観察しながら示指の動きを実行するカウンターミラー訓練を行うと，訓練後には，小指の動きの観察が示指の運動関連領域の活性を高めることを報告している。また，新生児模倣はしばしば模倣（それを支えるMNS）が生得的なものである例としてあげられるが，産後1か月時点での連合学習能力が，生後9か月時点での様々な模倣課題の成績を予測する（Reeb-Sutherland et al., 2012）。これに加え，スポーツの研究では，熟練者ほど観察中のMNSの活性が強いことが多くの研究で示されており，他者動作の知覚と運動を同時に行う同時模倣によって，この機能が高まることも示されている（Unenaka et al., 2018）。これらの研究は，動作識別や模倣を支えるMNSがトレーナビリティを持ち，感覚運動連合学習によって発達することを示すものである。

5. まとめ

本章では，観察運動学習を担う神経機構と考えられるMNSの機能に注目し，模倣と学習効果の関係を論じてきた。一方で，MNS研究は2013年以降，いくつかの批判により急速に研究数を減少させている（Heyes, 2022）。その批判の主たる内容は，MNSの起源（先天的か後天的か）と機能（意図理解やマインドリーディングなど）についてである。ただし，この批判は観察運動学習研究からすれば脅威ではない。MNSが生得的ではなく，学習によって獲得されるという知見は，運動技能の発達を考えればむしろ好ましい。また，MNSが心を読む機能でなくとも動作識別や模倣に貢献するのであれば十分である。

ただし，MNSの観察運動学習への貢献を過度に期待することにも注意が必要である。MNSの本質的な役割は，模倣で言えば他者の身体運動のコピーである。冒頭で述べたが，コピーだけでは先人を超える卓越した技能は身につかない。人類が先人から学びそれを発展的に変化させることで，様々な進化を遂げてきたことを考えれば，コピーを越えた独自発展が必要である。そこには，より高次なレベルでの学習が貢献すると思われる。

近年のオンライン動画の普及は，いつでもどこでも様々なモデルの観察を可能にした。こういった環境変化は，学習者相互のコピー/修正と独自発展を促し，未知の運動技能の進化を生み出すものと期待される。その進化に他者の失敗ではなく，成功を期待することが重要であるという自動模倣の教えはなんとも洒落た教訓である。

◆文献

Andrieux, M. & Proteau, L. (2016) Observational Learning: Tell Beginners What They Are about to Watch and They Will Learn Better. Frontiers in Psychology, 7: 51-51.

Bandura, A. (1985) Social Foundations of Thought and Action: a Social Cognitive Theory. Prentice Hall.

Brass, M., Bekkering, H., Wohlschläger, A., & Prinz, W. (2000) Compatibility between observed and executed finger movements: comparing symbolic, spatial, and imitative cues. Brain and Cognition, 44 (2) : 124-143.

Catmur, C., Mars, R. B., Rushworth, M. F., & Heyes, C. (2011) Making mirrors: premotor cortex stimulation enhances mirror and counter-mirror motor facilitation. Journal of Cognitive Neuroscience, 23 (9) : 2352-2362.

Catmur, C., Walsh, V., & Heyes, C. (2009) Associative sequence learning: the role of experience in the development of imitation and the mirror system. Philosophical Transactions of the Royal Society B: Biological Sciences, 364 (1528) : 2369-2380.

di Pellegrino, G., Fadiga, L., Fogassi, L., Gallese, V., & Rizzolatti, G. (1992) Understanding motor events: a neurophysiological study. Experimental Brain Research, 91 (1) : 176-180.

Ericsson, K. A., Krampe, R. T., & Tesch-Römer, C. (1993) The role of deliberate practice in the acquisition of expert performance. Psychological Review, 100 (3) : 363-406.

Fuelscher, I., Caeyenberghs, K., Enticott, P. G., Kirkovski, M., Farquharson, S., Lum, J., & Hyde, C. (2019) Does fMRI repetition suppression reveal mirror neuron activity in the human brain? Insights from univariate and multivariate analysis. European Journal of Neuroscience, 50（5）: 2877-2892.

Gibson, J. J.（1979）The Ecological Approach to Visual Perception. Houghton Mifflin.

Hambrick, D. Z., Oswald, F. L., Altmann, E. M., Meinz, E. J., Gobet, F., & Campitelli, G.（2014）Deliberate practice: Is that all it takes to become an expert? Intelligence, 45: 34-45.

Hardwick, R. M., Rottschy, C., Miall, R. C., & Eickhoff, S. B.（2013）A quantitative meta-analysis and review of motor learning in the human brain. NeuroImage, 67: 283-297.

Heyes, C.（2011）Automatic imitation. Psychological Bulletin, 137（3）: 463-483.

Heyes, C. & Catmur, C.（2022）What Happened to Mirror Neurons? Perspectives on Psychological Science 17（1）: 153-168.

Hodges, N. J., Hayes, S. J., Breslin, G., & Williams, A. M.（2005）An evaluation of the minimal constraining information during observation for movement reproduction. Acta Psychologica, 119（3）: 264-282.

Hodges, N. J., Williams, A. M., Hayes, S. J., & Breslin, G.（2007）What is modelled during observational learning? Journal of Sports Sciences, 25（5）: 531-545.

Hogeveen, J., Obhi, S. S., Banissy, M. J., Santiesteban, I., Press, C., Catmur, C., & Bird, G.（2015）Task-dependent and distinct roles of the temporoparietal junction and inferior frontal cortex in the control of imitation. Social Cognitive and Affective Neuroscience, 10（7）: 1003-1009.

Horn, R. R., Williams, A. M., Scott, M. A., & Hodges, N. J.（2005）Visual search and coordination changes in response to video and point-light demonstrations without KR. Journal of Motor Behavior, 37（4）: 265-274.

Ikegami, T., Ganesh, G., Takeuchi, T., & Nakamoto, H.（2018）Prediction error induced motor contagions in human behaviors. Elife, 7.

Ikegami, T., Nakamoto, H., & Ganesh, G.（2019）Action imitative and prediction error-induced contagions in human actions. In Handbook of embodied cognition and sport psychology. The MIT Press, pp. 381-412.

Martens, R., Burwitz, L., & Zuckerman, J.（1976）Modeling effects on motor performance. Research Quarterly, 47（2）: 277-291.

Mattar, A. A. & Gribble, P. L.（2005）. Motor learning by observing. Neuron, 46（1）: 153-160.

Mukamel, R., Ekstrom, A. D., Kaplan, J., Iacoboni, M., & Fried, I.（2010）. Single-neuron responses in humans during execution and observation of actions. Current Biology, 20（8）: 750-756.

Obhi, S. S., Hogeveen, J., Giacomin, M., & Jordan, C. H.（2014）Automatic imitation is reduced in narcissists. Journal of Experimental Psychology: Human Perception and Performance, 40（3）: 920-928.

Robertson, R., St. Germain, L., & Ste-Marie, D. M.（2018）The Effects of Self-Observation When Combined With a Skilled Model on the Learning of Gymnastics Skills. Journal of Motor Learning and Development, 6（1）: 18-34.

Rohbanfard, H. & Proteau, L.（2011）Learning through observation: a combination of expert and novice models favors learning. Experimental Brain Research, 215（3-4）: 183-197.

Scully, D. M. & Carnegie, E.（1998）Observational learning in motor skill acquisition: A look at demonstrations. Irish Journal of Psychology, 19: 472-485.

Scully, D. M. & Newell, K. M.（1985）The acquisition of motor skills: toward a visual perception perspective. Journal of Human Movement Studies, 12: 169-187.

Spengler, S., Brass, M., Kühn, S., & Schütz-Bosbach, S.（2010）Minimizing motor mimicry by myself: Self-focus enhances online action-control mechanisms during motor contagion. Consciousness and Cognition, 19（1）: 98-106.

St. Germain, L., Lelievre, N., & Ste-Marie, D. M.（2019）Variations in observation frequency in a self-controlled learning environment do not modulate learning of a pirouette en dehors. Journal of Sports Sciences, 37（18）: 2106-2113.

Stefan, K., Cohen, L. G., Duque, J., Mazzocchio, R., Celnik, P., Sawaki, L., Ungerleider, L., & Classen, J.（2005）Formation of a motor memory by action observation. Journal of Neuroscience, 25（41）: 9339-9346.

Takeuchi, T., Ikudome, S., Unenaka, S., Ishii, Y., Mori, S., Mann, D. L., & Nakamoto, H.（2018）The inhibition of motor contagion induced by action observation. PLOS ONE, 13（10）.

Unenaka, S., Ikudome, S., Mori, S., & Nakamoto, H.（2018）Concurrent Imitative Movement During Action Observation Facilitates Accuracy of Outcome Prediction in Less-Skilled Performers. Frontiers in Psychology, 9: 1262.

van Schie, H. T., Mars, R. B., Coles, M. G., & Bekkering, H.（2004）Modulation of activity in medial frontal and motor cortices during error observation. Nature Neuroscience, 7（5）: 549-554.

Vogt, S. & Thomaschke, R.（2007）From visuo-motor interactions to imitation learning: behavioural and brain imaging studies. Journal of Sports Sciences, 25（5）: 497-517.

知覚トレーニング

田中ゆふ

■知覚トレーニングとは？

　予測スキルを効果的に向上させることを目的とした練習が知覚トレーニングであり，相手選手の映像を用い，繰り返し予測反応を行う。約40年前から球技などの競技を対象にその効果が報告されている（例えば，Burroughs,1984）。さらに，知覚トレーニングで獲得された予測スキルが実際の競技場面でのパフォーマンス向上を導く（中本ほか，2005）。知覚トレーニングは人間のソフトウエア特性に焦点を当てたトレーニングであるため身体運動をほとんど伴わない。怪我や身体的疲労，悪天候，練習環境の制約や練習相手の不足といった場合でも実施できることも利点である。

■効果的な知覚トレーニングの方法

　知覚トレーニングでは，トレーニング量，競技の熟練度，相手選手の動作等に関する情報への意識度（顕在性，潜在性）に着目した研究がなされてきた。筆者らは，野球の打者を対象として，投球予測を課題とした一連の知覚トレーニング研究を実施した（例えば，Tanaka et al., 2011）。実験協力者は，モニターに提示された投手の投球映像を見ながら「できる限り早くかつ正確に」コースや球種に対応するキーを押す予測反応を繰り返し行った。結果，予測の正確性を損なうことなく

反応時間が短縮し，予測スキルの向上が認められた。

　この一連の研究では，相手投手の動作に含まれる予測手掛かり情報に対する意識化の程度や競技の熟練度にも焦点が当てられた。野球熟練者，未熟練者ともにコースや球種に関する投手の動作特徴に関する言語教示を与え，意識化させる顕在的知覚トレーニングを行わせることで早期の予測スキルの向上が認められた。一方，意識化を抑制することを狙って「直感で反応せよ」という教示を与えて潜在的知覚トレーニングを行わせた場合は熟練度を問わず十分な知覚トレーニングの量を積み重ねることで顕在的知覚トレーニングと同等の予測スキルの向上が示された。

　顕在的知覚トレーニングは熟練度にかかわらず，早期の予測スキル獲得に有効であるが，相手選手の身体情報を特定する労力，意識化に伴う視線拘束（身体運動を伴う実際の競技場面とは異なる視覚探索方略が獲得される可能性），認知的負荷が高いという欠点がある。一方，潜在的知覚トレーニングは多くのトレーニング量を要するが，認知的負荷が低く，学習効果の優れた保持や自動化の促進といった利点がある。さらに潜在的情報処理は熟練者が活用する視覚情報処理との関連も深いことから，潜在的知覚トレーニングの有効性が提案できる。

写真　実際に知覚トレーニングを行っている様子

◆文献 ....

Burroughs, W.A. (1984) Visual simulation training of baseball batters. International Journal of Sport Psychology, 15: 117-126.

中本浩揮・杉原 隆・及川 研（2005）知覚トレーニングが初級打者の予測とパフォーマンスに与える影響. 体育学研究, 50: 581-591.

Tanaka, Y.M., Sekiya, H., & Tanaka, Y. (2011) Effects of explicit and implicit perceptual training on anticipation skills of novice baseball players. Asian Journal of Exercise & Sports Science, 8: 1-15.

3章 プレッシャー下のパフォーマンスに対する運動制御からの理解

田中美吏

　スポーツの試合や練習の諸場面においてアスリートは，モチベーション，感情，思考，注意などの多様な心の変化を経験し，これらの変化がある中での実力発揮が求められる。その中でも，プレッシャー下での心身の変化に伴うパフォーマンスの低下は，多くのアスリートが抱える悩みである。サッカーのワールドカップ，ヨーロッパ選手権，ヨーロッパチャンピオンズリーグの決勝トーナメントでのPK戦において外せば敗戦が決まる状況でのシュートの成功率の低下や（Jordet & Hartman, 2008），バスケットボールにおける試合終盤でのフリースローの成功率の低下（Toma, 2017）などは，プレッシャー下でのパフォーマンスの低下を象徴する実例である。

　プレッシャーとは「高いパフォーマンスを発揮することの重要性を高める因子」と定義され，プレッシャー下でのパフォーマンスの低下はチョーキング（choking）と呼ばれる（Baumeister, 1984）。チョーキングの邦訳としては「あがり」が適訳として使われている。反対に，プレッシャー下でのパフォーマンスの向上はクラッチ（clutch）と呼ばれる（Otten, 2009）。これまでに，クラッチやチョーキングが生じる心身の機序を明らかにする研究が国内外で多大に行われ，それとともにチョーキングが生じないための予防法や対処法の効果を検討する研究も多く行われてきた。本章では，心身の機序を明らかにする研究に焦点を当て，特に視覚・知覚，中枢神経活動，筋活動，キネマティクス，姿勢制御といったプレッシャー下での運動制御機能を検討した研究から得られている知見を紹介する。

1．諸理論の整理

　運動制御機能に関する研究以外にも，性格，不安，自信，覚醒，注意，思考の観点から，プレッシャー下でのパフォーマンスの変化の機序を調べる豊富な研究が行われている。そして，それらの研究を基に複数の理論も提唱されている。まずは，これらの研究による知見や理論を整理し，把握した上で，本題の運動制御に関する話題を展開する。

■1 性格

　特性不安，自己意識，ナルシシズム（自己愛）の性格特性を測定できる尺度を活用した研究から以下のことが分かっている。Wilson et al.（2007）は，ゴルフパッティングにおいて特性不安が高い人がプレッシャー下でパフォーマンスを低下させることを実証した。

　自己意識については，ゴルフパッティングの実験や，テニスやスカッシュの選手への調査から自己意識が高いほどプレッシャー下でパフォーマンスが低下することが示されている（Masters et al., 1993）。バスケットボールのフリースロー（Zhang et al., 2020）の実験では，ナルシシズムが高い人はプレッシャー下でパフォーマンスが高く，ナルシシズムが低い人はパフォーマンスが低かった。

■2 不安，自信，覚醒

　Martens et al.（1990）は，状態不安とパフォーマンスは負の相関，身体不安とパフォーマンスは逆U字，自信とパフォーマンスは正の相関である多次元不安理論を提唱した。身体不安と同様に覚醒とパフォーマンスも逆U字関係にあり（Yerkes

& Dodson, 1908)，逆U字理論と呼ばれる。Hardy（1996）によるカタストロフィーモデルでは，状態不安と覚醒の両方が高まったときにパフォーマンスの急激な低下が起こることが表されている。これらの関係はプレッシャー下でのパフォーマンスに対しても適用される。

❸ 注意に関する諸理論

図1Aのように，運動を遂行する際には限りある注意容量の一部を運動に利用する。しかしプレッシャー下では，図1B～Dのように注意容量の利用法が変わることでパフォーマンスの低下につながる。図1Bは，プレッシャー下で注意容量が小さくなり，運動に配分する注意が不足することを表す。プレッシャー下で「頭が真っ白になった」「周りがみえなくなった」などの言語報告があるが，注意狭隘（attentional narrowing）や知覚狭隘（perceptual narrowing）と呼ばれる。

図1Cは，プレッシャー下で運動以外のそのほかの事象に多くの注意が利用され，運動に要する注意が不足することを表し，注意散漫理論（distraction theory）と呼ばれる。そのほかの事象に注意が増えても，運動に要する注意が確保されればパフォーマンスの向上や維持が生じることまでを説明する処理効率性理論（processing efficiency theory: Eysenck and Calvo, 1992）や，注意をボトムアップな刺激駆動型（stimulus-driven）とトップダウンな目標指向型（goal-directed）の2つのシステ

ムに分けて，プレッシャー下での注意とパフォーマンスを説明する注意制御理論（attentional control theory: Eysenck et al., 2007）も存在し，注意散漫理論を拡張した理論と言える。

運動に配分する注意が減ることを示した注意狭隘や注意散漫とは対照的に，図1Dでは運動に配分する注意が増えることを表す。プレッシャー下では運動の空間調整（spacing），力調整（grading），時間調整（timing）などへの注意が増え，自動化された運動の脱自動化によって（Baumeister, 1984），パフォーマンスの低下が生じる。意識的処理仮説（conscious processing hypothesis），自己焦点化理論（self-focus model），顕在モニタリング理論（explicit monitoring theory），再投資仮説（reinvestment hypothesis）などの様々な呼称があるが，いずれもこの現象を表す。本章ではこれらを代表して意識的処理の用語を以後使用する。

❹ 「してはいけない」の思考

白熊について考えないように教示を受けた後には，白熊の想起頻度が増えることを示した実験（Wegner et al., 1987）に端を発する皮肉過程理論（ironic process theory）では，「～してはいけない」の思考に反して，してはいけないことへの思考や行動が生じることを表す。サッカーのシュート（Barlow et al., 2016），野球の投球（Gray et al., 2017），バスケットボールのフリースロー（Gorgulu, 2019）などの様々な運動課題を用いて，皮肉過程理論で説明できるパフォーマンスの低下がプレッシャー下においても生じることが確認されている。

2. 運動制御からの理解

上述のとおり，性格，不安，自信，覚醒，注意，思考の観点から豊富な研究がなされてきたが，これらの研究は，パフォーマンス結果に対するこれらの要因の影響を調べる研究パラダイムに位置付けられる。図2に示したように，パフォーマンス結果に対しては，視覚・知覚情報が脳内に入力されてから筋活動や運動が出力されるまでの

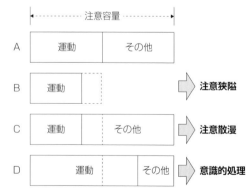

図1　注意機能からのパフォーマンス低下の説明
　　　（田中，2018を一部改変）

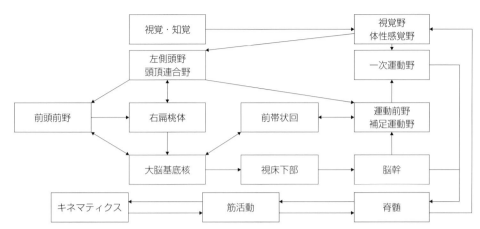

図2　プレッシャー下でのパフォーマンスに介在する運動制御機能
　　（Hatfield，2007を一部改変）

運動制御機能も大きく貢献する。プレッシャー下でのパフォーマンス結果に介在する運動制御の諸機能を調べる研究も豊富に存在し，筆者もこのパラダイムの研究に取り組んできた。以降では，視覚・知覚，中枢神経活動，筋活動，キネマティクス，姿勢制御の順に，筆者らの研究成果も交えながら，プレッシャー下でのパフォーマンスや前述の諸理論について運動制御の側面から理解を図る。

❶ 視覚・知覚

　アイマークレコーダーを使用し，プレッシャー下で運動課題を行うときの視線行動を調べる研究が多く行われている。これらの研究では，注視の位置，頻度，時間が測定され，注視位置については，空手における相手の様々な箇所への注視がプレッシャー下では増えている（Williams & Elliott，1999）。注視頻度については，運転時の周辺刺激（Janelle et al., 1999），卓球におけるボール（Williams et al., 2002），サッカーのシュートにおけるキーパー（Wilson et al., 2009a）などへの注視頻度がプレッシャー下では増えている。周辺刺激へのサッケード眼球運動が増えることも合わせて報告されており（Janelle et al., 1999），プレッシャー下での注視の位置や頻度の増加は，前述した注意散漫や，注意制御理論におけるボトムアップな刺激駆動型

の増大を反映する。

　運動を開始する直前にある1点を注視する視線行動はクアイエットアイ（quiet eye）と呼ばれ（Vickers，2007），注視時間に関しては，プレッシャー下でのクアイエットアイの時間を測定している研究が多い。そして，クアイエットアイの時間も含めて運動開始前や運動中におけるバスケットボールのフリースローにおけるリング（Wilson et al., 2009b），ゴルフパッティングにおけるボール（Vine et al., 2011），バドミントンのサービスにおけるラケット（Alder et al., 2018）への注視時間がプレッシャー下では短縮している。

　これらの研究結果から，クアイエットアイの時間を中心に，適切な視線行動を構築するトレーニングを行うことで，プレッシャー下でのクアイエットアイの時間が短縮せずに，パフォーマンスの低下を防げることが，ゴルフパッティング（Vine et al., 2011）やバスケットボールのフリースロー（Vine & Wilson，2011）において確認されている。サッカーのPKに対する検証もある（Wood & Wilson，2012）。

　視線行動を調べる研究では，運動を行うときの外的環境のどこをどれほど見ているかの"見方"を検討している。このような"見方"とともに，プレッシャーは外的環境の"見え方"にも影響する。運動行為者の動機づけや不安などの心理状態によっ

て運動を行う場の環境の見え方は変容し，力動的知覚と呼ばれる（加賀，1987）。スポーツ選手を対象とした調査によれば，バドミントン選手においてネットが高く見える（村山ほか，2009），野球投手においてストライクゾーンが狭く見える（兄井・本多，2013）などのように，プレッシャー下では課題の難度を高く感じる方向に力動的知覚が生じる。

そして，プレッシャー下での力動的知覚の生起について実験検証が行われている。Tanaka et al.（2018）は，陸上の走高跳選手を対象に，助走前のバーの高さ知覚において，プレッシャー下ではバーの高さを高く知覚することを示したが，プレッシャー下でのパフォーマンス（成功率）に変化はなかった。プレッシャー下でパフォーマンスを低下させた場合に，ゴルフパッティングにおけるカップ（Gray & Cañal-Bruland, 2015）やダーツにおける的（田中ほか，2018）を小さく知覚することも明らかにされている。以上より，プレッシャー下での力動的知覚に関する研究の現状をまとめると，プレッシャー下では課題遂行前に課題難度を高く感じる力動的知覚が生じるが，それがパフォーマンスに影響するか否かについては不明である。さらに，プレッシャー下でパフォーマンスが低下したことの原因帰属として課題遂行後にも力動的知覚が生じると考えられる。

❷ 中枢神経活動

運転（Murray & Janelle, 2007），射撃（Hatfield et al., 2013），ゴルフパッティング（Ring et al., 2015）における脳波や，力調整把持課題（Yoshie et al., 2016）や系列反応課題（Ganesh et al., 2019）におけるfMRIの記録により，プレッシャー下で運動を行うときの中枢神経活動について検討されている。そして各研究で，様々な結果が報告されており，これらの報告からは一貫した知見の集約には至っていない。

そのような中，筆者らは，経頭蓋磁気刺激（TMS: transcranial magnetic stimulation）を用いて大脳の一次運動野に磁気刺激を与え，筋電図上の運動誘発電位（MEP: motor evoked potential）を記録することで，一次運動野から脊髄を介して筋に至るまでの皮質脊髄路の興奮性（corticospinal excitability）にプレッシャーが与える影響を調べる複数の実験に取り組んだ。初めに，**図3**のように示指に小さなレーザーポインターを装着し，レーザーポインターの光で正確に眼前の円形軌跡（3つの円の中央の円）をなぞる軌跡追跡課題を用いた。

Tanaka et al.（2012）では，課題遂行中においてこの課題の主動筋である第一背側骨間筋を支配する皮質脊髄路の興奮性がプレッシャー下で増加することを示した。さらに，非プレッシャー下からプレッシャー下にかけて皮質脊髄路の興奮性の増加が大きかった人ほど，プレッシャー下では軌跡追跡課題の正確性が損なわれ，プレッシャー下での皮質脊髄路の興奮性の増加はパフォーマンスに対して負の効果があることが示唆された。

Tanaka et al.（2011）では，上記と同様の軌跡追跡課題を行う際に，一次運動野への二連発磁気刺激法を用いて，運動野由来の皮質内抑制（SICI: short interval intracortical inhibition）や皮質内興奮（ICF: intracortical facilitation）（鯨井・鯨井，2005）にプレッシャーが与える影響を調べた。そして，プレッシャー下では皮質内抑制の減弱（脱抑制）や皮質内興奮の増加が生じることを明らかにした。運動誘発電位には，起点である刺激点から記録される筋の最終点までに至るまでの様々な要素が介在するが（笠井，2003），プレッシャー下での皮質脊髄路の興奮性の増加には運動野由来の皮質内

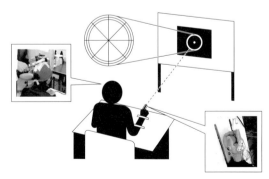

図3　レーザーポインターを用いた軌跡追跡課題
（Tanaka et al., 2012）

脱抑制や皮質内興奮の増加が介在することを意味している。

Tanaka et al.（2014）やTanaka & Shimo（2017）では，視覚刺激や音刺激に対するGo／Nogo課題を用いて，運動開始前の運動準備時における皮質脊髄路の興奮性にプレッシャーが及ぼす影響を調べた。そして，上述した軌跡追跡課題における課題遂行中の皮質脊髄路の興奮性と同様に，運動準備時においても，示指外転運動の共同筋として働く短母指外転筋や踵挙上運動の拮抗筋として働く前脛骨筋を支配する皮質脊髄路の興奮性がプレッシャー下で増加した。これらの一連の実験結果から，運動を行う直前の準備時や運動遂行中において，その運動にかかわる様々な筋を支配する皮質脊髄路の興奮性がプレッシャー下では増加すると考えられる。

さらにTanaka（2015）では，運動誘発電位に介在する1つの要素である脊髄反射に対するプレッシャーの影響を検討した。バランスディスク上で片足による姿勢保持課題を行う際中に，脛骨神経に経皮的電気刺激を与え，ヒラメ筋の筋電図上のHoffmann反射（H反射）を記録することで，この運動課題に貢献する脊髄反射活動の大きさを評価した。そして，プレッシャー下では脊髄反射が減少することを明らかにした。高次中枢の活動が反射を調節するため（船瀬ほか，2003），プレッシャー下での脊髄反射の減少は，上述の一次運動野を含めた高次中枢活動の増加に起因すると考えられる。

❸ 筋活動

スポーツ選手がプレッシャー下でのプレーを回想したときに，頻繁に「力んだ」と表現する。プレッシャー下では予期した以上に筋張力が発揮されることを反映している。この検証に対しては，筋電図を記録し，筋放電の時間や振幅を定量化することや，運動遂行時に発揮される張力を測定することによる豊富な研究が行われている。

筋放電の時間や振幅については，古くから検討されており，プレッシャー下でのボール投げにおいて状態不安が高い人は低い人よりも（Weinberg & Hunt, 1976），さらには特性不安が高い人は低い人よりも（Weinberg, 1978），筋放電時間が長いことが示されている。筆者らも，前述の中枢神経活動を調べる研究の中で，筋活動の測定も実施してきた。そして，レーザーポインターによる軌跡追跡課題の主動筋である第一背側骨間筋，共同筋である短母指外転筋，この運動に関与しない小指外転筋の筋放電の振幅がプレッシャー下では増加した（Tanaka et al., 2011；Tanaka et al., 2012）。視覚刺激や音刺激に対するGo／Nogo課題においても，Go課題時の主動筋，共同筋，拮抗筋の筋放電の振幅がプレッシャー下では増加した（Tanaka et al., 2014；Tanaka & Shimo, 2017）。そのほかにも，ピアノ演奏（Yoshie et al., 2008；Yoshie et al., 2009），ゴルフパッティング（Cooke et al., 2010），1歩踏み出し運動（佐々木・関矢，2014；Sasaki & Sekiya, 2018），片足による姿勢保持課題（田中ほか，2016）でも，プレッシャー下での筋放電の振幅の増加が確認されている。

さらに，これらの研究では，主動筋と拮抗筋の共収縮（co-contraction）の評価も行われている。そして複数の研究で，プレッシャー下では共収縮が増加することも合わせて報告されている（Tanaka & Shimo, 2017；Yoshie et al., 2008；Yoshie et al., 2009）。特性不安が高い人は低い人に比べて，プレッシャー下でのボール投げにおける上腕二頭筋と上腕三頭筋，さらには尺側手根屈筋と長橈側手根伸筋の共収縮が大きいことも示されている（Weinberg, 1978）。

運動遂行時に発揮される張力について，前方への1歩踏み出し運動を用いた研究（佐々木・関矢，2014；Sasaki & Sekiya, 2018）では，後方への床反力がプレッシャー下では増加している。さらに，最大随意収縮（MVC：maximum voluntary contraction）の10％の目標値で力センサの把持を行う際に発揮される張力が，他者に観察される条件では増加している（Yoshie et al., 2016）。

筋活動に関する以上の研究結果を概略すると，プレッシャー下では筋活動の増加に起因した張力

の増加が生じ，エネルギー効率の観点からは非経済的な運動が生じると言える。前述のプレッシャー下での高次中枢活動の増加も含め，プレッシャーによる筋活動，共収縮，張力の増加は，覚醒水準の亢進に伴い運動出力が増大する覚醒仮説（arousal hypothesis）や，脳から筋に至るまでの神経インパルスや運動出力に内在するノイズの増大を防ぐための運動方略を採用する神経運動仮説（neuromotor hypothesis）によって説明できると考えられる（Jaśkowski et al., 2000）。

❹ キネマティクス

　モーションキャプチャや加速度センサを利用し，キネマティクスを調べる研究も多く行われている。これらの研究ではプレッシャー下での運動について，変位，速度，加速度，さらには時間に関する諸変数の詳細な解析が行われている。さらに，複数の試行間でのこれらの変数の変動性も求められている。筆者らも，非プレッシャー下とプレッシャー下でのこれらの諸変数を比較する複数の実験に取り組んできた。

　Tanaka & Sekiya（2010a）では，プロゴルファーとゴルフの初心者を対象に，非プレッシャー下とプレッシャー下でゴルフパッティングを行うときの，パターや腕の運動の諸変数の比較を行った。図4には，この実験における各条件でのパタ

ーの運動について，位置（横軸）と速度（縦軸）の時系列変化の位相描写（phase portrait：Stergion, 2004）を示した。プレッシャー下で典型的なキネマティクスの変化を示したプロゴルファー1名と初心者1名を描いているが，両者においてバックスイング期やフォロースルー期のパター運動がプレッシャー下では小さく遅くなっていることが読み取れる。これらの少数の人に限らず，全実験参加者の平均値においても，非プレッシャー下からプレッシャー下にかけて，バックスイング期とフォロースルー期の変位，速度，時間の有意な減少が認められた。初心者のみならず，この運動の膨大な練習を行っている熟練者でさえも，実験室レベルのプレッシャー操作の中で，キネマティクスの変化が生じることが明らかとなった。

　プレッシャー下でのゴルフパッティングのキネマティクスの変化については，そのほかにも複数の報告がある。そして上記と同様に，初心者から熟練者にかけてのスキルレベルを問わずに，バックスイング期やフォロースルー期におけるパターや腕の運動の変位，速度，時間の減少とともに（長谷川ほか，2011；Hasegawa et al., 2013；田中・関矢，2006；Tanaka & Sekiya, 2011），ダウンスイング期におけるパターの運動加速度の増加も示されている（Tanaka & Sekiya, 2011）。卓球の初心者がフォア打ちを行うときのラケットの運動におけ

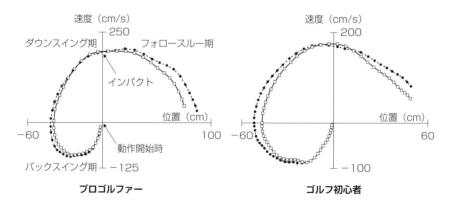

図4　ゴルフパッティングにおけるパター運動の位相描写（田中，2014）

るバックスイング期の変位，ならびにフォロース
ルー期の変位と速度についても，プレッシャー下
で減少することが確認されている（Sekiya &
Tanaka, 2019）。

Tanaka & Sekiya（2010b; 2011）では，プレッ
シャー下でのゴルフパッティングのキネマティクス
の変化が何に起因するかまでの検討も行った。そ
して，プレッシャー下で注意散漫になった人ほど
バックスイング期の速度やフォロースルー期の変
位の減少の度合が大きく，プレッシャー下で心拍
数の増加が大きい人ほどダウンスイング期の速度
や加速度の増加の度合が大きかった。これらの結
果から，プレッシャー下での運動の変位や速度の
減少は注意散漫が一因となり，速度や加速度の増
加は覚醒の亢進が一因となって生じると考えられ
る。

さらに，プレッシャー下で意識的処理が大きく
なる人ほどバックスイング期の変位や速度の変動
性，ダウンスイング期の速度の変動性が大きくな
ることも示されている（Tanaka & Sekiya, 2011）。
プレッシャー下でパッティングの正確性を低下さ
せた人は，バックスイングの変位の変動性やダウ
ンスイング期の速度の変動性がプレッシャー下で
増加した報告（田中・関矢，2006）と合わせて考
えると，プレッシャー下での運動に対する意識的
処理の増加が，試行間での運動の変動性を増加さ
せて，それによりパッティングされたボールの停
止位置の変動性も大きくなると言える。野球の打
撃においても，プレッシャー下でバット運動への
意識的処理が大きくなることで，足を上げる時間
の変動性が増加し，ボールの打撃タイミングの誤
差が増加している（Gray, 2004）。プレッシャー下
での意識的処理の増加によるパフォーマンスの低
下には，運動の変動性の増加というキネマティク
スの要因が介在すると考えられる。

田中ほか（2009）では，けん玉のとめけんを課
題として，上肢と下肢の運動の協応性に対するプ
レッシャーの影響を調べた。玉の引き上げ相とキ
ャッチ相の2つの局面に分け，両局面における膝
関節と股関節の屈曲・伸展運動の最大速度の発現

時間差で求められるピークタイミングシナジー
（植野・古川，2005）を上肢と下肢の協応性の指標
とした。そして，両局面における最大速度の発現
時間差がプレッシャー下では小さくなり，プレッ
シャーが全身運動における上肢と下肢のタイミン
グの協応性に影響することを明らかにした。

肘関節の屈曲・伸展運動によるボールの打撃シ
ミュレーション運動においては，キネマティクス
の諸変数間の相関によって評価される運動の自由
度がプレッシャー下で小さくなることも確認され
ている（Higuchi et al., 2002）。プレッシャー下で
運動を行うときに感じたり観察されたりする固く
非流暢な運動は，運動の変位や速度の減少，協応
性の変化，自由度の低下などのキネマティクスの
変化の知覚や表出であると考えられる。

5　姿勢制御

これまでに記述してきた視覚・知覚，中枢神経
活動，筋活動，キネマティクスを含む多数のシス
テムの複雑な相互作用から成立する姿勢制御（シ
ャムウェイクック・ウーラコット，2013）に対して
もプレッシャーは影響する。片足による姿勢保持
課題における足圧中心（COP: center of pressure）
を記録した田中ほか（2016）では，プレッシャー
下でCOPの外周面積が小さくなった。前方への1
歩踏み出し運動を用いた研究でもCOPを記録す
ることで，運動開始前の初期姿勢局面と予測的姿
勢制御局面，及び1歩踏み出し運動の主運動局面
の姿勢制御が調べられている。そして，プレッシ
ャー下では初期姿勢局面におけるCOPが前方に
移動することが示されている（佐々木・関矢，2014；
Sasaki & Sekiya, 2018）。

3．今後の展望

上述のとおり，本章のテーマである「プレッシ
ャー下でのパフォーマンスに対する運動制御から
の理解」を図るために，1970年代から現在に至
るまでの約50年の年月をかけて国内外で多大な
研究が行われ，多様な知見が蓄積されてきた。最

後に，このテーマに関する研究のさらなる進展を企図し，今後の研究に対する提案を行う。

まず，予測や意思決定などの認知面を含めた理解の拡充を図ることである。予測に関しては，テニスのサービスリターンにおけるコース予測（Smeeton et al., 2005），野球の打撃において投手が投じる球種の予測（田中ほか，2012）に対するプレッシャーの影響が検討されている。意思決定に関しても，バスケットボールにおけるシュートやパスの選択（Kinrade et al., 2015），サッカーのPKの蹴る方向（Navarro et al., 2012），画面上での照準課題におけるリスクテイクとリスク回避（Ota et al., 2020），野球の打撃におけるストライクとボールの選球（三森ほか，2022）などの検討があるが，本章で記述してきた各因子に比べると，予測や意思決定などの認知面に関する報告数は少ない。スポーツ心理学研究が強みとするトピックと考えられ，これまでに蓄積されている研究手法や知見を活かしながら，これらのトピックに関する研究の進捗が期待される。

次に，本章では主に個人内の運動制御について取り扱ってきたが，スポーツや運動は集団で行われることが多い。そのため，個人間の運動協応（interpersonal coordination）にも研究範囲を拡張することが望まれる。このトピックに関する研究も行われ始めており，2者間での走運動（Varlet & Richardson, 2015）や上肢の高速タッピング運動（村上・山田，2022）の同期がプレッシャー下で生じることや，2者でのリーチング課題における衝突と躊躇がプレッシャー下で増加すること（Ogawa & Sekiya, 2016）が報告されている。萌芽期の研究段階であり，模倣や同期などのトピックも含めて研究を行うことができると考えられる。

最後に，本章のテーマに関しては，各研究の目的や手法に応じて，諸因子に関して散見的な報告がなされており，本章で記述したような網羅的理解が可能になったのが現状と言える。一部の研究では，諸因子間のインタラクションの検証や，統合モデルの提案も行われており（Nieuwenhuys & Oudejans, 2012），諸因子の統合的理解が進むことで，プレッシャー下での運動制御やパフォーマンスについて単純化された機序としての理解に至らせることも肝要である。

◆文献

Alder, D. B., Ford, P. R., Causer, J., & Williams, A. M. (2018) The effect of anxiety on anticipation, allocation of attentional resources, and visual search behaviours. Human Movement Science, 61: 81-89.

兄井 彰・本多壮太郎（2013）スポーツにおける錯覚の生起要因による分類．九州体育・スポーツ学研究, 27（2）: 25-33.

Barlow, M., Woodman, T., Gorgulu, R., & Voyzey, R. (2016) Ironic effects of performance are worse for neurotics. Psychology of Sport and Exercise, 24: 27-37.

Baumeister, R. F. (1984) Choking under pressure: Self-consciousness and paradoxical effects of incentives on skillful performance. Journal of Personality and Social Psychology, 46: 610-620.

Cooke, A., Kavussanu, M., McIntyre, D., & Ring, C. (2010) Psychological, muscular and kinematic factors mediate performance under pressure. Psychophysiology, 47: 1109-1118.

Eysenck, M. W. & Calvo, M. G. (1992) Anxiety and performance: The processing efficiency theory. Cognition and Emotion, 6: 409-434.

Eysenck, M. W., Derakshan, N., Santos, R., & Calvo, M. G. (2007) Anxiety and cognitive performance. Attentional control theory. Emotion, 7: 336-353.

船瀬広三・東 登志夫・榊原 淳（2003）伸張反射による運動機能の評価．矢部京之助・大築立志・笠井達哉編，入門運動神経生理学～ヒトの運動の巧みさを探る～．市村出版，pp.194-209.

Ganesh, G., Minamoto, T., & Haruno, M. (2019) Activity in the dorsal ACC causes deterioration of sequential motor performance due to anxiety. Nature Communications, 10: 4287.

Gorgulu, R. (2019) Counter-intentional errors of basketball free throw shooting under elevated pressure: An educational approach of task instruction. Journal of Education and Learning, 8: 89-97.

Gray, R. (2004) Attending to the execution of a complex sensorimotor skill: Expertise differences, choking, and slumps. Journal of Experimental Psychology: Applied, 10: 42-54.

Gray, R. & Cañal-Bruland, R.（2015）Attentional focus, perceived target size, and movement kinematics under performance pressure. Psychonomic Bulletin and Review, 22: 1692-1700.

Gray, R., Orn, A., & Woodman, T.（2017）Ironic and reinvestment effects in baseball pitching: How information about an opponent can influence performance under pressure. Journal of Sport and Exercise Psychology, 39: 3-12.

Hardy, L.（1996）A test of catastrophe models of anxiety and sports performance against multidimensional anxiety theory models using the method of dynamic differences. Anxiety, Stress and Coping, 9: 69-86.

Hasegawa, Y., Koyama, S., & Inomata, K.（2013）Perceived distance during golf putting. Human Movement Science, 32: 1226-1238.

長谷川弓子・矢野円郁・小山 哲・猪俣公宏（2011）プレッシャー下のゴルフパッティングパフォーマンス：不安の強度とパッティング距離の影響. スポーツ心理学研究, 38: 85-98.

Hatfield, B. D.（2007）Cognitive neuroscience aspects of sport psychology: Brain mechanisms underlying performance. In: T. Morris, P. Terry, & S. Gordon（ed.）Sport and exercise psychology: International perspectives. Fitness Information Technology. pp.121-137.

Hatfield, B. D., Costanzo, M. E., Goodman, R. N., Lo, L. C., Oh, H., Rietschel, J. C., Saffer, M., Bradberry, T., Contreras-Vidal, J., & Haufler, A.（2013）The influence of social evaluation on cerebral cortical activity and motor performance: A study of "Real-Life" competition. International Journal of Psychophysiology, 90: 240-249.

Higuchi, T., Imanaka, K., & Hatayama, T.（2002）Freezing degrees of freedom under stress: Kinematic evidence of constrained movement strategies. Human Movement Science, 21: 831-846.

Janelle, C. M., Singer, R. N., & Williams, A. M.（1999）External distraction and attentional narrowing: Visual search evidence. Journal of Sport and Exercise Psychology, 21: 70-91.

Jaśkowski, P., van der Lubbe, R. H. J., Wauschkuhn, B., Wascher, E., & Verleger, R.（2000）The influence of time pressure and cue validity on response force in an S1-S2 paradigm. Acta Psychologica, 105: 89-105.

Jordet, G. & Hartman, E.（2008）Avoidance motivation and choking under pressure in soccer penalty shootouts. Journal of Sport and Exercise Psychology, 30: 450-457.

加賀秀夫（1987）運動と認知. 松田岩男・杉原 隆編, 新版運動心理学入門. 大修館書店, pp.29-39.

笠井達哉（2003）運動誘発電位法. 矢部京之助・大築立志・笠井達哉編, 入門運動神経生理学〜ヒトの運動の巧みさを探る〜. 市村出版, pp.41-50.

Kinrade, N. P., Jackson, R. C., & Ashford, K. J.（2015）Reinvestment, task complexity and decision making under pressure in basketball. Psychology of Sport and Exercise, 20: 11-19.

鯨井加代子・鯨井 隆（2005）二連発磁気刺激法. 眞野行生・辻 貞俊編, 磁気刺激法の基礎と応用. 医歯薬出版株式会社, pp.50-52.

Martens, R., Vealey, R. S., & Burton, D.（1990）Competitive anxiety in sport. Human Kinetics.

Masters, R. S. W., Polman, R. C. J., & Hammond, N. V.（1993）Reinvestment: A dimension of personality implicated in skill breakdown under pressure. Personality and Individual Differences, 14: 655-666.

三森裕希子・田中美吏・柄木田健太（2022）女子野球選手のバットスイングと選球の意思決定：熟練度による差異とプレッシャー下での変化. 野球科学研究, 6: 17-29.

村上宏樹・山田憲政（2022）競争で2者間の同期は生じるか─高速タッピング課題の競争による検討─. スポーツ心理学研究, 49: 21-31.

村山孝之・田中美吏・関矢寛史（2009）「あがり」の発現機序の質的研究. 体育学研究, 54: 263-277.

Murray, N. P. & Janelle, C. M.（2007）Event-related potential evidence for the processing efficiency theory. Journal of Sports Sciences, 25: 161-171.

Navarro, M., Miyamoto, N., van der Kamp, J., Morya, E., Ranvaud, R., & Savelsbergh, G. J. P.（2012）The effects of high pressure on the point of no return in simulated penalty kicks. Journal of Sport and Exercise Psychology, 34: 83-101.

Nieuwenhuys, A. & Oudejans, R. R. D.（2012）Anxiety and perceptual-motor performance: toward an integrated model of concepts, mechanisms, and processes. Psychological Research, 76: 747-759.

Ogawa, A. & Sekiya, H.（2016）Effects of practice and psychological pressure on interpersonal coordination failures. Perceptual and Motor Skills, 122: 956-970.

Ota, K., Tanae, M., Ishii, K., & Takiyama, K.（2020）Optimizing motor decision-making through competition with opponents. Scientific Reports, 10: 950.

Otten, M.（2009）Choking vs. clutch performance: A study of sport performance under pressure. Journal of Sport and Exercise Psychology, 31: 583-601.

Ring, C., Cooke, A., Kavussanu, M., McIntyre, D., & Masters, R.（2015）Investigating the efficacy of neurofeedback training for expediting expertise and excellence in sport. Psychology of Sport and Exercise, 16: 118-127.

佐々木丈予・関矢寛史（2014）心理的プレッシャーが1歩踏み出し運動の初期姿勢ならびに予測的姿勢制御に及ぼす影響. 体育学研究, 59: 577-589.

Sasaki, J. & Sekiya, H.（2018）Changes of initial posture and anticipatory postural adjustment in self-paced single forward stepping under psychological pressure. International Journal of Sport and Exercise Psychology, 16: 476-487.

Sekiya, H. & Tanaka, Y.（2019）Movement modifications related to psychological pressure in a table tennis forehand task. Perceptual and Motor Skills, 126: 143-156.

シャムウェイクック, A., & ウーラコット, M. H.：田中 繁・蜂須賀研二監訳（2013）モーターコントロール―研究室から臨床実践へ―. 医歯薬出版.

Smeeton, J. N., Williams, A. M., Hodges, N. J., & Ward, P.（2005）The relative effectiveness of various instructional approaches in developing anticipation skill. Journal of Experimental Psychology: Applied, 11: 98-110.

Stergion, N.（2004）Innovative analyses of human movement: Analytical tools for human movement research. Human Kinetics.

Tanaka, Y.（2015）Spinal reflexes during postural control under psychological pressure. Motor Control, 19: 242-249.

田中美吏（2014）心理的プレッシャー下におけるゴルフパッティング：症状と対処に関する実験研究. 体育学研究, 59: 1-15.

田中美吏（2018）プレッシャー下での注意・知覚とパフォーマンス. 体育の科学, 68: 367-372.

Tanaka, Y., Funase, K., Sekiya, H., & Murayama, T.（2012）Modulation of corticospinal motor tract excitability during a fine finger movement under psychological pressure: A TMS study. International Journal of Sport and Health Science, 10: 39-49.

Tanaka, Y., Funase, K., Sekiya, H., Sasaki, J., & Takemoto, T.（2011）Multiple EMG activity and intracortical inhibition and facilitation during a fine finger movement under pressure. Journal of Motor Behavior, 43: 73-81.

Tanaka, Y., Funase, K., Sekiya, H., Sasaki, J., & Tanaka, Y. M.（2014）Psychological pressure facilitates corticospinal excitability: Motor preparation processes and EMG activity in a choice reaction task. International Journal of Sport and Exercise Psychology, 12: 287-301.

田中美吏・柄木田健太・村山孝之・田中ゆふ・五藤佳奈（2018）心理的プレッシャー下でのダーツ課題におけるサイズ知覚とパフォーマンス結果. 体育学研究, 63: 441-455.

Tanaka, Y., Sasaki, J., Karakida, K., Goto, K., Tanaka, Y. M., & Murayama, T.（2018）Psychological pressure distorts high jumpers' perception of the height of the bar. Journal of Functional Morphology and Kinesiology, 3: 29.

田中美吏・関矢寛史（2006）一過性心理的ストレスがゴルフパッティングに及ぼす影響. スポーツ心理学研究, 33（2）: 1-18.

Tanaka, Y. & Sekiya, H.（2010a）The influence of audience and monetary reward on the putting kinematics of expert and novice golfers. Research Quarterly for Exercise and Sport, 81: 416-424.

Tanaka, Y. & Sekiya, H.（2010b）The relationships between psychological/physiological changes and behavioral/performance changes of a golf putting task under pressure. International Journal of Sport and Health Science, 8: 83-94.

Tanaka, Y. & Sekiya, H.（2011）The influence of monetary reward and punishment on psychological, physiological, behavioral, and performance aspects of a golf putting task. Human Movement Science, 30: 1115-1128.

Tanaka, Y. & Shimo, T.（2017）Increased corticospinal excitability and muscular activity in lower limb reaction task under psychological pressure. Journal of Functional Morphology and Kinesiology, 2: 14.

田中美吏・霜 辰徳・野坂祐介（2016）心理的プレッシャー下における不安定場での立位姿勢制御：下肢筋活動と足圧中心からの評価. 体育学研究, 61: 289-300.

田中美吏・瓜本健助・村山孝之・関矢寛史（2009）プレッシャーが全身協応運動に及ぼす影響. スポーツ心理学研究, 36: 103-114.

田中ゆふ・田中美吏・関矢寛史（2012）プレッシャーが野球打者の予測スキルに及ぼす影響. 近畿大学教養・外国語教育センター紀要（一般教養編）, 2: 13-22.

Toma, M.（2017）Missed shots at the free-throw line: Analyzing the determinants of choking under pressure. Journal of Sports Economics, 18: 539-559.

植野 研・古川康一（2005）ピークタイミングシナジーによる動作スキル理解―シーケンシャルパターンマイニングによるアプローチ―. 人口知能学会論文誌, 20: 237-246.

Varlet, M. & Richardson, M. J.（2015）What would be Usain Bolt's 100-meter sprint world record without Tyson Gay? Unintentional interpersonal synchronization between the two sprinters. Journal of Experimental Psychology: Human Perception and Performance, 41: 36-41.

Vickers, J. N.（2007）Perception, cognition, and decision training: The quiet eye in action. Human Kinetics.

Vine, S. J., Moore, L. J., & Wilson, M. R.（2011）Quiet eye training facilitates competitive putting performance in elite golfers. Frontiers in Psychology, 2: article8.

Vine, S. J. & Wilson, M. R.（2011）The influence of quiet eye training and pressure on attention and visuo-motor control. Acta Psychologica, 136: 340-346.

Wegner, D. M., Schneider, D. J., Carter, S. R., & White, T. L.（1987）Paradoxical effects of thought suppression. Journal of Personality and Social Psychology, 53: 5-13.

Weinberg, R. S.（1978）The effects of success and failure on the patterning of neuromuscular energy. Journal of Motor Behavior, 10: 53-61.

Weinberg, R. S. & Hunt, V. V.（1976）The interrelationships between anxiety, motor performance and electromyography. Journal of Motor Behavior, 8: 219-224.

Williams, A. M. & Elliott, D. (1999) Anxiety, expertise, and visual search strategy in karate. Journal of Sport and Exercise Psychology, 21: 362-375.

Williams, A. M., Vickers, J., & Rodrigues, S. (2002) The effects of anxiety on visual search, movement kinematics, and performance in table tennis: A test of Eysenck and Calvo's processing efficiency theory. Journal of Sport and Exercise Psychology, 24: 438-455.

Wilson, M., Smith, N. C., & Holmes, P. S. (2007) The role of effort in influencing the effect of anxiety on performance: Testing the conflicting predictions of processing efficiency theory and the conscious processing hypothesis. British Journal of Psychology, 98: 411-428.

Wilson, M. R., Vine, S. J., & Wood, G. (2009b) The influence of anxiety on visual attentional control in basketball free throw shooting. Journal of Sport and Exercise Psychology, 31: 152-168.

Wilson, M. R., Wood, G., & Vine, S. J. (2009a) Anxiety, attentional control, and performance impairment in penalty kicks. Journal of Sport and Exercise Psychology, 31: 761-775.

Wood, G. & Wilson, M. R. (2012) Quiet-eye training, perceived control and performing under pressure. Psychology of Sport and Exercise, 13: 721-728.

Yerkes, R. M. & Dodson, J. D. (1908) The relation of strength of stimulus to rapidity of habit-formation. Journal of Comparative Neurology and Psychology, 18: 459-482.

Yoshie, M., Kudo, K., & Ohtsuki, T. (2008) Effects of psychological stress on state anxiety, electromyographic activity, and arpeggio performance in pianists. Medical Problems of Performing Artists, 23: 120-132.

Yoshie, M., Kudo, K., Murakoshi, T., & Ohtsuki, T. (2009) Music performance anxiety in skilled pianists: effects of social-evaluative performance situation on subjective, autonomic, and electromyographic reactions. Experimental Brain Research, 199: 117-126.

Yoshie, M., Nagai, Y., Critchley, H. D., & Harrison, N. A. (2016) Why I tense up when you watch me: Inferior parietal cortex mediates an audience's influence on motor performance. Scientific Reports, 6: 19305.

Zhang, S., Roberts, R., Woodman, T., & Cooke, A. (2020) I am great, but only when I also want to dominate: Maladaptive narcissism moderates the relationship between adaptive narcissism and performance under pressure. Journal of Sport and Exercise Psychology, 42: 323-335.

スポーツにおける予測　　　　福原和伸

なぜ一流のテニス選手は，時速200kmを超える高速サーブを返球できるのだろうか？その理由の1つには，将来起こる事象を早期かつ的確に推定する「予測能力」にある。スポーツの予測研究によれば，熟練者は非熟練者よりも，相手のボール出力（例えば，ラケットとボールが当たる瞬間）よりも前に，高速で移動するボールの到達位置を高精度に予測できることを報告しており（**図1**），ほかの球技スポーツを対象とした研究でも確認されている。こうした熟練者の優れた予測能力は，ボール出力前にある2つの予測手掛かり（動作情報と文脈情報）の利用に支えられていると考えられている（中本・福原，2021）。

動作情報とは，相手の動きに関する姿勢や特徴である。例えば，テニスにおける打球コースの予測に関する研究では（Fukuhara et al., 2017），熟練者は相手の腕・ラケットよりも，その動きを先導する体幹の動作情報を予測手掛かりとしている可能性を示唆した。この結果は，熟練者はラケットの動きだけに注意を払うのではなく，体幹からラケットへ連動する本質的な動作情報（運動連鎖）を全体的かつ系列的に処理するものと解釈されている。

動作情報以外にも，過去に経験した状況に関する文脈情報（ゲームカウントや行為選好など）が，予測に利用される。例えば，ハンドボールのゴールキーパーが，シュート方向の頻度に偏り（選好情報）を持つシューターとの対戦を経験させた場合，事前に得た選好情報と一致する場合は動作情報に基づく予測精度は向上したが，不一致の場合は予測精度が低下した（Mann et al., 2014）。この結果で示すように，熟練者が選好情報を予測に利用する一方で，文脈情報は予測に却って悪影響を及ぼすこともある。

では，熟練者は2つの予測手掛かりをどのように利用するのだろうか。現在有力視されている仮説は，「熟練者は利用可能な事前情報の信頼性に応じて柔軟に重み付けをし，複数ある情報を統合して利用する（ベイズ統合）」と考えられている（Gredin et al., 2020）。今後の研究動向が注目される。

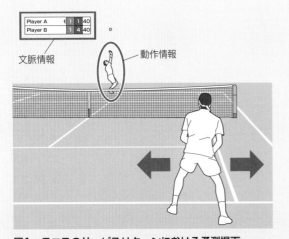

図1　テニスのサービスリターンにおける予測場面
　熟練者（手前にいるプレーヤー）は予測手掛かり（動作情報と文脈情報）を利用し，どこに（左・右）ボールが到達するかを高精度に予測することができる。

◆文献 ....

中本浩揮・福原和伸（2021）ボール軌道を予測する能力とは—スポーツの予測研究過去，現在，未来—．体育の科学，71: 458-464.

Fukuhara, K., Ida, H., Ogata, T., Ishii, M., & Higuchi, T. (2017) The role of proximal body information on anticipatory judgment in tennis using graphical information richness. PLoS One.

Gredin, N. V., Bishop, D. T., Williams, A. M., & Broadbent, D. P. (2020) The use of contextual priors and kinematic information during anticipation in sport: toward a Bayesian integration framework. International Review of Sport and Psychology, 1-25.

Mann, D. L., Schaefers, T., & Cañal-Bruland, R. (2014) Action preferences and the anticipation of action outcomes. Acta Psychologica, 152: 1-9.

4 章　運動学習における学習者の役割　幾留沙智

　約20年前，工藤（2004）は，運動学習の全体像を理解するには，学習の主体である学習者側から運動学習という現象を捉える必要があると問題提起をした。この問題提起の重要性を支持するように，学習者自身が運動学習の中で果たす役割に着目した研究は，その後の20年間で飛躍的に増加した。日本スポーツ心理学会設立50周年にあたり，運動学習研究においてその効果を左右する責任者としての学習者の役割をあらためて強調することは，これからの学術的発展のためにも大変有意義であると思われる。そのために本章では，セルフコントロール練習（Self-controlled practice）及び自己調整学習（Self-regulated learning）という2つの知見を概観していくが，まずは，効率的な運動学習方略に関する中心的な2つの知見を紹介することから始めたい。

1. 運動学習を支える練習順序と付加的フィードバック

　運動学習研究ではこれまで，運動スキルの効率的な学習について，様々な知見が報告されている。なかでも文脈干渉効果（例えば，Goode & Magill, 1986）はその代表例であろう。しかし，多数の研究でその存在が報告されたこの文脈干渉効果であっても，実はそこには学習効果を左右する個人差が存在する。例えば，学習者の熟練度が低い場合には，ランダム練習よりもむしろブロック練習が優れた保持効果を示すことが報告されている（Del Ray et al., 1982; Guadagnoli et al., 1999）。このような結果は，個人がもつ能力と練習条件とが相互に作用して学習効果が決定される，すなわち，異なる能力の学習者間では，最適となる学習条件も異なるとする挑戦的水準仮説（Challenge point framework）に集約されている（Guadagnoli & Lee, 2004）。つまり，これらは，学習者自身も学習効果に影響を与える存在であることを示す重要な知見となった。

　そして，付加的フィードバックの最適量についての一連の研究は，優れた学習効果に対する学習者自身の役割を決定づけることとなった。ガイダンス仮説（Guidance hypothesis）によると，結果の知識（Knowledge of Result; 以下，KR）のような付加的フィードバックが毎試行与えられた場合（100%KR），練習中には高いパフォーマンスを示すものの，毎試行のフィードバックに対する学習者の過度な依存が原因となり，KRが与えられない状況での最終的なパフォーマンスは低下してしまう（Salmoni et al., 1984）。これに基づきJanelle et al.（1995, 1997）は，学習者自身に学習過程をコントロールする機会を与えることが学習効果を高めると仮定し，検証を行った。その結果，KRのタイミングを自分で自由に選択できた自己コントロール群は，同様の内容を強制された他者コントロール群のみならず，それまでに有効性が報告されていた50%KRや要約フィードバックよりも高い記憶の保持を示した。

　これらの実験に対しては，自己コントロール群のKR利用が非常に低かったことを根拠に，自己コントロール群に有利な条件で検証されているという指摘も存在する（工藤，1998）。しかし，これを皮切りに，その後のセルフコントロール練習の研究が盛んに行われたことをふまえると，Janelle et al.の知見は，学習者自身の役割の重要性という運動学習における新たな観点での研究を刺激するには十分であったと言える。

2. セルフコントロール練習研究の発展

Janelle et al.の知見を発端に，その後は付加的フィードバックの利用タイミングに限定せず，練習における様々な要素に対する学習者自身によるコントロールの効果が確認された（例えば，モデル視聴タイミング：Wrisberg & Pein, 2002; Wulf et al., 2005; Aiken et al., 2012, 補助道具使用タイミング：Wulf & Tool, 1999; Wulf et al., 2001）。またこれらの研究が青年期という限られた年齢を対象としていたことをふまえ，児童や高齢者など異なる年齢層に対する効果検証も行われた（Chiviacowsky et al., 2008; 2009）。このように，セルフコントロール練習の汎用性や頑健性が十分に確認されたことにより，研究の方向性は次第に，セルフコントロール練習が優れた学習効果をもたらすメカニズム検証に移っていった。

この点について当初の研究ではおおむね，学習過程を自らコントロールする機会を学習者に与えることは学習への能動的な関与を促し，結果として，不明瞭な箇所の確認や異なる方略の探索など，学習にかかわる情報処理が促進されるためであると解釈された（Wrisberg & Pein, 2002; Wulf & Toole, 1999; Wulf et al., 2001, 2005）。この解釈はその後，脳波など神経科学的な手法を用いた研究によっても支持されている（Carter & Ste-Marie, 2016, Grand et al., 2015）。

しかしChiviacowsky（2014）はこれに対し，これまでの研究において比較対照とされた他者コントロール群は，自己コントロール群と同様の内容を強制されることで能動的な関与のみならず，有能感を得る機会までも奪われていたと主張した。この問題提起は，セルフコントロール練習において自己コントロール群が失敗試行後よりも成功試行後にフィードバックを選択していたことや（Chiviacowsky & Wulf, 2002），失敗後と比較して成功後のフィードバックが学習を促進するという根拠（Badami et al., 2011; Chiviacowsky & Wulf, 2007）に基づいている。

そしてその主張を後押しするように，情報処理の影響を除外するために自己コントロールの機会を一度のみに制限した場合や（Wulf & Adams, 2014），道具の色のような，学習そのものには全く無関係な事柄を選択させた場合でさえ優れた学習効果が報告された（Lewthwaite et al., 2015）。これより，有能さの認知や自律性の充足など，内発的動機づけの観点からセルフコントロール練習の効果が理解されるようになっていった（Sanli et al., 2013, Wulf & Lewthwaite, 2016）。

3. セルフコントロール練習研究における個人差

上述したように，セルフコントロール練習の有効性は様々な課題や年齢に対して共通してみられる，汎用性の高い現象であると言える。しかし，セルフコントロール練習に含まれる選択の有効性については，必ずしも確認されないという報告も存在する（例えば，Patall et al., 2008）。これに基づき Ikudome et al.（2019）は，選択の有効性の個人差について検討を行い，実際に，課題に対する学習者個人の内発的動機づけの高低によって学習に対する選択の有効性が左右されることを明らかにしている。

この研究の具体的な問題提起は，内発的動機づけに関するアンダーマイニング効果（Undermining effect; Deci, 1971; Deci & Ryan, 1985）に基づいている。アンダーマイニング効果とは，課題に内発的に動機づけられている者に対し，パフォーマンスに応じた報酬を外部から与えると，当初は自ら進んで取り組んでいた課題にもかかわらず，その後報酬が得られなくなった際に課題に従事しなくなってしまうことを指す。これは，外的な報酬の存在によって，自身の行動を決定する統制の所在についての知覚が，自分自身という内的なものから他人といった外的なものへと変化してしまうためとされている（Deci & Ryan, 1985; Ryan & Deci, 2017）。つまり，統制の所在を外的に知覚させてしまうように選択の機会が与えられた場合には，

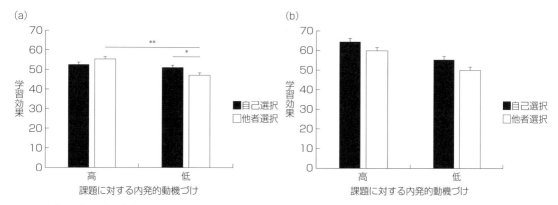

図1　課題無関連の選択（a）及び課題関連の選択（b）による学習効果の個人差（Ikudome et al., 2019を引用改変）

学習が促進されない可能性があるということである。結果はこの可能性を支持し，課題に対する内発的動機づけが高い者については，選択の機会が与えられない場合により高い学習効果が示された（**図1a**）。内発的に動機づけられている者は自律性を感じ，それにより自身による選択や決断を経験している（Ryan & Deci, 2017）。そのため，実験において与えられた選択の機会は，内的な統制の所在を知覚させるものではなく，むしろ外的な統制の所在を知覚させるものとして働いてしまったと解釈することができる。

　加えて興味深い結果として，このような選択の有効性と内発的動機づけの交互作用の有無は，選択の内容に依存することが確認された。Ikudome et al.（2019）ではダーツ課題の学習を対象としており，実験1ではダーツの色という学習そのものとは無関連な内容が選択の対象であったのに対し，実験2では熟練者によるモデル映像の観察タイミングという学習に関連する内容が選択の対象であった。そして，実験2においては上述のような交互作用はみられず，学習者の内発的動機づけにかかわらず，選択が学習を促進するという結果が得られた（**図1b**）。これは，課題の学習に関連する内容の選択による学習効果の促進は，内発的動機づけの観点からもたらされたものではなかったことを意味する。

　つまり，課題に関連するかどうかにかかわらず選択は学習を促進するものの（Wulf et al., 2018），学習が促進される理由は選択の内容によって異なり，それが学習効果の個人差にも影響することが示唆された。近年では，これらの選択やセルフコントロール練習の効果を否定する研究も存在するが（Mckay & Ste-Marie, 2020; Mckay et al., 2021），これまでの膨大な知見の存在を鑑みると，優れた学習効果に対する学習者自身の役割そのものを否定するものではないと言えよう。

4.　自己調整学習の重要性

　上述してきたセルフコントロール練習の効果は，効率的な学習のために学習者主体で学習が進められることの重要性を示している。そして，学習者主体で進められる学習過程についての最も代表的な概念は自己調整学習であろう。この自己調整学習は，目標達成を目指して学習者自身によって推進，修正，持続されるような学習過程である。より詳しい説明に入る前に，まずはこの自己調整学習という観点から運動学習を捉えることの重要性について述べていきたい。

　スポーツや音楽など様々な専門領域における熟練者の熟達過程の記述に焦点を当てる熟達化研究では，遺伝子のような先天的な要因ではなく，経験のような後天的な要因が熟達の中心的な役割を担うと考える。その考えを代表する研究知見が意図的・計画的練習（Deliberate practice; Ericsson et al., 1993）である。Ericsson et al.（1993）は音楽

家の過去の活動について回顧的調査を行い，個人で行う練習の累計時間の長さが，現在のパフォーマンスレベルの違いに関連することを見出した。これと一致して，スポーツにおいても，国際レベルの選手は国内レベルの選手と比較して，キャリア18年目までの累積で約2倍の時間を練習に費やしていたことが明らかにされている（Helsen et al., 1998）。

このように，後天的に経験される練習量が熟達に重要な役割を担うことが示されているが，これらの研究は，ただ単に長時間の練習を積み重ねることの重要性を主張しているのではない。Ericsson et al. (1993) は，音楽家への調査の際，個人で行われる自主練習が指導者からレッスンを受けることを超えて，自身のパフォーマンス向上に最も関連する活動と評されたことも見出している。すなわち，熟達に必要なのは，自身のパフォーマンスを向上させるために自分で考え計画し，実行された意図的・計画的練習なのである。近年では，この意図的・計画的練習の特徴が実験的にも検証されているものの（例えば，Coughlan et al., 2019），その具体的な内容については個別性が含まれることもあり，不明な点が多い。

この問題に対する1つの重要な提案は，自己調整学習が意図的・計画的練習の具体的な内容を表す概念であるというものである（Baker & Young, 2014）。効率的な運動学習を考える上で，実際に熟練した者の練習や学習過程から学ぶことは大変有意義である。自己調整学習は意図的・計画的練習の質的内容を表すという点で，熟練者の熟達過程に学ぶ機会を提供するのである。

5. 自己調整学習の特徴

自己調整学習は1980年代半ばに教育分野で発表された。それまでの教育理論では，学習活動において生徒たちは自ら始めたり選択したりすることはなく，受動的な役割のみを果たすと考えられていた。これに対し自己調整学習理論では，生徒たちを自らの学習過程に対し最も中心的な責任を担う能動的な存在であると考える（Zimmerman, 2001）。そして，生徒たちがどのようにして優れた成績を達成できるのか，なぜ達成に失敗してしまうのかを記述しようとするのである（Zimmerman, 2001）。その後，優れたスポーツ選手の練習過程にも自己調整学習の特徴が見出され，練習過程をいかに選手自ら調整するかが，効率的な学習につながっていることが多くの研究で示されている（Jonker et al., 2015）。このような効率的な学習を支える自己調整学習の特徴としては，以下の3つがあげられている。

❶ サイクリカルモデル

自己調整学習の1つ目の特徴は，練習や学習に含まれる3つの段階を選手や学習者自らが発端となって循環させることを意味するサイクリカルモデル（Cyclical model）である。スポーツの熟練者が実際にどのように練習をしているかを検証した結果（Kitsantas & Zimmerman, 2002），ほとんどの熟練者が，練習を開始する前の時点で具体的に注意すべき点などのプロセス目標を掲げ（目標設定），練習中にはパフォーマンス結果とそれがどのようなプロセスによって達成されたかの両方に注意を払い（セルフモニタリング），練習が終わった後には適切な理由に基づいて練習を評価していた（自己評価）。熟練者が示したこのような練習の仕方は，熟練度が下がるにつれ，その発現頻度も低下することが示されている（Anshel & Porter, 1996; Cleary & Zimmerman, 2001; Kitsantas & Zimmerman, 2002）。

練習開始前の目標設定は，あらかじめ努力の仕方を決定しておくという意味を持ち，練習中のモニタリングは，どのような対応が必要かを考えるための情報源となり，実際にそれらがスキル習得に対して効果的であったかについて自己評価を行うことが，次の目標設定に還元される。すなわち熟練者は，練習において，自らが発端となって練習過程を循環させる役割を担っていると言える。このような知見に基づき，自己調整学習では，練習や学習を，自発的に進められる3つの段階を含

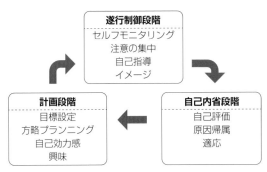

図2　自己調整学習の3段階及び各段階に含まれる下位過程の例（シャンク・ジマーマン，2007を基に作成）

む循環的な活動と捉える（**図2**）。

　上述のように，競技者のパフォーマンスレベルの違いには，累計練習時間の長さが関連する。自己調整学習理論は，熟練者の学びの過程をサイクリカルモデルとしてまとめることで，熟練者が膨大な練習時間をどのようにして蓄積しているかを見出したと言える。つまり，3段階を円滑に循環させて練習を継続していくためには，これらの段階が互いを促したり弱めたりする関係にあることを理解し，循環が途絶えてしまう場合に，どの段階に問題があるかを問い続けるという姿勢が必要不可欠なのである。

❷ 方略と動機づけ

　前項において，熟練者は3つの段階を循環させることで練習を継続させると述べた。では熟練者はなぜ3つの段階を循環させることができるのだろうか。それには，動機づけと学習方略とをともに含み込んだ概念である（伊藤，2009）という自己調整学習の2つ目の特徴が大きく関与する。上述のKitsantas & Zimmerman（2002）の研究では，熟練者はそもそも，これから行おうとする練習について，将来の自身のパフォーマンスに対する重要性を高く評価し，練習への高い興味を有していたことが明らかにされている。これは，熟練者が練習の価値を自身の価値と同一視することで外発的に動機づけられているだけでなく，練習そのものを目的とすることで内発的にも動機づけられていると解釈することができる。つまり熟練者は，

自身の動機を満たすことを目指して練習を循環させていたと言える。

　また，熟練者は練習の開始前だけでなくミスが続いた後にも高い自己効力感を示すことができていたと明らかにされている（Kitsantas & Zimmerman, 2002）。この理由として熟練者は，ミスの後にその原因となった技術的な欠点を明確に述べたり（原因帰属），次試行でスキルを成功させるための具体的な技能に関する注意点をあげていた（方略プランニング）。つまりこれらをふまえると，熟練者は適切な方略を用いることで自身の動機づけが低下してしまうことを防いでいたと言える。

　練習に対していくら高く動機づけられていても，適切な方略が採用されなければ熟達にはつながらない。一方で，いくら優れた方略であってもその実行に対し十分に動機づけられなければ，やはり熟達につながらないのである。熟練者が示す自己調整学習過程は，パフォーマンスを向上させる最適な方略を採用するために動機づけが必要であり，動機を満たし目標を達成するためには自分に合った方略が必要であることを強く示しているのである。

❸ 社会的認知理論

　学習者本人の高い動機づけと最適な方略選択の相互作用によって循環が継続される，というこれまでに示してきた自己調整学習の2つの特徴は，自己調整学習が学習者本人たった一人により進められる閉ざされた学習過程であるという印象を与えるかもしれない。しかし，社会的認知理論（Social cognitive theory）に準拠するという自己調整学習の3つ目の特徴をふまえると，このような印象が間違いであることが分かる。

　社会的認知理論では，思考や信念などの個人変数と環境，そして行動という3者の相互作用として人間の機能を捉える（Bandura, 1986）。これら3者が互いに影響を及ぼし合う例として，あるスキルに対する自己効力信念は，練習の仕方や持続などの行動に影響することがあげられる。また，難しい状況でのスキル遂行への自己効力信念が低い

表1 自己調整能力の発達レベル（岡田，2012を基に作成）

発達のレベル	社会からの影響	自己からの影響
観察的レベル	モデル言葉による説明	
模倣的レベル	社会的ガイダンスフィードバック	
セルフ・コントロールされたレベル		内的基準自己強化
自己調整されたレベル		自己調整プロセス自己効力信念

場合には，複雑な練習環境を避け，まずは個人練習ができる環境の設定へとつながる。さらに，対人環境としての周囲からの励ましはスキル遂行への効力信念を高めることにつながる。Kitsantas & Zimmerman（2002）においても，熟練者はミスの後，周囲にアドバイスを求めるなど対人環境を利用して自身の練習を変化させるという行動につなげていたこと（適応）が示されている。

　自己調整学習がこの社会的認知理論に準拠するということはつまり，自己調整学習では他者の役割を重視しているということを意味する（岡田，2012）。そして，この社会的認知理論の特徴の1つであるモデリングは自己調整学習の発達プロセスに重要な示唆をもたらしている。Shunk（2001）は，モデリングとはモデルの観察による認知，感情，行動の変化であり，自己調整する力がモデリングによって発達すると述べている。具体的には，**表1**に示したように，初期段階では他者の学習行動の観察によってスキルや方略を身に付けるが（観察的レベル），その後は単に方略を真似るのではなく，より一般的な学習のスタイルや型を模倣するようになり（模倣的レベル），次第にモデルがいなくても独自にスキルや方略を用いるようになり（セルフ・コントロールされたレベル），最終的には，状況に応じてこれまでに獲得したものを自ら調整しながら用いることができるようになる（自己調整されたレベル）のである。つまり，自己調整学習は特定の能力をもつ者のみが実施できるような閉ざされた学習過程ではなく，他者の観察を基礎として発展していく開かれた学習過程であると言える。

6. 自己調整学習研究の発展

　スポーツに関する自己調整学習は主に2000年前後にその重要性が検証された。その後の20年間でみられた最大の学術的発展は，自己調整学習の評価法についてであろう。

　スポーツの熟達に対する自己調整学習の重要性の検証が進められていた当時の研究では，主にインタビューや観察などの手法によって自己調整学習の評価が行われた（例えば，Clearly & Zimmerman, 2001; Zimmerman & Pons, 1986, 1990）。これらの手法は，選手の自己調整学習の特徴を詳細に検証できるという利点があるものの，個々の分析や解釈に時間を要し，多くの選手に対する一貫した評価が難しいという欠点がある。また，多数のデータを一度に処理できる質問紙を用いた研究も存在したが（Anshel & Porter, 1996; Walters & Hussain, 2014），そこで用いられた尺度はサイクリカルモデルに準拠したものではなかった。

　それに対し，2010年代に入ってからサイクリカルモデルに準拠する質問項目によって構成された尺度を用いた研究が盛んに発表された。それらの研究の発端は，現代（2010年当時）におけるジュニア年代の選手（12〜18歳）の学業成績がひと昔前（1990年前後）のそれよりも優れていることを示した研究であった（Jonker et al., 2009）。その後，尺度で評価された自己調整学習得点がジュニア選手の競技レベルの違いを説明すること（Toering et al., 2009），熟練ジュニア選手の自己調整学習能力が学業成績とも関連していること（Jonker et al., 2010a, 2011），チーム競技と個人競技で自己調整学習能力に違いがあること（Jonker et al., 2010b），ジュニア年代からシニア年代にかけての熟達に自己調整学習能力が影響すること（Jonker et al., 2012）などが次々と明らかにされた。これらを基に著者らは，他者からの指導やフィードバックが日常的に与えられながら，選手自身が目標の達成に向けて練習を繰り返すスポーツ活動は，自己調整学習能力の向上に適した環境で

表2　大学生競技者975名のデータに基づく5段階評定点

	得点範囲	平均±標準偏差	1	2	3	4	5
計画	4〜28	20.6±3.78	〜14	15〜18	19〜21	22〜26	27〜
自己効力感	4〜28	18.7±3.53	〜13	14〜16	17〜19	20〜23	24〜
セルフモニタリング	4〜16	12.38±2.25	〜8	9〜10	11〜12	13〜15	16
エフォート	4〜24	17.7±3.29	〜12	13〜15	16〜18	19〜22	23〜
評価・内省	5〜65	46.9±9.96	〜30	31〜42	43〜51	52〜60	61〜
自己調整学習（総合）	21〜161	116.3±19.08	〜87	88〜107	108〜125	126〜145	146〜

あり，スポーツによって培われたジュニア選手の自己調整学習能力が学業成績に対しても貢献していると解釈している。

このように，自己調整学習の能力を領域横断的に捉える考え方は，自己調整学習が文脈依存の活動であり，一般的な特性ではないとするShunk（2001）の考えとはやや異なっている。しかし，スポーツと学業がいずれも高い重要度を示すジュニア年代では，両者を効率よく進めるために，自己調整学習能力が両文脈において同様に機能する可能性は十分に考えられる。

そして，2010年以降のこれらの研究データを基に，サイクリカルモデルに準拠した自己調整学習尺度（Self-regulation of learning self-report scale）が発表された（Toering et al., 2012）。この尺度が一般学業場面を対象としていたこともあり，Toering et al.（2012）を皮切りに，スポーツの練習場面における自己調整学習を測定する尺度が多数開発されることとなった（Bartulovic et al., 2017; 幾留ほか, 2017; McCardle et al., 2018; Toring et al., 2013; Wilson et al., 2021）。

7.　スポーツ版自己調整学習尺度

本章の最後に，わが国で開発されたスポーツ版自己調整学習尺度（幾留ほか, 2017）について紹介する。この尺度は，Toering et al.（2012）を邦訳・改編し，スポーツの練習場面においてどの程度自己調整学習に従事しているかを評価することを目的に作成された。尺度は計画，自己効力感，セルフモニタリング，エフォート，評価・内省の5因子によって構成される。上述したサイクリカ

ルモデルでは，計画及び自己効力感が予見段階，セルフモニタリング及びエフォートが遂行制御段階，評価・内省が自己内省段階にあてはまる。競技レベルが高くなるほど，これらの下位尺度得点が高得点になることを根拠に，実際の熟練者の練習過程の違いを反映する予測的妥当性についても確認がなされている（幾留ほか, 2017）。さらに**表2**は，この尺度を用いて測定された約1,000名の大学生競技者のデータについての累積度数分布に基づく5段階評定点を示している。自己調整学習研究に関する近年の最も重要な発展といえる評価尺度の開発は，学習者が現在どのように学習に取り組んでいるのかという，外部から簡単には伺い知ることのできない学習者の姿を捉えられるという点で意義深いと言える。

8.　今後の課題

この20年間の学術的発展を考慮すると，運動学習研究における学習者自身が果たす役割の重要性については，疑う余地がないと言える。これは言い換えると，学習効果が学習者（自分）次第で決まるということであり，学習者にとって学習への動機づけを高める吉報となるであろう。

しかし，以上に述べてきたような知見は，すべての学習者を助けるにはいまだ不十分であると思われる。学習者の役割の重要性を理解できたとしても，その役割を全うすることは容易ではないためである。自分の成長の責任者になるための方法や手順は千差万別であろう。今後も個別化と汎化を繰り返しながら，運動学習における学習者の役割がさらに追及されることを期待したい。

◆文献

Aiken, C. A., Fairbrother, J. T., & Post, P. G. (2012) The effect of self-controlled video feedback on the learning of the basketball set shot. Frontiers in Psychology, 3: 1-8.

Anshel, M. H. & Porter, A. (1996) Self-regulatory characteristics of competitive swimmers as a function of skill level and gender. Journal of Sport Behavior, 19: 91-109.

Badami, R., VaezMousavi, M., Wulf, G., & Namazizadeh, M. (2011) Feedback after good versus poor trials effects intrinsic motivation. Research Quarterly for Exercise and Sport, 82 (2): 360-364.

Baker, J. & Young, B. (2014) 20 years later: Deliberate practice and the development of expertise in sport. International Review of Sport and Exercise Psychology, 7 (1): 135-157.

Bandura, A. (1986) Social foundations of thought and action: A social cognitive theory. Prentice Hall.

Bartulovic, D., Young, B. W., & Baker, J. (2017) Self-regulated learning predicts skill group differences in developing athletes. Psychology of Sport and Exercise, 31: 61-69.

Carter, M. J. & Ste-Marie, D. M. (2016) An interpolated activity during the knowledge-of-results delay interval eliminate the learning advantages of self-controlled feedback schedules. Psychological Research, 81 (2): 399-406.

Cleary, T. J. & Zimmerman, B. J. (2001) Self-regulation differences during athletic practice by experts, non-experts, and novices. Journal of Applied Sport Psychology, 13: 185-206.

Coughlan, E. K., Williams, A. M., & Ford, P.R. (2019) Lessons from the experts: The effect of a cognitive processing intervention during deliberate practice of a complex task. Journal of Sport and Exercise Psychology, 41: 298-308.

Chiviacowsky, S. (2014) Self-controlled practice: Autonomy protects perceptions of competence and enhances motor learning. Psychology of Sport and Exercise, 15: 505-510.

Chiviacowsky, S., de Medeiros, F. L., Kaefer, A., Wally, R., & Wulf, G. (2008) Self-controlled feedback in 10-year-old children. Research Quarterly for Exercise and Sport, 79 (1): 122-127.

Chiviacowsky, S. & Wulf, G. (2002) Self-controlled feedback: Does it enhance learning because performers get feedback when they need it? Research Quarterly for Exercise and Sport, 73 (4): 408-415.

Chiviacowsky, S. & Wulf, G. (2007) Feedback after good trials enhances learning. Research Quarterly for Exercise and Sport, 78 (2): 40-47.

Chiviacowsky, S., Wulf, G., Wally, R., & Borges, T. (2009) Knowledge of results after good trials enhances learning in older adults. Research Quarterly for Exercise and Sport, 80 (3): 663-668.

Deci, E. L. (1971) Effects of externally mediated rewards on intrinsic motivation. Journal of Personality and Social Psychology, 18 (1): 105-115.

Deci, E. L. & Ryan, R. M. (1985) Intrinsic motivation and self-determination in human behavior. New York, NY: Plenum.

Del Rey, P., Wughalter, E. H., & Whitehurst, M. (1982) The effects of contextual interference on females with varied experience in open sport skills. Research Quarterly for Exercise and Sport, 53: 108-115.

Ericsson, K. A., Krampe, R. A., & Tesch-Römer, C. (1993) The role of deliberate practice in the acquisition of expert performance. Psychological Review, 100 (3): 363-406.

Goode, C. H. & Magill, R. A. (1986) Contextual interference effects in learning three badminton serves. Research Quarterly for Exercise and Sport, 57: 308-314.

Grand, K. F., Bruzi, A. T., Dyke, F. B., Godwin, M. M., Amber, M. L., Thompson, A. G., Buchanan, T. L., & Miller, M. W. (2015) Why self-controlled feedback enhances motor learning: Answers from electroencephalography and indices of motivation. Human Movement Science, 43: 23-32.

Guadagnoli, M. A., Holcomb, W. R., & Weber, T. (1999) The relationship between contextual interference effects and performer expertise on the learning of a putting task. Journal of Human Movement Studies, 37: 19-36.

Guadagnoli, M. A. & Lee, T. D. (2004) Challenge point: A framework for conceptualizing the effects of various practice conditions in motor learning. Journal of Motor Behavior, 36 (2): 212-224.

Helsen, W. F., Starkes, J. L., & Hodges, N. J. (1998) Team sports and the theory of deliberate practice. Journal of Sport & Exercise Psychology, 20: 12-34.

Ikudome S., Kou, K., Ogasa, K., Mori, S., & Nakamoto, H. (2019) The effect of choice on motor learning for learners with different levels of intrinsic motivation. Journal of Sport and Exercise Psychology, 41 (3): 159-166.

幾留沙智・中本浩揮・森 司朗・藤田 勉 (2017) スポーツ版自己調整学習尺度の開発. スポーツ心理学研究, 44 (1): 1-17.

伊藤崇達 (2009) 自己調整学習の成立過程 学習方略と動機づけの役割. 北大路書房.

Janelle, C. M., Barba, D. A., Frehlich, S. G., Tennet, L. K., & Cauraugh, J. H. (1997) Maximizing performance feedback effectiveness through videotape replay and self-controlled learning environment. Research Quarterly for Exercise and Sport, 68 (4): 269-279.

Janelle, C. M., Kim, J., & Singer, R. N. (1995) Participant-controlled performance feedback and learning of a closed motor skill. Perceptual and Motor Skills, 81: 627-634.

Jonker, L., Elferink-Gemser, M. T., de Roos, I. M., & Visscher, C.（2012）The role of reflection in sport expertise. Sport Psychologist, 26（2）: 224-242.

Jonker, L., Elferink-Gemser, M. T., Toering, T. T., Lyons, J., & Visscher, C.（2010a）Academic performance and self-regulatory skills in elite youth soccer players. Journal of Sports Sciences, 28（14）: 1605-1614.

Jonker, L., Elferink-Gemser, M. T., Tromp, E. J. Y., Baker, J., & Visscher, C.（2015）Psychological characteristics and the developing athlete. In: Routledge handbook of sport expertise. Routledge, pp.317-328.

Jonker, L., Elferink-Gemser, M. T., & Visscher, C.（2011）The role of self-regulatory skills in sport and academic performances of elite youth athletes. Talent Development & Excellence, 3（2）: 263-275.

Jonker, L., Elferink-Gemser, M. T., & Visscher, C.（2010b）Differences in self-regulatory skills among talented athletes: The significance of competitive level and type of sport. Journal of Sports Sciences, 28（8）: 901-908.

Jonker, L., Elferink-Gemser, M. T., & Visscher, C.（2009）Talented athletes and academic achievements: A comparison over 14 years. High Ability Studies, 20（1）: 55-64.

Kitsantas, A. & Zimmerman, B. J.（2002）Comparing self-regulatory processes among novice, non-expert, and expert volleyball players: A microanalytic study. Journal of Applied Sport Psychology, 14: 91-105.

工藤孝幾（1998）「結果の知識」の利用方略が運動学習に及ぼす効果. 福島大学教育学部論集（教育・心理部門）, 65: 1-14.

工藤孝幾（2004）運動学習のパラドックスと学習者の意図. 日本スポーツ心理学会編, 最新スポーツ心理学―その軌跡と展望. 大修館書店, pp.137-147.

Lewthwaite, R., Chiviacowsky, S., Drews, R., & Wulf, G.（2015）Choose to move: The motivational impact of autonomy support on motor learning. Psychonomic Bulletin & Review, 22: 1383-1388.

McCardle, L., Young, B. W., & Baker, J.（2018）Two-phase evaluation of the validity of a measure for self-regulated learning in sport practice. Frontiers in Psychology, 9: 2641. doi: 10.3389/fpsyg.2018.02641

Mckay, B. & Ste-Marie, D. M.（2020）Autonomy support and reduced feedback frequency have trivial effects on learning and performance of a golf putting task. Human Movement Science, 71: 102612.

Mckay, B., Yantha, Z. D., Hussien, J., Carter, M. J., & Ste-Marie, D. M.（2021）Meta-analytic findings of the self-controlled motor learning literature: Underpowered, biased, and lacking evidential value. https://doi.org/10.31234/osf.io/8d3nb

岡田 涼（2012）自己調整学習における他者. 自己調整学習研究会編. 自己調整学習 理論と実践の新たな展開へ. 北大路書房, pp.73-92.

Patall, E. A., Cooper, H., & Robinson, J. C.（2008）The effects of choice on intrinsic motivation and related outcomes: A meta-analysis of research findings. Psychological Bulletin, 134（2）: 270-300.

Ryan, R. M. & Deci, E. L.（2017）Self-determination theory: Basic psychological needs in motivation, development, and wellness. Guilford.

Salmoni, A. W., Schmidt, R. A., & Walter, C. B.（1984）Knowledge of results and motor learning: A review and critical reappraisal. Psychological Bulletin, 95: 355-386.

Sanli, E. A., Patterson, J., Bray, S. R., & Lee, T. D.（2013）Understanding self-controlled motor learning protocols through the self-determination theory. Frontiers in Psychology, 3: 1-17.

Shunk, D. H.（2001）Social cognitive theory and self-regulated learning, In Self-regulated learning and academic achievement Theoretical perspective 2nd. Routeledge, pp.125-151.

シャンク・ジマーマン編著：塚野州一編訳（2007）自己調整学習の実践. 北大路書房.

Toering, T., Elferink-Gemser, M. T., Jonker, L., van Heuvelen, M. J. G., & Visscher, C.（2012）Measuring self-regulation in a learning context: Reliability and validity of the self-regulation of learning self-report scale（SRL-SRS）. International Journal of Sport and Exercise Psychology, 10（1）: 24-38.

Toering, T., Jordet, G., & Ripegutu, A.（2013）effective learning among elite football players: The development of a football-specific self-regulated learning questionnaire. Journal of Sports Sciences, 31（13）: 1412-1420.

Toering, T. T., Elferink-Gemser, M. T., Jordet, G., & Visscher, C.（2009）Self-regulation and performance level of elite and non-elite youth soccer players. Journal of Sports Sciences, 27（14）: 1509-1517.

Walters, C. A. & Hussain, M.（2014）Investigating grit and its relations with college students' self-regulated learning and academic achievement. Metacognition and Learning, doi:10.1007/s11409-014-9128-9.

Wilson, S. G., Young, B. W., Hoar, S., & Baker, J.（2021）Further evidence for the validity of a survey for self-regulated learning in sport practice. Psychology of Sport & Exercise, 56: 1-10.

Wrisberge, C. A. & Pein, R.（2002）Note on learners' control of the frequency of model presentation during skill acquisition, Perceptual and Motor Skills, 94: 792-794.

Wulf, G. & Adams, N.（2014）Small choices can enhance balance learning. Human Movement Science, 38: 235-240.

Wulf, G., Clauss, A., Shea, C. H., & Whitacre, C. A.（2001）Benefits of self-control in dyad practice. Research Quarterly for Exercise and Sport, 72（3）: 299-303.

Wulf, G., Iwatsuki, T., Machin, B., Kellogg, J., Copeland, C., & Lewthwaite, L.（2018）Lassoing skill through learner choice.

Journal of Motor Behavior, 50 (3) : 285-292.

Wulf, G. & Lewthwaite, R. (2016) Optimizing performance through intrinsic motivation and attention for learning: The OPTIMAL theory of learning. Psychonomic Bulletin & Review, 23: 1382-1414.

Wulf, G., Raupach, M., & Pfeiffer, F. (2005) Self-controlled observational practice enhances learning. Research Quarterly for Exercise and Sport, 76 (1) : 107-111.

Wulf, G. & Toole, T. (1999) Physical assistance devices in complex motor skill learning: Benefits of a self-controlled practice schedule, 70 (3) : 265-272.

Zimmerman, B. J. (2001) Theories of self-regulated learning and academic achievement: An overview and analysis. In: Zimmerman, B. J. and Schunk, D. H. (eds.) Self-regulated learning and academic achievement. Routledge, pp.1-37.

Zimmerman, B. J. & Pons, M. M. (1986) Development of structured interview for assessing student use of self-regulated learning strategies. American Educational Research Journal, 23: 614-628.

Zimmerman, B. J. & Pons, M. M. (1990) Student differences in self-regulated learning: Relating grade, sex, and giftedness to self-efficacy and strategy use. Journal of Educational Psychology, 82: 51-59.

5章 制約を利用した練習方法

横山慶子

1. はじめに

「運動スキルの学習に効果的な練習とは何か」という問いは，スポーツや運動にかかわる多くの実践者や指導者が直面する疑問である。当然ながら，それに対する回答は，実践者の身体機能に関する要因から，練習内容やスケジュール，さらには心理的な要因など様々である。本章では，そのうちでも練習内容に関連した「制約」という視点からの研究アプローチを紹介する。そのためにまず，制約という概念が提案された学術的背景と近年の研究を紹介したのちに，筆者らの研究例の紹介を通じて，制約を利用した練習方法を検討するためのアプローチを提案する。

2. 制約を利用することの意味

身体は，膨大な構成要素から成り立つ複雑なシステムであり（詳細はP.140コラム），運動スキルは，こうした膨大な構成要素の相互作用によって成り立つ。したがって，運動スキルの上達は，身体という複雑なシステムを状況に応じて最適化させることに等しい。多数の構成要素からなるシステムの秩序変化は身体に限らず，様々なスケールの生命・自然現象に広く一般的な現象である。例えば，水は温度の上昇に伴って，固体，液体，気体とシステムの状態を大きく変える。馬は移動速度の増加に伴い，並足から速足，駆け足へと変化させる。こうした秩序変化で興味深いのは，その変化が一定（線形）ではなく，急激（非線形）に変わる点である。これらの現象は，相転移（phase transition）と呼ばれ，要素間の自律的な相互作用によって秩序変化が生じる自己組織化（self-organization）現象の表れと考えられている。

まさに，本章で扱う運動スキルの学習も自己組織化の一種と言える。こうした背景から身体の動きを扱った観点は，力学系アプローチ（dynamical system approach）と呼ばれる（Kelso, 1995）。このアプローチは，複雑にみえるシステムに潜むダイナミクス（動的変化の規則）を数理的に検証する方法であり，対象とする現象や時間のスケールは多様である。例えば，論文の著者のHaken, Kelso, Buntsの頭文字を取り，HKBモデルと呼ばれる力学系モデルでは，個人内の協調運動から，個体間の協調運動までも説明することができる（Haken et al., 1985; Schmidt et al., 1990）。また，運動パターンの秩序変化について，制御のスケールから，学習や発達のスケールまで扱うことができる（Kelso, 1995; Thelen & Smith, 1994）。さらにこのアプローチの特徴的な点は，システムの秩序変化を表す変数（秩序パラメータ）と，その変化を導く変数（制御パラメータ）を特定し，それらの関係を検証することで，何がシステムを変えるのかを調べることができる。運動スキルに関連づけて考えると，どのような練習をすれば，運動パターンの自己組織化や相転移を導くことが可能なのかという問題である。

実際に運動パターンの秩序変化を導く要因は，何だろうか。Newell（1986）は，3種類の制約（constraints），すなわち生体（organismic）の制約，環境（environment）の制約，課題（task）の制約の相互作用が，運動の協調や制御の最適パターンの創出に関係すると提案した（**図1**）。生体の制約とは，いわば運動の実践者自身の身体を指し，例えば，身長や体重，四肢の長さから，脳におけるシナプス結合強度といった神経系までを対象とする。発達のような長い時間スケールをみると，成

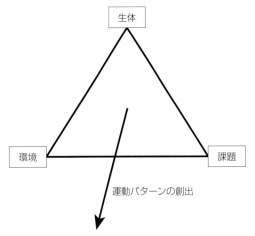

運動パターンの創出

図1 運動パターンの創出にかかわる3種類の制約（生体の制約，環境の制約，課題の制約）（Newell，1986を参考に筆者が作成）

長期の子どもはこの制約の影響を大きく受ける。例えば，歩様の運動パターンでは，生まれたばかりは横になっている状態であるが，ハイハイから，掴まり立ち，歩行が可能となるように，生体の制約により，運動パターンの秩序は大きく変わる（Newell et al., 2003）。次に環境の制約とは，気温，光，重力，風や地面など，まさに生体を取り巻く環境からの制約である。例えば，スキーやスノーボードでは地形の斜度が実践者の滑走時の重力に影響するが，これにより運動パターンの状態は大きく変わる。次に課題の制約とは，運動を実施する際の課題目標などがあげられる。例えば，投動作の運動パターンは，投げるボールの速度に依存して大きく異なる（Southard, 2002）。

　こうした制約に基づく考え方は，運動スキルの学習を促す練習方法にもつながる視点であるため，スポーツ科学者に応用されるようになった。そこでは，制約主導アプローチ（constraints-led approach）と呼ばれ（Davids et al., 2008; Renshawet al., 2010），テニス（Farrow & Reid, 2010）やゴルフ（Renshaw et al., 2020），サッカー（Bell, 2020）など，様々なスポーツを対象に練習方法が提案されている。ただし，これらの研究は，すでに指導場面で実践されている練習方法を，3種類の制約に基づいて整理するアプローチと言える。

　一方で，運動パターンのダイナミクスの理解をもとに，新しい練習方法を提案する研究アプローチもある。例えば平川・吉田（2006）は，競技水準の異なる競歩選手を分析し，運動スキルの習熟には，足の接地に対応した肩と腰の周期的な動きの滑らかさが重要であることを明らかにした。またさらに，円滑な腰動作を導くために棒を肩に担ぎ，なおかつ，足の着地点を指定する練習方法が有効であることを明らかにしている（平川・吉田, 2005）。これは，生体の制約と課題の制約を利用した練習方法と言える。また，テニスの打動作を対象としたYamamoto & Gohara（2000）は，フォアハンドとバックハンドをランダムに切り替えて打つ場合の運動パターンの履歴に，フラクタルという入れ子構造のダイナミクスを発見した。テニスの打動作とは，体幹を回旋させる動作のため，回旋する方向へ身体に慣性が働く。フォアハンドとバックハンドのランダムな切り替えは，身体の慣性を多様な方向に働かせる，環境の制約とも言える。実際にその後の研究で，Yamamoto（2004）は，フォアハンドとバックハンドを交互に練習することにより，初心者の回旋動作が大きくなることを明らかにした。このことは，一般的な打動作練習の傾向として，初心者にはまずはフォアハンドだけを練習する傾向があるが，初心者の段階から，2つのスキルを組み合わせた練習をする必要性を示唆している。これはまさに，課題の制約によって，環境の制約を働かせることを狙いとした練習と言える。

　ここまで，「制約」という視点が運動スキルの上達にかかわる理由に関して，その学術的背景と最近の研究をふまえて整理した。次項では，連携スキルを対象とした筆者らの研究の紹介を通じて，新しい研究アプローチを提案する。

3. 連携スキルを対象とした研究例

　サッカーやバスケットボール，ラグビーなどの集団スポーツでは，複数のプレーヤーと連携するスキルが求められる。初心者が，こうした連携ス

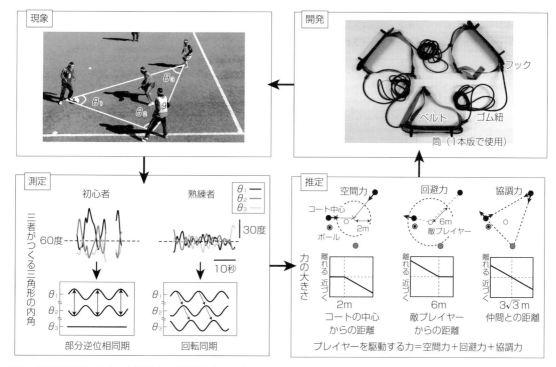

図2　三者の連携スキルを対象とした研究アプローチ
　現象のダイナミクスを測定した後に，測定された現象を数理モデルを用いて推定し，練習道具を開発した。

キルを獲得するためには，どのような練習をすれ
ばよいのだろうか。この疑問を明らかにするため
に筆者らは，中山ほか（2007）が用いた3対1ボー
ル保持課題（1名の敵プレーヤーにボールを奪われ
ないように，3名が互いに協力してボールを保持する
課題）を題材に，三者の連携スキルを検証した。
具体的には，**図2**に示すように，連携スキルの熟
達差に潜むダイナミクスの違いを測定し（Yokoyama
& Yamamoto, 2011），熟練者の連携スキルを支える
「社会的な力」を数理モデルを用いて推定（Yokoyama
et al., 2018），連携スキルの練習道具を開発した
（Yokoyama et al., 2020）。本項では，これら3つの
研究の内容を紹介する。

■ 連携スキルの熟練差を測定

　この研究では，三者の連携スキルを評価する指
標として，三者のコート上の位置取りを結んだ三
角形の内角（ θ ）に注目した（**図2左上**）。**図3**に
示すように，パスを出すプレーヤー（パッサーと

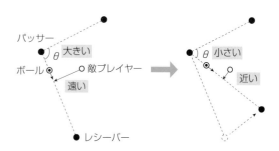

図3　連携スキルを評価する指標（ θ ）.

呼ぶ）を頂点とする三角形の内角（ θ ）を例に説
明すると，パッサーからパスを受けるプレーヤー
（レシーバーと呼ぶ）とパッサーの位置取りを結ん
だ線分は，パッサーのパスコースと類似する（厳
密にはプレーヤーの位置にパスをしない場合もある
ため，あくまでも類似と表現）。そのため，内角が
小さい場合（**図3右**）は，内角が大きい場合（**図3
左**）よりも，敵のプレーヤーの位置がパスコース
に近いため，敵にボールを奪われてパスが成功し
ない可能性が高い。ただし，三角形の内角は180

度で一定であり，パッサーになるプレーヤーは次から次へと変更する。つまり，この三者の位置取りの最適解は，一人のプレーヤーの内角を最大化するのではなく，パスの状況に応じて，限られた資源（180度）を柔軟に調整することであると予想された。

　実際に，初心者と熟練者を測定した結果，三角形の内角の時系列変化に明らかな違いが確認された（**図2左下**）。具体的には，熟練者のグループは，3つの内角いずれについても60度付近で変動していたが，初心者のグループは，熟練者よりも角度の変動が大きい傾向であった。三角形の全内角が60度の場合は，正三角形を示している。つまり，熟練者はパスを連続して成功させるために，三角形の内角を大きすぎず，小さすぎない状態，すなわち，正三角形に近い形状を維持していたと考えられる。

　さらに筆者らは，三角形の内角の時系列変化に潜むリズム同期のパターンを検証した。リズム現象は，力学系アプローチの観点から，2つのリズム要素からなる個体内及び個体間の協調運動（Haken et al., 1985; Schmidt et al., 1990）や，多数のリズム要素からなる動物の歩様パターン（Collins & Stewart, 1993）については検討されていた。しかしながら，3つのリズム要素の関係性については，ヒトや動物の運動で検討されていなかった。筆者らは，3個に結合した粘菌のリズム同期を検証した研究（Takamatsu et al., 2001; 田中ほか, 2001; 田中・高松, 2004）を参考に，対称性のホップ分岐理論（Golubitsky & Stewart, 2002）を用いた。この理論は，リズム要素の詳細な数理モデルやパラメータを用いずに，幾何学的な結合の対称性のみから，同期パターンを予測できるとされている。まさに，3対1ボール保持課題における三者のプレーヤーは，等しく相互作用する関係性を持ち，対称的に結合していると仮定できた。

　具体的に，結合の対称性から理論的に想定されていた同期パターンは，すべてが同じリズムを刻む同期パターン（完全同期），3つのリズムが時間ずれで同期するパターン（回転同期），2つのリズ

ムが逆位相で同期して残りの1つが2倍の周期となる部分逆位相パターン（部分逆位相同期），2つのリズムが同位相で同期して残りの1つが逆位相で同期するパターン（部分同位相），すべてが異なるリズムを刻む同期パターン（完全非同期）の5種類であった。測定データを検証した結果，熟練者は回転同期のパターンの傾向が高かった。このパターンは，**図2左下**の模式図に示すように，内角の時系列が順番にピークを迎える特徴であり，次から次へと変更されるパッサーの内角を増加させる特徴を示している。一方で初心者の特徴は，部分逆位相同期パターンの傾向が高いことが分かった（ただし，この研究では，理論的に想定された2倍周期の特徴は考慮せずに，1つの内角が変更せずに残りの2つが逆方向に増減する特徴として簡略化して解釈した）。この部分逆位相同期の傾向は，分かりやすさのために円周上に三者が位置取ると仮定すると，二人のプレーヤーが動かずに，一人のプレーヤーのみが円周上を移動する傾向と一致する。こうした動きは，例えば，ボールを追いかけるプレーヤーだけが移動しているといった初心者の特徴を示している。さらに興味深いことに，理論的に熟練者のパターン（回転同期）は，初心者のパターン（部分逆位相同期）よりも，同期の時空間の対称性が高いパターンとされている。つまり，洗練された熟練者の巧みな連携スキルには，対称性の高い規則が潜んでいると考えられた。

❷ 連携スキルを支える要因を推定

　上述した研究では，連携スキルに潜む同期パターンの熟達差を測定した。しかしながら，この結果だけでは，どのような制約を初心者に与えるべきかは不明である。この疑問を解決するには，仮説を立てて初心者に対して介入実験を行う方法があるが，その方法は容易ではない。そこで筆者らは，数理モデルを構築して現象を再構成する構成論的手法を用いて，個人のプレーヤーの動きの数理モデルを作り，熟練者の同期パターンの再現を試みた（Yokoyama et al., 2018）。

　数理モデルの構築には，社会的な力モデル

(social force model) を 用 い た (Helbing & Molnár, 1995)。このモデルは，集団の歩行者の自己組織的なふるまいの再現に利用されており，個々の歩行者の動きが，ほかの歩行者や建物などとの相対的な位置関係に基づく「社会的な力」に駆動されると仮定する。まさに，3対1ボール保持課題では，仲間や敵のプレーヤーとの相対的な位置関係により，個々のプレーヤーが位置取りを調整しており，適用できると考えた。

モデルでは，「空間力」「回避力」「協調力」という3つの社会的な力の総和によってプレーヤーが駆動されると仮定した（**図2右下**）。空間力は，プレーヤーが決められた領域の外に出ないように空間に留まる力，回避力は，敵のプレーヤーが接近すると遠ざかる力，協調力は，仲間のプレーヤーが接近すると遠ざかり，遠くなれば接近し，仲間と一定の距離を保持する力とした。なお，これら3つの力は，各対象物からの相対的な距離に依存して線形に増減すると仮定し，その力の増減の程度はパラメータで変更可能とした（**図2右下**グラフの傾きに相当）。

分析では，前項で紹介した研究と同様，三者の位置取りを結ぶ三角形の内角の同期パターンを検証した。その結果，3つの力の増減の程度を決めるパラメータが80N/mよりも低い場合は，初心者で多く確認された部分逆位相の同期パターンの出現頻度が，熟練者の回転同期パターンの出現頻度を上回っていた。一方で，パラメータが120N/mを超えると，両者の関係が逆転した。この結果は，熟練者は初心者よりも，3種類の社会的な力への察知能力が高いことを示唆している。また，3種類の力のパラメータをそれぞれ独立に検討した結果，「協調力」が熟練者の同期パターンの出現に最も関連していた。このことは，仲間のプレーヤーとの相対的な距離への察知能力を強化できるような制約の必要性が示唆された。

❸ 連携スキルの練習道具を開発

前述した研究を受けて筆者らは「協調力」への察知能力を強化できる練習道具を開発した（**図2右上**）。これは，3名のプレーヤーをゴム紐で連結する道具である。プレーヤー間の位置取りが遠い場合は，プレーヤーの腰あるいは背中に，ゴム紐による張力が働くことで二者を接近させる効果を狙いとした。一方で，プレーヤー間の距離が近い場合は，ゴム紐の弛みを視覚的に得ることで二者を遠ざける効果を狙いとした。つまり，この練習道具は，ゴム紐の伸び縮みにより，時々刻々と変化する他者との位置関係を触覚情報と視覚情報でフィードバックする道具と言える。Newell の分類でいうと，道具からの触覚情報は生体の制約になる。一方で，視覚情報は，例えば「紐が緩まないようにしてください」と利用者に伝えることで，課題の制約になると考えられる。

さらに筆者らは，様々な技能レベルの利用者に対応するため，1つの道具に，2種類の異なる使用方法が可能な構造を含めた（横山ほか，2017）。1つは，各プレーヤーのベルトの左右に取り付けたリングに，3本のゴム紐をフックで装着する構造である。3本の独立したゴム紐で3名のプレーヤーを連結するため，3本版と名付けた。2つめは，3本のゴム紐をベルトの背中側に取り付けた筒状のカバーに通した状態で，3本をフックで連結して1本の長いゴム紐とし，3名のプレーヤーを連結する構造である。これは，1本のゴム紐で連結する道具のため，1本版と名付けた。この2つの構造の違いは，プレーヤー間の動きの自由度の違い，逆に言えば制約の強さの違いを生むと考えた。例えば，**図4左**に示すように，3本版では，3本のゴム紐がそれぞれの二者関係の距離に応じて個別に張力が働くため，一人のプレーヤーの視点に立つと，左右のそれぞれの腰に異なる大きさの張力が働くことになる。一方で1本版では，張力の働きは原理的には二者間距離の総和に応じて決まり，左右の方向ではなく，背中から腹部への1つの方向への張力のみが働く。つまり，3本版のほうが1本版よりも，プレーヤー個人に働く張力の種類が多いため，制約が強い練習道具と考えられる。こうした構造は，利用者がそれぞれの状況に応じて，制約の程度を調整することができ

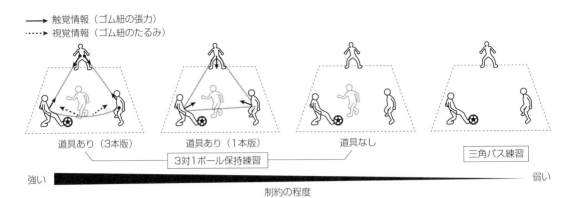

━━▶ 触覚情報（ゴム紐の張力）
┄┄▶ 視覚情報（ゴム紐のたるみ）

道具あり（3本版）　　道具あり（1本版）　　道具なし　　　　　三角パス練習

3対1ボール保持練習

強い　　　　　　　　　　　　　　　　　　　　　　　　　　　　　弱い
制約の程度

図4　連携スキルの学習を狙いとした練習方法の例
　　　左の方法ほど制約の程度が強く，右の方法ほど弱いことを示す。

る。

　実際にこれらの道具の効果を調べるために，筆者らは，小学生を対象に，練習道具の1本版を利用する条件，3本版を利用する条件，道具を利用しない条件の3条件を比較した（Yokoyama et al., 2020）。その結果，同期パターンの頻度に関しては，条件間の差は認められなかったが，三角形の内角の時系列変化の周波数に関しては，道具を利用しない条件と比較して，どちらの道具も増加傾向であった。さらに，3本版については，内角の振幅の大きさが道具を利用しない条件と比較して小さかった。これらの結果は，道具の利用は，連携スキルにかかわる同期パターンまでは影響を及ぼさないが，三者の位置関係の素早い調整を促進する効果（1本版と3本版ともに）や，三角形の大きな崩れを補正する効果（3本版のみ）が期待できることが示唆された。このように，2種類の練習道具の制約の違いと，練習道具を利用しない3対1ボール保持課題や，敵のプレーヤーを含めない三角パス練習を考慮すると，制約の程度を変更した4種類の練習方法が想定できる（**図4**）。

4. 今後の展開

　本章では，制約を利用した練習方法を検討するための研究アプローチを紹介した。1980年代にNewell が提唱した「制約」という概念は，2000年代頃からスポーツ科学の分野で応用されるようになった。しかしながら，制約を利用する根拠について，ダイナミクスの理解に基づいて検討するアプローチはまだ少ない。本章で紹介した筆者らの研究では，連携スキルのダイナミクスを「測定」し，数理モデルを用いて練習に必要な制約を「推定」し，それに基づいて練習道具を「開発」した。特に，「推定」及び「開発」は，様々な広がりが期待できる。例えば，数理モデルを用いた「推定」の方法では，実験的に検証することが難しい側面をモデルで代用することができるため，今回，紹介したような社会的な関係性だけではなく，学習のような長い時間スケールの問題を検討する際に有効と考えられる。また「開発」の方法に関しては，本章で紹介した研究では物理的な道具を利用したが，VR（仮想現実）やAR（拡張現実）などの技術を利用した制約の方法も検討できると考えられる。制約を利用した練習方法をダイナミクスの理解に基づいて検討するアプローチは，研究対象とする運動スキルに応じて様々な方法が想定できる。今後の展開が期待される。

◆文献

Bell, B.（2020）Introduction to the constraints-led approach: application in football. Academic Press.

Collins, J. J. & Stewart, I. N.（1993）Coupled nonlinear oscillators and symmetries of animal gaits. Journal of Nonlinear Science, 3: 349-392.

Davids, K., Button, C., & Bennett, S.（2008）Dynamics of skill acquisition: constraints-led approach. Human Kinetics.

Farrow, D. & Reid, M.（2010）Skill acquisition in tennis. In: I. Renshaw, K. Davids, & G. J. Savelsbergh（eds.）Motor learning in practice: a constraints-led approach. Routledge, pp.231-240.

Golubitsky, M. & Stewart, I.（2002）The symmetry perspective: from equilibrium to chaos in phase space and physical space. Birkhöuser.〈田中玲子監訳, 山田裕康・高松敦子訳（2003）対称性の破れとパターン形成の数理. 丸善.〉

Haken, H., Kelso, J. A., & Bunz, H.（1985）A theoretical model of phase transitions in human hand movements. Biological Cybernetics, 51: 347-356.

Helbing, D. & Molnár, P.（1995）Social force model for pedestrian dynamics. Physical Review E, 51: 4282-4286.

平川武仁・吉田 茂（2005）競歩における円滑な腰動作のための肩動作制約法.陸上競技研究, 3: 18-27.

平川武仁・吉田 茂（2006）競歩選手における肩腰動作の位相遅延と円滑性. スポーツ心理学研究, 33: 1-13.

Kelso, J. A. S.（1995）Dynamic Patterns: the self-organization of brain and behavior. The MIT Press.

中山雅雄・浅井 武・田嶋幸三（2007）. サッカーのパス技能と練習課題の制約との関連. 体育学研究, 52: 419-430.

Newell, K. M.（1986）Constraints on the development of coordination. In: M. G. Wade & H. T. A. Whiting（eds.）Motor development in children: aspects of coordination and control. Nijhoff, pp.341-360.

Newell, K. M., Liu, Y.-T., & Mayer-Kress, G.（2003）A dynamical systems interpretation of epigenetic landscapes for infant motor development. Infant Behavior and Development, 26: 449-472.

Renshaw, I., Arnott, P., & McDowall, G.（2020）A constraints-led approach to golf coaching. Routledge.

Renshaw, I., Davids, K., &Savelsbergh, G. J.（eds.）（2010）Motor learning in practice: a constraints-led approach. Routledge.

Schmidt, R. C., Carello, C., & Turvey, M. T.（1990）Phase transitions and critical fluctuations in the visual coordination of rhythmic movements between people. Journal of Experimental Psychology: Human Perception and Performance, 16: 227-247.

Southard, D.（2002）Change in throwing pattern: critical values for control parameter of velocity. Research Quarterly for Exercise and Sport, 73: 396-407.

Takamatsu, A., Tanaka, R., Yamada, H., Nakagaki, T., Fujii, T., & Endo, I.（2001）Spatiotemporal symmetry in rings of coupled biological oscillators of Physarum plasmodial slime mold. Physical Review Letters, 87, 078102.

田中玲子・山田裕康・高松敦子・中垣俊之（2001）粘菌振動子系の解析−対称系のHopf分岐理論の適用. 自律分散システム・シンポジウム, 415-420.

田中玲子・高松敦子（2004）. 粘菌のみせる数理的世界. バイオメカニズム学会誌, 28: 22-26.

Thelen, E. & Smith, L. B.（1994）A dynamic systems approach to the development of cognition and action. MIT Press.

Yamamoto, Y.（2004）An alternative approach to the acquisition of a complex motor skill: multiple movement training on tennis strokes. International Journal of Sport and Health Science, 2: 169-179.

Yamamoto, Y. & Gohara, K.（2000）Continuous hitting movements modeled from the perspective of dynamical systems with temporal input. Human Movement Science, 19: 341-371.

横山慶子・山本裕二・田渕規之・上向井千佳子・鈴木大介（2017）美津濃株式会社, 国立大学法人名古屋大学.トレーニング用具（特開2017-018447）.

Yokoyama, K., Shima, H., Fujii, K., Tabuchi, N., & Yamamoto, Y.（2018）Social forces for team coordination in ball possession game. Physical Review E, 97, 022410.

Yokoyama, K., Tabuchi, N., Araújo, D., & Yamamoto, Y.（2020）How training tools physically linking soccer players improve interpersonal coordination. Journal of Sports Science and Medicine, 19: 245-255.

Yokoyama, K. & Yamamoto, Y.（2011）Three people can synchronize as coupled oscillators during sports activities. PLoS Computational Biology, 7, e1002181.

複雑系としての身体

平川武仁

複雑系（complex system）をそのまま訳すと「複雑なシステム」である。自動車のエンジンは複雑に見えるが，「込み入った」（complicated）システムであり複雑系ではない。複雑系は，そのシステムを分解したときの最小単位である個々の要素による局所的な相互作用が，大域的な振る舞いを決定するシステム，として捉える。そのシステムは外部から制御されることなく，システムを構成する個々の要素の状態が揺らぐ過程をとおして，全体の秩序が決定される。自発的に形成した秩序のパターンのもとで，個々の要素の機能や関係性が時々刻々と変化していく過程を自己組織化と呼ぶ。

人間の運動制御を計算機に模した情報処理アプローチは，20世紀中頃に登場し，中枢神経系からの指令によって筋が制御されることを仮定していた。例えば，腕を動かすときに，肩で約10，肘6，橈尺骨4，手首6の筋を制御するための指令を決定することになり，これが計26自由度に相当する。運動単位（motor unit）水準の自由度を含めると，2600個となる。全身運動では，神経細胞10^{11}の発火様式の組み合わせを想定しなければならず，膨大な自由度を制御していることになる。

Bernstein（1967）は，人間が膨大な自由度を制御して運動しているとすると，解が一意に定まらない，解がシステムを構成する要素の初期値に影響を受ける，といった不良設定問題が生じることを指摘し，現在，自由度問題あるいはベルンシュタイン（Bernstein）問題と呼ばれている。

Bernsteinは，この問題を解決するため，例えば筋が収縮と弛緩を協調することで自由度を減らす，といった機能的な協応構造（coordination structure）で，運動を捉えることを提案した。また彼は，スキースラローム練習機上の初心者（**図1の左**）のように，身体部位の運動を学習者が単純化して自由度を凍結する（freezing）第一段階があると考えた。この凍結では，複数の関節を動かさないように固定化する，あるいは複数の関節を同時に屈曲・伸展して自由度を減らす。習熟すると（**図1の右**），複数の関節の屈曲・伸展のタイミングをずらして，複数の自由度を制御できる，自由度を解放する（freeing）第二段階となる。このように複数の関節や筋が機能的な関係になることが協働（Synergy）である。彼は，この概念によって，新たな協応モードを獲得することが熟練と捉えた。

複雑な身体運動を解析する構想は，その後，現代物理学や理論生物学，特にシナジェティクス（Synergetics：Haken, 1983）の理論によって，自己組織化とパターン形成の概念として力学系アプローチに発展することになった。

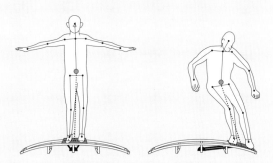

図1　スキー練習機の初心者（左）と熟練者（右：Whiting et al., 1987を改変）

◆文献

Bernstein, N. (1967) The Co-ordination and Regulation of Movements. Pergamon Press.

Haken (1983) Synergetics: An introduction. Springer.

Whiting, H. T. A., Bijlard, M. J., & den Brinker, B. P. (1987) The effect of the availability of a dynamic model on the acquisition of a complex cyclical action. The Quarterly Journal of Experimental Psychology, 39A: 43-59.

6章　対人競技の練習方法

奥村基生

本章では，対人競技の試合における選手のパフォーマンスの基盤を構築する「技能と練習」の関係を主に説明し，技能の学習に役立つ練習方法を発案するための考え方を提案する。なお，技能と体力の関係（河森，2020）や技能と心理要因の関係（荒井ほか，2020）なども重要であるが，ここでは説明しない。

1. 一般的な練習の考え方

まずは大多数の選手が取り組む練習の特徴などを説明する。

❶ 練習の設定方法の悩み

対人競技では複数の選手が競争し，ときには道具も使用しつつ，試合が複雑かつ高速に展開される。選手がもつ多様な技能は，複雑に関係し合いながら試合でのパフォーマンスを構成する。このような試合やパフォーマンスの複雑性のために，指導者や選手は試合で重要な技能を学習するための効果的な練習の方法の発案に悩む。そして，効果的な練習方法を発案できない，方法を発案して練習を継続しても選手が技能を学習できない，などの悩みも多くなる。

❷ 一般的な練習の意味

対人競技に限らずあらゆる競技で，基本的な動作を単に繰り返すような一般的な練習に大多数の選手が長い時間をかけて取り組んでいる（マートン，2013）。その背景には，熟練選手もその練習に取り組んでおり，同じ練習をすれば熟練選手と同様の卓越した技能を学習できるという考え方がある。しかし，大多数の選手が取り組む練習は，技能が未熟な選手も取り組んでおり，その練習で

熟練選手と同様の技能を学習できることを保証するものではない。

また，大多数の選手や熟練選手が取り組んでいない練習は効果がないという考え方がある。しかし，選手の1つの技能でさえ構成要素は多様であり，それらの要素を組み合わせた練習方法も多様になる。つまり，選手が技能を学習するための練習方法は無数にあり，誰も試行していない練習の中に効果的な方法があることは否定できない。

❸ 一般的な練習の設定方法

既存の練習に基づき練習方法を発案することがある。しかし，この考え方は，目的である試合から練習を考えておらず，その練習で選手が試合で重要な技能を学習できない可能性が高くなる。したがって，まずは試合を観察し，試合で重要な技能を理解し，試合から逆算して，試合の縮図のような練習方法を考えることが重要である（マートン，2013）。

また，練習での熟練選手の技能から練習を発案することがある。しかし，その技能には，練習でしか実行しない技能や，試合で重要ではない技能も含まれている。また，熟練選手でも特定の技能のレベルが低いこともある。したがって，試合での熟練選手の卓越した技能から練習方法を考えることが重要になる。

2. 試合で重要な技能

対人競技で効果的な練習方法を発案するためには，試合で重要な技能を知る必要がある。

❶ 閉鎖技能と開放技能

選手が技能を実行する環境の変化の程度によっ

て技能を分類することができる（吉田，2008）。閉鎖技能（クローズド・スキル）は，ボウリングや体操競技のように，変化が小さく予測可能性が高い環境で実行する技能である。開放技能（オープン・スキル）は，格闘技やボールゲームのように，変化が大きく予測可能性が低い環境で実行する技能である。閉鎖技能よりも開放技能のほうが環境の変化への高い対応力が求められる。対人競技の試合では開放技能の実行が求められる環境が多い。

❷ 離散技能と系列技能と連続技能 ──

選手が実行する技能の連続性の程度によって技能を分類することもできる（吉田，2008）。離散技能は，投球や捕球のように，始まりと終わりが明瞭で短時間で実行する技能である。系列技能は，体操競技のように，離散技能を連続的に実行する技能である。連続技能は，ランニングや水泳のように，始まりと終わりが不明瞭で連続的に実行する技能である。対人競技の試合では，離散技能，系列技能，連続技能のすべての実行が求められる。また，環境の変化に対応して，離散技能を系列技能（防御して攻撃する）のように，系列技能を連続技能（防御と攻撃の連続）のように実行することも求められる。

❸ 個人技能と対人技能と集団技能 ──

選手が技能を実行するときの参加人数によって技能を分類することもできる。個人技能は，ダーツやボウリングのように，単独で実行する技能である。対人技能は，多くの格闘技のように，相手に対して実行する技能である。集団技能は，多くのボールゲームのように，集団の中で実行する技能である。対人競技の試合では，個人技能だけではなく，対人技能の実行が求められ，集団競技ではさらに集団技能の実行が求められる。

❹ 知覚・認知技能と運動技能 ──

選手が実行する技能が知覚・認知システム（脳神経系）あるいは運動システム（筋骨格系）のど

ちらのはたらきが主であるかによって技能を分類することもできる（吉田，2008）。知覚・認知技能は知覚，予測，反応，判断，運動プログラミングなど知覚・認知システムが主にはたらく技能である。運動技能は走る，跳ぶ，投げる，打つなど運動システムが主にはたらく技能である。対人競技の試合では，知覚・認知システムと運動システムが互いに協力し，循環しながらはたらく。

❺ 個人競技と対人競技で重要な技能の比較 ──

ダーツや体操競技のように，変化しない環境で閉鎖技能，離散・系列技能，個人技能の実行が重要になる個人競技では，「自分」についての，理想的な運動のモデリング，理想的な運動プログラミング，体性感覚の知覚，運動の修正のためのフィードバックの利用などの知覚・認知技能が重要になる（Schmidt & Lee, 2005）。また，個人競技でも選手と環境との相互作用は重要であり，「変化しない環境」を知覚しながら，「自分」の運動技能を実行することも重要になる。

一方，多くの格闘技やボールゲームのように，変化する環境で開放技能，系列・連続技能，対人・集団技能の実行が重要になる対人競技では，一人で技能を実行することもあるため，個人競技と同じように「変化しない環境」や「自分」についての知覚・認知技能と運動技能の実行が重要になる。さらに，相手やチームメイトやボールのような「変化する環境」に対応するために，知覚・認知技能と運動技能を適切に連結する「知覚—運動技能」の実行が重要となる。知覚・認知技能だけ，運動技能だけを実行してもあまり意味がない。

具体例として，対人競技では「変化しない環境」と「変化する環境」と「自分」についての，注意の制御（Wulf, 2007），目や頭や身体を使った視覚探索方略（奥村，2014），視覚や体性感覚の利用（Vickers, 2007），イベントとタイミングの予測（Mizawa et al., 2022），視覚や体性感覚に対する反応（Hodges & Williams, 2020），文脈情報などを使った判断（奥村ほか，2005）などの知覚・認

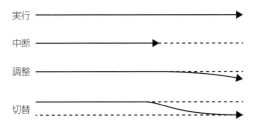

図1　運動の実行・中断・調整・切替の概念図

知技能の実行が重要になる。そして，そのような知覚・認知技能と運動技能を適切に連結した知覚―運動技能の実行がきわめて重要になるのである。

　また，対人競技ではあらかじめプログラムした運動を単純に実行するだけではない（**図1**）。運動している間に環境が変化し，実行中の運動を中断しなければならないときもある（Nakamoto & Mori, 2008）。また，実行中の運動の方向や速度などを調整しなければならないときもある（Gutiérrez-Dávila et al., 2013）。さらには，実行中の運動を別の運動に切り替えなければならないときもある（Usui et al., 2018）。つまり，対人競技では，運動中にも知覚・認知技能を実行して，中断，調整，切替をする知覚―運動技能の実行も重要になる。

　そして，試合では初めて対戦する相手やチームに対しても知覚―運動技能を安定して適切に実行する対応力が求められる。したがって，対人競技の試合では環境の変化に素早く，正確に，連続的に，即興で対応する知覚―運動技能の実行こそが重要になる（Yamamoto et al., 2019）。この知覚―運動技能は，変化しない環境で練習をしても，一定のパターンで変化する環境で練習をしても，効果的に学習できないと考えられる。

❻ 一般的な練習に含まれる技能

　基本的な動作を単に反復するような一般的な練習では，対人競技の試合で重要な技能を過度に単純化する傾向がある。例えば，環境が変化しない閉鎖技能，時間が短い離散技能，一人だけの個人技能，動くだけの運動技能のように簡単に観察可能な技能の側面だけを切り取り，練習方法を発案する傾向がある。しかし，対人競技では，開放技

能，系列・連続技能，対人・集団技能，知覚―運動技能の実行が求められることを忘れてはならない。

　試合では開放技能であるが練習では閉鎖技能として扱うことや，試合では対人・集団技能であるが練習では個人技能として扱うことは，試合の環境の変化を軽視している。また，試合では系列・連続技能であるが練習では離散技能として扱うことは，試合の時間や展開を軽視している。そして，開放技能を閉鎖技能として扱う，対人・集団技能を個人技能として扱う，系列・連続技能を離散技能として扱うような過度に単純化された練習方法は，環境の変化に対応するための知覚・認知技能の練習にならず，運動技能の練習が中心になる。そのような練習では，対人競技の試合で重要な知覚―運動技能を選手は学習できない。

3. 試合で重要な技能を学習できる練習の要点

　練習方法の設定では，特に，試合の環境の登場人物，時間，空間を考慮して練習に取り入れることが重要である。

❶ 登場人物

　練習において試合の環境の変化を重視し，練習方法の過度の単純化を避けるためには，相手，チームメイト，ボールのような登場人物の数を慎重に設定することが重要になる。一人だけの環境は，閉鎖技能，離散技能，個人技能，運動技能だけの練習になる傾向がある。対人競技の試合では1対1，2対1，1対2，ボールの有無など様々な環境がある。練習でも複数の人物が登場し，選択肢を多様にすると，開放技能，系列・連続技能，対人・集団技能，知覚―運動技能を学習する機会が増加する。

❷ 時間

　過度に単純化した練習方法では，試合の時間や展開を簡略化する傾向がある。例えば，投げる，

蹴る，捕る，打つだけの練習である。運動には準備—主要—終末局面があり，このような練習は主要局面の運動技能だけの練習となる。しかし，試合で主要局面の運動技能を実行するためには，準備段階での知覚—運動技能の実行が重要になる（Okumura et al., 2017）。そして，試合において準備局面は主要・終末局面と比較すると時間が長く，重要度が同様に高い。

さらに，対人競技では運動中に中断，調整，切替が求められる。つまり，運動の主要局面や終末局面が急に次の展開の準備局面になり，運動中でも並列に直後でも連続的に知覚—運動技能の実行が求められる。したがって，試合で起こり得る展開を理解して，準備—主要—終末局面の時間を適切に切り取り，練習に取り込むことが重要になる。例えば，主要動作を開始する数秒前から，主要動作が終了する数秒後までを練習に取り込む。

一方で，対人競技の試合では知覚—運動技能の実行に長い時間をかけることはできない。例えば，運動の中断，調整，切替には厳しい時間制限がある。また，約100-200ミリ秒の反応や判断の遅延がパフォーマンスの失敗につながる（奥村・吉田，2007）。つまり，練習では知覚—運動技能の実行に時間制限をかけることが重要になる。例えば，練習で知覚や判断や運動プログラミングに時間制限をかける，運動中に環境に対応して中断，調整，切替をする練習をするように，知覚—運動技能の実行に時間制限をかける方法などがある。

❸ 空間

対人競技の試合の空間は，選手が知覚—運動技能を効果的に学習する練習方法を考案するための重要な情報源である。例えば，対人や対物の距離の遠近は，知覚—運動技能の実行に許容される時間を制限する。一般に，人や物との距離が近いと，素早い知覚—運動技能の実行が求められる。また，使用できる空間の広狭によって知覚—運動技能の選択肢の数が変わる。一般に，空間が狭いと選択肢が少なくなる。また，対人競技では，人

や物との相対的な距離が近く，空間が狭いときに重要度や危険度が高くなることが多い。したがって，試合での対人や対物の距離や，使用可能な空間を複製して，練習に取り込むことが重要になる。例えば，相手やチームメイトやボールとの距離を近くする，コートを小さくするように使用空間を調整して，知覚—運動技能の実行に時間や選択肢の制限をかける方法などがある。また，人や物の運動の速度が高くなると同じような制限がかかる。

近い距離，狭い空間，高い速度の人や物に対応する練習は，失敗が増加し，難しい練習になる。しかし，熟練選手は，そのような環境でも優れた知覚—運動技能を実行できる事実を忘れてはならない。

❹ 試合形式の練習と試合のような練習

試合での登場人物や時間や空間は，試合の縮図のような練習方法を発案するための重要な手がかりである。それでは，練習試合のような試合形式の練習は効果的な練習方法と言えるのであろうか。試合形式の練習では学習すべきすべての技能の実行が求められるため，最高の練習方法の1つと言える。また，練習試合や公式試合では初めて対戦する相手やチーム，つまり初めて直面する環境への対応が求められることが多い。したがって，試合形式の練習は，試合の環境での選手の技能についてのフィードバックを得るためにも重要になる。

しかし，試合形式の練習だけをすることが効果的な練習方法ではない。試合では非常に多くの技能の実行が求められ，実行すべき技能が多くなりすぎ，特定の技能を実行する頻度が低くなる。つまり，試合形式の練習には特定の技能の学習のために重点的な練習ができないという欠点がある。特に，集団競技ではその欠点が顕著になる。したがって，選手が特定の技能のために重点的な練習ができる試合のような練習方法を考える必要がある。

4. 技能と指導と練習の関係

対人競技の試合のために選手は練習で知覚—認知技能を学習することが重要である。練習で技能を効果的に学習するためは，技能の実態や，技能と指導と練習の関係を理解しておく必要がある。

◼1 技能

技能は，事実や単語のように言語で説明できる知識ではない（宣言的知識：吉田，2008）。技能は，万人に共通の知識ではなく，その人独自の行為の知識であり，人それぞれが独自に習得しなければならない知識である（手続き的知識）。同じ人間でも，人それぞれの脳神経系や筋骨格系には個性があり，人それぞれの技能の細部は異なる。例えば，歩き方，走り方，自転車の乗り方などは人それぞれで異なる。同じく，競技での走り方，跳び方，投げ方，打ち方などの技能も人それぞれで異なる。複数の熟練選手が同じ過程を経て，同じ結果をもたらす技能を実行しているように見えても，熟練選手それぞれの技能は異なる。

対人競技の試合では，これまで説明したように多様で複雑な知覚—運動技能の実行が重要になる。その技能の1つひとつが，その技能を構成する要素の1つひとつでさえも，選手それぞれで異なる。つまり，選手がほかの選手の技能を完全に模倣することは不可能である。

◼2 技能と指導の関係

指導者は練習で選手が技能を学習できるように教える。しかし，対人競技の試合で重要な多様で複雑な知覚—運動技能をすべて教え込むことは不可能である。たった1つの知覚—運動技能でさえも注意，知覚，予測，反応，判断，運動プログラミングのような知覚・認知技能や，全身の複雑な運動技能のように技能に含まれる要素が多様であり，人それぞれで技能が異なるためである。実際，同じ指導者が同じチームの複数の選手を教えても，選手それぞれの技能が全く同じになること

はない。

一方で，指導者は練習で選手に知覚—運動技能の要素や理論やコツなどを教えることはできる。例えば，練習中に指導者の助言によって選手の技能が瞬時に改善されることもある。これは，特定の練習の環境における1つの技能の一部の問題を助言によって改善した現象であると考えられる。しかし，その技能を試合ですぐに適切に実行できるようになることは少ない。それは，試合の環境が多様であり，また，特定の試合の環境で実行すべき1つの知覚—運動技能でさえも構成要素が多様であるためである。つまり，試合のために，多様な環境に合わせて，多様な構成要素をもつ技能を適切に実行できるようになることが重要である。しかし，その技能の学習には長い時間を要することが多い。

◼3 技能と練習の関係

選手は練習で独自の多様な知覚—運動技能を学習する。指導者からの助言が役立つこともあるが，選手独自の多様な技能のほとんどは「自習」によって学習されると考えられる。したがって，試合で重要な技能を選手が自習できるように練習方法を設定することが重要になる。

試合で重要な知覚—運動技能の実行を強いる練習によって，選手は独自の技能を自習できる。選手は指導者に依存しすぎずに自習できる。選手が中心の練習になり，自律・自立を促進する。試合で重要な技能の練習は，選手の目的に合った練習であり，面白い。試合の環境の変化をつくるためにチームメイトの協力も必要となる。このような練習は，自己決定理論の有能性，自律性，関係性の基本欲求を満たしており，結果として選手は練習好きになりやすいと考えられる。

◼4 指導と練習の関係

指導者は試合で重要な知覚—運動技能を効果的に学習できる練習方法を考案する義務がある。なぜなら，選手は試合で重要な技能の要素や理論などの知識が少なく，効果的な練習方法を考案する

ことが難しいためである。

　また，選手は試合で重要な技能の知識不足によって，練習の目的を理解できないこともある。指導者は試合で重要な技能や練習の目的などを選手に教える必要がある。選手は試合で重要な技能や練習の目的などを理解できると練習で集中して自習できる。また，選手が独自の技能を効果的に自習するために，練習の内容を自己調整できるように指導することも重要である。指導の最終目的は，選手が指導から離れて自立することにある。

5. 実際の練習の設定方法

■1 一般的な練習の割合と技能の転移

　多くの一般的な練習に見られる，閉鎖技能だけ，個人技能だけ，離散技能だけ，運動技能だけの練習が不要であると説明しているわけではない。例えば，新しい技能，難しい技能，危険な技能などを学習するときには，変化しない環境で自分の短時間の運動技能の学習だけに焦点化した練習が効果的な方法になることもある。問題は，その練習の割合や，練習で学習した技能の試合への転移である。変化しない環境で，すでに学習済みの運動技能だけを反復する練習に長い時間をかけても，変化する試合の環境で重要な知覚—運動技能の学習には転移しにくいと考えられる。

■2 知覚—運動技能の学習期間

　対人競技の試合のために選手は環境の変化に素早く，正確に，連続的に，即興で対応するための知覚—運動技能を練習で学習する必要がある。試合の環境も技能も多様で複雑であり，技能を急速に学習することは難しい。選手は，試合のような環境で練習を継続することで，試合で重要な技能を徐々に学習していく。試合で重要な技能の学習には長い期間がかかる。試合で重要な技能を自習できる効果的な練習方法を考案して，練習を継続することが必要となる。

■3 練習方法の理論研究

　競技スポーツに限らず科学，学術，芸術，仕事，ゲームなどの領域で技能の学習のために経験や練習が重要になる。そのため，練習方法については多くの理論研究がある。例えば，あらゆる領域で熟練者になるためには長年にわたり計画的練習に取り組むことが重要であり（Ericsson et al., 2018; Young et al., 2021），スポーツ領域では環境の変化を取り入れた練習が重要であると説明されている（Davids et al., 2008; Chow et al., 2016）。しかし，対人競技の試合で重要な技能の学習のために効果的な練習をどのように考案するか，選手がどのような練習にどの程度取り組めばよいか，などについて具体的な共通の方法は説明されていない。なぜなら，それぞれの競技の特性や選手の技能などが異なり説明できないためである。したがって，競技の特性や選手の技能などに基づいて指導者や選手が効果的な練習を考案するほかに方法はないと考えられる。

■4 練習方法を変える理由

　対人技能の練習方法について講習会や授業で上述のような説明をして，指導者や選手に一定の理解を得られたとしても，実際に練習方法を変える例は少ない。その理由は，これまでの練習方法で自分は技能を学習できた，熟練選手も同じ練習をしてきた，などと考えるためであろう。そこに，さらに効果的な練習方法があれば，自分も熟練選手も技能をさらに学習できたはず，という考え方はないように思える。

　もし，練習で実行できる技能の中に，試合で実行できない技能があるとすれば，その練習が効果的な方法ではないことを意味している。例えば，対人競技であるはずなのに，一人で，時間制限なく，広い空間で，変化しない環境や，一定のパターンで変化する環境で練習している風景をよく見かける。まずは，既存の練習の内容や効果を疑って，さらに効果的な練習方法を設定する理由にすべきである。

対人競技の試合で重要な知覚—運動技能は多様で複雑であるために学習に時間がかかる。技能を練習で実行できるようになるために数年数か月，さらに試合で実行できるようになるために数年数か月かかることもよくある。たとえ，学習に長い時間がかかったとしても，目的が試合であるならば，試合で重要でない技能をいくつも学習するよりも，試合で重要な技能をいくつか学習したほうがよいはずである。

6．今後の課題と展望

知覚・認知技能だけの練習，運動技能だけの練習は分習法（部分練習），試合形式の練習は全習法（全体練習）と言い換えることができる。対人競技の試合で重要な知覚—運動技能を選手が学習するために，分習法や全習法，あるいは，その中間に位置する練習をしたときの利点・不利点や，試合でのパフォーマンスへの転移の度合いは明確ではない。また，試合でのパフォーマンスへの転移を促進するために，どのように知覚・認知技能と運動技能を融合させて効果的な試合のような練習方法を発案し，どの程度の頻度で練習すべきかなども明確ではない。効果的な練習方法は，試合

の環境を取り込んだ練習であることは，学習の特異性の原理からも予想できるが，その詳細については不明点が多い。恒常・変動練習やブロック・シリアル・ランダム練習のように（吉田，2008），効果的な練習方法が技能レベルや年齢によって異なる可能性もあり，今後の研究が待たれる。

練習について，既存の方法を見直すためにも，新しい効果的な方法を考案するためにも，重要な手がかりが身近にないわけではない。例えば，同じような基礎能力をもった複数の選手が，同じような練習をしても，試合で重要な知覚—運動技能を学習する度合いが異なる。それは，同じような練習をしているように見えても，実際には異なる練習をしていて，異なる知覚—運動技能を学習した結果であると考えられる。したがって，異なる競技レベルの選手が同じ方法で練習したときに，どのような技能を学習しようとするのか，あるいは，同程度の競技レベルの選手たちが同じ練習をしたときに，結果的に優れた技能を学習した選手が，練習でどのような技能を学習しようとしていたのか，などを調査することによって，新しく効果的な練習方法を考案するための有益な情報を得ることができると考えられる。

◆文献

荒井弘和編（2020）アスリートのメンタルは強いのか？スポーツ心理学の最先端から考える．晶文社．

Chow, J. Y., Davids, K., Button, C., and Renshaw, I.（2016）Nonlinear Pedagogy in Skill Acquisition. An Introduction, Routledge.

Ericsson, K. A., Hoffmn, R. R., Kozbelt, A., & Williams, A. M.（eds.）（2018）The Cambridge Handbook of Expertise and Expert Performance（2nd ed.）. Cambridge University Press.

Davids, K., Button, C., & Bennett, S.（2008）Dynamics of Skill Acquisition. A Constraints-led Approach. Human Kinetics.

Gutiérrez-Dávila, M., Rojas, F. J., Antonio, R., & Navarro, E.（2013）Effect of uncertainty on the reaction response in fencing. Research Quarterly for Exercise and Sport, 84: 16-23.

Hodges, N. J. & Williams, A. M.（eds.）（2020）Skill Acquisition in Sport. Research, Theory and Practice（3rd ed.）. Routledge.

河森直紀（2020）競技力向上のためのウェイトトレーニングの考え方．ナップ．

Nakamoto, H. & Mori, S.（2008）Effects of stimulus-response compatibility in mediating expert performance in baseball players. Brain Research, 1189: 179-188.

Mizawa, T., Okumura, M., Kijima, A.（2022）Temporal and spatial structure of collective pass-chaining action performed by Japanese top-level field hockey players. Frontiers in Sport and Active Living, 4, 867743.

奥村基生（2014）トレーニングの適応範囲4：知覚トレーニングの適応範囲．体育の科学，64（7）：503-507．

奥村基生・吉田 茂（2007）剣道競技における熟練選手の能動的反応選択と防御者の遅延反応．体育学研究，52（3）：245-257．

奥村基生・吉田 茂・友利浩介・香田郡秀（2005）剣道競技の反応選択における文脈的情報活用法．武道学研究，38（2）：1-12．

Okumura, M., Kijima, A., & Yamamoto, Y.（2017）Perception of affordances for striking regulates interpersonal distance maneuvers of intermediate and expert players in kendo matches. Ecological Psychology, 29（1）：1-22.

レイナー・マートン：大森俊夫・山田 茂監訳（2013）スポーツ・コーチング学．指導理念からフィジカルトレーニングまで．

西村書店．

Schmidt, R. A. & Lee, T. D.（2005）Motor Control and Learning: A behavioral Emphasis（4th ed.）. Human Kinetics.

Usui, N., Okumura, M., & Kudo, K.（2018）Expertise differences in movement switching in kendo players. International Journal of Sport and Health Science, 16: 19-26.

Vickers, J. N.（2007）Perception, Cognition, and Decision Making. The Quiet Eye in Action. Human Kinetics.

Wulf, G.: 福永哲夫監訳（2007）注意と運動学習．動きを変える意識の使い方．市村出版．

Yamamoto, Y., Kijima, A., Okumura, M., Yokoyama, K., & Gohara, K.（2019）A switching hybrid dynamical system: Toward understanding complex interpersonal behavior. Applied Sciences, 9（1）: 39.

吉田 茂（2008）技能分類．日本スポーツ心理学会編，スポーツ心理学事典．大修館書店, pp.183-185.

Young, B. W., Eccles, D. W., Williams, A. M., & Baker, J.（2021）K. Anders Ericsson, deliberate practice, and sport: Contributions, collaborations, and controversies. Journal of Expertise, 4（2）: 169-189.

個人間協調 　　　　　　　　　　　　　升本絢也

■ジョイント・アクション

われわれはサッカーやバスケットボール等の集団スポーツにおいて，個人間で共通の目標を達成するために，自分と他者の運動を巧みに相互作用させる。このような個人間協調は，近年，「ジョイント・アクション（joint action）」という術語を用いて研究され，ジョイント・アクションは「2人以上の人間が環境の変化を引き起こすために，彼らの動作を時空間的に協調させること」と定義されている（Sebanz et al., 2006）。ジョイント・アクションの主な研究課題は様々な運動課題や条件で形成される協調パターンを検討することである。

■力の誤差補正

ジョイント・アクションの研究の多くは同期性を検討してきたが，近年の研究は両者の一方の運動による誤差を他方の運動で補うような誤差補正を検討している。例えば，Bosga & Meulenbroek（2007）は2人が両手あるいは片手の示指で力発揮し，モニター上に提示された2人の力の総和に応じて上昇するバーを目標値に対して持続的に一致させる課題を行った。その結果，2人の力は負の相関関係になり，両者の一方の力が強くなると，他方が力を弱くする力の誤差補正が行われた。2人の力発揮は個人の力発揮よりもバーの変動が大きく，パフォーマンスが低かった。しかし，2人で荷物を運ぶとき，2人は力発揮のみならず，歩く速さも調整しなければ，荷物を落してしまうだろう。その問題に対して，Masumoto & Inui（2013）は2人が片手の示指で力発揮し，その総和を2つの目標値に対して周期的に一致させる課題を検討した。その結果，力の総和と目標値をモニターに提示したとき，2人の力は負の相関関係になり，力の位相も一致し，力の誤差補正と同期性が両立した。さらに，2人の力発揮は個

人の力発揮よりも力の誤差が小さく，パフォーマンスが高かった。したがって，力の誤差補正と同期性の協調パターンが相乗効果をもたらしたと考えられる。

■ジョイント・アクションにおける今後の研究課題

2人が1人よりも高い課題パフォーマンスになることを "2 heads are better than one 効果（2HBT1効果）" と呼び（Koriat, 2012），いくつかの研究は2HBT1効果を知覚・記憶課題を用いて検討してきた。Masumoto & Inui（2013）の研究は個人間の周期的力発揮で2HBT1効果を示した。しかし，上述した2つの研究でも異なるように，運動課題や条件で2HBT1効果の有無や程度は異なる。例えば，Masumoto & Inui（2015）は，個人間の力発揮を両手で行うと，片手で行った場合よりも力の誤差が小さく，パフォーマンスが高いことを示した。ジョイント・アクションにおける今後の研究課題は協調パターンを検討することだけでなく，様々な運動課題，条件，練習方法等を検討することで2HBT1効果を高める可能性を探ることである。

◆文献 ……………………………………………………

Koriat, A. (2012) When are two heads better than one and why? Science, 336: 360-362.

Bosga, J. & Meulenbroek, R. G. (2007) Joint-action coordination of redundant force contributions in a virtual lifting task. Motor Control, 11: 235-258.

Masumoto, J. & Inui, N. (2013) Two heads are better than one: both complementary and synchronous strategies facilitate joint action. Journal of Neurophysiology, 109: 1307-1314.

Masumoto, J. & Inui, N. (2015) Motor control hierarchy in joint action that involves bimanual force production. Journal of Neurophysiology, 113: 3736-3743.

Sebanz, N., Bekkering, H., & Knoblich, G. (2006) Joint action: bodies and minds moving together. Trends in Cogntive Science, 10: 70-76.

7章　指導者と学習者の同期から考える主体的・対話的な深い学び

木島章文

　指導者・教員の幇助と学習者・児童の動作との同期が全身動作の技能習得を促進する可能性に言及する。論説をとおして力学系理論を背景において学校体育を見直し，主体的・対話的な学びのかたちを提案したい。

1. 力学系理論から考える運動技能の本質

■1 環境−行為者の力学系

　日常生活において，以前と寸分違わぬ動作が再生される場面はないと言ってよく，たとえそれを要求したとしても，寸分違わず同じ動作を1回再生できる生き物はいないだろう。例えば，取手のついたカップに注がれたコーヒーを飲むとする。自分の手に対する取手の位置は毎回違うから，手がカップに接近する軌道は毎回違うはずである。また手が取手に十分近づいたとき，指の姿勢が毎回寸分違わず同じということはあり得ない。ゆえに五指の動作を細かく見れば，やはり毎回違う軌道をとるはずである。生物はこういった動作の調整を場当たり的に行っている。われわれが無数の引き出し（運動パターンを持っていると仮定せずに，場に依存した無数の軌道を生み出す力学系（dynamical systems）があると考えるとその仕組がみえてくる。周囲の環境のかたちとわれわれ生物の身体運動の組み合わせが，次に起こる身体各部分の運動軌道を決める力場（force field）を作っていると考えるのである（力学系の適用に関する基本的な考えとして，Kelso, 2021；計算論との関連については，Jordan & Wolpert, 1999）。

　この力場という概念は，学習者の動作を強く制約（constraints）する物理的な外力の場を意味する。例えば，スキー場で斜面の上に立って斜面を滑降することを考える。最終的な滑降軌道は，斜面のどこからどの方向に身体重心を落とすかで決まる。同じようにカップに手を伸ばす方向は基本的には重力の支配を受けながら，元々の位置からカップまで位置を結ぶ最も効率性の高い軌道を取る。

　こうして環境のレイアウトに依存しながら，その場の要請に応じて動作の軌道を柔軟に変える技能（運動軌道の意図的な調整に関する力学系の仮説としてScholz & Kelso,1990）を考える。習熟したスキーヤーは自由自在に滑降の軌道を切り替えられるが初心者にはそれが難しい。とはいえ，いくら習熟スキーヤーといえども，斜面を高速で滑り上がることはできない。彼らであってもそもそもの物理環境の制約を超えた運動の軌道を取ることはできないということである。そこで場の制約の範囲内で，行為者自身（performer）の運動技能が自身に働く外力の作用と折り合いをつけ，最終的にはその人に課せられた課題（task；例えば，直滑降，スラロームなど）に応じて運動の軌道を自由に変えられる能力が運動技能の本質だと考える。

　こうしてスキーの斜面は，初心者に対して滑落を誘導する力場を発生させる。ただし発生する力場はスキーヤーの技量に応じて全く異なる意味を与える。例えば，習熟者には意図する軌道で滑走するための姿勢を指示する。しかしながら姿勢調整の技能を全く持たない初心者には，単に滑落の方向と速度を指示するのみである。また飛来したボールは，カップと同じように，打動作・捕動作の軌道を制約する。テニスあるいはバレーボールなどではコーチが出したボールを学習者が返し続ける練習があるが，学習初期において，指導者は学習者が然るべき打球・捕球姿勢を取れるように，球出し動作とボールの軌道に制約をかける必要がある。Yamamoto & Gohara（2000）は，テニスに

おける動的（dynamical）な姿勢調整を目的とした訓練を提案し，十分な長さで，前の動作の履歴が次の動作に作用し得るように適切な間をおいてボールを出し続けることの有効性を示した。その詳細は第Ⅲ部5章で解説するとして，以降では指導者と学習者のかかわりから運動技能の学習を促進する要点を論じたいと思う。

2. 指導者－学習者の共同作業としての運動学習

❶ 対人協応（interpersonal coordination）の場としてみた運動学習

　そもそも力学系（dynamical systems）とは，ある時刻の状態が微分方程式，差分方程式，微分差分方程式で決まるシステムである（合原，2000）。このシステムではある時刻の状態が1つ前の状態の関数として決まる。例えば先述したように，指導者が球出しをして学習者がそれを返球するような事態を1つのシステムとして考える。このとき指導者が与えたトスの軌道に応じて打者がしかるべき姿勢をとることで力場が変わり，打動作が状態間を遷移すると考える。

　指導者と学習者とが協力して力場を生成する建て付けは，ボールがない柔剣道などの格闘技においても当てはまるように思われる。また学校体育においても，例えば指導者が鉄棒の高さを変えることで児童の姿勢調整を促すことができる。さらに足を踏み切る位置を適切に指示し，全身回転に入る前の局面で要点を直接幇助すれば，児童の全身を鉄棒回りに回転させるように力場が生成され，目的とする運動軌道を指導者と学習者との協力で創発させることもできるだろう。こう考えるとあらゆる運動学習が対人協応を前提としているように思われる。そしてその意味は，学習者自身では不可能な力場の変形を助け，指導者と学習者とが相互に協力して技能を創発させることそのものにあるように思う。

❷ 運動に秩序をもたらす指導者と学習者の同期

　こうして指導者と学習者が二人三脚で運動学習の場を構築していくとして，彼らの対人協応が秩序だった運動を創発する仕組みを科学的に捉えることは可能だろうか？本章で論じている指導者－学習者間の協応は体育館やグラウンドであたり前のようにみられる。しかし著者の知る範囲では，彼らが秩序を創発する過程を数理的に検討した研究例は見当たらない。そこでこれまでの研究から，運動に秩序をもたらす上で対人動作の同期（synchrony）が必要であることを示す。

　Kijima et al.（2017）は力学系の観点から環境の物理的な制約を操作し，そこに参加する行為者の協応秩序を計画的に創発させる実験系を考案した。実験に協力してくれた参加者は保健体育科・スポーツ科学科に属する男女大学生3名10組であった。フラフープを3つ，4つ，5つないしは6つ，それぞれの縁が互いに接するように正三角形，正方形，正五角形，あるいは正六角形状に地面に並べ，3名の参加者を図のように配置した（図1A）。そして3秒周期でメトロノーム音を鳴動させ，これにあわせて3名全員が左右いずれかに両脚踏切で跳び移るように依頼した（図1B）。その場に留まることは禁じ，合図と同時に彼ら全員が左右いずれか同じ方向へと跳躍することを課した。ただし跳躍に先立って，会話はもちろん，身振り手振りや目配せなどで次の方向を示し合わせることを禁じた。加えて3名は実験室に入るまで実験内容を知らず，ともに跳躍する自分以外の2名とは顔見知りではあったが，それが誰なのかを事前に知ることはなかった。さらに実験室に入室後は，実験者に質問する以外は一切の発話が禁じられた。ゆえに彼らは事前の打ち合わせなく「その場の雰囲気を読んで」方向を一致させて跳躍せねばならなかった。他者と衝突したらもとの輪に戻るよう依頼し，20回衝突しないで全員の位置を入れ替えられたら輪の個数を変えて同じことを行った。4つの幾何学配置で試技をこなした時点で実験を完了した。

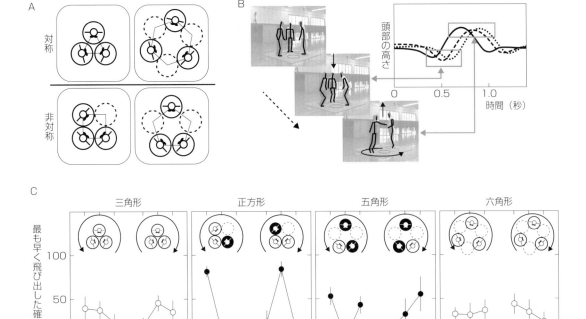

図1　三者跳躍実験

A）4つの幾何学地形。B）三者が跳躍する3つの局面と頭頂位置に関する垂直方向の変動。腕を後ろから前に振り下込んで膝を曲げて反動をつける動作で頭部が一度下降し，跳躍動作が出力されて，着地の時点で再び頭部の位置が下降して再び立位姿勢に戻る。C）先導する跳躍者の位置。三角形と六角形では三者が等しい確率でほかの2者を先導するが，正方形と五角形では，跳躍方向に空き地の1つ前にいる跳躍者がほかの2者あるいは1者を先導する。

　輪の数に関係なく，彼らは0.1秒前後の時間差で衝突することなく移動できた。中でも三角形と六角形の条件下ではこの時間差が0.1秒以下とさらに短く，四角形と五角形では0.1秒以上と長めの傾向があった。この時間差は単純反応時間の下限である0.2秒より明らかに短い。つまり2名の追従者は先導者の動きをみてから動きを立ち上げているのではなく，腕を後ろに振りかぶり，膝を曲げて腰を落としてから跳躍するまでの動作を三者が同期させていたのだ。その様子は**図1B**に示した三者の頭部の上下動の時系列データから明らかである。さらに三者それぞれが他者より先に跳びだす確率を計算すると，条件に応じて組織的な差が見られた（**図1C**）。三角形と六角形では3名の跳躍者それぞれが先導する確率が等しくすべて33%程度に揃っていた。その一方で正方形と五角形では高い確率で特定の位置にいる跳躍者がほか

の2名を先導していた。このゲームを自分がやっている感覚で想像してほしい。特に五角形より正方形が分かりやすいかと思うが，この地形で誰がほかの2者を先導するか推測できるだろうか？答えは「跳躍方向に対して空き地の1つ前にいる跳躍者」であった。**図1C**の配置でいえば，各方向において黒で塗った位置の跳躍者である。こうして跳躍時間差と先導跳躍者の位置に，地形に応じた組織的な差があることが分かった。三角形・六角形では各跳躍者が平等に他者を先導・追従し，正方形・五角形では「跳躍方向に対して空き地の1つ前にいる跳躍者」だけが明確な時間差をもってほかの2者を先導した。実はこの地形と役割分担との対応は，群論（group theory）という数学の理屈から予想できる。詳しくはKijima et al.（2017）を参照いただきたい。

　この結果は本章で取りざたしている行為者の同

期に基づく運動学習の効果に重要な示唆を与える。まず注目すべきは，環境の幾何学的制約に応じて異なる運動の秩序（order）が創発したことである。立場や機能が対称（同等）な行為者の幾何学配置を工夫すれば計画的にしかるべき動作協応パターンを生み出すことができるはずだ。もちろん指導者と学習者の機能は跳躍者と違って非対称である。しかし指導者が学習者に手を差し伸べながら目的となる動作を誘導することで，指導者と学習者の立場は相補（mutual）な協力関係に近づく。こうした関係においては，物理的な位置関係を工夫することで学習者の動作を目的に近づくように誘導できるはずである。

　ここでもう一度だけ三者跳躍の実験を振り返り，跳躍動作のタイミングがずれると跳躍方向も合わせられなくなるということに触れておきたい。この試技を教材として用いる努力をする中で，実験者と準備動作を同期するよう児童を促すことで，タイミングはもちろんのこと跳躍方向までもが一致することを確認している。次節ではこうした対人動作の秩序の創発が体育に与える意味を確認したい。

3. 幇助者と学習者の同期がもたらす能動的な推論と探索の場

🔳 幇助者と学習者が作る運動学習の場

　三者跳躍動作でもみられた行為者間の同期は，学校体育や体操教室で行う幇助の要点でもある。例えば，跳び箱の開脚跳びにおいて，児童が跳び箱に手をついて跳び越える局面で児童の後方から腰を支える幇助法がある。このとき児童が跳躍の局面に入る前に，幇助者があらかじめ腰を支える姿勢をとっておかねば彼らの跳躍の支持に間に合わない。だから指導者は児童の跳躍動作を迎えるようにあらかじめ構えておき，いざ跳躍の局面に入ったらあらかじめ構えた姿勢から児童の全身移動に寄り添うように幇助動作を行わねばならない。こうした幇助動作と学習者の動作との同期は打捕

球の練習でも必要だ。この場面では，学習者はボール出しの姿勢に合わせてあらかじめ重心移動が可能な姿勢を取り，そこからラケット面やグローブのポケットでボールの軌道を迎え入れる見通しをもたねばならない。少なくとも，トスが飛んできてからこの構えをとったのでは明らかに間に合わない。一方で指導者は，学習者の構えをみて彼らが受け容れ可能なボールの軌道（つまり環境の制約）を与え，彼らと息を合わせて技能を創発させる態度を持つべきであろう。

　こうして指導者と学習者が同期することが学習の目的となる動作の創発に必要なら，あらゆる運動の学習は人とのつながりで決まると考えることもできる。これは指導者から学習者への一方的な言葉の伝達ではなく相補な感覚運動機能のつながりである。指導者が学習者を先導するだけではないし，学習者は指導者の振る舞いに追従するだけではない。指導者がデザインした場に学習者が没入し，ときにはその動きに応じて指導者が学習者の身体を支えつつ，あるいはボールの軌道を変えつつ，学習者の動作を迎え入れた結果として発生する力場を利用し，学習者の動きを整えていく作業なのではないか。こうした相補性（mutuality）が学習者の能動性を促進する可能性を検討し，そこから見える主体的・対話的な体育を試論する。

🔳 学習者に推論と探索の場を与える姿勢のゆらぎ

　すでに20年ほど前，Vereijken et al.（1992, 1997）はスキースラローム動作の学習過程を検討した。少なくとも当時の運動学習の実験研究では少数自由度の動作を厳密に制限することが多く，全身動作の関節間協応という複雑な事象を丸ごと検討した研究は稀有であったはずだ。この実験ではスラロームシミュレータ（p.140コラム参照）に乗った学習者が振幅を大きく安定させていく学習過程をひたすら計測・分析した。この動作を段階的に体得していく中で，学習者は全身自由度の凍結（freezing）と解放（freeing）を繰り返すことが分かった。自由度の凍結とは複数の関節動作の組み

合わせを特定のパターンに固定することを指す。一方で自由度の解放とは，一度固まったパターンをバラバラに崩すことを指す。スキー経験から想像できるように，初めてシミュレータに乗った参加者の学習は，全身の関節自由度が凍結されたところからスタートした。シミュレータの頂上で上体を左右に振り続けつつ，板がなかなか左右に動かない悪戦苦闘を想像してほしい。それでも頑張って続けると，わりあい早期に左右に板が動き出した。一見するとこれで学習成立のように思えるが，さらに振幅を大きくするには，体重をしっかり板に乗せる必要がある。このとき学習者の動作が無秩序に大きく変動する。力学系の仕組みを当てはめると，この変動は臨界揺らぎという局面に相当する。これはシステムがある状態からある状態へと遷移するとき双方の状態が干渉することで必然的に生ずる変動である。学習成立の直前に自発的に自由度が解放され，大きくパターンが変動するとき，学習者が費やしていた努力は何であろうか？実際，Vereijken et al.は学習者がこのゆらぎを解消した仕組みを検証していないが，自由度の凍結と解放の繰り返しは学習者が能動的に解を探索したことを示しているのではないかと考えている。結果的に学習者は重心の上下動を動員せずに板を左右に振る動作から，重心の上下動を主動因とした大きな左右動のパターンを創発した。このことは新規のパターンを導く環境の制約に加えて，既存のパターンから離れる学習者の意思が必要であることを示している。

　ではこういった探索の動機はいかに作られるものであろうか？近年注目を集める運動制御の仮説：自由エネルギー最小の原理（Friston et al., 2009, 2010など）からこの仕組みを推察したい。この原理では，生き物が世の中の物理的状態を知り，そこに働きかけるには「能動的推論（active inference）」という働きが必要と考える。これは「世界から受け取る信号を自分が予測する信号に適合するように自分の身体を動かすこと」とされる（乾・坂口, 2020）。「予測する信号」とは運動の経過で連続的に生じると予測される内受容感覚，あるいは視覚

を始めとする外受容感覚である。この予測された運動感覚の状態（Friston, 2010の用語ではhidden states）をモデル予測と呼ぶ。実際の運動軌道は，自分の姿勢や自分の眼で捉えた世界の見え方など「世界から受け取る信号」とモデル予測との差を埋めるように動作の軌道が生成される。この一連の働きそのものが能動的推論である。これから動作者自身が感じ取る感覚信号を手がかりに，運動の経過を能動的に推論するのである。次に指導者が与えた環境と課題の制約に応じて学習者がモデルを選択して，それに基づくモデル予測が十分な精度をもって運動系（α運動ニューロンから筋・筋紡錘を経てα運動ニューロンへと再帰する反射ループ）に渡されると，自発的に運動の出力・調整が行われる。

　大胆にこの仕組みをテニスの球出しに当てはめて考えると，バックハンドでボールを捉えようとするのか，あるいはフォアハンドでボールを捉えようとするのかの判断がモデルの選択なのかもしれない。モデル予測はトスされたボールをフォアハンドあるいはバックハンドで捉えた「手応え」として予測される内受容・外受容感覚信号である。ここで十分にストローク動作が学習されていたなら，モデル予測と現実の姿勢の差分を最小にするようにフォアかバックかいずれかのモデルが十分な精度をもって運動系に渡され，モデル予測と現状の姿勢との差分を最小にする軌道で動作が立ち上がる。選択すべきモデルがない場合は，手持ちのモデルを与えられた環境・課題の制約に近づけるように更新する探索が行われる。こうした行程で運動制御・学習が進んでいくなら，幇助やボールトスなど指導者が与える環境の制約は学習者に対して能動的な探索を促す手立てとなる。

　能動的推論とモデル探索に基づく学習の試論は，身体の小さな児童の全身協応動作の学習に対して，とりわけ大きな意味を持つように思う。水泳や器械体操などの技能の多くは，全身を空間に投射・回転させることで成立する。この行為に失敗すれば学習者は大いに痛手を負い，さらに十分な回数だけ痛手を負ったら，与えられた課題を遂行する

モデルではなく，身を守るモデルを優先して採択せざるを得なくなる。そうすると身を縮めながら全身を空間に投射・回転するような矛盾した姿勢から探索を進めざるを得なくなるはずだ。当然，そこから新たな技能の獲得に至る見込みは限りなく薄い。そこでもし物理的に大きく強い教員が体育の場にいて，彼らが適切な範囲で投射・回転する児童の身体を帮助できたなら，児童は支援の範囲で様々な可能性を探索できるだろう。少なくとも小さな低学年の児童に対しては，大抵の性別・大抵の体格の教員がその役割を負えるはずだ。

4. 学校体育の現場からみた課題

❶ 指導者の足場かけ

指導者の帮助と学習者の探索は，実は伝統的な発達理論に基づく学習観に通ずる。まず前項で指導者による直接帮助の機能について論じたが，Vygotskyの発達の最近接領域（zone of proximal development）という視点から検討すると，学習はもとより，発達の進展具合に応じて帮助の範囲が決まると考えざるを得ない。発達の最近接領域とは「まだ成熟していなくて成熟中の過程にある段階（ヴィゴツキー，2003, p.36）」であり，一般的には，自力では到達し得ないが，大人の足場かけ（scaffolding）があれば到達しうる発達水準と解釈される。ヴィゴツキー（2003）は読み書きの教授・学習が子どもの遊びの中で必要とされて実施されるべき活動と考え，書きことばの教示・学習にあたって「対象（モノ）ばかりかことばをも描くことができる『発見』のモメント（局面：著者訳）のごく近くまで行くように（同，p.149）」計画すべきとしている。もちろん読み書きの学習と運動学習を安易に同一視してはならないが，学習者の自発的興味と発見の誘導を趣旨とした最近接領域の観点を加味すると，学習者の発達・学習状態に応じて帮助の方法を計画する重要性を再確認できる。その方法が学習者の探索範囲を制限し，拡大するからである。

❷ 中学校体育への介入から振り返る現状と課題

そこで中学校2年生を対象に，段階的に帮助を行って前方倒立回転跳びの学習を促進しようとした佐藤（2018），佐藤・木島（2017）の事例を最後に紹介する。まず彼らは，現状の習得具合を確認した。すると全生徒146名中，足から着地できたものは8名にすぎず，教本に掲載された要領でこなせる生徒は1名しかいなかった。着地できた8名も股関節を屈曲し腰を落とした姿勢で着地しており，教本どおりとみなせる出来栄えではなかった。そこでこの8名を含む全生徒を対象に以下の5段階で帮助を計画した。

第1段階
顎をあげ視線を直下に定位させた支持倒立の姿勢からセーフティマット上に背側に倒れる。

第2段階
跳び箱1段を直列に並べて着手の位置と跳躍後の着地位置との間に落差を作る。跳び箱の先端に手をつかせて倒立させる。帮助者はその正面に開脚座位で構え，着手から倒立位に至るまで参加者の背中を肩で担ぎ上げるように支持する。背面に倒れる時点で参加者の左肩甲骨付近に帮助者の左肩峰を接触させ，これを支点に参加者の上体を後方に拳上させる。

第3段階
2，3歩ゆっくりと助走させながら跳び箱の上で着手させ，前方倒立回転跳びを行わせる。帮助者は第2段階と同様の姿勢で帮助する。

第4段階
跳び箱を撤去して着手位置と着地位置間の落差をなくす。徐々に動作の速度をあげ，前方倒立回転跳びを行わせる。帮助者は第2段階と同様の姿勢で帮助する。

第5段階
着地時の体幹の拳上動作のみ支援し，離手時の腰の伸展動作と跳び動作を参加者の力で行わせる。帮助者は，参加者の進行方向から側方に外れた位置に座位姿勢で構え，マットから手が離地した時点で参加者の肩甲骨及び腰部を手で支持し，参加

155

者の上体を拳上させる。

　第2段階と第5段階の帮助の様子を**図2**に示す。第2段階から第4段階までは帮助の手続きが同一であるが，跳び動作が習得されるにつれて，帮助者が支持する力を減弱させた。この5段階の内容を生徒に対して事前に説明し，帮助者に体操競技・指導の経験がある女性学生を充てた。51名の生徒が第1段階から参加した。実施にあたっては参加生徒自身に5通りの帮助法から1つを選択させ，学習の進行に応じて上位の段階を選択することを奨励した。マット運動単元（全15時間）の第8-11時間目をかけてこの支援を試行したところ，第4段階，つまり生徒の身体を帮助者が肩で担ぎあげるまではほぼ全員が継続参加したが，最終時間までに第5段階の帮助を選択した生徒は約半分の25名程度であった（**図3**）。そしてこの25名は足から着地するまでには至ったものの，股関節の伸展を含む跳躍動作の完成に至ったものは2名に過ぎなかった。

　この結果をもとに，本章で重視する帮助者－学習者同期による学習の場の可能性を検討すると，それが必ずしも簡単ではないことが分かる。支援プログラムに参加した生徒が全体の1/3であったことから分かるように，その困難はまず，できることに対する生徒の動機の低さにあるように思う。この問題に関する議論は，本書のほかの章に譲るとして，もう1つの問題は第5段階つまり全身帮助から部分帮助へと移行する難しさである。全身が支えられているうちは，生徒が能動的に解を探索しながら，その成果を帮助者が手応えで感じながら，帮助者－学習者の同期が学習を駆動できていたように思う。しかしそれを経験した約半数は，部分帮助への切り替えに困難を示した。推測に過ぎないが，学習に取り掛かる段階であらかじめ「跳び」のモデル予測があるかないかで部分帮助との同期の可否が決まってくるように思う。もしそうなら小学校の指導要領から振り返り，関連する単元との接続を見直しながら，長いスパンで指導者-学習者が協力し，帮助動作と試技との同期による力場変形の要領を再検討する必要があるのではないか。そしてこうした道筋が，ひいては，できることに対する動機の低さを解消することにもつながるように思えてならない。

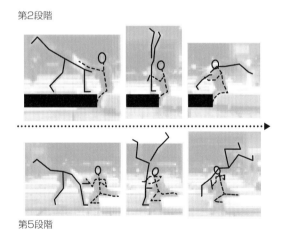

図2　第2段階（上）と第5段階（下）における学習者（頭なし実線）と帮助者（頭つき点線）の姿勢
黒色の長方形は手足の着地位置に落差をつける段差

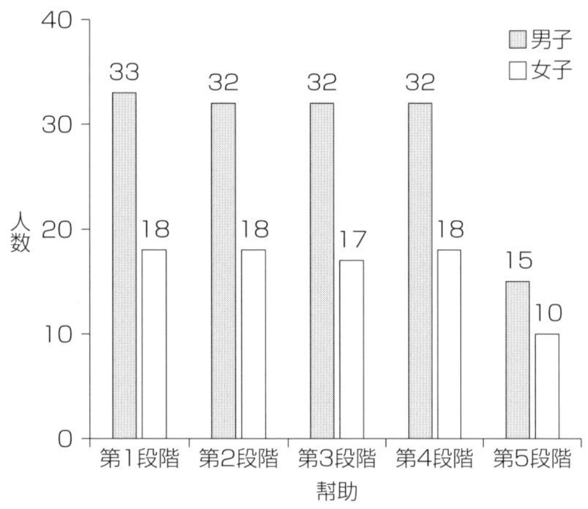

図3　各段階の帮助を希望した人数

◆文献

合原一幸・池口 徹・山田泰司・小室元政（2000）カオス時系列解析の基礎と応用. 産業図書.

Friston, K.（2009）The free-energy principle: a rough guide to the brain?. Trends in cognitive sciences, 13（7）: 293-301.

Friston, K. J., Daunizeau, J., Kilner, J., & Kiebel, S. J.（2010）Action and behavior: a free-energy formulation. Biological cybernetics, 102（3）: 227-260.

Harris, C. M. & Wolpert, D. M.（1998）Signal-dependent noise determines motor planning. Nature, 394（6695）: 780-784.

乾 敏郎・阪口 豊（2020）脳の大統一理論: 自由エネルギー原理とはなにか. 岩波書店.

Jordan, M. I. & Wolpert, D. M.（1999）In: M. Gazzaniga,（ed.）The Cognitive Neurosciences. MIT Press.

Kelso, J. A.（2021）The Haken–Kelso–Bunz（HKB）model: from matter to movement to mind. Biological Cybernetics, 115（4）: 305-322.

Kijima, A., Shima, H., Okumura, M., Yamamoto, Y., & Richardson, M. J.（2017）Effects of agent-environment symmetry on the coordination dynamics of triadic jumping. Frontiers in Psychology, 8: 3.

Lee, T. D., Wulf, G., & Schmidt, R. A.（1992）Contextual interference in motor learning: Dissociated effects due to the nature of task variations. The Quarterly Journal of Experimental Psychology Section A, 44（4）: 627-644.

Newell, K. M.（1986）Constraints on the Development of Coordination. In: M. G. Wade. & H. T. A. Whiting（eds.）Motor Development in Children: Aspects of Coordination and Control. Martinus Nijhoff, pp.341-360.

佐藤海里・木島章文（2017）中学生の前方倒立回転跳びの成否を決める関節間協応の個人差，日本スポーツ心理学会第44回大会発表論集.

佐藤海里（2018）中学生における前方倒立回転跳びの協応構造と着地支援を目的とした段階的帮助法の提案．山梨大学大学院教育学研究科教科教育専攻身体文化教育コース平成29年度修士論文.

Scholz, J. P. & Kelso, J. S.（1990）Intentional switching between patterns of bimanual coordination depends on the intrinsic dynamics of the patterns. Journal of motor behavior, 22（1）: 98-124.

Shea, C. H. & Kohl, R. M.（1990）Specificity and variability of practice. Research quarterly for exercise and sport, 61（2）: 169-177.

Vereijken, B., Emmerik, R. E. V., Whiting, H. T. A., & Newell, K. M.（1992）Free（z）ing degrees of freedom in skill acquisition. Journal of motor behavior, 24（1）: 133-142.

Vereijken, B., Van Emmerik, R. E. A., Bongaardt, R., Beek, W. J., & Newell, K. M.（1997）Changing coordinative structures in complex skill acquisition. Human movement science, 16（6）: 823-844.

ヴィゴツキー, L. S.：土井捷三・神谷栄治訳（2003）「発達の最近接領域」の理論―教授・学習過程における子どもの発達―. 三学出版.

Wulf, G. & Schmidt, R. A.（1997）Variability of practice and implicit motor learning. Journal of Experimental Psychology: Learning, Memory, and Cognition, 23（4）: 987.

Yamamoto, Y. & Gohara, K.（2000）Continuous hitting movements modeled from the perspective of dynamical systems with temporal input. Human Movement Science, 19（3）: 341-371.

IV

実力発揮と
心理的成長を
支える
心理サポート

1章 ハイパフォーマンス領域における心理サポート

立谷泰久

1. 日本のハイパフォーマンス領域における心理サポート

　ハイパフォーマンス領域というのは，トップアスリートを対象とする領域のことであり，そのサポート対象者は，日本を代表とするアスリート（代表候補等も含む）と言える。日本における組織として行ったトップアスリートの心理サポートについて遡ると，最初にあげられるのは，1964年の東京オリンピック選手へのサポート活動であろう（日本体育協会，1965）。その後，1972年の札幌オリンピック（日本体育協会，1972），1998年の長野オリンピック（日本オリンピック委員会，1998，1999）と，自国開催のオリンピックでサポート活動を実施した。また，1985年から始まった日本体育協会（当時）が中心となって行われた「メンタル・マネジメントプロジェクト」は，大きな功績を残した。1985年から2002年まで第1～5次研究として17年間実施し，様々なサポート活動が実施された（石井，2004）。その後，2001年に国立スポーツ科学センター（Japan Institute of Sports Sciences，以下，JISS）が設置されたことにより，このプロジェクトは終了したと言われている。そのほか，スポーツ心理学分野の先人（大学の研究者）が，個々の活動として，トップアスリートのサポートを行ってきたことも多数見受けられる。

　現在国内において，ハイパフォーマンス領域の心理サポートを最も行っているのは，JISS心理グループであろう。JISSは，「トップアスリートの国際競技力向上のための研究とサポートを行う機関」として，2001年10月に開所した。現在JISSがあるエリア（東京都北区西が丘）は，2つのナショナルトレーニングセンターや宿泊施設等も併設

され，この地区一帯をハイパフォーマンススポーツセンター（Japan High Performance Sports Center，以下，HPSC）と位置付けている。JISSはこの20年間，スポーツ医学・科学・情報の研究とサポートを行い，トップアスリートの国際競技力の向上に貢献している。筆者が所属するJISS心理グループも，国際競技力向上のための研究とサポートを日々活発に行っている。

　本章では，最初に，日本スポーツ心理学会の学会大会でこれまで行われた心理サポートに関するシンポジウムや講演等を振り返り，日本における心理サポートの歴史的な経過を見ていくこととする。その後は，JISS心理グループが行ってきたこの20年間のサポート活動の主たることを述べる。さらに，関連する国際学会の動向についても触れながら，今後の「ハイパフォーマンス領域の心理サポート」について述べていくこととする。

2. 日本スポーツ心理学会の学会大会における「心理サポート」関連の企画

　表1は，1973年の日本スポーツ心理学会の創設後，学会大会で行われた「心理サポート」に関連する企画をまとめたものである。この表は，石井（2004），荒井（2017），土屋（2018）がまとめたものに，筆者が，学会HPや学会の大会号を見返し追記したものである。

　1975年の第2回大会のシンポジウム「競技スポーツと心理学の接点（1）：個人スポーツ」から始まり，その後も毎年のように，その時々の時代背景のあるトピックが取り上げられている。その内容の多くは，ハイパフォーマンス領域の心理サポートに関する企画と言えるだろう。1990年代には，資格制度についての構想が始まり，第21回

表1　日本スポーツ心理学会の学会大会において開催された心理サポート関連の企画（1975～現在）

No	大会 （年度）	企画形式	テーマ
1	2回 （1975）	シンポジウム	競技スポーツと心理学の接点（1）：個人スポーツ
2	3回 （1976）	シンポジウム	競技スポーツと心理学の接点（2）：ボール・ゲームの種目別にみた作戦と心理的問題点
3	4回 （1977）	シンポジウム	競技スポーツと心理学の接点（3）：選手の心理的コンディショニングとコーチの機能
4	9回 （1982）	シンポジウム	競技スポーツと心理学の接点（4）：女子選手の心理的コンディショニングと監督・コーチの機能
5	10回 （1983）	シンポジウム	競技スポーツと心理学の接点（5）：スポーツ選手の「やる気」の診断と指導
6	10回 （1983）	ワークショップA	競技意欲をめぐって
7	11回 （1984）	シンポジウム	競技スポーツと心理学の接点（6）：連勝・連敗のメカニズムをさぐる
8	11回 （1984）	ワークショップC	最近のスポーツカウンセリングの動向をめぐって
9	12回 （1985）	シンポジウム	競技スポーツと心理学の接点（7）
10	12回 （1985）	特別講演	メンタル・マネジメント研究に期待する：競技力向上の立場から
11	12回 （1985）	ワークショップA	競技の場におけるストレスマネージメントの問題
12	13回 （1986）	ワークショップB	競技不安のマネージメント
13	14回 （1987）	シンポジウム	競技場面におけるメンタル・マネジメントの問題
14	14回 （1987）	ワークショップB	メンタルトレーニングプログラムの検討　－その基本的な考え方，内容構成，有効性－
15	15回 （1988）	ワークショップA	スポーツと心の健康
16	15回 （1988）	ワークショップB	メンタル・トレーニングの実際と課題
17	16回 （1989）	ワークショップB	スポーツ選手に役立つリラクセーション法の実際
18	17回 （1990）	特別講演	Mental Strength in Training（ウィリー・バンクス）
19	18回 （1991）	シンポジウム	ピーク・パフォーマンス前後の心理的調整
20	19回 （1992）	ワークショップA	バルセロナオリンピック大会における心理的サポートの諸問題
21	21回 （1994）	レクチャー	スポーツカウンセラーの専門家にむけて
22	22回 （1995）	ワークショップ	スポーツにおける心理的サポートの資格問題
23	23回 （1996）	シンポジウム	冬季種目における心理的問題と科学的トレーニング
24	23回 （1996）	特別企画	スポーツカウンセラーの専門家にむけての資格・倫理問題
25	24回 （1997）	パネルディスカッション	スポーツ選手の心理的スキルトレーニングの可能性と課題
26	24回 （1997）	ワークショップ	長期にわたって継続されたスポーツ選手への心理的サポートの事例から
27	25回 （1998）	シンポジウム	スポーツ選手の健康問題を心理学的支援の立場で語る
28	26回 （1999）	自主S	メンタルトレーニングの研究と応用のギャップ
29	27回 （2000）	自主S	心理的サポートの具体化と問題について
30	27回 （2000）	自主S	メンタルトレーニングの実践：現場からの報告
31	28回 （2001）	特別講演	「ピークパフォーマンス不全」のメンタルケア：認知心理学および認知臨床心理学の立場から
32	28回 （2001）	特別シンポジウム	国立スポーツ科学センターの設置とスポーツ心理学領域の果たす役割
33	30回 （2003）	学会企画S	競技者をサポートする各種専門職の現場で起こっていること
34	30回 （2003）	シンポジウム	競技力向上のための心理的サポート：スポーツメンタルトレーニングとスポーツカウンセリングの協力関係を探る
35	30回 （2003）	RTD	スポーツメンタルトレーニング指導士（補）の育成と活用
36	31回 （2004）	学会企画S	アテネオリンピックと心理的サポート
37	31回 （2004）	RTD	メンタル面強化の専門家育成システムの構築
38	32回 （2005）	学会企画S	より良い心理サポートを目指して（その1）―心理サポートの効用と弊害―
39	32回 （2005）	RTD	スポーツメンタルトレーニング指導士資格の現状と課題―資格取得者を対象とする活動実態調査から―
40	33回 （2006）	大会企画S	ここまで来た我が国のメンタルトレーニング
41	33回 （2006）	RTD	スポーツメンタルトレーニング専門家育成と研修
42	34回 （2007）	学会企画S	より良い心理サポートをめざして：メンタルトレーニングとスポーツカウンセリングの融合
43	34回 （2007）	自主S	メンタルトレーニングの効果は何を，どんな方法で評価したらよいか
44	35回 （2008）	RTD	オリンピックとメンタルトレーニング
45	36回 （2009）	会員企画S	監督・コーチ，スポーツ医・科学スタッフとの連携―スポーツメンタルトレーニング指導士に求められる役割―

46	37回 (2010)	RTD	心理サポート現場における事例研究を考える
47	38回 (2011)	大会企画S	心理サポート研究の課題と展望: オリンピック・パラリンピック選手への心理サポートから
48	38回 (2011)	学会企画S	スポーツにおける運動イメージの研究成果と課題
49	38回 (2011)	自主S	スポーツ集団研究における今日的視点: ラボ研究からフィールド研究へ
50	38回 (2011)	RTD	集団スポーツのダイナミクス
51	39回 (2012)	特別講演	オリンピックとスポーツ心理学（アテネ・北京オリンピック日本代表 村上幸史氏）
52	39回 (2012)	自主S	トップスポーツにおけるコーチ経験: 日本及びアメリカの観点から
53	39回 (2012)	RTD	心理サポートの事例研究
54	40回 (2013)	学会企画S	わが国のスポーツ心理学研究の展望と課題
55	40回 (2013)	RTD	負けず嫌いとスポーツ動機づけ: 研究方法を探る！
56	41回 (2014)	大会企画S	Psychological support for Tokyo 2020 : From the perspective of personal growth, performance enhancement and carrer transition
57	41回 (2014)	大会企画S	New Derections in Imagery Research
58	41回 (2014)	大会企画S	The Present Situation Challenge of Psychological Support for the Japanese Pare Athletes
59	41回 (2014)	大会企画S	International Perspectives on Psychological Support for Athletes and Coaches
60	41回 (2014)	大会企画KL	Psychological of Coaching (Daniel Gould, Ph.D)
61	41回 (2014)	大会企画KL	Effective Sport Psychology : It's All About the Relationship (Ken Hodge, Ph.D)

※41回大会は，Asian South-Pacific Association of Sport Psychology (ASPASP) 7th international Congress in Tokyoと共催

62	42回 (2015)	大会企画S	チームづくりにおける指導者の仕事は: 選手発掘から育成まで
63	42回 (2015)	自主S	スポーツ心理学の研究と実践へのテクノロジーの活用
64	43回 (2016)	大会企画S	こころと身体をつなぐ接点（リレハンメルオリンピック金メダリスト阿部雅司氏，他）
65	43回 (2016)	自主S	心理的サポート現場での実践: 各団体での取り組み
66	43回 (2016)	自主S	2020年東京オリンピック・パラリンピックに向けての心理サポートとその後
67	44回 (2017)	自主S	メンタルトレーニングコンサルタントに必要なコンピテンシーを定義する
68	44回 (2017)	自主S	女性ユースアスリートに対する心理サポートの現状と課題ー女性アスリート心理サポートコンソーシアム構築に向けてー
69	44回 (2017)	自主S	スポーツメンタルトレーニング（SMT）指導士の自己認識力・自己開示力の向上を目指して
70	44回 (2017)	自主S	スポーツメンタルトレーニング（SMT）における相談のバランスのよい学びと展望
71	44回 (2017)	RTD	2020年東京オリンピック・パラリンピックに向けての心理サポートとその後 (2)
72	44回 (2017)	RTD	マインドフルネス治療法入門: アスリートに対するメンタルサポートの可能性
73	45回 (2018)	自主S	スポーツ心理学領域におけるスーパービジョンに必要なコンピテンシーを考える
74	45回 (2018)	RTD	2020年東京オリンピック・パラリンピックに向けての心理サポートとその後（3）
75	46回 (2019)	自主S	メンタルトレーニングコンサルタントに必要なコンピテンシーを考える: コンサルティングにおける他領域の専門家との協働
76	46回 (2019)	RTD	アスリートの体験している身体について考える
77	46回 (2019)	RTD	メンタルトレーニング指導士が競技現場に行くー心理サポート事例からー
78	46回 (2019)	RTD	2020年東京オリンピック・パラリンピックに向けての心理サポートとその後（4）
79	47回 (2020)	大会企画S	新型コロナウイルスによる未曾有の危機に遭遇するアスリートと向き合う
80	48回 (2021)	学会企画S	東京オリンピック・パラリンピック後の意識および社会変革を考えるースポーツ心理学（者）の役割ー
81	48回 (2021)	RTD	SMT指導士におけるアスリートの心理サポートに関する『現状』と『課題』
82	49回 (2022)	自主S	いま，現場で求められている心理サポートとは？ーサッカーの現場からー
83	49回 (2022)	自主S	アスリートのメンタルヘルスおよびウェルビーイングの課題にスポーツ心理学はどのように貢献できるか
84	49回 (2022)	RTD	ジュニア選手の発達段階を考慮した心理的サポートー関西テニス協会における継続的支援ー

※企画形式の名は当時のもの。自主S＝会員企画自主シンポジウム，RTD＝会員企画ラウンドテーブルディスカッション，KL＝キーノートレクチャー

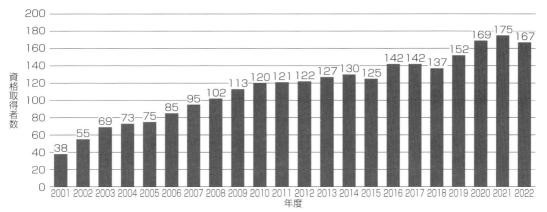

図1　スポーツメンタルトレーニング（SMT）指導士・資格取得者数の推移

大会（1994年）にレクチャー「スポーツカウンセラーの専門家にむけて」，第22回大会（1995年）のワークショップ「スポーツにおける心理的サポートの資格問題」，そして第23回大会（1996年）に特別企画「スポーツカウンセラーの専門家にむけての資格・倫理問題」が行われた。その後，1997年に資格検討特別委員会（杉原隆委員長，徳永幹雄，猪俣公宏，中込四郎，竹中晃二の各委員）が設置され，2000年に「スポーツメンタルトレーニング（SMT）指導士」の資格制度が発足された。制定から20年以上経過し，SMT指導士の数も増加し，2022年4月時点で，170名近くのSMT指導士がいる（**図1**）。これらの推移からも分かるように，2000年にSMT指導士の資格認定制度ができ，その後会員数も増え，それと同時に心理サポートに関連する企画も急激に増加している。これは，資格取得の希望者の増加，そして心理サポートが果たすべき役割や資格取得者（目指す者も含む）の資質向上に関する指摘・議論が影響していると思われる。これもSMT指導士が，競技現場から信頼を得てサポート活動ができるようにという思いや目的があってのことである。また同時に，資格委員会（資格認定委員会より改変）は，資格認定の要件を見直したり，研修会を充実させるために様々な研修会を実施してきた。さらに，地域や地方での研修会活動を活性化させるために，「SMT指導士会」（任意団体）が2006年に発足され，

研修を受ける機会も増えた。このような活動もあり，近年は，SMT指導士の活躍が見られ，社会的認知度も徐々に広まってきていると感じている。

また，「心理サポート研究」という視点で見てみると，第37回（2010）大会RTD・B「心理サポート現場における事例研究を考える」，第38回大会（2011年）大会企画シンポジウム「心理サポート研究の課題と展望：オリンピック・パラリンピック選手への心理サポートから」，第39回大会（2012年）会員企画RTD「心理サポートの事例研究」などがある。さらに，米丸ほか（2017）はわが国におけるアスリートの心理サポートの研究の現状について概観している。これらを総じて述べると，より良い心理サポートには研究は必須ということであり，今後はこれまで以上に，質の高い事例研究や実践研究の増加が望まれる。

3.　JISS心理グループのサポート活動

　JISS心理グループのサポート活動（個別やチーム）には，SMT指導士，臨床心理士，公認心理師という資格を有しているスタッフが携わっている。近年のJISSのサポート活動は，基本的にはHPSC内に限られる。また，JISSにはクリニックがあり，月2回の心療内科の診療もあり，幅広い心理の専門家が活動・協働している。さらに，日

本代表チームに帯同するという活動（「ハイパフォーマンスサポート（HPS）事業」）もある。この活動の特徴は，国内外の遠征に帯同し，サポート業務に徹するということである。東京2020大会においても，サポートを遂行し，チームのパフォーマンス向上に貢献した（遠藤ほか，2021）。また，この事業には，「村外サポート拠点」での活動も含まれる。「村外サポート拠点」とは，アスリートが最高のコンディションでオリンピック・パラリンピックの本番を迎えられるように多種多様なサポート機能を備えた施設（拠点）のことであり，これをオリンピック・パラリンピックの期間中に，選手村の外（近郊）に設置するというものである。日本では2012年のロンドンオリンピックから実施し，その後のオリンピック・パラリンピックにおいても設置している。「村外サポート拠点」は，日本のみならず，多くの国々が独自に設置し，現代のオリンピック・パラリンピックでは，「村外サポート拠点は最高のパフォーマンスの発揮には必須」と言われている。

JISSが提供しているサポートは，Evidence-basedのものである。そのための研究は不可欠である。JISSでは，サポートと研究は「車の両輪」と考え，この2つのミッションで，どの分野も日々活動している。JISS心理グループも，これまでサポートに関する研究を実施してきている。直近の研究では，東京2020大会に向けたものとして，2015年から「自国開催オリンピック・パラリンピックにおける実力発揮を促進する心理的要因の検討」というタイトルで研究を行った。言わば，「自国で開催されたオリンピック・パラリンピックにおいて，どのような心理状態で戦ったのかを経験者（元アスリート）に聞き・まとめ，それを東京2020大会に出場する選手・チームのパフォーマンス発揮に貢献する」という研究である。関連する研究を2015〜2021年度の7年間実施した。当初の研究は論文化され（鈴木ほか，2018；佐々木ほか，2019），またHPSC・JISSのHPにも簡潔にまとめた資料として報告している（HPSC, 2021）。この研究の成果は，東京2020大会

本番直前まで，選手やチームに提供された。

4. JISS心理グループにおける東京2020大会でのサポート活動

1年延期された東京2020大会は，COVID-19の感染症対策を徹底した対策をとりながら実施された。東京都北区西が丘地区のHPSC，そして選手村近郊の2つの施設を「村外サポート拠点」として位置付け，JISSの心理スタッフ全員が，アスリート，チームのサポートに全力を注いだ（立谷ほか，2022）。ナショナルトレーニングセンターを練習拠点とした競技団体へは，試合の直前までサポートを実施した。また，オリンピック直前に複数の個別サポートを申し込んできた競技団体への対応も行った。さらに，日本オリンピック委員会（JOC）の情報・科学サポート部門と連携し，選手村の中に「オンライン心理サポート部屋」を設置し，選手とわれわれJISS心理スタッフが「いつでもつながれるように」ということも行った。また，日本パラリンピック委員会（JPC）の心理スタッフとも随時情報共有を行い，パラアスリートへのサポート環境についても最大限整えるようにした。

5. トップアスリートに重要な心理的要因の把握〜DIPCAからJ-PATEAへ〜

JISSが開所してから，アスリートの心理面は，「メンタルチェック」と称して各種心理検査を用いて，その評価を行ってきた。主に使用してきた検査は，日本のスポーツ心理学の世界では広く使用されている，徳永ほか（1998）が開発した「心理的競技能力診断検査」（Diagnostic Inventory of Psychological Competitive Ability for Athletes：DIPCA）であり，オリンピック選手のデータも公表した（立谷ほか，2008）。ただ，これらのデータを収集・分析したり，サポート活動で使っていくうちに，「トップアスリートの心理面を測定する検査として十分か？」ということを感じていた。

そこで「トップアスリートに必要な心理的要素とは何か？」を追及し研究を重ね、「JISS競技心理検査」（JISS-Psychological Ability Test for Elite Athletes，以下，J-PATEA）を完成させた（立谷ほか，2020）。J-PATEAには，10の因子（自己コントロール，集中力，イメージ，自信，一貫性，自己分析力，客観性，目標設定，モチベーション，生活管理）がある。各4問の質問項目で，合計40問で構成され，各20点合計200点満点で採点される。本検査は，競技レベルの高い選手のほうが得点は高いということが，研究で明らかになっている（立谷ほか，2020；高井ほか，2021）。J-PATEAは，アスリートのハイパフォーマンス領域の心理サポートで活用できる検査と言える。

6.「HPSC心理サポートガイドライン」の作成

JISS心理グループは，2020年度に「HPSCにおける心理サポート特別プロジェクト」という事業を実施した。この事業では，HPSC における心理サポートをさらに推進していくため，心理サポートの重要性や有効性の普及・啓発，それにかかわる人材育成につながることを実施した（HPSC，2021）。その中の活動として，「HPSC心理サポートガイドライン」を作成した。これは，JISS心理グループがこれまで実施してきた「個別サポート」「チームサポート」，そして「オンラインサポート」をまとめたものである。「個別サポート」と「チームサポート」は，これまでJISS心理グループが行ってきたことをベースに，JISSのOB/OGを対象にインタビュー調査を実施したり，SMT指導士を対象にアンケート調査を行い，執筆した。また「オンラインサポート」については，COVID-19の感染防止対策で対面でのサポートが実施できなくなったことを背景に，どのように展開するのかを記述した。このまとめた冊子は，英訳も実施し，海外の3名の著名なスポーツ心理学者（Peter Haberl氏（U.S. Olympic & Paralympic Committee: USOPC），Gangyan Si氏（Hong Kong Sports Institute: HKSI），Natalie Durand-Bush氏（University of Ottawa））にも見ていただき，評価された（HPSC, 2022）。また，この冊子を日本スポーツ心理学会の会員の希望者にも配布し，普及・啓発を行った。この冊子は，「ハイパフォーマンス領域における心理サポート」を実施する際に役立つことをまとめたものであり，このように，国内外に公表したことは，非常に意味のあることと思われる。なお，本章では，「ハイパフォーマンス領域における心理サポート」の実際について触れないため，この冊子を参考にしていただきたい。

7.　JISS心理グループが行うそのほかの事業

HPSC・JISSでは，様々な事業が展開されているが，心理サポートに関連するものを紹介する。まずは，「女性アスリート育成・支援プロジェクト『女性アスリート支援プログラム』事業」では，妊娠期・出産期の女性アスリートを対象に，競技復帰をより早めるということを目的として，心理面からの評価とサポートを実施している。また，「ハイパフォーマンススポーツセンターネットワークの構築」では，JISSが行っている測定や講習会等を地域・地方でも展開するということを目的に実施している事業で，心理グループでは「チームビルディング」と「メンタルトレーニング講習会（基礎編と応用編）」をパッケージ化し，その展開を行っている。さらに，「スポーツ支援強靱化のための基盤整備事業」では，心理サポート体制のさらなる整備ということを目的に，海外調査，アスリートのメンタルヘルス，ウェルビーイングの調査研究を進めている。これらの事業は，すべて「ハイパフォーマンス領域における心理サポート」に通じることと言える。

8．「ハイパフォーマンス領域の心理サポート」の国際的な動向

　海外における「ハイパフォーマンス領域の心理サポート」に関連する学会としては，米国を中心に毎年行われている国際応用スポーツ心理学会（Association for Applied Sport Psychology: AASP）が最初にあげられるだろう。米国のスポーツ心理学者を中心に1986年に創設され，その後，1989年に資格制度も発足させ，現在はCertified Mental Performance Consultant（CMPC）という名で活動している。また，1965年に設立された国際スポーツ心理学会（International Society of Sport Psychology: ISSP）においても，アスリートの心理サポートに関する資格制度（ISSP-Registry）の整備を始め，この資格制度を2023年に本格的に発足というスケジュールで動いている。

　また，**表2**は，海外の心理サポート者が2020（2021）東京オリンピックで活動した人数を示したものである。これは，AASPの中にオリンピッ

表2　東京2020大会で活動した世界のスポーツ心理学者

国名	人数	選手村に入った人数
米国	15	5
カナダ	5	2
オーストリア	4	3
ニュージーランド	4	0
ノルウェー	3	3
ドイツ	3	2
オーストラリア	3	0
香港	3	0
ベルギー	2	1
アイルランド	1	1
スイス	1	1
中国	1	0
デンマーク	1	0
イラン	1	0
オランダ	1	0
シンガポール	1	0
合計	49	18
※日本（HPSC心理スタッフ：常勤・非常勤含む）	13	0

クまたはパラリンピックのサポートをしている人が参加する任意のグループがあり，そこから得た情報をまとめたものである。例えば，米国は15名が来日し，そのうち5名は選手村に入って活動したということである。米国がほかの国に比べて，突出して多いということが分かる。そして，米国を含む8ヵ国は，入村してサポート活動を行った。COVID-19の感染拡大防止をしながらの大会で，関係者が十分参加することができない状況においても，多数の国々が入村できるパス（ADカード）を心理サポート者用に準備していたことは特筆すべきことであり，世界ではスポーツ心理学者の役割も明確だと思われる。日本においても，われわれに課せられた役割・任務というものを整理する必要があると思われる。なお，この表の数値は，AASP の研究者が任意で集計したものであるため，すべてを把握できているものではないことを付け加えておく。

　そして，近年のハイパフォーマンス領域のサポートの世界的キーワードは，アスリートの「メンタルヘルス」や「ウェルビーイング」である。国際オリンピック委員会（International Olympic Committee: IOC）が「メンタルヘルス」に関する声明を出し（IOC, 2019），ブックレットも公表している（IOC, 2021）。「メンタルヘルス」を含めた，より良く生きていくためのアスリートの「ウェルビーイング」は非常に重要であり，今後も世界中で取り上げられるであろう。

9．まとめ〜これまでとこれから〜

　ここまで，日本におけるハイパフォーマンス領域の心理サポートについて述べてきた。あらためて振り返ると，この領域の発展には，4回の自国開催のオリンピック・パラリンピックでの心理サポート活動，そして1985年からの「メンタル・マネジメントプロジェクト」の影響が大きいと思われる。また，日本スポーツ心理学会の設立当初からの50年に渡る活動，中でもSMT指導士資格認定制度が発足してからの20年余りの活動が，こ

の領域の発展に大きく貢献していると思われる。さらに，JISSのこれまでの20年以上のサポートや研究活動も，この領域における心理サポートの発展に大きく寄与していることも間違いない。

　海外においても，このハイパフォーマンス領域の心理サポート活動は今後も活発になっていくと思われる。特に「メンタルヘルス」や「ウェルビーイング」というキーワードはますます重要になり，国際学会においてもさらに取り上げられるだろう。日本においても非常に重要なテーマであり，関連した国の事業の増加も予想される。

　また，ハイパフォーマンス領域の心理サポートは，"からだを動かす競技スポーツ"が主であったが，今後は「バーチャルな競技性のあるスポーツ（例えば，eスポーツ）」への参入の可能性も十分に考えられる。ハイパフォーマンス領域の心理サポートは，多くのマーケットで必要とされ，活動の幅が広がっていくと感じている。それゆえに，日本スポーツ心理学会は関連領域の研究をさらに発展させ，そして，SMT指導士の資質向上や資格認定制度もこれまで以上に充実させることが求められるだろう。筆者自身も，一人の学会員としてできる限りのことを行う所存である。

◆文献

荒井弘和（2017）平成28年度スポーツメンタルトレーニング指導士会関東支部研修会「心理サポートの事例から多様なアプローチについて考える」配布資料.

遠藤拓哉・立谷泰久（2021）女子ソフトボール日本代表チームにおける心理サポートの事例報告．Journal of High Performance Sport, 7: 107-114.

HPSC年報2020（2021）HPSCにおける心理サポート特別プロジェクト. 51.

ハイパフォーマンススポーツセンター（HPSC）HP（2022）自国開催対策におけるプレッシャーに打ち克ち実力発揮する手がかりとは. https://www.jpnsport.go.jp/hpsc/Portals/0/resources/jiss/pdf/sportsscience/sportsscience_06.pdf

HPSC年報2021（2022）スポーツ支援強靭化のため基盤整備事業. 83.

International Olympic Committee（IOC）（2019）Mental health in elite athletes: International Olympic Committee consensus statement.

International Olympic Committee（IOC）（2021）IOC MENTAL HEALTH IN ELITE ATHLETES TOOLKIT 2021.

石井源信（2004）「競技力向上と心理的サポート」研究の課題と展望．日本スポーツ心理学会編，最新スポーツ心理学—その軌跡と展望．大修館書店，pp.243-250.

日本体育協会（1965）東京オリンピックスポーツ科学研究報告．心理部会，481-522.

日本体育協会（1972）札幌オリンピックスポーツ科学研究報告.

日本オリンピック委員会スポーツ医・科学研究報告（1996）No.III 冬季種目のメンタルマネジメントに関する研究—第1報—.

日本オリンピック委員会スポーツ医・科学研究報告（1997）No.III 冬季種目のメンタルマネジメントに関する研究—第2報—.

佐々木丈予・福井邦宗・鈴木敦・米丸健太・奥野真由・立谷泰久（2019）自国開催の国際大会における実力発揮に至る心理的過程の質的研究．Journal of High Performance Sport, 4: 79-93.

鈴木敦・米丸健太・佐々木丈予・福井邦宗・奥野真由・立谷泰久（2018）自国開催の国際大会における実力不発揮の心理的プロセスの検討．Sports Science in Elite Athlete Support, 3: 1-13.

立谷泰久・今井恭子・山崎史恵・菅生貴之・平木貴子・平田大輔・石井源信・松尾彰文（2008）ソルトレークシティー及びトリノ冬季オリンピック代表選手の心理的競技能力．Japanese Journal of Elite Sports Support, 1:13-20.

立谷泰久・村上貴聡・荒井弘和・宇土昌志・平木貴子（2020）トップアスリートに求められる心理的能力を評価する心理検査の開発．Journal of High Performance Sport, 6: 44-61.

立谷泰久ほか（2022）特集 東京オリンピック・パラリンピック競技大会サポート特集 村外サポート拠点の運営—サポート機能 V. 心理部門．Journal of High Performance Sport, 9: 33-36.

高井秀明・髙橋由衣（2021）大学生アスリートにおけるトップアスリートに必要な心理的能力に関する特徴. 日本体育・スポーツ・健康学会第71回大会予稿集, 31.

土屋裕睦（2018）わが国のスポーツ心理学の現状と課題．Japanese Journal of Psychosomatic Medicine, 58: 159-165.

徳永幹雄・橋本公雄（1988）スポーツ選手の心理的競技能力のトレーニングに関する研究（4）—診断テストの作成—．健康科学, 10: 73-84.

米丸健太・鈴木壮（2017）本邦におけるアスリートの心理サポートに関する実践研究の概観—"実践を通しての研究"に着目して—．スポーツ心理学研究, 44: 19-32.

正しく悩む：アスリートのキャリアサポート

筒井 香

■正しく悩む

　人は先の見えないことには不安を覚えやすいものである。キャリアについて悩んでいる時間は不安との戦いであり，その苦しみから早く解放されたいと願うとき，人は結論を急ぎたくなる瞬間がある。そのようなとき，悩むことから目を背けず，むしろ「正しく悩む」ことができるように伴走するサポートが重要になる。正しく悩んで考えるための理論的枠組みとして，「マルチアイデンティティ」や「ライフキャリアレインボー」等が活用できる。

■マルチアイデンティティの構築

　「アスレティックアイデンティティ」，それはアスリートが「自分を選手だと考えたり感じること」であり（Brewer, et al., 1993），パフォーマンス向上に寄与する。しかし，こうした一元的なシングルアイデンティティの場合，競技成績で自分自身の価値が変動し，引退時には自分がなくなるような感覚にさえ落ちいってしまいかねない。そこで大切なのが，選手以外の自分にもアイデンティティを持つ「マルチアイデンティティの構築」であるが，アイデンティティの拡散になり，本当の自分がわからなくなるのではないか？という懸念も考えられる。しかし，「唯一無二の自分」というのは幻想であり（平野，2012），その姿を求めることが人に苦しみを与え，十分に力を持った複数の自己を作っておくことはセルフコントロールのためのリスク管理になる（杉浦，2017）。マルチアイデンティティの構築によって，「私を助ける私」をつくる心理サポートが求められる。

■ライフキャリアレインボーの活用

　アメリカのキャリア研究者Superは，キャリアについて「人の人生の間に演じられる役割の結合と連続である」と定義しており（Super, 1980），

ここからも人は多元的であり，役割ごとにアイデンティティがあると考えることができるであろう。
　Superは役割の重なりあいを虹に例えた「ライフキャリアレインボー」を提唱した。この概念を用いたキャリアデザインには，①今の自分が持つ役割を理解する，②役割ごとの目標や期待されることを考える，③時期に応じて役割の幅を調節するといった3つのステップが考えられる。たとえ幅は短くても，その役割の時間の質を高めることで，自分ならではのキャリアレインボーを描くことができるようなサポートが求められる。

■スポーツメンタルトレーニング指導士の役割

　アスリートのキャリアサポートには，就職支援に留まらず，「キャリア」を広義に捉えたアスリートとしての自己実現を含む一人の人としての「人生」のサポートも必要になる。現役中からアスリート一人一人の思考と感情の"トリセツ"をつくる伴走者となるスポーツメンタルトレーニング指導士には，「自分とは誰か」「どう在りたいのか」というアイデンティティ構築を土台にしたアスリートのキャリアサポートにあたる役割が求められるであろう。答えのないキャリアだからこそ，アスリート自身が"セルフメイド"で自律的にキャリアをデザインできるサポートが重要になると思われる。貴重な固有の人生の，貴重な固有の悩みに寄り添う覚悟が問われている。

◆文献

Brewer, B. W., Van Raalte, J. L.,& Linder, D. E. (1993) Athletic identity: Hercules' muscles or Achilles' heel? International Journal of Sport Psychology,24: 237-254.

平野啓一郎（2012）私とは何か―「個人」から「分人」へ―. 講談社.

杉浦 健（2017）多元的自己の心理学. 金子書房.

Super, D. E. (1980) A life-span, life-space approach to career development. Journal of Vocational Behavior,16 (3)：282-298.

2章 アスリートに対するスポーツカウンセリング

武田大輔

　第IV部は"実力発揮と心理的成長を支える心理サポート"と題されている。"スポーツにおける実力発揮"，"スポーツを通じた心理的成長"と分けて表現したところで，いずれもスポーツ現場に身を置く者にとっては違和感を抱くことはないだろう。"スポーツにおける心理サポート"とひとくくりにできないのだろうか。これには，わが国において，あるいは諸外国においても二項対立的に論じられてきたサポートの目標あるいはアプローチの違いがその背景にあるからだ。すなわち，スポーツメンタルトレーニングとスポーツカウンセリングという2つのアプローチの関係に由来する。本章では，先に両者に共通する事柄と，両者の関係の変化を述べる。その後，わが国のスポーツカウンセリングの概要，すなわち臨床スポーツ心理学の現状と発展のための課題について触れる。

1. 心理サポートの実際〜実践者の姿〜

　アスリートの心理面への支援あるいはトレーニングなどの専門的な実践の総称として「心理サポート」としておく。わが国の心理サポートの大別であるスポーツメンタルトレーニングやスポーツカウンセリングといった名称がスポーツの現場において認知されてきたようである。メンタルトレーニングという名称は，実力発揮のための心理的方略やテクニックといったイメージを想起させるのか，アスリートや指導者らには受け入れられやすい。一方で，スポーツカウンセリングは，カウンセリングという言葉に付されるイメージからか，心理相談，心理療法などと同様に，精神的な病に陥っている，または通常の健康的な状態に戻らねばならない人のためのものといった印象があるのだろう。そのため，スポーツ現場の人にとっ

ては身近なものとしては受け入れがたいのかもしれない。これは，名称から引き起こされる単純かつ一般的なイメージによるのであろう。「私はメンタルトレーニングの専門家です」あるいは「私はスポーツカウンセリングの専門家です（一部の者は臨床心理士，公認心理師を名乗る）」のように専門家が自分のアイデンティティを表明することがあるが，人とかかわる実践に存在する"ある種の深み"に触れてしまうことに立場の違いは関係ない。つまり実のところ，メンタルトレーニングとカウンセリングの大別はさほど意味はないと筆者は考える。メンタルトレーニングであれ，スポーツカウンセリングであれ，心理サポートの専門家として競技に専心するアスリートあるいは彼らにかかわる指導者やトレーナーらといったあらゆる関係者とともに仕事をするときには，表層的な知識や小手先のテクニックだけでは，到底太刀打ちできないことをわれわれは体験する。そのような体験に導いてくれるのは，たいていの場合において，目の前にするクライエントである（われわれが専門家としてかかわる周囲のあらゆる人の総称としてクライエントと呼び，競技にかかわる人々すべてが含まれる）。

　いくつかエピソードを紹介したい。あるアスリートとの対話の中で，競技を行うことの価値について語られた。彼は次のように言った。「自分がなぜ競技をするのかを考えるときがある。考えても答えは出ないのに考えてしまう。物事の本質を考えるようなものだが，考えすぎると死んでしまうようにも思える。それでも時折考えざるを得ない」。また別のアスリートであるが，彼は目標としていた大会が近づくにつれ，身体の主要部分を次々に故障していき，思うようにならない現実に苦しんでいた。そして，「人間はいつか死ぬのに，

なぜこんなに苦しまないといけないのですかね」と語った。アスリートだけではない。すでに名の知れた指導者が選手の起用について苦悩していたときに、「選手の前では毅然とした態度で作戦を伝えたが、これが本当にベストだったのかはわからない。たとえ試合に勝てたとしても、この決断が選手のその後の人生にどのような影響を与えるのかについても指導者としては責任を引き受けてしまう」と語った。

　人間は一生懸命生きようとすると、このような実存的な問いや人間存在の意味といった深く重いテーマを抱えることになる。アスリートにとっても周辺の関係者にとっても、日々のトレーニングがきわめて厳しい営みであることは誰もが想像できるだろう。その日々の営みは、難解で底の見えないテーマに彼らを向き合わせるのかもしれない。そのようなときに、われわれ専門家は何ができるのか。心理療法家として知られる河合隼雄は、専門的なかかわりはその知識や技術を適用してできるものではないと述べている（河合, 2009/1992）。これは心理支援にかかわることだけでなく、人が人と直接的にかかわるあらゆる専門的生業においても言える。知識や技術の適用だけでは修まらない人間存在の意味にまで触れることとなるのが心理サポートである。クライエントと真剣に対峙すると、時には哲学的な問いに翻弄され、自身の存在の危機にさらされることもある（武田, 2021a）。しかしやはり、心理支援とはきわめて実際的な仕事であると言われるように（河合, 2003）、目の前のクライエントに対してできることに立ち返って考え続けるしかない。

　アスリートにおいては多くの場合、競技生活にかかわることで専門家を頼る。試合前の不安をなくしたい、自信を持って試合に臨みたい、指導者に認められたい、世界一になりたいといった素朴な思いからである。その際に、専門家がスポーツ心理学をはじめとした多様な学問的知識を身につけていることは大切である。深く多様な知識を持つことで、一方的で押しつけがましい支援とはならない。目の前にするクライエントと専門家がと

もに行っていく将来的な作業の地図を描き、その方向性に向かう有益なかかわりができる（Tod et al., 2020）。

　さらに、心理サポートの実践家は、専門知識を身につけるだけに留まらず、実践者自身も何らかの研究テーマを見出し、そのテーマを深く探求する学術的な営みも遂行することが求められる。概念形成とも言える研究活動は、エビデンスの蓄積だけでなく、実践家の実践力を鍛えることにもなるからである（武田, 2022）。日本スポーツ心理学会が認定する専門資格は、専門知識の保有を担保するだけでなく、継続した実践家の研鑽努力をも保障するものであり、資格保有者は専門家としての社会的責任を強く自覚しているのである。

2. スポーツカウンセリングとスポーツメンタルトレーニングの二項対立関係

　1964年の東京五輪での選手強化を目的としたスポーツ科学研究会心理部会の一連の研究はスポーツ心理学の概説書によく取り上げられる。より実践的な心理サポートとしての注目は、1980年代からのメンタルトレーニング（以下, SMT）, 1990年代からのアスリートの臨床的問題であろう。前節で触れたように、SMTは実力発揮や競技力の向上にかかわるもの、スポーツカウンセリングは心理的な問題の解決にかかわるものといった印象があるため、両者は対極にあるものと捉えられることがあった。SMTはアスリートの表の世界、あるいは日の当たる世界、スポーツカウンセリングは裏の世界ないしは影の世界と二項対立的に位置づけ、2000年前後の関係を示すと**図1**のようになる（木塚, 2014）。2000年頃までは対峙期として、はっきりとした区別がなされている。その後2010年頃までは少しの重なりを確認できるが、両者は相補的な関係にあり、アスリートを全人的に支えるという立場に立てば、この両者は本来1つである。したがって、筆者は総称としての心理サポートいう言葉を使っている。心理サポートの発展を期待するならば、SMTとカウンセ

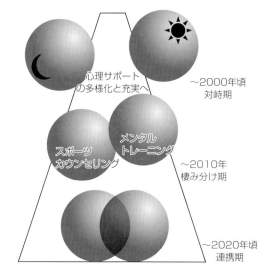

心理サポート
の多様化と充実へ

～2000年頃
対峙期

スポーツ
カウンセリング

メンタル
トレーニング

～2010年
棲み分け期

～2020年頃
連携期

図1　スポーツカウンセリングとメンタルトレーニングの連携（木塚，2014）

リングとして一度は区別され，それぞれの特徴や役割を明確にすると同時に，共通することも同定されることが求められるだろう。そして再び統合されることで，つまり分化と統合のプロセスを経て，心理サポートは高次に変容あるいは深化するのである。

　2014年に示されたこの**図1**は2020年を見据えている。すなわちこの年に行われる予定であった東京オリ・パラ2020を想像し，高度に連携した両者の実践が豊かに展開されていることを期待したのであろう。この期待の背景は，2008年にスポーツ科学を専門とする者らが競技スポーツ現場に積極的に派遣され，競技力向上に対して包括的な支援を行った事業にあるだろう。国立スポーツ科学センター（現在はハイパフォーマンスセンター）が主導し，トレーニング，栄養，映像分析，情報収集などに並び，心理サポートもそこに含まれた。心理サポートを担当する専門家は，認定スポーツメンタルトレーニング指導士，認定スポーツカウンセラーが主となり，状況に応じて臨床心理士や精神科医と協働する実践が行われた。学問ないしは理論的立場を超えて協働されたこの実践は継続的な事業となり，組織形態は変わりつつも，2021年の東京オリ・パラまで続いた。今後，そ

れらの実践の成果が検証され，その知見が世に出されることで，新たな心理サポートの姿が示されるだろう。なお，**図1**に示されたSMTとスポーツカウンセリングの両者の関係の発展は下方へと向かっている。これは実践と研究の深化をイメージしていると筆者は解釈している。最新のSMTの特集を組む雑誌の巻頭では，SMT理論の革命が起きており，研究対象にはメンタルヘルスはもちろんのことスピリチュアルなテーマも含まれるという（荒井，2022）。またすでに全人的なサポート（メンタルサポート3.0）が提唱されているように（荒井，2020），SMTとスポーツカウンセリングの両者を含む統合的な心理サポートはその深化に向けて動き出している。

3. わが国におけるスポーツカウンセリング　～臨床スポーツ心理学の誕生～

■1 心理臨床学に基づいたスポーツカウンセリングの実践

　スポーツカウンセリングという言葉自体は古くから使われていた（長谷川，1979）。現在においても，"カウンセリング"という言葉自体はあらゆる文脈で使われることが多い。ここでは，近年の日本のスポーツ心理学におけるスポーツカウンセリングに特化して紹介する。

　体育学・スポーツ科学領域の学部・大学院を卒業・修了した後に，心理臨床の訓練を受け，アスリートに対して心理療法面接を行ったのが中込四郎，鈴木壮である。彼らはその実践を積み重ねるとともに事例を中心とした研究を発表し続けてきた（中込，2004，2013，2021；中込・鈴木，2015，2017；鈴木，2014）。それまでに彼ら以外にも，臨床心理学をベースにスポーツの事象を捉えた試みも存在するが（山中，1989；種ヶ嶋，2010），中込や鈴木の功績は，心理臨床学的視点でスポーツにおける事象を捉え直し，新たな知見を導き出すことを目指したこと，その方法論としての事例研究（個の尊重）を強く訴えたことと集約できる（武田，

2013)。特筆すべきは，心理支援にかかわるほとんどの専門家がトレーニングとして受け続けるスーパービジョンと教育分析を中込・鈴木の両氏は長い年月をかけて受けてきたことであろう。そして，彼らのスーパーバイズや教育分析を担ったのが，河合隼雄らが中心となって創った心理臨床学，すなわち苦しんでいる人を何とか援助しようとする実際的な要請から生まれた実践と学問（河合，1995）を専門としている心理臨床家らであった。一般臨床では今では多くの理論や実践モデルが存在するが，それらに共通するクライエントとの関係（関係性）や，スーパービジョンや教育分析の重要性をスポーツ心理学における専門資格の制度構築においても浸透させようとしたのである。これは一部の実践家，特に"教える，指導する"という使命感の強いSMT絶対主義者には理解できなかったのかもしれない。SMTとスポーツカウンセリングの専門性を分かりにくくさせたという声もあり，二項対立を生むことになったのだろう。ただしこれも結果として，心理サポートの発展を導いたとも考えられ，歴史的には必然であったと言えよう。現在までのところ，中込・鈴木の力動的な立場によるアプローチをスポーツカウンセリングと呼び，その基盤となる学問を臨床スポーツ心理学としておく。

ところで，欧米の臨床スポーツ心理学の状況についても若干触れておく。欧米においても似たような歴史背景があるだろう。つまり，スポーツ心理学が独自に発展し，アスリートへの支援が積極的に展開されていった一方で，多様な現象が起こる実際のスポーツ現場において，既存の学問的基盤だけでは，十分でないことが指摘されるようになった。例えば，それらはGardnerとMooreが『Crinical Sport Psychology』と題し上梓した専門書からも伺うことはできる（Gardner & Moore, 2006）。ほかにも，スポーツ心理学における心理支援は認知・行動療法を基盤とした心理的スキルの指導，学習及びその手続きに傾注しているが，発育発達的あるいは競技引退後の人生を見据えた視野もアスリートの支援には必要であることが指摘されている（Ronkainen & Nesti, 2017; Tod et al., 2020）。わが国においてもジュニアアスリートに対する心理的支援の取り組みはJOC（日本オリンピック委員会，Japanese Olympic Committee）とJISS（国立スポーツ科学センター，Japan Institute of Sport Science）で取り組まれており，彼らの心理的な発育発達を考慮したサポートが行われている。また，アスリートの引退にかかわる支援については，わが国の体系的なサポートサービスの整備は不十分であるが，アスリートのニーズは確実にあり，まずは彼ら自身による自助活動（セルフヘルプ）への取り組みを促す試みも始まっている（Oulevey, 2021）。荒井は，欧米とわが国の現状を概観しつつ，パーソン・センタード・アプローチや認知行動論など各理論的立場における"事例研究の積み重ね"と，その理論的立場を超えた"対話の活性化"を経てわが国の臨床スポーツ心理学は発展することができ，そしてその対話のキーとして「身体」があげられるとしている（荒井，2019, 2020）。

❷「身体」を手がかりとする

「身体」については，「語れないものを語る身体」として位置づけられ（中込，2013），「窓口としての身体」「身体の象徴性」「守りとしての身体」「こころと体をつなぐ身体」と4つの次元から意味づけられている。ここでの身体は，客観的に計量された身体ではなく，「主観的に生きている身体」（河合，2003）である。そして，身体は「露出した無意識」との表現もあるように（中島，1996），心の全体性を捉えるにあたり，身体との積極的な相互作用のある競技者の語り（体験）は有益であり，必然的に「語り」を題材とした研究方法が採用されることが多い。競技者の語る動きやパフォーマンスの言及をとおして，競技者自身が自らの理解を深めていった事例もある（米丸・鈴木，2013）。また，動きのコツの獲得過程に注目し，パフォーマンスの変化に対する認知的変容と主体性の涵養とのつながりを明らかにした研究もある（浅野・中込，2014）。

筆者もまた，アスリートの身体に関心を持つ実践家の一人であり，"統合的心身からみた身体"について考察を重ねている。パフォーマンスについてのアスリートの語りは，彼らが実感している身体（生きられた身体）であり，同時にそれは内界を表現している。個の全体性（whole perspective）を重視する立場からすれば，意識（心）と無意識（からだに表現されるもの）とをつなぐ"生きられた身体"を理解することである。筆者は身体系個性化（老松，2016）の概念を参考にし，アスリートの心身統一的成熟モデルを仮設的に提示した（武田，2021b, 2022）。図2はアスリートの個性化プロセスを心と身体の統合的な関係様態から捉えようとしたイメージである。球体は心と身体の在りようを表しており，黒色は無意識を，より厳密にいえば，無意識からのメッセージを包含する身体といってよい。一方，白色は意識を表している。そして，両者の有り様を3つの段階で示している。左に位置する球体は内的課題に直面し，その課題に苦悩しているときであり，競技における身体体験は，意識と身体とが相容れない状態（心身乖離段階）である。"心と身体がバラバラで思うようなプレーができない"状況を想像されるとよい。次の段階（図の中央）は，やや黒色（無意識）が多く専有している。この段階は身体が先行して動き，意識による統制はまだおぼつかないが感覚としては不快ではない状態（自覚的身体主導段階）である。"どのように動かしていいかわからないけど，うまくプレーできている。心地悪くはない"といった状況で，前段階から成熟したと捉える。そして，さらに成熟すると右に位置する黒色（無

意識）と白色（意識）が半分ずつ調和的にある球体となる。これは内的課題を克服し，新たな動き（パフォーマンス）を獲得するとともに意識的にその動きを作ることのできる段階（心身調和段階）である。"心と身体がつながっている"実感を伴う。このように，アスリートの競技体験を傾聴していく際に，アスリートが自身の身体とどのように対峙しているかといった視点から，アスリートの内的な様子を捉えようとしている。当初このモデルは右上方向を成熟として考えていたが，その後のディスカッションを経て，現在は右水平方向にだけ発展を示している。それは筆者が考える成熟とは個性化に近い概念であり，内界は上方にも下方にも，さらには外側にも内側にも限りなく拡がるイメージを抱いており，現段階では図として完成していないからである。

現在は，それぞれの段階が移行するきっかけを捉えることに取り組んでいる。心と身体との調和を目指すためには，移行しているときのアスリートの身体体験にさらに注目する必要があると考えている。アスリートのサポート実践において，競技スタイルの変化と心の変容との同期を実感することが多いが，いよいよ新たな競技スタイルを獲得するかと思わせつつも，再び同じような状況に戻るクライエントをしばしば目の当たりにした。このような経験からも，段階の移行においては，いかに身体を体験するかの重要な手がかりがあると考えている。詳細は武田（2022）を参照されたい。

4. 臨床スポーツ心理学の発展 ～土台を拡げる～

■1 実践と研究

本学会は，スポーツにかかわる人を支援するために，スポーツ心理学を修めた専門家を養成し，資格を付与する制度を有している。SMTの教本によれば，SMT指導士は Scientist-Practitionerであり，実践家であると同時に科学者（研究者）で

事象X　　　事象X'

Ⅰ心身乖離段階　Ⅱ自覚的身体主導段階　Ⅲ心身調和段階

→ 継続的サポート（時間）

図2　統合的心身の視点からみたアスリートの個性化モデル（仮設段階）（武田，2021b；2022を一部改変）

ある。これは，実践家にはエビデンスに基づいた活動が求められ，同時にエビデンスを構築していくことも求められることを示している。いわば専門家としての社会的責任を担っている。「社会に，人に役立つ実践を重視しているので，研究のことはよくわかりません」「研究者はもっとスポーツ現場のことを知って，現場の人に役立つことをすべきだ」という意見を耳にすることがある。意見の出処となる背景は様々であろうが，どうやら研究（エビデンスに基づく理論や概念）と現場には距離があるようだ。実践家でもあり研究者でもあることを求められるなら，実践家とはどのような人のことをいうのか，そして同じく研究者とはどのようなことをする人なのかを，実践家であれ研究者であれ各人それぞれが考える必要はありそうだ。その答えは数多であろうが，筆者はすでに述べたように，実践家の行う研究活動は実践家の実践能力を鍛える作業となり，エビデンスの構築や積み重ねだけに留まらない活動と考えている。ただし，その研究活動は，狭い意味での実証研究を指してはいない。これは必然的に科学研究とは何か，エビデンスとは何かといった問いに接続されるが，これについてはあらゆる領域で議論されていることなのでここでは触れない（例えば，中村，1992; 齊藤，2013）。いずれにせよ，実践と研究は同時並行で進み（米丸・鈴木，2017），不即不離の関係である。

❷ 事例研究の精緻化

　臨床スポーツ心理学領域の研究方法の主軸は事例研究である。上位概念としては質的研究ということになろうが，現在においては質的研究にもデータの種類，分析方法など具体的な手続きは多く存在する。スポーツ心理学研究誌上においても様々な質的研究が報告されている。本領域の事例研究とは，現在のところでは河合隼雄の考えによるところが大きい。（河合，2009/1992，齊藤，2013）。そして，事例検討を経て事例研究へとつながるが，その前にその手続き的プロセスを少し詳しく提示してみる。

　まずは心理サポートの実践を行い，その実践の記録を取る。この記録は基本的には，実践者の体験に基づく。クライエントの語りに対してじっと耳を傾けて，同時にそのクライエントの様子や場の空気感など言語以外の情報にも注意を払う。その際，録音機器などは用いず実践者の心のフィルタに残ったものが記述され基礎資料となる。その基礎資料を用いてできるだけ詳しい実践の様子を描いた資料へと変換していく。なお，一回の心理サポートごとに記録された資料を用いてスーパービジョン（以下，SV）を受けることが推奨される。SVは経験豊富な実践家からの単なるスキルの伝授を指すのではない。心理サポート実践者の人間的要素にも注目し，実践者をとおして語られるクライエントを想像し，両者の関係性の中において何が生じているのかを把握することがスーパーバイザーには求められる。実践家は可能な限り，この個人SVを受けたほうがよい。この機会を得ることが難しくとも，少なくとも集団SVは受けるべきであろう。いわゆる，事例検討会での報告である。限られた時間，たいていは1時間程度で発表できる資料にするため，基礎資料を何度も読み返しながら作成される。また，一回毎の記録でなく，終結，中断，継続中といった複数回のサポート記録による資料を作成することになる。この場合は，事実の報告をしつつも，実践者なりの物語が包含されている。この取り組みも実践能力を鍛えることになる。

　その後に，いよいよ事例検討会の場で発表する。1時間程度を費やし報告者は事例を読み上げていく。その内容は，報告者がクライエントとともにした体験の事実に基づくが，単なる事実ではなくそれに伴う内的な体験が含まれている。このような報告を聴く側は，その内的体験に包含された動機（ムーブ）に影響を受け，聴き手側の内界も動かされるのである。これもまた実践家としての訓練となる。ここで報告者は共に居る聴き手との討議を経ることで，様々な気づきを得ることができる。

　実際の実践，事例検討会での報告を経て，事例

研究へとつながっていく。ただし，不特定多数の人々に公開されるものとなるため，読み手の心を動かすものとして記述するのは簡単ではない。事例研究は"実践をとおしての研究"の必要性に応えることになるが，その価値は科学研究の原著論文と変わらないと考える。ただし，「実践を通して得られた資料を分析・検討することによって，実際に役立つ知見を提示する（米丸・鈴木，2017）」こと，すなわち臨床的事例研究と，そのほかの質的研究あるいは実証を重視する科学研究のそれぞれの価値を明確にしていく議論がスポーツ心理学においては求められているだろう。したがって，ここに実践家の行う事例研究に至る一連の手続きを端的に示したが，この手続きについてさらに精緻化していくことが本領域での現在の課題となっている。

課題の取り組みの1つに資格保有者の資質向上が含まれる。日本スポーツ心理学会や実践に深くかかわる資格委員会の主導が期待される。すでに資格委員会は，資質向上のための取り組みを継続してきており，今では各地域で研鑽する動きが活発になってきている。この課題に応える活動であることを記しておく。

❸ 理論的志向性の拡がり

前節でわが国での臨床スポーツ心理学の特徴を述べたが，現在のところ実践の基盤となる理論的志向性は精神力動論や分析心理学に偏っており，親学問の臨床心理学ないしは心理臨床学を支える幅広い理論が網羅されているわけではない（武田，2019）。本領域の発展にかかわる課題の1つである。近年では，学問の最初の足がかりをスポーツ心理学としながらも，そこから外に飛び出し，認知・行動療法やアドラー心理学などを学び，アスリートを対象とした実践経験を積んでいる指導士もいる。現在はいわゆる親学問に学び，それをスポーツ心理学領域に還元する方向ではあるが，様々な理論的志向性を持つSMT指導士らが，事例検討会を中心に多角的に多層的にスポーツの現象を捉えることで，本領域の発展は期待できる。そして，スポーツ心理学領域から新たな独自性のある知見が生み出されると信じたい。

◆文献

荒井弘和（2022）メンタルトレーニング，不易流行．体育の科学，72（5）：298-301.

荒井弘和（2020）アスリート・コーチに対するメンタルサポート3.0．体育の科学，70（1）：34-40.

荒井弘和（2019）アスリートの抱える心身医学的問題とその支援．心身医学，59（1）：15-21.

浅野友之・中込四郎（2014）アスリートのコツ獲得におけるプロセスのモデルの作成．スポーツ心理学研究，41（1）：35-50.

Gardner, F. & Moore, Z.（2006）Introduction to Clinical Sport Psychology. Clinical Sport Psychology. Human Kinetics, pp.3-11.

長谷川浩一（1979）スポーツ・カウンセリングの実際（6）―スポーツ・カウンセラー．体育の科学，29（6）：408-411.

河合隼雄（2003）臨床心理学ノート．金剛出版.

河合隼雄（2009/1992）心理療法序説．岩波書店.

河合隼雄（1995）臨床心理学概説．河合隼雄監修，山中康裕・森野札一・村山正治編，臨床心理学1　原理・理論．創元社，pp.3-26.

木塚朝博（2014）スポーツカウンセリングが担うもの．体育の科学，64（1）：2-4.

老松克verify（2016）身体系個性化の深層心理学　あるアスリートのプロセスと対座する．遠見書房.

Oulevey, M.（2021）Design of Psychological Self-Help Support for Olympic Athletes after Retirement. Doctoral Dissertation. Keio University.

Ronkainen, J. N. & Nesti, M. S.（2017）An existential approach to sport psychology: Theory and applied practice. International Journal of Sport and Exercise Psychology, 15（1）：12-24, DOI: 10.1080/1612197X.2015.1055288.

中込四郎（2021）スポーツパフォーマンス心理臨床学　アスリートの身体から心へ．岩崎学術出版.

中込四郎・鈴木 壮（2017）アスリートのこころの悩みと支援　―スポーツカウンセリングの実際．誠信書房.

中込四郎・鈴木 壮（2015）スポーツカウンセリングルームの現場から．道和書院.

中込四郎（2013）臨床スポーツ心理学．道和書院.

中込四郎（2004）アスリートの心理臨床．道和書院.

中島登代子（1996）競技者と風景構成法―絵に表現された「無意識」と「身体」―．山中康裕編著，風景構成法その後の発展.

岩崎学術出版社, pp.183-218.

中村雄二郎（1992）臨床の知とは何か. 岩波新書.

齊藤清二（2013）事例研究というパラダイム　臨床心理学と医学をむすぶ. 岩崎学術出版社.

鈴木 壯（2014）スポーツと心理臨床　アスリートのこころとからだ. 創元社.

武田大輔（2022）心理サポートを通じてアスリートの身体について考える—心身統一的成熟プロセスのモデル構築を目指して—. 東海大学紀要体育学部, 51: 11-21.

武田大輔（2021a）心理サポートの実践と研究に関する思案—日本スポーツ心理学会第47回大会キーノートレクチャーの振り返り—. 東海大学紀要体育学部, 50: 71-80.

武田大輔（2021b）第10章心と身体のつながり—アスリートのパフォーマンスに見る内的課題—. 中込四郎編著, スポーツパフォーマンス心理臨床学　アスリートの身体から心へ. 岩崎学術出版, pp.199-219.

武田大輔（2019）トップアスリートに対するカウンセリングアプローチ—臨床スポーツ心理学の立場から—. 心身医学, 59（1）:22-29.

武田大輔（2013）臨床スポーツ心理学の現状と課題. スポーツ心理学研究, 40（2）: 211-220.

種ヶ嶋尚志（2010）競技不安を訴えて来談したスポーツ選手との認知療法によるカウンセリング. スポーツ心理学研究, 37（1）: 13-23.

Tod, D., Eubank, M., & Brewer, B. W.（2020）Theoretical orientations in service delivery. In: Tod, D., & Eubank, M.（eds.）Applied sport, exercise, and performance psychology. Current approaches to helping clients. Routledge, pp.1-11.

山中 寛（1989）陸上長距離選手へのカウンセリングの適用に関する事例研究. スポーツ心理学研究, 16（1）: 101-105.

山中康裕（2009）深奥なる心理臨床のために　事例検討とスーパービジョン. 遠見書房.

米丸健太・鈴木 壯（2017）本邦におけるアスリートの心理サポートに関する実践研究の概観—"実践を通しての研究"に着目して—. スポーツ心理学研究, 44（1）: 19-32.

米丸健太・鈴木 壯（2013）身体について語る意味—心理的強化を求めて来談したアスリートのへの心理サポート—. スポーツ心理学研究, 40（1）: 31-42.

スポーツと自我発達

中澤 史

■自我とは

自我とは，自分，自己のことを指し，行動や意識の主体を意味する概念である。スポーツと自我発達に関する文献を概観すると，アスリートの自我発達をアイデンティティ形成やパーソナリティ発達などの文脈から捉え，スポーツ場面や日常生活における多様な経験，特に危機経験がアスリートの自我発達を促進すると論じている。

■アスリートの自我発達の様相

中学生から大学生までのアスリートの自我発達に着目すると，学年進行に伴い自他肯定的な機能を有する自我が発達する。特に集団中心主義や勝利志向性が強いスポーツ集団では，低学年のアスリートほど高い対象従属性が求められるため，依存や忍耐などの自己抑制的な自我が優位になる傾向が高い。しかし，学年進行に伴うチーム内での立場や役割の変化は，次第に主体性や自律性などの機能を有する自我の発達を促す。つまりスポーツ場面は，アスリートを子どもから大人へと成長させる好機になると考えられる。

競技レベル別の自我発達では，競技成績に優れるアスリートほど自己肯定的な自我発達を遂げる一方で，競技成績下位群のアスリートは自己抑制的な自我が優位になる傾向がある。また松岡・中澤（2019）は，サッカーにおいて同一のポジションを継続した場合，例えばフォワードの選手では積極性や自己主張性に関連する自我が強化される一方で，ボランチの選手では自他肯定的な自我発達を遂げる傾向があると報告している。つまり，ポジションごとに求められる思考や行動様式の違いが，各ポジションにおいて特有の自我発達を促す可能性がある。

アスリートの自我発達には，チーム内での立場や役割の変化，指導者，親，チームメイトらとの人間関係，怪我，競技不振，学業や仕事との両立，キャリア移行といった様々な問題や危機事象が関連する。これらはライフステージによって順次変容するため，アスリートの自我発達の様相も時々の状況に応じて変容することになる。

■危機事象への自己投入が重要

アスリートはスポーツという限定的な世界で特有の自我発達を遂げるため，アスリートではない自己として，ほかの世界で危機事象と対峙したときに柔軟な対処行動が講じられない可能性がある。中込（1993）は，スポーツ場面での危機に対する解決に向けての探求や努力の経験が柔軟なアイデンティティ形成を促すと述べ，さらに過去のスポーツ場面での危機様態が，職業決定を中心とした青年期の発達課題への対処行動にもおおむね繰り返されると指摘している。

このことに鑑みると，単に競技力向上のみにとどまらず，広く社会への適応を可能とする自我発達を促すには，スポーツ以外の場面にも開かれた環境をアスリートに提供することが望まれる。その上で，スポーツと日常の両面で遭遇する危機事象に対する積極的な自己投入が適応力を備えた自我発達を促すと考えられる。

◆文献 ·······

松岡悠太・中澤 史（2019）中学生サッカー選手のパーソナリティに関する検討—ポジションに着目して—．法政大学スポーツ研究センター紀要，37: 19-24.

中込四郎（1993）危機と人格形成—スポーツ競技者の同一性形成—．道和書院.

3章 パラアスリートへの心理サポート

内田若希

1. パラスポーツの競技開始期における心理サポート

　障害のないアスリートの多くは，幼少期からアスリートとしてのキャリアを開始する。しかし，パラアスリートの場合，受障年齢は人によって様々であり，先天性障害の場合もあれば，人生の途中で事故や病気によって受障することもある。つまり，パラアスリートとしてのキャリアを開始する年齢は，幼少期のみならず成人期以降となることも少なくない。このことから，競技開始期に直面する心理・社会的課題は受障年齢によって差異があるため，必要となる心理サポートが異なる。以下では，① 先天性障害及び幼少期に受障した場合，② 中途で障害を負った場合の2つに分類し，先行研究の知見を概観していくこととする。

◼️ 先天性障害及び幼少期に受障した場合

　先天性障害及び幼少期に受障した場合，競技を開始する時期は障害のないアスリートと基本的に同じであり，早い段階（幼少期）でスポーツを始めることが多い。このような先天性障害及び幼少期に受障した者の競技開始期においては，障害をめぐるわが国の文化的・社会的背景を念頭に置きながら，心理サポートに臨む必要がある。例えば，近年，国際的な観点では「障害」を社会との相互作用をとおして構築されるものと捉えるが，わが国においては「障害」を個人の問題とみなす傾向にあり，国際的な観点からの逸脱が指摘されている（原田，2016）。また，障害者を取り巻く現状をみると，多様性を認め合う社会の構築に向けた法律の制定や整備などがなされてきた反面，偏

見や差別は今も根強く存在している（高橋ほか，2019）。栗田（2015）も，障害者が置かれた環境や生活を改善するための施策が行われ，人々が障害者を受け入れているように見える一方で，障害者に対する回避的行動や攻撃などの差別は現在も残り，彼ら・彼女らを取り巻く環境には表と裏が存在すると述べている。

　このような文化的・社会的背景は，先天性障害及び幼少期に受障した子どもを持つ親の態度に作用し，それがひいては障害を有する子ども本人にも影響を及ぼすことが懸念される。このことは，エリートレベルのパラアスリートを対象に，パラアスリートとしてのキャリアの移行・発達に関してインタビュー調査を実施したUchida & Fukaya（2020）の研究の中でも言及されている。彼女らは，子どもの「障害」ではなく「能力」に焦点を当て，障害を子どもの個性の1つと捉える親の存在が，子どものスポーツに対する態度にポジティブな影響を及ぼす一方で，親が子どもの障害に注目したり，障害を理由に家の中に留まらせたりしようとする場合，子どもはスポーツに対して否定的な態度をとる傾向があることを明らかにした。そして，このように親が子どもの障害を否定的に捉える傾向は，障害をめぐるネガティブな文化的・社会的背景に起因していると推察される（Uchida & Fukaya, 2020）。加えて，障害の有無に関係なく，子どもたちの競技開始の初期において，親が重要な役割を担うと指摘されていること（Válková, 2017）もふまえれば，先天性障害及び幼少期に受障した者の競技開始期においては，本人のみならず，その親をエンカレッジするような心理サポートに配慮することが肝要と言えよう。

　また，先天性障害及び幼少期に受障した者の競技開始期においては，障害によってできないこと

ではなく，自分の能力を認識する機会の提供が重要となり，自己効力感を高めるような言語的説得及び身体的・生理的変化への気づきの向上を促す心理サポートに留意することも必要となる（Uchida & Fukaya, 2020）。自己効力感は，望ましい結果を達成する能力に対する信念であり，人々の行動や動機づけに影響するものである（Bandura, 1997）。この自己効力感を高めるためのリソースに配慮することは，先天性障害及び幼少期に受障した者の競技開始期において，スポーツに対する動機づけや継続を促進するポジティブな経験の提供となるであろう。

❷ 中途で障害を負った場合

中途障害を負うことは，人生の半ばで身体機能や身体部位を喪失し，ある日突然に障害者になることを意味する。また，身体的側面の喪失や変化のみならず，生活上の急激な変化や社会的存在の変化とそれに伴う様々な心理・社会的な喪失を経験する。従来の先行研究において，中途障害に伴う喪失は，個人の生活に多大な影響を及ぼす可能性があり，生涯を通じてウェルビーイング（well-being）の多くの側面に影響し続ける可能性があること（Kampman et al., 2015），中途障害者は，ネガティブな身体的・社会的自己知覚を有し，身体的満足度が低下したり，能力よりも障害に注意を向けやすくなったりすること（Blinde & McClung, 1997; Sherrill, 1997; 内田ほか, 2008）などが示されてきた。

一方で，Uchida & Fukaya（2020）は，前述したエリート・レベルのパラアスリートへのインタビュー調査の結果から，中途で障害を負った者にとってのパラスポーツの開始は，スポーツキャリアの開始となるだけでなく，喪失後の生活の再構築と世界観を広げるきっかけとなることを明らかにした。同様のことは，パラリンピックや世界選手権などのエリートレベルで競技に取り組むパラアスリートを対象にインタビュー調査を実施した内田ほか（2008）や内田（2017）の一連の研究においても述べられている。例えば，多くの場合，

受障後は「健常者」と「障害者」という二元論的に世界を分離させてしまうスティグマ概念により，健常者と障害者という2つの枠組みに意識的であれ無意識的であれ囚われやすい。しかし，パラスポーツをとおして挑戦する自己の顕在化やアスリートとしての自己の表出，ほかのアスリートたちの姿のモデリングにより，二元論的に分離された世界の境界線が薄れ，ネガティブな障害観や障害者というレッテルから脱却することが提示されている（内田ほか, 2008; 内田, 2017）。つまり，パラスポーツは，パラアスリートの受障後の世界において，新しい価値体系を得る過程を提供するものと言える。

以上の内容は，中途障害を負ったパラアスリートの競技開始期における心理サポートにおいて，実際に言語として語られることは少ないかもしれない。しかし，心理サポートの実践において，このような先行研究の知見に留意し，言語として顕在化しない背景があることに意識を向けることも重要である。

2. 競技力向上を意図した心理サポート

❶ パラアスリートの心理的特性に
フォーカスした研究

現在，パラリンピックは，厳しい条件をクリアしたエリートレベルのパラアスリートが，世界中から集まる大会へと発展を遂げた。また，プロとして活躍をするパラアスリートや競技志向の高いパラアスリートの登場により，その競技レベルは年々高まりを見せている。エリートレベルのパラアスリートの心理サポートについては，90年代中頃まで軽視される傾向にあった。しかし，90年代後半になると，コーチやスポーツ心理学者が，パラアスリートの心理的特性について理解を深め，向き合っていく重要性が指摘されるようになった（Pensgaard & Ursin, 1999）。

パラアスリートの心理的特性を扱った初期の研究では，①エリートレベルのパラアスリートの心

理的特性，②オリンピック選手との比較，③受障時期との関連を検討したものがみられる。例えば，エリートレベルのパラアスリートの心理的特性に関する研究では，Henschen et al.（2001）がアメリカにおける男子車いすバスケットボールのパラリンピック代表選手と非代表選手を対象に，気分や状態・特性不安，達成動機などを比較している。この結果，パラリンピック代表選手は非代表選手と比較し，ほぼすべての得点で良好な結果が確認され，車いすバスケットボールの技術だけでなく心理的にも優れていることが示唆された。

オリンピック選手との比較を行った研究では，障害を有するパラリンピック選手のほうが，新たなチャレンジへの貪欲さから高い目標を設定しており，競技結果に対する満足感が高いことが明らかになっている（Pensgaard & Ursin, 1999）。また，受障時期による差異を検討したCampbell（1995）は，中途障害を有する車いすスポーツ実施者は，先天性障害の者と比較して，気分や自尊感情，特性不安などが好ましい傾向にあることを報告した。わが国においても，内田ほか（2003）が，受障経過年数と心理的競技能力診断検査（Diagnostic Inventory of Psychological-Competitive Ability for Athletes: DIPCA. 3; 徳永・橋本，2000）の下位尺度得点との関連を検討した結果，受障年齢からの経過年数が長い者ほど，精神的に安定・集中するスキルを有していることが明らかになった。

以上のように，パラアスリートの心理的特性を扱った初期の研究では，エリートレベルのパラアスリートは良好な心理的特性を示すことや，受障時期のような障害の関連要因が心理的特性と関係することが提示されてきた。

❷ パラアスリートへの心理サポートに関する研究

近年では，多くの国において，パラアスリートを対象とした様々な心理サポートが実施されている。例えば，Lim et al.（2018）は，パラ卓球のロンドンパラリンピック代表選手3名を対象に，セルフトーク，イメージトレーニング，認知的再構

成法，及びルーティンを取り入れた合計8回のセッションを実施し，その効果を検討した。心理サポートの前後及びロンドンパラリンピック後に，目標設定やリラクセーションなどの心理的スキルを測定するためのパフォーマンス・ストラテジーテスト（Test of Performance Strategies: TOPS; Thomas et al., 1999）を測定した結果，セルフトーク，情動コントロール，及び目標設定に関する得点が，心理サポート後に向上した。しかし，対象者1名は向上した心理的スキルをロンドンパラリンピックにおいて維持・活用できたのに対し，2名は十分に活用できなかったことも示された。

わが国においては，内田ほか（2007）が，パラ陸上のアスリート1名を対象に，心理的競技能力の向上を意図した21か月間にわたる心理サポートを実施し，DIPCA. 3による量的アプローチと，半構造化インタビューによる質的アプローチによってその効果を検討した。この結果，心理サポートの継続に伴いDIPCA. 3の得点が向上することや，その得点の向上の背景にある，アスリートのポジティブな内面的変化が提示された。

以上のように，パラアスリートへの心理サポートが一定の効果を有することは間違いない。しかし，パラアスリートを対象とした心理サポートについては，国内外の関連学会等での実践的な報告は多く見られるものの，科学的・学術的な研究のエビデンスの蓄積はいまだ十分とは言えない。例えば，日本パラリンピック委員会（Japanese Paralympic Committee: JPC）は，2004年のアテネパラリンピック後に科学的サポートの必要性を明確に打ち出し，心理サポートにも力を注いできた。このJPC心理サポートチームによるこれまでの心理サポート実践から，①視覚障害によって視覚情報を得られない場合，どのようにイメージトレーニングを実施するのか，②四肢の障害による可動制限のある身体部位において，どのように身体的リラクセーションを促すのか，③知的機能に制限があり自己理解が困難な場合，どのように自己コントロール能力を捉えるのかなどの課題が報告されている（内田，2012; **表1**）。また，実践をとおして得られ

表1　JPC心理サポートチームの実践から得られた知見（内田, 2012を一部改変）

障害の種類	実践における課題	実践をとおして得られた知見
視覚障害	・視覚に障害があり視覚情報を得られない場合，どのようにイメージトレーニングを実施するのか検討が必要である。 ・どのようなイメージ想起過程を経ているのかが不明瞭である。	・競技において，視覚情報の言語的サポートを他者から受けることがある。
聴覚障害	・チームルーティンなどにおけるかけ声や音楽など，聴覚に頼らないサイキングアップの方略の有効性を検証する必要がある。 ・失聴年齢，残存聴力，言語力，読話力，発語力，教育歴，家庭環境などによってコミュニケーションの手段が異なり，チームでの話し合いや全体の講習会，心理テストでの理解の程度の差が大きいことがある。 ・推論を必要とする文章の理解に困難を示すことがあり，各自に合わせたサポート方法を検討する必要がある。 ・手話を用いた説明は，1つひとつの単語の組み合わせで表現されることがあり（例えば，「毎日イメージトレーニングをする。できないときは，やらなくてOK」という説明は，手話では「毎日・イメージ・トレーニング・を・する。できる・ない・とき・は・やる・ない・OK」と表現される），選手が理解する際に違う解釈になったり誤解が生じることがある。	・抽象的な表現をする手話が少ないため，直接的な表現でないと伝わりにくいことをふまえ，シンプルに具体的な表現を使い説明することが効果的である。 ・失聴年齢，残存聴力，言語力，読話力，発語力，教育歴，家庭環境などによってコミュニケーションの手段が異なるので，複数のコミュニケーション手法を組み合わせて，効果的なサポートにつなげることが大切である。
四肢の障害（脳性麻痺や脊髄損傷など）	・四肢の障害によって可動制限がある場合，どのように身体的リラクセーションを促すのか方略を検討する必要がある。 ・大きな国際大会において覚醒水準が極度に上昇し，自己コントロールが難しい状態に陥ることがある。障害の特性や病態を想定して，自己コントロールの方法を検討する必要がある。	
知的障害	・自己理解が困難な選手においては，どのように自己コントロール能力を捉えるのか不明確である。	・チームスタッフや家族に対する心理サポートも効果的である。

た有用な知見も，合わせて提示されている。しかし，それらはあくまでも経験則に留まり，課題の解決にこたえうる客観的な科学的・学術的なエビデンスは示されていない。

　加えて，障害は複雑なものであり，障害の種類や障害レベル，受障時期や受障経過年数などにより，心理サポートのあり方や効果が異なる可能性も指摘されている（内田ほか，2007）。また，Lim et al. (2018) も，パラアスリートのパフォーマンスと，実施された心理サポートのみを明確に関連づけることが困難であると述べている。以上のことから，障害をめぐる複雑な関連要因を念頭においた心理サポートを展開し，その効果を量的・質的アプローチなどを用いて多面的に捉え，検証していくことが望まれる。

3．自己成長を意図した心理サポート

　パラアスリートにおいて，アスリートとしてのアイデンティティの獲得は，パフォーマンス向上やスポーツへのコミットメントのみならず，社会的ネットワークの拡大，ポジティブな経験の増大（Horton & Mack, 2000），障害者というレッテルを超えた，新しい方法での自己表現の拡大（Groff & Zabriskie, 2006）など，その生き方への影響も大きい。特に，中途で障害を負ったパラアスリートにとっては，受障という喪失体験は，一生涯にわたって心理的側面に影響を及ぼす可能性があり，生き方そのものへのサポートも重要な意味を持つ可能性がある。このことから，パラアスリートへの心理サポートにおいては，人間的な自己成長へ

の寄与を探究することも有用な視点となりうる。そこで次に，自己成長やその関連要因を扱った研究を概観していく。

◼ 自己成長の指標となる心理的ウェルビーイング

Ryff（1989）は，生涯発達や自己成長に関する先行研究をふまえ，「人格的成長」「人生における目的」「自律性」「環境制御力」「自己受容」及び「積極的な他者関係」の6次元からなる心理的ウェルビーイングを提唱した。この心理的ウェルビーイングは，自己成長の指標として捉えられており，これまでに350以上の論文が，150以上の学術雑誌に掲載されている（Ryff, 2014）。

以下では，自己成長の指標として扱われる心理的ウェルビーイングに着目し，① スポーツドラマチック体験及び，②心理的競技能力との関連を検討した研究を紹介する。

◼ スポーツドラマチック体験との関連

競技スポーツへの参加過程において，試合での逆転劇，予想を覆す試合結果，重要な他者との出会い，及び厳しい訓練の克服などは，多くのアスリートが体験する出来事である（橋本, 2005）。このような，練習や試合の中で体験される，人生の転機ともなるような心に残るエピソードは，「スポーツドラマチック体験」と呼ばれ（橋本, 2005），自己変容や自己成長を促す環境や時間・人・行動といったダイナミックな関係性をもたらすものである（内田, 2012）。

このスポーツドラマチック体験と心理的ウェルビーイングの関連について，エリートレベルのパラアスリートを対象に検討したUchida & Hashimoto（2017）は，パラスポーツの競技経験が長くなるほど，心理的ウェルビーイングの人生における目的，人格的成長，及び環境制御力が低い値を示す一方で，スポーツドラマチック体験の量が多いパラアスリートほど，人生における目的，環境制御力，自己受容，及び積極的な他者関係の得点が良好であることを明らかにした。ま

た，受障経過年数と心理的ウェルビーイングの間に，有意な関連は認められなかった。

同様に，聴覚障害を有するアスリートを対象に，自己受容や充実感などの下位尺度からなる自己肯定意識尺度（平石, 1990）の得点と年齢，競技経験年数，及びスポーツドラマチック体験の量との関連を検討したUchida et al.（2015）は，年齢や競技経験年数といった時間的な長さではなく，スポーツドラマチック体験の量が多いほど心理的ウェルビーイングが高くなることを提示した。

スポーツドラマチック体験の概念を提唱した橋本（2022）は，スポーツをとおした心理的ウェルビーイングの向上を考える上で，スポーツをどれだけ行ったか（時間的な長さ）ではなく，スポーツをとおして何を感じたり，獲得したりしたのかという体験の価値に言及している。上記で概観した先行研究は，いずれも橋本（2022）の見解を支持するものである。つまり，パラアスリートの自己成長を意図した心理サポートにおいては，スポーツドラマチック体験となるエピソードへの気づきや振り返りにつながるような機会を創出することが重要となりうる。

◼ 心理的競技能力との関連

山﨑ほか（2016）は，エリートレベルのパラアスリートを対象に，心理的ウェルビーイングと心理的競技能力の関連を検討した。この結果，競技意欲，精神の安定・集中，自信，作戦能力，及び協調性などの心理的競技能力と，心理的ウェルビーイングには正の関連があることを示した。また，彼らは，スポーツをとおして獲得した心理的競技能力が，心理的ウェルビーイングに因果的に関連するという仮説を検証した結果，競技意欲及び自信が，心理的ウェルビーイングに正の影響力を持ちうることを明らかにした。

このことから，競技意欲や自信を高めるような心理サポートが，パラアスリートの自己成長につながる可能性を念頭において，心理サポートを展開していくことが期待される。

4. パラアスリートは
障害を受容しているのか？

　ここまでは，スポーツをとおしたパラアスリートの自己成長といった，いわば光の部分に焦点を当ててきた。そして，心理的に自己成長を遂げ，自己の可能性にチャレンジするパラアスリートの姿は，「障害があっても頑張っている姿」ではなく「一流のアスリートとしての姿」として人々の目に映ることもある。このような視点から，多くの先行研究において，共生社会の実現に資するパラスポーツの意義や価値が示されてきた。それらの研究においては，パラリンピアンのようなエリートレベルのパラアスリートの存在は，「障害（障害のある身体）」から「高いパフォーマンス能力（スポーツを行う身体）」に健常者の視点をシフトさせるものとなる（DePauw, 1997; Purdue & Howe, 2012）ことや，パラアスリートの存在によって，「障害者は異質な存在」というレッテルの除去につながることが指摘されてきた（Hughes, 1999）。

　しかし，「スポーツを行う身体」を強調することは，エリートレベルのパラアスリートに対して，困難を克服した英雄的存在としてのパラアスリート像が求められやすくなり（Purdue & Howe, 2012），彼ら・彼女らの心理的な葛藤は覆い隠されてしまうことが懸念される。エリートレベルのパラアスリートを対象にナラティブ・アプローチ

に基づく質的研究を実施した内田ほか（2008）は，対象者らの語りから，パラスポーツをとおして「スポーツを行う身体」が顕在化することで，受障に伴うネガティブな状態から単に回復するだけでなく，それ以前の状態よりも自己成長する可能性があることを明らかにした。しかし，パラスポーツによる自己成長や生活の充実感を獲得した一方で，「障害のある身体」とともに生きることの葛藤が存在し，障害と寄り添って生きる自己に関する対象者らの語りも提示している。つまり，パラアスリートの内面には，「スポーツを行う身体」をとおして得られる心理的恩恵だけでなく，「障害のある身体」を包含して生きることの心理的な葛藤が消失することなく存在していると考えられる。

　また，リハビリテーションにおける問題解決の鍵となる概念に，障害受容が位置づけられているが，パラアスリートのすべてが障害を受容しているわけではなく，また受容したと思えても，再び葛藤が再燃することもある。内田（2017）が，障害とともに生きることをパラアスリート自身が引き受ける必要はあっても，それは個人的かつ内的な体験であると述べているように，パラアスリートへの心理サポートにおいては，「パラアスリートは障害を受容している」ことを前提にしたり，「障害受容をしていることが良い状態」のような理想を強いたりすることがないように，留意することが肝要であろう。

◆文献

Bandura, A.（1997）Self-efficacy: The exercise of control. W. H. Freeman and Company.

Blinde, E. M. & McClung, L. R.（1997）Enhancing the physical and social self through recreational activity: Accounts of individuals with physical disabilities. Adapted Physical Activity Quarterly, 14: 327-344.

Campbell, E.（1995）Psychological well-being of participants in wheelchair sports: Comparison of individuals with congenital and acquired disabilities. Perceptual and Motor Skills, 81: 563-568.

DePauw, K.（1997）The（in）visibility of disability: Cultural contexts and "sporting bodies". Quest, 49: 416-430.

Groff, D. G. & Zabriskie, R. B.（2006）An exploratory study of athletic identity among elite alpine skiers with physical disabilities: Issues of measurement and design. Journal of Sport Behavior, 29（2）: 126-141.

原田琢也（2016）日本のインクルーシブ教育システムは包摂的（インクルーシブ）か？：サラマンカ宣言との比較を通して. 法政論叢, 52（1）: 73-85.

橋本公雄（2005）スポーツにおけるドラマ体験とライフスキル. 体育の科学, 55（2）: 106-110.

橋本公雄（2022）スポーツドラマチック体験によるウェルビーイングの向上. 体育の科学, 72（4）: 241-246.

Henschen, K. P., Horvat, M., & Roswal, G.（1992）Psychological profiles of the United States wheelchair basketball team. International Journal of Sport Psychology, 23（2）: 128-137.

平石賢二（1990）青年期における自己意識の発達に関する研究（1）: 自己肯定性次元と自己安定性次元の検討. 名古屋大學教育學部紀要, 37: 217-234.

Horton, R. S. & Mack, D. E.（2000）Athletic identity in marathon runners: Functional focus or dysfunctional commitment? Journal of Sport Behavior, 23（2）: 101-119.

Hughes, A.（1999）The Paralympics. In: R. Cashman and A. Hughes（eds.）Staging the Olympics: The event and its impact. UNSW Press, 170-180.

Kampman, H., Hefferon, K., Wilson, M, & Beale, J.（2015）"I can do things now that people thought were impossible, actually, things that I thought were impossible": A meta-synthesis of the qualitative findings on posttraumatic growth and severe physical injury. Canadian Psychology, 56: 283-294.

栗田季佳（2015）見えない偏見の科学―心に潜む障害者への偏見を可視化する. 京都大学学術出版会.

Lim, T., Jang, C., O'Sullivan, D., & Oh, H.（2018）Applications of psychological skills training for Paralympic table tennis athletes. Journal of Exercise Rehabilitation, 14（3）: 367-374.

Pensgaard, A. M., Roberts, G. C., & Ursin, H.（1999）Motivational factors and coping strategies of Norwegian paralympic and Olympic winter sport athletes. Adapted Physical Activity Quarterly, 16（3）: 238-250.

Purdue, D. & Howe, D.（2012）See the sport, not the disability?: Exploring the Paralympic paradox. Qualitative Research in Sport, 4（2）: 189-205.

Ryff, C. D.（1989）Happiness is everything, or is it? Explorations on the meaning of psychological well-being. Journal of Personality and Social Psychology, 57: 1069-1081.

Ryff, C. D.（2014）Psychological well-being revisited: Advances in the science and practice of eudaimonia. Psychotherapy and Psychosomatics, 83: 10-28.

Sherrill, C.（1997）Disability identity and involvement in sport and exercise. In K. R. Fox（Ed.）, The physical self: From motivation to well-being. Human Kinetics, pp.257-286.

髙橋純一・成井彩美・大関彰久（2019）態度の評価成分と感情成分が障害者との交流意識に及ぼす影響. 人間環境学研究, 17（1）: 51-57.

Thomas, P. R., Murphy, S. M., & Hardy, L.（1999）Test of performances strategies: development and preliminary validation of a comprehensive measure of athletes' psychological skills. Journal of Sports Sciences, 17（9）: 697-711.

徳永幹雄・橋本公雄（2000）心理的競技能力診断検査（DIPCA. 3）. トーヨーフィジカル.

内田若希（2017）自己の可能性を拓く心理学―パラアスリートのライフストーリー. 金子書房.

内田若希（2012）パラリンピック選手に対する心理サポート. 体育の科学, 62（8）: 576-580.

Uchida, W. & Fukaya, H.（2020）Challenges experienced by Japanese elite para athletes during the initiation stage of their career. Japanese Journal of Adapted Sport Science, 18（1）: 27-41.

Uchida, W. & Hashimoto, K.（2017）Dramatic Experiences in Sport and Psychological Well-Being in Elite Athletes with Acquired Physical Disability. Journal of Health Sciences, 39: 71-78.

内田若希・橋本公雄・竹中晃二・荒井弘和・岡 浩一朗（2003）男子車いすスポーツ競技選手の心理的競技能力に関わる要因. 障害者スポーツ科学, 1（1）: 49-56.

内田若希・橋本公雄・山﨑将幸・永尾雄一・藤原大樹（2008）自己概念の多面的階層モデルの検討と運動・スポーツによる自己変容―中途身体障害者を対象として―. スポーツ心理学研究, 35（1）: 1-16.

内田若希・平木貴子・橋本公雄・徳永幹雄・山﨑将幸（2007）車いす陸上競技選手の心理的競技能力向上に向けたメンタルトレーニングに関する研究. 障害者スポーツ科学, 5（1）: 41-49.

Uchida, W., Marsh, H., & Hashimoto, K.（2015）Predictors and correlates of self-esteem in deaf athletes. European Journal of Adapted Physical Activity, 8（1）: 21-30.

Válková, H.（2017）A theory of transition in sports career. Studia Sportiva, 11: 210-215.

山﨑将幸・内田若希・荒井弘和・橋口泰一・吉田聡美（2016）障がいを持つトップアスリートの心理的競技能力と心理的well-beingの関係. アダプテッド・スポーツ科学, 14（1）: 25-32.

ジュニアアスリートとアントラージュへの心理サポート　栗林千聡

■事例

　アスリートアントラージュとは，アスリートを取り巻く関係者すべてのことである。特にジュニアアスリートにとって一番身近な家族は，健全な成長をしていく上で重要な役割を担う。ここでは，多職種が連携して支援したジュニアアスリート（以下，A）とその母親へのサポート事例を紹介する（※個人が特定できないように内容を改変）。Aは怪我をして競技ができなくなり，短期間で体重が増加した。体形が気になるようになり，極端な食事制限をするようになると，反動で過食が出現した。母親はAに対して「勝つためには痩せないといけない」と考え，トレーニングを詰め込み，食事量を大幅に減らすように厳しく伝えていた。痩せたい気持ちを持っていたAは，母親の意向に従おうとしたが，徐々に隠れて過食をするようになり，気分の落ち込みが強くなった。そのためトレーナーの紹介で心理サポートにつながった。

■多職種連携における心理の役割

　栄養の担当者は，母親に対して栄養の正しい知識を伝えようとしたが，母親は食事に対する強いこだわり（例えば，炭水化物はすべて抜いたほうが良い）を持っていたため，伝えた情報をそのまま実践して頂くことが難しかった。そこで心理の担当者からは，「正しい知識であったとしても，そのままお母さんに伝えてしまうと今までやってきたことを否定されたように感じるかもしれない（間違い指摘反射）。まずはお母さんに共感し，部分的にでもうまくできていることに注目して，悪者を作らないように心がけていきましょう」と専門家間で共有した。多くの場合，母親は短期的にメリットのある行動（例えば，Aに罰を与えると言うことを聞く）を選択している。しかし，中長期的にみるとデメリットが大きい（例えば，Aと

の関係性が悪化）。母親が短期的な結果に捉われず，中長期的な視点でメリットのある行動を選択できるように，専門家は母親の短期的なメリットに沿った行動には注目せず，中長期的なメリットに沿った行動（例えば，Aと他愛もない会話をする）を選択したときに注目（強化）していくことが求められる。つまり，アメとムチではなく，アメ（注目あり）とアメなし（注目なし）で対応することが求められる。本事例では，「Aは別の人間なので支配しちゃダメですね。今まで私がレールを決めてしまっていたので，強制しなくなったことは大きい。ちゃんとAと話そうと思います」と母親の自己理解が深まり，Aと母親のコミュニケーションが増加し，支配的な言動が減少した。結果的に，Aの過食も減少した。

■積極的行動支援とは

　上述の事例は積極的行動支援の観点に基づいている（例えば，栗原，2018）。積極的行動支援とは，QOL（Quality of Life，生活の質）向上や本人にとって価値があると考える成果に直結する行動に対して罰を与えるのではなく，肯定的，教育的，予防的な方法で支援するための枠組みを指す。個人の行動のみを標的とするのではなく，アントラージュなどの環境もアプローチの対象と捉え，持続的な成果を生み出すための仕組みづくりを目指す。つまり，母親の言動を改善することのみに焦点を当てず，多職種の専門家が連携して母親の新規の向社会的行動に注目することによって徐々にQOLが向上し，ひいては問題となっている言動の減少につながる。

◆文献

栗原慎二（2018）ポジティブな行動が増え，問題行動が激減！PBIS実践マニュアル＆実践集．ほんの森出版．

4章 チームスポーツに対する心理サポート

荒木香織

　チームスポーツへメンタルのトレーニングを提供する際，大きく2つの方法に分けることができる。1つはチームに所属する個人，例えば，指導者，選手，またはスタッフにメンタルスキルを教授することでチームのパフォーマンス向上を目指す方法。一方で，チーム全体にメンタルのトレーニングを提供することにより，チームのパフォーマンス向上を目指すことも可能である。本章においては，特にチームの開発を通じ，組織文化形成，及びパフォーマンス向上を目的とするコンサルテーションについて論述する。

　メンタルのトレーニングについては，これまで個人の心理的スキル向上に焦点が当てられてきた。個人のメンタルスキルの向上がパフォーマンスの向上につながるとする考えも根強い。しかしながら，Hardy et al.（1996）は，トップ選手は閉ざされた世界ではなく，複雑な社会や組織の環境下において機能しており，その環境が選手とパフォーマンスに大きく影響すると示唆した。例として，オリンピックにおけるパフォーマンスの違いを決定づける要因についての研究結果には，必ず組織的要因が含まれる。パフォーマンスに良い影響を及ぼした要因は，長期的なトレーニングを遂行できる宿泊施設，ソーシャルサポート，質の高い指導，指導者と選手の良好な関係，高いチーム凝集性，指導者の危機管理能力，チケットの手配，移動手段の手配である。一方で，パフォーマンスに良くない影響を及ぼした要因として，普段のルーティンが遂行できないこと，メディアの存在，指導者の問題，チーム凝集性の問題，移動の問題などがあげられた（Gould et al., 2002他）。また，トップ選手は，競技に関するストレスよりも，環境やリーダーシップを含む組織に関連するストレスを多く経験（または記憶）するため，組

織に関連するストレスにも対処や対応する必要があると提案した（Hanton et al., 2005; Fletcher & Hanton, 2003）。加えて，Wagstaff（2017）は，「Myth of individualism（個人主義の神話）」と称することにより，個人のパフォーマンスは個人の才能，努力，運，または身体的パワーのみに起因する考え方に疑問を呈した。よって，チームスポーツへのコンサルテーションについても，個人のメンタルのスキルを向上させることだけでなく，チームを組織として捉え，組織開発や変革の視点を持つことにより，チームパフォーマンスに影響のあるプログラムの提供を試みる必要がある（Wagstaff; Woodman & Hardy, 2001）。

1. 組織に関連するストレス

　Hanton et al.（2005）は，10名の選手をインタビューした結果，トップスポーツにおいて，選手が受容するストレッサーは，パフォーマンスに関するストレッサーと組織に関するストレッサーに分類されると報告した。パフォーマンスに関するストレッサーには準備，傷害，プレッシャー，対戦相手，自分自身，競技，ジンクスの7つが含まれ，組織に関するストレッサーには，練習環境，遠征，競技環境を含む環境要因，栄養，傷害，目標や期待を含む個人要因，指導者や指導者のコーチングスタイルを含むリーダーシップ要因，チームの雰囲気，サポート体制，コミュニケーションを含むチーム要因の4つがあげられた。選手はパフォーマンスに関するストレッサー（Σ＝95）以上に組織に関するストレッサー（Σ＝215）について示唆することが多いことも報告した。Fletcher et al.（2006）は，組織に関連するストレッサーを，個人が活動している組織に，直接関連

する環境的要求（すなわち刺激）と定義した。その後，Arnold & Fletcher（2012）は，34の先行研究（7か国，N=180，年齢12-56歳，34競技）を用い様々な競技レベルの選手が経験するストレスについて分類をした結果，1809のストレスを抽出した。組織に関するストレッサーは640が抽出され，リーダーシップと人事の課題，文化とチームの課題，運営と環境の課題，パフォーマンスと個人の課題の4つのテーマに分類した。

　これまで，個人のストレスについては，十分に理解が進んできたが，組織に関するストレスに焦点が当たり始めると同時に，選手の資質と環境要因そして，その相互関係の連続のプロセスをストレスとして捉え，コンサルテーションのプログラムを構築するべきであると提案された（Weinberg & Gould, 2015）。コンサルタントは，具体的な競技環境における選手のストレス研究を理解し，ストレスを広義に解釈するコンピテンシーが求められる。具体的には，近年のストレス研究を参考に，組織に関するストレッサーへの対応として，選手個人の建設的思考の確立，対人関係スキルの向上，リーダーシップスキルの確立を含む内容に変化させていくことが重要である（Fletcher & Hanton, 2003; Jones, 2002）。

2. スポーツにおける組織心理学の活用

　組織のパフォーマンスを示す公式（Steiner, 1972）として，「実際のパフォーマンス＝潜在的に可能であるパフォーマンス－過程におけるロス」があげられる。潜在的に可能であるパフォーマンスとは，与えられた環境下において必要となるタスクを遂行することにより，チームのベストなパフォーマンスを発揮することである。過程におけるロスとは，コーディネーションのロスとモチベーションのロスが含まれる。コーディネーションロスには，チーム力や戦略を含む統一性の欠如，モチベーションロスには，努力不足や落胆が含まれる。個人のモチベーションへの働きかけ以外にも，チーム力の構築により，潜在的に可能で

あるパフォーマンス発揮を促すと同時に，過程におけるロスも避けたい。Jones（2002）は，組織に関する課題はパフォーマンスに最大に影響を与えること，またスポーツはビジネス領域から多くの学びを得ることが可能であるとした。さらに，Wagstaff（2017）は，「The organizational psychology of sport（スポーツの組織心理学）」の中で，スポーツ，エクササイズとパフォーマンスの場面において，組織心理学の教育的，理論的，そして実践的な価値が認識され始めていると述べた。そこで，組織心理学において提唱される組織開発や組織文化の概念からヒントを得ることにより，チームへのコンサルテーションの充実を図りたい。

3. 組織力・組織文化の構築

　スポーツにおいてチームの組織力を鍛えることは，組織心理学においては，組織開発を意味する。組織開発には，行動科学に基づく理論，価値観，戦略，そして技術が含まれ，構成メンバーの行動の変化を促すことより，個人の成長を促進すること，及び組織のパフォーマンスを向上させることを目的として，組織の環境を計画的に変化させる（Jex & Britt, 2014）。組織力は，組織全体が組織として機能する力，組織の中のグループが持ち合わせる力，及び組織の中の個人が持ち合わせる力の3つにより成り立つ（Jex & Britt）。

　スポーツに置き換えると，チームとして機能する力，選手，指導者，及びマネジメントスタッフのグループが持ち合わせる力，そして個々の選手，指導者，スタッフが持ち合わせる力と考えることができる。選手間での相互関係の充実は，試合前の不安，満足感，そして自己効力感と関連があると報告されている（Eys & Carron, 2003）。そして，Loughead et al.（2014）は選手間のリーダーシップの構築とその結果は，指導者によるリーダーシップとは比較にならないほどの効力を発揮するため，その構築は必須であると示唆している。さらに，指導者によるスキルの教授や戦術，戦略の指導はもちろんのこと，指導者のリーダー

シップ行動が選手にどのように影響を及ぼすのかについても理解をすることが重要である。なかでも，変革型リーダーシップ，動機づけ雰囲気，及び選手と指導者の関係性などは特に必要とされる要因であるとしている。（Wagstaff, 2017）。また，スタッフが，グループとして組織力向上のために持ち合わせておきたい内容は，前向きなチームの雰囲気づくり，効果的なコミュニケーション，及び役割に関する知識の伝達である（Fletcher & Arnold, 2011）。さらに，組織開発が必要な理由として，1）常に変化に適応する能力をつけ競争を生き抜くため，2）組織のパフォーマンスが好ましくないため，の2つがあげられる。スポーツのチームにおいても，競争を生き抜くためやパフォーマンス向上を目指し，組織力を開発することが有効である。

組織文化には，外部環境に対する物事の見方や受け取り方，組織における仕事の進め方，組織内での構成員の振る舞いなどが含まれ，選手や指導者の思考と行動のパターンに強い影響を及ぼす（Denison & Mishra, 1995）。組織文化モデルを構築したDenison & Mishraは，組織文化の強化には4つの要素を考慮する必要があるとしている。具体的には，組織にとって意義のある長期的な方向性を明確に示す（ミッション），文化の基盤となる価値とシステムを明確に示すとともに，重要課題の解決方法や結果について合意を得ながら目標達成へ導く（一貫性），ひとの資質，オーナーシップ，コミットメントを構築するとともに，組織に属するすべての個人が共有する目標に取り組むことへの価値を見出す（関連性），組織の知識と能力の向上に取り組み，変化を創造する（適応力）ことである。これらを満たし組織力を高めることで，組織の求める結果を得ることや，組織に属するメンバーの満足感に繋がるとされている。

それぞれのグループがしかるべきスキルを身に付けることで組織力の強化につながるため，コンサルタントはより効果的なプログラムの提供につなげることができる。さらに，組織文化の要素を取り入れることによる組織文化の構築と強化は，チームスポーツへの介入には必須である。

4．スポーツにおけるリーダーシップ

リーダーシップは個人とチームのパフォーマンスの向上に欠かすことのできない要素である（Cotterill & Fransen, 2016; Loughead et al., 2014））。リーダーシップとは，目標を達成するために組織されたグループに対して，影響を与える個人の行動過程である（Barrow, 1977）。スポーツにおけるリーダーシップは，指導者と選手の関係においてはコーチングとして発揮される。効果的なコーチングとは，リーダーの言動，選手の特徴，そして環境要因の相互関係により説明される（Chelladurai, 2007; Martens, 1987）。しかしながら，選手育成のために必要となる過程，知識，及び行動については，何が適切であるのか，理想とされるのか，または，成功と捉えられるのかについては明確ではなかった。そこで，Côté & Gilbert（2009）は効果的なコーチングまたは，コーチングの能力について，「特定のコーチングの状況において，選手の能力と自信の向上，そして，スポーツ内外の人との関係性や人格を形成するために，専門的な知識，対人関係，及び自身への理解を統合したものを一貫して適用すること」（p.316）とした。

Côté & Gilbertの定義する，スポーツにおける効果的なコーチングにより国際的に成功した例として，ラグビーニュージーランド代表オールブラックスがあげられる。ラグビーワールドカップにおける優勝までのコーチングについてのケーススタディでは，特に指導者のリーダーシップと選手間のリーダーシップについて記述されている（Hodge et al., 2014）。指導者によるリーダーシップと選手間のリーダーシップによるデュアルマネジメントモデルの構築が，チームの強化の重要なターニングポイントであったと報告している。特に，指導者が選手のためにビジョンを示し，その過程ではサポートをしながら，挑戦を促す変革型リーダーシップは，オールブラックスのコーチン

グに当てはまるとした。さらに，選手によるリーダーシップグループの活動を通じた選手によるチームの運営もまた，選手のエンパワーメントを導き，実際のパフォーマンスの向上のみならず，選手自身の自己理解，人格形成，及びラグビー内外での人間関係の構築にも影響を及ぼしたことから，変革型リーダーシップの要素に当てはまると報告した。

❶ 変革型リーダーシップ

変革型リーダーシップは，ビジネス，ミリタリー，教育，介護，スポーツを含む様々な領域において最も研究された概念であり，その効果がフォロワーの行動結果に影響するとされている（Bass, 2008）。具体的には，リーダーがフォロワーに情動的に訴えかけ，モチベーションを鼓舞するため，フォロワーが期待していた，または予測していた以上の結果をもたらす。フォロワーが私利私欲を超え，組織のために能力を最大に発揮できるようリーダーが促す過程において，フォロワー，組織，及びリーダー自身の変革をもたらす（Bass, 2008）。よって，変革型リーダーシップは，フォロワーへの指示を通じたスキル熟達中心でも，フォロワーの成長のみに焦点を当てたフォロワー中心でもない。

❷ スポーツにおける変革型リーダーシップ

スポーツの場面における変革型リーダーシップについての研究は，Zacharatos et al.（2000）の展望論文がはじまりである。その後，Carrow et al.（2009）によるDifferentiated Transformational Leadership Inventory（DTLI）が，スポーツの場面における変革型リーダーシップを測る尺度として用いられるようになった。国内では，荒木・小谷（2018）により日本語訳され，DTLI日本語版の妥当性と信頼性を確立している。

スポーツにおける変革型リーダーシップの研究は，指導者の変革型リーダーシップが選手やチームに与える影響について調査することを中心に進められている。約20年に及ぶ研究では，指導者

による変革型リーダーシップ行動は選手のパフォーマンス，集団凝集性，自己効力感，努力度合い，満足感，及びチームレジリエンスに影響することが報告されている（荒木・小谷，2018; Erikstad et al., 2021）。

❸ シェアド・リーダーシップ

変革型リーダーシップが個人やチームに影響を及ぼすことが明らかになるのと同時に，影響力を効果的に発揮するための，シェアド・リーダーシップについての研究も進められてきた。シェアド・リーダーシップとは，リーダーシップの役割と影響力がチームメンバーに分配されることであり，創発的かつダイナミックなチーム現象のことである（D'Innocenzo et al., 2016）。シェアド・リーダーシップは，従来のソロ・リーダー・アプローチに代表される古典的，階層的，垂直的リーダーシップよりも，チームマネジメントに適した解決策を提供する可能性があると指摘されている（Day et al., 2006）。スポーツの場面におけるシェアド・リーダーシップについてはいまだ検証の余地がある。しかしながら，スポーツにおいては，キャプテン以外のインフォーマルなリーダーシップが重要であり，また全体の時間の70.5%（オン及びオフフィールド）は，インフォーマルリーダーがチームに影響を与えることが報告されている（Fransen et al., 2014）。前出のオールブラックスの例にある，選手によるリーダーシップグループもシェアド・リーダーシップに当てはまる。

❹ スポーツにおける変革型リーダーシップ× シェアド・リーダーシップ

コーチング教育を通じて変革型リーダーシップ行動の4つの要素を獲得することは可能である（Turnnidge & Côté, 2017）。変革型リーダーシップを身につけるには，理想的な影響力，モチベーションの鼓舞，思考力への刺激，及び個々への配慮の4つの要素が必要である。しかしながら，シェアド・リーダーシップのアプローチを用いることで，例えばキャプテン一人が4つすべての要素を

身につけることなく，複数のリーダーで4つの要素を包括的に獲得することできれば，チームに対する影響力のあるリーダーシップの発揮につながると考える。コンサルテーションを通じてリーダーシップのスキルを身につける際に，4つの要素に含まれる内容に沿ってプログラムを構築することは，難しいことではない。ラグビー日本代表チームは，4年間にわたり変革型リーダーシップをシェアド・リーダーシップの手法を用いることにより身につけた。結果，世界スポーツ史上最大の番狂わせと言われた，2015年のラグビーW杯における日本対南アフリカ戦勝利の一因となった（荒木，2019）。指導者とも相談の上，複数のリーダーを選び，リーダーシップグループを形成することにより，変革型リーダーの育成につなげることが可能となる。

5. レジリエンス

スポーツにおいて選手がプレッシャーやストレスに対処・対応するスキルを構築することは重要である（Gould & Maynard, 2009）。これまでは，選手が根性や気合いを前面に出すことを指導者に期待され，実際にそのように振る舞うことのできる選手が「メンタルが強い」と捉えられてきたのではないだろうか。しかしながら，レジリエンスとは生まれながらにして持ち合わせている，逆境に耐えうる忍耐力，根性，気合いに代わり，個人の行動や思考のプロセスを表す概念であり，その研究は過去30年にわたり急速に進められてきている（Estrada et al., 2009）。現在，メンタルタフネス，ハーディネス，そしてグリット，などの概念とレジリエンスとの違いについての理解はまだ浸透していない。例えば，ハーディネスやグリットは，ストレスに適応するための認知プロセスを経ることなく，気合いや根性に代表されるように，単に心理的に頑丈であることを示している。一方で，レジリエンスはストレスに対して柔軟に適応していく認知プロセスを含む特徴がある（Masten et al., 1994）。

スポーツにおけるレジリエンスについては，まだまだ研究の余地があり，定義の合意さえ得られていない。しかしながら，共通の理解としてあげられるのは，レジリエンスとは困難な状況をうまく乗り越える力であり，このままであれば良い結果にならないと感じる環境において，自分自身を守ることによりウェルビーイングを維持する役割も担う。それはまた，トラウマを促すライフイベントのようなネガティブな状況にのみ必要な能力ではなく，普段の生活や練習で生じる些細な出来事に対しても，レジリエンスがあれば助けになるとされている。さらに，競技場面における，パフォーマンスと組織のストレッサーが混在するような状況においても，レジリエンスをもって環境に適応することにより，自分自身を機能させ，実力が存在するのであればそれをパフォーマンスとして発揮することが可能となる。

近年のスポーツ心理学研究において，レジリエンスは心理的特性ではなく，行動傾向や心理的状態として捉えられている（Sarkar, 2017）。競技歴が長いほどレジリエンスが高くなることも明らかとなっているため，レジリエンスは心理的特性ではないと考えられる（荒木・小谷，2018）。また，ポジティブにレジリエンスを機能させる上で関係するのは，その逆境の度合いと個人の心理的スキルであるとされている（Fletcher & Sarkar, 2016）。選手や指導者が，逆境の度合いを変化させることは困難ではあるが，逆境においてその環境についての受容の変化と，個人の心理的スキルの充実を図るためにメンタルのトレーニングをすることは可能である。よって，選手や指導者へのメンタルのトレーニングは，個人のそして，チームのレジリエンスを身に付けるトレーニングといっても過言ではない（荒木，2018）。

チームレジリエンスについては，数年前から徐々に研究が進められてはいるものの，まだまだ発展途上である。チームレジリエンスも個人のレジリエンスと同様に，グループに属する個人が集団として経験する，ネガティブな影響を及ぼす可能性のあるストレッサーから守る働きをするダイ

ナミックな心理的過程であるとされている。さらに，チームメンバーが逆境を経験した際に，それに前向きに適応するために個人と集団の資源を使う過程を含む（Morgan et al., 2013）。Morgan et al.は，チームレジリエンスを支える要素として，変革型リーダーシップ，シェアド・リーダーシップ，チーム学習，社会的アイデンティティ，及びポジティブ感情をあげている。荒木・小谷（2018）は，チームレジリエンスを測る尺度（Characteristics of Resilience in Sports Teams Inventory: CREST, Decroos et al., 2017）の開発とともに，心理・環境要因との関係を調査した。結果，CRESTは，レ

ジリエントな特徴の発揮（RS）とプレッシャー下における脆弱性（VUP）の2要因より構成された。さらに，挑戦といった前向きな心理傾向と同じ因子を示した。また，チームレジリエンスに影響する環境要因として，サポート体制への満足度と練習内容への満足度が抽出された。

今後は，個々の選手へのコンサルテーションに加え，チームのレジリエンス向上，選手や指導者へのリーダーシップスキルの教授，複数のリーダーによるキャプテンシーの発揮などを含む，組織力を鍛えるコンサルテーションが重要となる。

◆文献

荒木香織（2018）実力発揮へのメンタルスキル. 関節外科, 37: 1087-1091.

荒木香織（2019）リーダーシップを鍛える. ラグビー日本代表「躍進」の原動力. 講談社.

荒木香織・小谷 郁（2018）トップスポーツにおける社会環境要因と心理的要因の包括的検証：選手を取り巻く環境とメンタルタフネスとの関係. 2018年度笹川スポーツ研究助成研究成果報告書,pp.33-39. https://www.ssf.or.jp/Portals/0/resources/encourage/grant/pdf/2018/2018rs_04.pdf

Arnold, R. S. & Fletcher, D.（2012）A research synthesis and taxonomic classification of the organizational stressors encountered by sport performers. Journal of Sport and Exercise Psychology, 34: 397-429.

Barrow, J.（1977）The variables of leadership: A review and conceptual framework. Academy of Management Review, 2: 231-251.

Bass, B.（2008）The Bass handbook of leadership: Theory, research, and managerial applications. Free Press.

Chelladurai, P.（2007）Leadership in sports. In: G. Tenenbaum and R. C. Eklund（eds.）Handbook of sport psychology. Wiley, pp.113-135.

Côté, J. & Gilbert, W.（2009）An integrative definition of coaching effectiveness and expertise. International Journal of Sports Science & Coaching, 4（3）: 307-323.

Cotterill, S. T. & Fransen, K.（2016）Athlete leadership in sport teams: Current understanding and future directions. International Review of Sport and Exercise Psychology, 9（1）: 116-133.

Day, D. V., Gronn, P., & Salas, E.（2006）Leadership in team-based organizations: On the threshold of a new era. The Leadership Quarterly, 17（3）: 211-216.

Decroos, S., Lines, R. L. J., & Morgan, P. B. C. et al.（2017）Development and validation of the characteristics of resilience in sports teams inventory. Sport, Exercise and Performance Psychology, 6: 158-178.

Denison, D. R. & Mishra A. K.（1995）Toward a theory of organizational culture and effectiveness. Organization Science 6（2）: 204-223.

D'Innocenzo, L., Mathieu, J. E., & Kukenberger, M. R.（2016）A meta-analysis of different forms of shared leadership–team performance relations. Journal of Management, 42（7）: 1964-1991.

Erikstad, M. K., Høigaard, R., Côté, J., Turnnidge, J., & Haugen, T.（2021）An examination of the relationship between coaches' transformational leadership and athletes' personal and group characteristics in elite youth soccer. Frontiers in Psychology, 12.

Estrada, A. X., Severt, J. B., & Jiménez-Rodríguez, M.（2016）Elaborating on the conceptual underpinnings of resilience. Industrial and Organizational Psychology, 9: 497-502.

Eys, M. A., Carron, A. V., Bray, S. R., & Beauchamp, M. R.（2003）Role ambiguity and athlete satisfaction. Journal of Sport Science, 21: 391-401.

Fletcher, D. & Arnold, R.（2011）A qualitative study of performance leadership and management in elite sport. Journal of Applied Sport Psychology, 23: 223-242.

Fletcher, D. & Hanton, S.（2003）Sources of organizational stress in elite sports performers. The Sport Psychologist, 17: 175-195.

Fletcher, D., Hanton, S., & Mellalieu, S.D.（2006）An organizational stress review: Conceptual and theoretical issues in competitive sport. In: S. Hanton & S.D. Mellalieu（eds）Literature reviews in sport psychology. Nova Science, pp.321-374.

Fletcher, D. & Sarkar, M.（2016）Mental fortitude training: An evidence-based approach to developing psychological resilience for sustained success. Journal of Sport Psychology in Action, 7: 135-157.

Fransen, K., Vanbeselaere, N., De Cuyper, B., Vande Broek, G., & Boen, F.（2014）The myth of the team captain as principal leader: Extending the athlete leadership classification within sport teams. Journal of Sports Sciences, 32: 1389-1397.

Gould, D., Greenleaf, C., Chung, Y. C., & Guinan, D.（2002）A survey of US Atlanta and Nagano Olympians: variables perceived to influence performance. Research Quarterly for Exercise and Sport, 73: 175-186.

Gould, D. & Maynard, I.（2009）Psychological preparation for the Olympic Games. Journal of Sports Sciences, 27: 1393-1408.

Hanton, S., Fletcher, D., & Coughlan, G.（2005）Stress in elite sport performers: A comparative study of competitive and organizational stressors. Journal of Sports Sciences, 23: 1129-1141.

Hardy, L., Jones, J. G., & Gould, D.（1996）Understanding psychological preparation for sport: Theory and practice of elite performers. John Wiley & Sons, Inc.

Hodge, K., Henry, G., & Smith, W.（2014）A case study of excellence in elite sport: Motivational climate in a world champion team. The Sport Psychologist, 28: 60-74.

Jex, S.M. & Britt, T.W.（2008）Organizational Psychology: A Scientist-Practitioner Approach. John-Wiley & Sons.

Jones, G.（2002）Performance excellence: a personal perspective on the link between sport and business. Journal of Applied Sport Psychology, 14: 268-281.

Loughead, T. M., Munroe-Chandler, K. J., Hoffmann, M. D., & Duguay, A. M.（2014）Athlete leadership in sport. In: M. R. Beauchamp & M. A. Eys（eds.）Group dynamics in exercise and sport psychology（2nd ed.）. Routledge, pp. 110-127

Martens, R.（1987）Coaches Guide to Sport Psychology. Human Kinetics.

Masten, A. S., Neemann, J., & Andenas, S.（1994）Life events and adjustment in adolescents: The significance of event independence, desirability, and chronicity. Journal of Research on Adolescence, 4（1）: 71-97.

Morgan, P. B. C., Fletcher, D., & Sarkar, M.（2013）Defining and characterizing team resilience in elite sport. Psychology of Sport and Exercise, 14: 549-559.

Morgan, P. B. C., Fletcher, D., & Sarkar, M.（2015）Understanding team resilience in the world's best athletes: a case study of a rugby union World Cup winning team. Psychology of Sport and Exercise, 16: 91-100.

Sarkar, M.（2017）Psychological resilience: Definitional advancement and research developments in elite sport. International Journal of Stress Prevention and Wellbeing, 1: 1-4.

Steiner, I.（1972）Group Process and Group Productivity. Academic.

Turnnidge, J. & Côté, J.（2017）Transformational coaching workshop: Applying a person-centered approach to coach development programs. International Sport Coaching Journal, 4: 314-325.

Weinberg, R. S. & Gould, D.（2015）Foundations of Sport and Exercise Psychology（6th ed.）. Human Kinetics.

Wagstaff, C. R. D.（2017）Organizational psychology in sport: An introduction. In: Wagstaff, C. R. D.（ed.）The organizational psychology of sport: Key issues and practical applications. Routledge, pp.1-7.

Zacharatos, A., Barling, J., & Kelloway, E. K.（2000）Development and effects of transformational leadership in adolescents. The Leadership Quarterly, 11（2）: 211-226.

映像技術を用いた動機づけサポート　　　　　　永尾雄一

■映像技術の進歩とモチベーションビデオ

　近年のスポーツ現場においては，トレーニングや試合の映像を撮影することは当然の活動として定着するとともに，撮影や編集を行う機器も誰でも気軽に利用できる機器やサービスが広く普及している。その影響を受けて，スポーツ現場での映像技術の活用においても，年代や競技レベルを問わず，多岐の目的に対して普及が急速に進んでいる。その活用事例の1つに，映像を視聴する選手自身やチーム自体の映像を視聴することで，パフォーマンス発揮に関係する心理的側面にポジティブな影響を与えようとする「モチベーションビデオ（以下，MV）」という方略があげられる。過去の成功場面や心理的課題の解決に資する情報を，映像をとおして提供することにより，目標に対する動機づけを高めたり，特定の課題に対する自己・集団効力感などを高めることを目的に用いられるものである。

　MVを作成するためには，動画や静止画といった素材が必要となる。これまでは撮影するためのビデオカメラがチームに1台など，機材環境的な制限から素材収集の機会が限られ，MVの作成活用における障壁となっていた。しかし，昨今の映像技術や機器の普及発展により，スマートフォンなどを用いて様々な場面を気軽に撮影できるようになった。このようにMV作成に必要な映像収集が容易になったことで，心理サポートにおけるMVなどによる映像活用の発展が期待されている。

■スマートフォンアプリなどを活用

　MV作成においては，過去の映像素材の中から必要なシーンを抜き出し編集する作業が必要になるが，試合時間が長い競技や多数の映像素材がある場合，この中からシーンを探し出すことは多くの労力と時間を要し，MV活用を妨げる一要因ともなっている。しかし，昨今のスマートフォンア

プリにおいて，スポーツチームにおける動画共有やゲーム分析などを目的としたアプリケーションが発達しており，これらの主な機能である「タグ付け（特定のシーンに情報を付加することで，後のシーン検索や視聴，情報の量的分析などを可能とする機能）」が容易に複数人で同時使用できるようになった。このことにより，MV作成に必要な映像の抽出が簡便になっただけではなく，チーム全員でシーン内容の評価が統一された映像として抽出できるため，より作成意図に忠実なMVを作成しやすくなるという効果が期待される。また，MVに限らずとも，ポジティブなシーンを日常的に容易に共有可能な環境を提供できるという点でも，動機づけなどを目的としたサポートに有益であると考えられる。このように，映像素材の管理や共有方法において最新の技術やサービスを利用することも，効果的に心理サポートやMV活用を行うアイデアの1つとなり得るであろう。

■映像が持つ情報への注意と見立て

　MVのように映像を用いる場合には，その映像が持つ情報について，特に注意を払わなければならない。映像は非常に鮮明に当時の状況を振り返る情報量を持っている。映像に映し出されているシーンが例えばプレーの成功場面であったとしても，その前後に起こった事柄が視聴する選手らにとって振り返りたくない記憶である場合もある。また，その映像が持つ情報を，今のこの瞬間に提供することが適切なのかについても，心理サポートの見地から慎重に見立てられる必要がある。情報量が非常に多く，また強く印象づけられやすいツールである映像をスポーツ現場の心理サポートに用いるということにおいては，相応の慎重さが求められることも忘れてはならない。

5章 アスリートの認知機能及び生理心理的サポート

高井秀明

1. 科学技術とメンタルトレーニングとのかかわり

　科学技術は，様々なスポーツ科学の領域でアスリートのパフォーマンス及びその関連データを客観的に評価するために利用され，アスリートの育成・強化を図る上で貢献できるものと期待されている。昨今の急速な科学技術の発展は，利用する機器・装置の小型携帯化，利用の簡便化，価格の低下をもたらし，スポーツ現場で科学技術が果たすべき役割は徐々に見出されつつある。しかしながら，客観的な評価基準を定めにくいスポーツ心理学の領域では，スポーツ現場における科学技術の活用事例はいまだ限られていると言っても過言ではない。したがって，本章では，精神生理学や生理心理学の領域で示されている確固とした研究エビデンスをもとに，スポーツ現場での科学技術の活用に関する可能性について探ることとする。それに関連し，まずはアスリートの認知機能に関する特徴を示した上で，スポーツ現場でアスリートのメンタルトレーニングに利用できる生体情報の位置づけとその課題について述べたい。

2. アスリートの認知機能と喚起反応，パフォーマンス

　アスリートには，時々刻々と変化する環境下で，状況を正しく読み取り，意思決定し，適した動作を選択した上で実行することが求められている。しかしながら，アスリートは，心身の健康の維持・増進を目的とした，一般のスポーツ愛好家とは異なり，常に多くのストレスと付き合わなければならない。仮に，ストレスとうまく付き合う

ことができず，喚起（arousal）反応がみられれば，アスリートは環境に対して不適応を起こし，本来持ち合わせているパフォーマンスを発揮できなくなることもある。

　ここでいうパフォーマンスの発揮に関係するスポーツのスキルは，4つの要素から構成されている（大築，1989）。1つ目は，情報の入力に関する視覚や筋―運動感覚情報を統合して状況を見極める状況判断能力である。2つ目は，情報の出力に関する能力として運動の空間的位置決め，力量発揮，タイミング，再現性である。3つ目は，運動の出力に関する素早い動作の開始（反応時間）と動作の切り替えに関係する素早さである。4つ目は，前述した正確さと素早さを含んだ持続性である。以上のことから分かるとおり，まずは目の前で起こっている状況に対して効果的かつ効率よく認知することが大切であり，精度の高い測定が求められる。

■ 認知機能の測定

　近年，スポーツのスキルに関係する認知機能を捉えるため，アスリートの脳内情報処理過程に注目が集まっている。脳内情報処理過程は，刺激評価段階，反応選択段階，反応実行段階から順を追って構成されている（Sanders, 1998）。これらの特徴を詳細に明らかにするため，反応時間や直接的に脳活動を測定する脳波が利用されている。ただし，脳波は生物電気の中でも最も微弱な電気現象の1つであるため，できる限り統制され安定した環境下での測定が求められる。したがって，身体的活動量が多いアスリートの実践場面で脳活動を測定することは容易でない。ちなみに，実験室実験の環境下でアスリート特有の認知機能に関する特徴について検討するには，事象関連電位（event-related potential：

ERP）や機能的磁気共鳴画像法（functional magnetic resonance imaging：fMRI）による非侵襲的脳機能計測が有効である。ERPとは，なんらかの事象に関連して生起する脳電位であり，意思決定に伴う情報処理過程（知覚や注意，認知，記憶といった心理過程）に関連する電位を表している。また，fMRIは，脳の局所血流量の変化からその活動部位を測定することが可能である。脳電位のERPは時間分解能が高いが，空間分解能が低い。それに対し，fMRIは時間分解能が低いが，空間分解能が高い。そのため，うまく両者の特長を考慮してアスリートの認知機能を測定することが求められている。ちなみに，アスリートの認知機能の測定には，アスリート特有の正確さと素早さを評価するため，ERPと反応時間が指標として利用されることが多い（坂部・高井，2020；坂部ほか，2022）。

❷ 喚起反応とパフォーマンスの特徴 ────

　アスリートの喚起反応を調整することは，スポーツ心理学の研究領域として重要なテーマであり，数多くの研究報告がされている。具体的に

は，喚起反応がもたらすパフォーマンスの効果をみることが中心であるものの，その検証方法を確認すると実験的な手続きに関する問題点が散見される。スポーツ心理学において，喚起は不安，賦活，情動，緊張，サイキングアップと類似した意味で使用されることがあり（Sage, 1984），特に，喚起は不安と同義語として取り扱われることが多い。その理由としては，中枢神経活動や自律神経活動が不安によって喚起されるためであろう。研究者によっては，喚起と不安を区別し，不安はパフォーマンスを低下させる過度の喚起状態として定義している場合もあるが，喚起と不安との関係性は現在も継続的に議論されている。

　実際のところ，喚起は，筋緊張や皮質活動，心臓血管系活動，皮膚電気活動，生化学といった多数の方法で描写できる生理的な要素を包含しているが（**図1**），そこには生理的な要素に影響する認知的な解釈・評価の要素が含まれており，さらには人の感情は思考と相互に作用して生理反応にも影響を及ぼすと言われている（バルツェル：正木訳, 2013）。**表1**では，喚起に関与する神経系の構

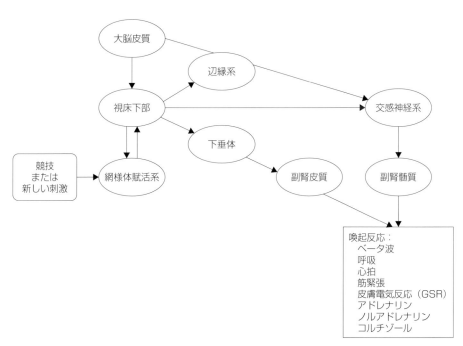

図1　喚起とパフォーマンスの概念モデル（バルツェル：正木訳, 2013）

表1　喚起に関与する神経系の構造（バルツェル：正木訳，2013）

構造	位置	機能
網様体	延髄と橋から続く脳幹の一部	睡眠と覚醒，警戒，脳の最適喚起に関与する
視床下部	視床と中脳の間	食欲と性行動，交感神経系と下垂体の調整に関与する
辺縁系	大脳半球と脳幹の境界近傍に位置し，海馬と扁桃体を含む一連の構造。視床下部は辺縁系の一部とも考えられている	主に情動行動に関係。扁桃体は攻撃に関与すると考えられている
大脳皮質	ヒト脳の回旋状の外層	学習，記憶，企図，運動動作の遂行に関与する最高次中枢
交感神経系	自律神経系（ANS）の分枝で，脊髄の胸郭と腰部を起始部とする神経線維	喚起中に腺と平滑筋を賦活する
副交感神経系	ANSの分枝で，脳幹と脊髄の仙骨部を起始部とする神経線維	リラックス時に内部状態を適正に維持する
副腎皮質	腎臓のすぐ上に位置する2つの小さな内分泌腺の外層	代謝とストレス反応の調整にあたるコルチゾールを分泌する
副腎髄質（ANSに密接に関連するが，厳密には神経系の一部ではない）	腎臓のすぐ上に位置する2つの小さな内分泌腺の内層	身体の賦活上昇に関係するアドレナリンとノルアドレナリンを分泌する
下垂体	視床下部の直下に位置する脳の深部	副腎皮質刺激ホルモン（ACTH）を放出し，その結果副腎皮質からコルチゾールが放出する

造や部位，それらの機能について紹介しているが，このような神経系の反応は，アスリートを対象にしても同様であるため，知識としておさえておく必要性があり，それはストレスによって示される生理的反応についても違いがない。

❸ ストレスによる生理的反応

　私たちの身体は，ストレッサーに曝されると一般的に同様の反応を示すことが明らかにされている。ある意味では，緊急事態に対応するための身体反応といえ，この反応は闘争―逃走反応と呼ばれている（Cannon, 1929）。ここでは，闘争―逃走反応が生起するプロセスについて説明する。

　ストレッサーによって2つの系が賦活される。1つは，脳幹の青斑核を起点とした交感神経―副腎髄質系であり，ノルアドレナリンの働きによって自律神経系の交感神経活動が活性化される。その結果，神経末端からノルアドレナリンが分泌され，標的組織に影響を及ぼす。それとともに，副腎髄質からカテコールアミン（アドレナリン，ノルアドレナリン）が血中に分泌される。このうち，アドレナリンは特に心拍出量を増大させる糖新生によってエネルギー産生を活性化させるといった作用がある。もう1つは，視床下部―下垂体―副腎系と呼ばれる内分泌系である。ストレス刺激を受けると視床下部の室傍核よりコルチコトロピン放出ホルモン（corticotropin releasing hormone：CRH）が分泌され，これが下垂体前葉から副腎皮質刺激ホルモン（adrenocorticotropic hormone：ACTH）の分泌を促進し，さらにはACTHの作用によって副腎皮質から血中へコルチゾールが分泌される。コルチゾールは糖新生を促進するカテコールアミンの作用を増強するといった効果をもつ。このようなストレッサーに対する一連の反応は，数秒から数十分の間に起こる急性のものであり，適応的な反応とも言える。この反応は，外敵に襲われた際に，その敵と戦う，あるいはその敵から逃げるなど，生存のために必要な反応である。アスリートにとって大切な試合では，ハイプレッシャーの状況に至る可能性があるため，このような反応が示されるのはよくあることと言っても過言ではない。

　また，ストレスに反応して起こる一連の生体反応は，汎適応症候群（general adaptation syndrome）と呼ばれている（Selye, 1978）。汎適応症候群は，

3つの段階から構成されており，第1段階は身体が自律神経活動の交感神経活動を活性化して脅威に立ち向かおうとする警告期である。第2段階は生体がその場から逃げるか，戦うかのどちらかの方法で脅威に対応しようと試みる抵抗期である。第3段階は生体がもはや脅威から逃げることも戦うこともできなくなり，身体資源を枯渇してしまう疲憊期である。

3. 生理心理的サポートで利用される生体情報に関する特徴

　心理サポートスタッフは，アスリートの言語情報や非言語情報を丁寧に収集して分析・評価することで，アスリートに対して有効なメンタルトレーニングの方法を提供することが可能になる。少なからず，その過程で心理サポートに貢献できる情報として考えられるのが生体情報であり，ここではメンタルトレーニングに利用できる生体情報について紹介することとする。当然のことながら，アスリートが競技活動に取り組んでいる状況（試合や練習）であるならば，できる限り，対象となる生体情報は非侵襲性的測定でなければならない。そのような点をふまえ，アスリートを対象にした生理心理的サポートで取り扱う生体情報に関する特徴について述べることとする。

■ 生理心理的サポートで利用可能な指標

　スポーツにおける精神生理学の指標としては，皮膚電気反応（electrodermal response：EDR），容積脈波（plethysmography），呼吸（respiration），体温（body temperature），血圧（blood pressure：BP），心拍数（heart rate：HR），心電図（electrocardiogram：ECG），瞬目（blinking）や眼球運動（eye movement）を含めた眼電図（electrooculogram：EOG），瞳孔（pupillography），唾液（salivation），筋電図（electromyogram：EMG），脳波（electroencephalogram：EEG），脳波を処理した事象関連電位（event-related potential：ERP），機能的磁気共鳴画像法（functional magnetic resonance imaging：fMRI），近

赤外分光法（near-infrared spectroscopy：NIRS）があげられており（山崎，2012），これらの生理指標はアスリートの生理心理的サポートにおいても利用できるものと考えられる。

■ アスリートに提供される生体情報が担う役割

　アスリートの生理心理的サポートとして，パフォーマンスに関係する生体情報をアスリート自身にフィードバックすることは，競技力向上や実力発揮に貢献できる情報として本人に新たな気づきをもたらすことが可能になる。場合によっては，生理心理的サポートから得られる生体情報は，アスリート自身の認知的評価の歪みを補正する役割にもなるだろう。また，生理心理的サポートによって得られる生体情報は，アスリートの自己理解を深め，運動学習やコンディショニング，さらには喚起の調整といった目的にも対応できるものと考えられる。もちろん，測定する生体情報の信頼性と妥当性を高めるため，できる限り安定した測定環境で生体情報を収集する必要があり，それぞれの生体情報の特性については考慮しなければならない。さらに，収集した生体情報は，その結果のみをアスリート自身にフィードバックすることが重要ではなく，フィードバックの仕方には十分に注意を払う必要がある。生理心理的サポートとしてアスリートの生体情報を測定し，その結果をフィードバックするにしても，そのフィードバックの仕方によってはアスリート自身にとって理解しづらく，その情報を有効活用できないこともあるだろう。したがって，生理心理的サポートとしてアスリートの生体情報を本人にフィードバックする場合は，アスリートの理解を慎重かつ丁寧に得ながら実施することが求められる。

■ アスリートに対して生理心理的サポートを提供する上での留意点

　アスリートの生体情報を測定する上で，最も留意すべき点は，倫理的配慮及び手続きである。生理心理的サポートの提供者は，倫理的に配慮してアスリートの生理指標の測定計画を立案し，慎重

にその計画を実行しなければならない。ここでは，日本心理学会の実験研究に関する倫理規程（2011）をアスリートに対する生理指標の測定に変更し，重要事項について確認したい。

生理心理的サポートの提供者は，原則として，生理指標の測定に先立ち，自らが所属する組織及びその測定が行われる組織の倫理委員会等に，具体的な測定計画を示して承認を受けなければならない。

生理心理的サポートの提供者は，アスリートの心身の安全に責任をもたなければならない。生理指標の測定条件，実験室等の物理的な環境がアスリートに及ぼす身体的・精神的影響を十分に考慮し，慎重に測定計画を立てなければならない。

生理心理的サポートの提供者は，アスリートに対し，測定の目的・方法，予想される苦痛や不快感などを含む測定内容，さらには測定成果の公表方法，測定終了後の対応について測定を開始する前に十分な説明を行い，理解されたかどうかを確認した上で，原則として，文書で同意を得なければならない（インフォームド・コンセント）。説明を行う際には，測定に関して誤解が生じないように努め，アスリートが自由意思で測定参加を決定できるよう配慮する。また，測定を途中で中断できることも伝え，中断してもなんら不利益を被らないことを保証しなければならない。

例えば，子ども，障害や疾患を有する人，外国人など，認知・言語能力上の問題や文化的背景の違いなどのために，通常の方法の説明では測定内容の理解を得られたと判断できないアスリートの場合には，理解を得るために種々の方法を試みるなど最善を尽くす必要がある。その努力にもかかわらず自由意思による測定参加の判断が不可能と考えられる場合には，保護者や後見人などの代諾者に十分な説明を行い，原則として，文書で代諾者から同意を得なければならない。

生理心理的サポートの提供者は，測定の終了にあたり，アスリートに対して測定に関する十分な説明を行い，正確な理解を得るように努め，測定がアスリートに悪い影響を与えることを未然に防

がなければならない。アスリートからの質問や要望に対しては，誠実に回答し，不明点などは時間をかけて十分に説明する。また，アスリートのスポーツ心理学への貢献に対して，明示的に感謝の意を伝えるべきである。

生理心理的サポートの提供者が収集できる個人情報は，生理心理的サポート（研究を含む）の目的との関係で必要なもののみとする。個人情報の流出などにも十分な注意を払い，個人情報の保護・管理を厳重に行わなければならない。なお，アスリートの個人情報は，測定上の必要性が消失した場合には，すみやかに廃棄する。

測定で得られたデータは，紛失，漏洩，取り違えなどを防ぐために，厳重に保管し管理しなければならない。測定データは，本来の目的以外には使用しない。

4. バイオフィードバック

アスリートに対する生理心理的サポートの代表的な方法としてバイオフィードバック（biofeedback）がある。バイオフィードバックは，その名のとおり，自身の生体情報を知覚可能な情報に変換して還元する技術のことであり，心理学や医学，工学の領域を中心に研究が推進され，現在はスポーツの現場でもその有用性が見出されつつある。

生体情報の反応には，骨格筋反応などの意識的に制御が可能な随意反応と心拍や血圧などの自律反応や脳波などの中枢反応といった不随意反応がある（佐々木，2002）。本来，オペラント（道具的）条件づけは随意的な運動筋肉系に対し，レスポンデント（古典的）条件づけは自律神経系に対して条件づけされると言われていた（佐々木，2002）。しかしながら，1960年代に入ってミラーらの一連の動物実験で自律神経系のオペラント条件づけが可能であることが報告されてからは，ヒトを対象にした研究が進み適用範囲が広がり，行動変容をうながす技法の1つとして臨床的に応用されるようになったと言える（佐々木，2002）。

なお，ストレス反応を制御する方法としては，

ターゲットとなる生体反応を変化させようとする直接法とターゲットとする生体反応を変化させるためにほかの変化させやすい生体反応を媒介し，利用することもある。したがって，ターゲットになる生体反応に非特異的な生理指標を組み合わせてフィードバックし，自己制御するパターン方式もしくはマルチ方式と呼ばれる方法も存在する。

① バイオフィードバックの手続き

一般的に，バイオフィードバックは，以下の4つの試行によって構成されている（志和，2002；図2）。①順応試行：生体を測定環境に慣らす。②フィードバック前試行：制御しようとする生体反応がフィードバックを受ける前に，どのような状態にあるのかを測定する。フィードバック信号は呈示しない。また，この試行で測定された反応量（最大値，最小値，平均値）を考慮し，シェイピングの基準値を決定する。シェイピングとは，オペラント条件づけに利用される操作である。それは，最終の目的水準に到達するまで，何段階かの到達可能な目標水準を設定し，順次それに到達していく手続きのことである。③フィードバック試行：フィードバック信号を呈示し，目標とする方向への随意制御を行う。この試行は，休憩をはさんで3-5試行繰り返す。④フィードバック後試行：フィードバック信号は呈示しないで，この試行で測定された反応量と，フィードバック前試行の段階で測定した反応量を比較し，バイオフィードバックの効果を評定する。

② アスリートに利用されるバイオフィードバックの生体情報

アスリートに対して提供されるバイオフィードバックの利用目的は，パフォーマンス発揮に有効な心理状態に誘導したり，運動学習を効果的に促進したりすることである。実際，アスリートに対するバイオフィードバックの生理指標としては，筋緊張を制御するための筋電図（electromyography：EMG），皮膚温を高めてリラクセーション状態に導くための皮膚温，心拍数を減少させてリラクセーション状態に導くための心拍，呼吸のリズムを制御して自律神経活動を調整するための呼吸運動，皮膚の電気抵抗を低くしてリラクセーション状態に導くための皮膚電気反射（galvenic skin response：GSR），安静状態に出現するα波に誘導するための脳波などの生体情報があげられ，生体情報は音信号や光信号などに変換し，外的フィードバック回路で生体に提供される。なお，近年では，心拍変動によって自律神経活動を調整する心拍変動バイオフィードバックが多く用いられている。また，脳波からアルゴリズムが組まれ，集中やリラックスの状態を仮定するといったニューロフィードバックも試行されている。

前述した生体情報などをもとに，バイオフィードバックはメンタルトレーニングの1つの方法として利用されており，一過性のアプローチとして試みるよりも，バイオフィードバックトレーニングとして位置づけられることが多い。

順応試行　　　　　　：測定する生体反応が安定するのを待つ。
フィードバック前試行：生体反応のベースラインを測定する。
フィードバック試行　：フィードバック信号を呈示し，目標とする反応の制御を行う。
フィードバック後試行：フィードバック信号がない状態で，フィードバック効果を調べる。

図2　一般的なバイオフィードバックの手続き（志和，2002）

❸ メンタルトレーニングとしての
　　バイオフィードバックの課題

　メンタルトレーニングとしての位置づけが可能
なバイオフィードバックの効果を示したエビデン
スは，いくつか存在する。しかしながら，そこで
の報告には一貫性があるとは言えず，バイオフィ
ードバックの効果の質は様々であると指摘されて
いる（國部，2022）。ここでは，バイオフィード
バックの手続きや技能レベル，生体信号のばらつ
きの大きさがその理由としてあげられており，ト
レーニングのプロトコルを標準化させることが重
要であると提言されている。

　もちろん，メンタルトレーニングの方法として
は，アスリート個々の状況によって臨機応変に対
応することが求められるため，誰しも同様のプロ
グラムを提供することでその効果をもたらすこと
ができるとは言い切れない。しかしながら，アス
リートに提供されるべきバイオフィードバックの
方法論的なプラットフォームを整えることは重要
事項であり，それを実現するためには，バイオフ
ィードバックの研究者間で連携を図り，丁寧に企
画された条件を設定し，その効果検証を進めるべ
きであろう。このような手続きにより，バイオフ
ィードバックによる効果の有無に影響を及ぼすア
スリート個々の要因を具体的に抽出できるものと
考えられる。

　ちなみに，アスリート個々の特徴としてバイオ
フィードバックの効果に影響を及ぼす個人間要因
の1つと考えられるのが内受容感覚である。内受
容感覚（interoception）とは，Sherrington（1906）
が提唱した概念であり，内受容感覚は心臓の鼓
動，胃・腸などの内臓感覚，喉の渇き，尿意など
の身体内部の状態やその変化に関する感覚であ
る。生体情報は非意識的情報であり，生体内で起
こる様々な変化に注意を向けることには，高度な
能力が必要である。アスリートは自身のパフォー
マンス向上を目指して日ごろから筋運動感覚情報
をはじめとした身体の細部に注意を向けて運動学
習や運動制御を試みている。したがって，その取

り組みは，ターゲットとなるほかの生体情報の制
御にも少なからず手助けになるだろう。

❹ メンタルトレーニングとしての
　　バイオフィードバックの今後の展開

　近年は，バイオフィードバックの機器・装置が
科学技術の進歩によって以前よりも一般に普及さ
れる状況となっている。だからこそ，ここでその
利用の仕方については慎重かつ丁寧に検討してお
く必要があるだろう。バイオフィードバックの即
時的な効果は，実験室実験でこれまでに明らかに
されているが，運動学習の領域ではその効果の習
慣化，固定化の困難さが指摘されており，さらに
はその適用時期の見極めの重要性も検討事項とし
てあげられている。例えば，スポーツの初心者や
未熟練者で修正すべき点が多い場合，バイオフィ
ードバックの生体情報は運動学習にとって混乱を
招く恐れがあるだろう。したがって，アスリート
がバイオフィードバックを利用する場合は，生体
情報として表現される明確な心理的課題が存在
し，その修正すべき点もあまり多くないスキルレ
ベルであることが望まれる。

　さらには，バイオフィードバックの効果を実験室
実験で終わらせることがないよう，バイオフィード
バックによる自己制御はスポーツの実環境に近い状
況で実施できる段階的な移行が不可欠であり，そ
こで環境への適応性を磨くことが重要である。なお，
具体的な取り組みとしては，仮想現実（virtual
reality：VR）や拡張現実（augmented reality：AR），
複合現実（mixed reality：MR）を活用し，それらを
実環境に近づけるための段階的なステップとして位
置づけることが好ましいように思われる。そのステ
ップでバイオフィードバックによる自己制御を試み，
段階的に成功体験を積み重ねることでメンタルトレ
ーニングとしてのバイオフィードバックの利用価値
は高まるだろう。そして，アスリートのパフォーマ
ンス発揮において，バイオフィードバックは補助的
手段であり（荒木，2016），最終的にはバイオフィー
ドバックを手段として利用せずとも，自己制御でき
るようにアスリートを導くことが求められる。

◆文献

エイミー・バルツェル（2013）喚起とパフォーマンス．高いパフォーマンスレベルの心理学的特徴．ロバート・N・シンガー，ヘザー・A・ハウゼンブラス，クリストファー・M・ジャネル編：山崎勝男監訳，正木宏明訳，スポーツ心理学大事典．西村書店．

荒木雅信（2016）バイオフィードバック法．メンタルトレーニング技法の基礎—心理技法を中心に—．日本スポーツ心理学会編，スポーツメンタルトレーニング教本 三訂版．大修館書店，pp.93-97．

Cannon, N. B.（1929）The James-Lange theory of emotions: A critical examination and an alternative theory. The American Journal of Psychology, 39: 106-124.

公益社団法人日本心理学会（2011）公益社団法人日本心理学会倫理規程，Retrieved from https://psych.or.jp/wp-content/uploads/2017/09/rinri_kitei.pdf（2022年9月30日）

國部雅大（2022）バイオフィードバックを活用したメンタルトレーニング．特集 メンタルトレーニング・イノベーション．体育の科学，72（5）：324-329．

大築立志（1989）現代の体育・スポーツ科学「たくみ」の科学．朝倉書店．

坂部崇政・高井秀明（2020）映像刺激を用いた突き技への選択反応時における空手選手の情報処理能力．体育学研究，65: 293-302.

坂部崇政・高井秀明・大久保 瞳（2022）突き技への予測場面における空手選手の情報処理能力—時間的遮蔽法を用いた映像におけるCNVおよびP3を指標として—．スポーツ心理学研究，49（2）：97-110．

Sanders, A. F.（1998）Towards a model of stress and human performance. Acta Psychologica, 53: 61-97.

佐々木高伸（2002）バイオフィードバック療法の実際．宮田洋監修，柿木昇治・山崎勝男・藤澤清編，新 生理心理学2巻 生理心理学の応用分野．北大路書房．

Selye, H.（1978）The stress of life. McGraw-Hill.

Sherrington, C. S.（1906）The integrative action of the nervous system. Yale University Press.

志和資朗（2002）バイオフィードバックの方法．バイオフィードバック療法の基礎．宮田洋監修，柿木昇治・山崎勝男・藤澤清編，新 生理心理学2巻 生理心理学の応用分野．北大路書房．

山崎勝男（2012）スポーツ精神生理学の指標．スポーツ精神生理学とは何か．スポーツ精神生理学．西村書店，p.5.

スポーツ現場を捉える質的アプローチ
豊田則成

■様々な質的アプローチ

昨今の質的アプローチの隆盛に伴い，様々な質的研究法にも関心が向けられている。例えば，グラウンデッド・セオリー・アプローチ（GTA）には，グレイザー版やストラウス版，才木版や木下版といった様々なバージョンも紹介され，ほかにも，質的統合法（KJ法）や複線径路等至性アプローチ（TEA）など，捉えようとする当該現象に合致したアプローチが紹介されている。

■質的アプローチのターゲット

学会活動を振り返れば，2004年に日本質的心理学会が産声をあげた。そこでは「現場心理学」と表現されつつ質的研究の躍進に貢献を果たしてきた。そして，2022年には「TEAと質的探究学会」が設立された（https://jatq.jp/index.html）。この学会は，TEA（前掲）を中心的な研究方法論としており，スポーツ現場にもそのターゲットを広げている（著者も発起人に名を連ねている）。

■スポーツ現場を質的に捉える

もちろん，様々なスポーツ現場に質的アプローチは有益な分析方法として利用されてきた。本学会であれば，伊藤（2017）や松田（2018）に代表されるように新進気鋭の研究者が，概念図によって当該現象を可視化し，発展継承可能な仮説的知見を導き出し，スポーツ現場をよりよく改善していく提案をなしてきた。このような取り組みは，言わずもがな，仮説検証というよりは仮説生成の研究スタイルであり，量的アプローチと比較すれば，多くのパラダイムシフトを背景に有している。

■パラダイムシフトが新たな知見を生み出す

質的アプローチを駆動することは，これまでの見識への拘りから新たな知見を生み出すことに『挑戦する』ことを意味している。そこでは，これまで有してきた固定概念から異なる視点を提供し，別の角度から現象を眺めることを求めていくことになる。それは，目前のスポーツ現場をより生き生きとした心理事象として捉え直し，より一層深みのある解釈へと導いてくれる。

■『研究する人間』という質的方法論

例えば，木下（2020）は「研究する人間」と称し，研究に取り組む研究者自身を概念として方法論化している。これは，質的なアプローチが「その研究者自身の質を問う」ことを含んでいることに着目していると言えよう。そこには，質的アプローチの醍醐味や魅力が垣間見られる。

■『スポーツする現場』を『心理学する』

スポーツ現場においても様々な心理事象が存在し，『スポーツする現場』を『心理学する』ためにスポーツ心理学は発展してきたと言える。いわば，「スポーツにかかわる人々の質を問う」ことを使命とし，スポーツ心理学会も発展してきた。そう考えてみると，質的アプローチとも歩みを同調させてきたのかもしれない。今後も，現場を捉える質的アプローチに注目していきたい。

◆文献

伊藤麻由美・豊田則成（2017）メンタルトレーニングおける三者関係の変容プロセスの検討．スポーツ心理学研究，44（1）：53-67.

木下康仁（2020）定本M-GTA．医学書院.

松田晃二郎・須藤康臣・向 晃佑・杉山佳生（2018）イップスを経験したスポーツ選手の心理的成長 —野球選手を対象として—．スポーツ心理学研究，45（2）：73-87.

6章 運動学習理論に基づく心理サポート

村山孝之

　"練習は試合のように，試合は練習のように"という言葉があるように，本来，練習と試合は切り離すことができない。そのため，心理サポートを求めるクライエントの中には，運動技能の学習の先に実力発揮や心理的成長を目標として見据えている選手・指導者が少なくない。これまで，国内外において運動学習に関する研究領域と心理サポートに関する研究領域はそれぞれ別々に検討されることが多かったが，近年では両領域をつなぐ学際的な示唆がみられる。そこで本章では，心理サポートへの援用可能性が高い運動学習領域における考え方に焦点をあて，それらの理論や知見をふまえた心理サポートの可能性について紹介する。

1. 運動学習領域と心理サポート領域の接点

■ 運動技能の獲得とパフォーマンス発揮

　高い運動パフォーマンスを発揮する際には，練習による運動技能の向上と，パフォーマンス発揮を支えるパフォーマンス変数の両者が必要となる（杉原，2003）。パフォーマンス変数の代表的な変数として「認知（心理状態，思考）」があげられる

が，認知は当然のごとく前者の運動技能の向上を目標とする練習場面でも必要となる変数である。

　これまで，運動学習は，認知−言語段階から連合段階を経て，最終的に自動化段階に進むことが伝統的に示されてきた（Fitts & Posner, 1967）。しかし，Ericsson（2006）の考え方によれば，熟練者はより高いレベルのパフォーマンスを制御するために，複雑な心的表象（運動のイメージや感覚）を発達させるべく，日々熟慮した練習を"認知的に"行っており，むしろ認知段階や連合段階に留まっているとも考えられる（図1）。こうした考え方は，心理サポートを求める選手の多くが，目標達成のための課題や練習計画について熟考し，課題解決に向かって試行錯誤していることを考えれば容易に理解できるかもしれない。したがって，日々の練習における運動技能の向上と，試合における実力発揮を連続体として捉えれば，認知を共通項に，運動学習に関する諸理論を心理サポートに援用する視点の理解が必要となる。

■ メンタルトレーニングにおける認知への働きかけ

　メンタルトレーニングの水準には，①認知・知識トレーニング，②情動・動機トレーニング，③

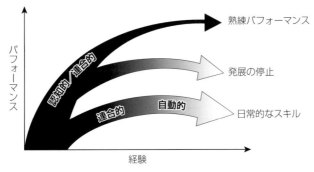

図1　熟練者における学習と認知（Ericsson, 2006を一部改変）

人格変容・成長（カウンセリング）の3つがあり（中込，2016），特に認知・知識トレーニングと情動・動機トレーニングの水準でサポートを行う際に，運動学習領域の理論や知見が活用しやすい。

例えば，前者に関しては，意思決定や予測スキルの向上を目的に行われ，後者に関してはプレッシャー下における不安や注意の制御能力の向上を目的に行われるが，どちらの場合も注意意識に代表される認知機能や注意意識と運動の関係性に関する理論を活用することで，選手や指導者が抱える課題を支援できる可能性が高まる。

2. 心理サポートへの援用可能性が高い運動学習領域の理論や知見

❶ 注意に関連する理論・知見

①注意焦点理論（内的焦点，外的焦点）

スポーツ選手が目標とする運動を行う際には，必要な情報に適切に注意を向け，不必要な情報への注意を抑制する注意制御能力が必要となる。これまで，注意焦点（attentional focus）に関する研究が数多く行われており，特に研究が始まった初期の頃は，内的焦点（Internal focus of attention）と外的焦点（External focus of attention）の比較から，外的焦点，すなわち身体外に注意を向けるほうが運動技能の学習やパフォーマンスの発揮に対して有効であることを示した研究が多く報告されている（Wulf, 2010）。

ここでの外的焦点とは，身体外部の環境内にある器具や目標物（ラケット，ターゲット，リング，ゴール等），あるいは運動による効果（ボールの軌道，器具の動き等）であり，内的焦点とは，自らの身体や身体の動きといった身体内部への注意を指す（手や足の動き，あるいは動かし方等）。外的焦点の優位性は，ゴルフのピッチショット（Wulf & Su, 2007），バスケットボールのフリースロー（Zachry et al., 2005），ダーツ（Marchant et al., 2009），スプリント走（Ille et al., 2013），クロール（Freudenheim et al., 2010）などの課題を用いた実験で示されている。

外的焦点の優位性を説明する仮説として，運動制約仮説（Constrained Action Hypothesis）がある（Wulf et al., 2001）。運動制約仮説によれば，内的焦点では運動の制御に対して意識的に注意を向けるため，低頻度かつ高振幅の運動調整（"大きく粗い"調整）になり運動制御の自動的過程が混乱する。一方，外的焦点の場合，運動制御に対して意識的に干渉しないため，自動的な運動制御が促進し，高頻度かつ低振幅（"小さく細かい"調整）の運動調整が行われることにより学習とパフォーマンス発揮が促進すると説明されている。

ただし，近年では内的焦点が必ずしもパフォーマンスを阻害するわけではないことを示す知見も報告されている。内的焦点における注意の対象を細分化してより詳細に検討した遠投実験では，体幹への内的焦点と外的焦点の遠投距離に違いがないことが示されており（Oki et al., 2018），ランニング課題を用いた実験では，脚や呼吸への内的焦点が持久能力にかかわる酸素消費量を増大させるのに対して，ランニング強度の感じ方や発汗量などへの内的焦点であれば酸素消費量が低下しにくいことが報告されている（Schucker et al., 2014）。したがって，注意焦点に関する研究は現在，外的焦点か内的焦点かという二者択一的な視点から，課題や個人の特性をふまえた視点へのパラダイムシフトが求められている。

②Quiet eye

ターゲット種目において，特に熟練者にみられる動作開始直前の対象物に対する100ミリ秒以上の視線の停留をQuiet Eye（以下，QE）と呼ぶ（Vickers, 2007）。例えば，バスケットボールのフリースローの場合，シュート成功率の高い熟練者は初心者に比べてリングの手前の縁に注視している時間が長く，初心者のQE時間は熟練者のおよそ1/2であることが分かっている。したがって，熟練者はQE時間を確保することで課題に無関係な刺激への注意を抑制し，重要な情報に集中して適切な運動を実現させていると考えられる。また，QE時間は内的焦点によって減少し，外的焦点によって増加することも示されている。

QEの機能やメカニズムについては、いくつかの仮説が示されている。QE時間が情報処理を反映するという観点からは、①スキル遂行上、適切な場所への注意を促し、正確な情報の獲得を可能にする、②正確な情報をもとにした運動プランニングの時間を確保する、③頭部や身体の動きを安定させる、④筋活動や心拍数を減少させるという4つの機能的特徴があげられている（Vine et al., 2013）。

しかし、QE時間が情報処理過程を反映しているならば、熟練者ほどQE時間が短縮するとも考えられる。そのため、5つ目の仮説として、情報処理ではなく行動選択メカニズムに依拠した抑制仮説（inhibition hypothesis）が示されている。抑制仮説では、QE時間が運動準備段階における不適切な課題解決策を抑制する機能を反映するとし、熟練者ほど課題解決の選択肢が多く、不適切な選択肢を抑制する要求が増えるためにQE時間が長いと説明している（Klostermann, 2014）。

③プレッシャーと注意

プレッシャー下では、意識的処理、注意散漫という2つの注意の変化が生じてパフォーマンスが低下する可能性が示されている。意識的処理については、通常注意を向けずとも遂行可能な動作に対して注意を向け過ぎることでパフォーマンスが低下することを説明しており（Masters, 1992）、不適切な内的焦点と言い換えることもできる。

プレッシャーによる身体内部への注意の増加は、動作エラーを最小限に留めるための適応的方略とも捉えられる。プレッシャー下では主働筋と拮抗筋の共収縮が生じやすく、動作の滑らかさやエネルギー効率よりも動作エラーを防ぐ方略が採用され、内的焦点やフィードバック制御が促進すると考えられる（Yoshie et al., 2009）。

加えて、プレッシャー下ではQE時間が減少することでパフォーマンスが低下することも分かっている（Vine et al., 2011）。QE時間は外的焦点とも関連するため、プレッシャーによって内的焦点が促進すれば、QE時間も減少することになる。

また、注意散漫については、目標とは無関係な刺激に注意が向いてしまうことで、課題に必要な注意量が不足しパフォーマンスが低下することを示している（Eysenck et al., 2007）。さらに、Nieuwenhuys & Oudejans（2012）は、不安による目標志向型から刺激駆動型への変化が驚威状況に対応するための注意や判断を誘発し、その反応自体は本能的機能であるものの、スポーツの場面では最適な運動が阻害されることをモデルとして示している（**図2**）。

❷ 潜在学習、顕在学習、アナロジー学習

運動遂行時、スポーツ選手はワーキングメモリの機能を利用して多様な情報を保持するとともにそれらの情報を連続的かつ同時に処理する必要がある。関連研究間では完全に一致した見解は得られていないものの、運動技能の学習においてはワ

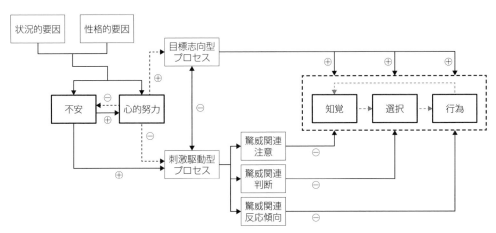

図2　不安によるパフォーマンス低下モデル（Nieuwenhuys & Oudejans, 2012を一部改変）

ーキングメモリへの負荷が高い顕在学習よりも，負荷が低い潜在学習のほうが学習に対して効果的であることが多くの研究で示されている。その理由として，顕在学習では運動に関する知識を顕在的に符号化するため，自動的な運動制御が混乱したり，意思決定をはじめとする運動以外の課題に対して注意のリソースを充てられないことが指摘されている（Liao & Masters, 2001; Masters, 1992）。また，顕在学習の場合，注意のリソースが減少しやすいプレッシャー下では，不安の増大によって学習初期のように動作に対して注意が再投資されてしまうことから，潜在学習のほうが有益である可能性が指摘されている（Liao & Masters, 2001; Maxwell et al., 2003）。

また，潜在学習の一種にアナロジー学習がある。アナロジーとは"類推"を意味し，通常，明示的に与えられたり，宣言的知識として顕在的に利用されがちな運動の技術的情報の隠喩を利用する学習である（Masters, 2000）。例えば，テニスでは，"ラケットを低い位置から高い位置に移動させる"という技術が明示的に与えられることがあるが，アナロジー学習では"虹のようなボールを打つ"という隠喩を利用する。こうしたアナロジー学習もまた早期にワーキングメモリに依存せず学習を促進するため，プレッシャー下において有効であることが示されている（Komar et al., 2014 ; Poolton et al., 2007; Lola & Tzetzis, 2021）。

❸ 制約主導アプローチ（Constraints-led approach：CLA）

運動技能の学習において最適な運動を実現するためには，環境や課題の制約を利用することで動きの多様性を引き出し，最適な運動解を探索する機会を提供することが重要であるとの考え方があり，これを制約主導アプローチ（以下，CLA）と呼ぶ。

CLAの考え方は，練習中に動きの変動性や多様性をできる限り最小化し，スキルを分解して反復するという考え方とは異なり，制約を利用してむしろ練習中の安定した状態を一時的に脱安定化させることで学習を促進させる特徴がある。

CLAの根底には，3つの制約（課題，環境，身体）が相互作用することで最適な協調と制御のパターンが決定するという基本理念があり，われわれが知覚－運動システムを使って，目標とする運動を行うために利用できる情報の知覚と行為の探索を機能的に行っていることを強調している（Newell & McDonald, 1994）。こうしたCLAの考え方に基づく練習では，①既存の運動解や安定要素の不安定化（例：ボールを脇に挟んで腕が体から早く離れてしまうと落ちるようにする），②探索の機会と自己組織化の促進（解決策を明示的な指導で教示しない），③情報の増幅とアフォーダンスの誘発（環境や情報に制約を設けて，利用する情報への感度を増幅させたりアフォーダンスを増やす），④移行フィードバックの提供（効果が少ない解決策から効果が大きい解決策に移行していることを示すフィードバックを学習者が利用できるようにする）の4つが重視される（Gray, 2021）。

3. 心理サポートへの援用例

❶ QEトレーニング（QET）の活用

クローズドスキルの要素が多いターゲット課題を行う際に，プレッシャー下においてパフォーマンスが低下することを訴える選手の場合，QE時間を確保するQEトレーニング（以下，QET）が有効となる。ゴルフパッティングの場合はボール後方に2〜3秒注視することでQE時間を確保すると，動作の意識的な制御が減少しプレッシャー下におけるパフォーマンス低下が予防できることが分かっている（例えば，Vine et al., 2011）（図3）。ほかにも，ペナルティキックやコーナーキックなどの場面で同様の問題を訴える場合にはQETによる支援が候補の1つになる。

❷ 左手把握法（Left-hand contractions）の活用

プレッシャー下における運動への意識的な介入を予防する方法に，左手把握法がある。この方法

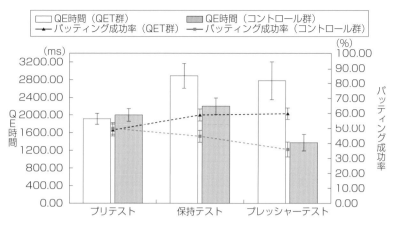

図3　ゴルフパッティングにおけるQETの効果（Vine et al., 2011を一部改変）

は，練習を通じて自動化された運動の実行にかか
わる右半球の活動を高め，意識的な運動の処理に
かかわる左半球の活動を抑制する方法として提案
されている。例えば，テニスのサービス課題を用
いた実験では，サービス前に左手で10～15秒間ボ
ールを素速く繰り返し握るとプレッシャー下でも
サービスの精度が低下しないことが示されている
（Beckmann et al., 2013）。そのため，練習や試合場
面で動作への内的焦点が過剰な選手には有効であ
る可能性が高い。

❸ 多次元機能モデル（Multi-action plan：MAP）モデルの採用

　プレッシャー下での運動への意識が必ずしもパ
フォーマンス発揮に対して阻害的に働くわけでは
ないとする新たな考え方として，多次元機能モデ
ル（以下，MAPモデル）がある（**図4**）。MAPモデ
ルでは，高い次元のパフォーマンスが完全に自動
化された状態で実現されるとは考えず，運動のイ
メージや感覚などの運動表象の一部を意識的に制
御することの必要性を指摘している（Carson et
al., 2021）。

　モデルではパフォーマンスと意識レベルの相互
作用から4つの象限を仮定し，"T2"に該当する場
合には，運動表象の一部への注意がパフォーマン
スに寄与していると考える。この場合，種々の運
動表象はBACs（basic action concept）と呼ばれ，

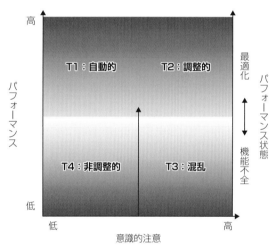

図4　MAPモデル（Carson et al., 2021を一部改変）

パフォーマンスに寄与するBACsはCAC（Core
action component）と呼ばれる。したがって，
MAPモデルを援用するならば，まずは選手の
BACsを整理し，その中からパフォーマンスに寄
与するCACを見出す支援を行うことが重要とな
る。特にプレッシャー下において自動的な制御に
すべて任せることに対して不安を抱く選手や，限
られた動作への内的焦点が機能的に作用する可能
性がある選手には有効な方法と言える。

❹ プリ・パフォーマンスルーティン（PPR）への導入

　選手個人に適した注意のコントロール方略が絞

207

り込まれた際には，その方略をふまえたプリ・パフォーマンスルーティン（以下，PPR）を検討する必要がある。例えば，プレッシャー下でPPRを使用した場合には，使用しなかった場合と比較してパフォーマンスが29％向上することが示されている（Mesagno et al., 2008）。こうしたPPRの機能をふまえれば，動作開始前のQE時間の確保や，left-hand contractions，環境や運動表象など最適な対象への注意を促すキューワード等をPPRに組み込むことで，試合でも注意を適切にコントロールすることが可能になる。

また，キューワードを検討する際には，CLAをベースにした情報の制約やアナロジーの活用，さらにはMAPモデルにおけるCACの活用も有効となる。例えば，ボールを特定の位置に打つことが重要な目標となる場合，身体の動きに関する情報に制約を加え，例えば"虹のようなボールを打つ（テニス）"や"高い棚の上にある瓶にクッキーを入れるように（フリースロー）"というアナロジーを利用することで，プレッシャー下でも多様な解決策を利用できるようになる（Gray, 2021）。選手が自己に適したアナロジーやCACを検討したり，指導者との相談の中で有効なアナロジーやCACを見つけられれば，それをキューワードに組み込むことでPPRの質が一層向上することになる。

⑤ 試合のイメージを

プレッシャー下での実力発揮のための準備は，日頃の練習段階から実施しておく必要がある。そ

のため，上述の運動学習領域における知見を活用すべき場面は，試合場面というよりもやはり日常の練習場面であると言える。実力発揮のためにはプレッシャー下での練習が有益であり（Oudejans & Pijpers, 2010），Stress exposure training（以下，SET）とも呼ばれる（Driskell et al., 2014）。練習と試合という異なる状況間の"ギャップ"を埋め，両者を連続体に位置づけるには，練習でのSETが，実際に想定される試合を詳細にイメージされたものでなければならない。そのため，上述した運動学習領域の理論や知見は，利用する状況やその効果までも詳細に練習段階でイメージしておく必要がある。

4．指導者との連携，指導者の支援

上述した運動学習理論は，選手だけでなく指導者と連携して支援する中でも活用することもできる。ただし，本章で紹介した運動学習理論は心理的サポートとの関連が深いものに限定した。本書の第Ⅲ部ではより多様で具体的な運動学習理論が紹介されており，その中には紹介した理論以外にも心理サポートに援用可能なものがあるかもしれない。また近年ではSMT指導士が指導者のコーチングの支援にかかわることもあることから，運動学習理論に基づく心理サポートの需要は，今後ますます高まる可能性が考えられる。本章の内容が，運動学習理論に基づく心理サポートを考える上での一助になることを期待したい。

◆文献

Beckmann, J., Gröpel, P., & Ehrlenspiel, F. (2013) Preventing motor skill failure through hemisphere-specific priming: cases from choking under pressure. Journal of Experimental Psychology: General, 142 (3) : 679-691.

Carson, H. J., Robazza, C., Collins, D., Toner, J., & Bertollo, M. (2020) Optimizing performance in sport: An action-based perspective. In: Advancements in mental skills training. Routledge, pp.15-27.

Driskell, T., Sclafani, S., & Driskell, J. E. (2014) Reducing the effects of game day pressures through stress exposure training. Journal of Sport Psychology in Action, 5 (1) : 28-43.

Ericsson, K. A. (2006) The influence of experience and deliberate practice on the development of superior expert performance. The Cambridge handbook of expertise and expert performance, pp.683-704.

Eysenck, M. W., Derakshan, N., Santos, R., & Calvo, M. G. (2007) Anxiety and cognitive performance: attentional control theory. Emotion, 7 (2) : 336-353.

Fitts, P. M. & Posner, M. I. (1967) Human performance. Brooks/Cole.

Freudenheim, A. M., Wulf, G., Madureira, F., Pasetto, S. C., & Corrêa, U. C. (2010) An external focus of attention results in greater swimming speed. International Journal of Sports Science & Coaching, 5 (4) : 533-542.

Gray, R. (2021) How we learn to move: a revolution in the way we coach & practice sports skills. Perception action consulting & education LLC.

Ille, A., Selin, I., Do, M., & Thon, B. (2013) Attentional focus effects on sprint start performance as a function of skill level. Journal of Sports Sciences, 31: 1705-1712.

Klostermann, A., Kredel, R., & Hossner, E. J. (2014) On the interaction of attentional focus and gaze: the quiet eye inhibits focus-related performance decrements. Journal of Sport and Exercise Psychology, 36 (4) : 392-400.

Komar, J., Chow, J. Y., Chollet, D., & Seifert, L. (2014) Effect of analogy instructions with an internal focus on learning a complex motor skill. Journal of Applied Sport Psychology, 26 (1) : 17-32.

Liao, C. M. & Masters, R. S. (2001) Analogy learning: A means to implicit motor learning. Journal of sports sciences, 19 (5) : 307-319.

Lola, A. C. & Tzetzis, G. C. (2021) The effect of explicit, implicit and analogy instruction on decision making skill for novices, under stress. International Journal of Sport and Exercise Psychology, 1-21.

Marchant, D. C., Clough, P. J., Crawshaw, M., & Levy, A. (2009) Novice motor skill performance and task experience is influenced by attentional focusing instructions and instruction preferences. International Journal of Sport and Exercise Psychology, 7 (4) : 488-502.

Masters, R. S. W. (1992) Knowledge, knerves and know-how: The role of explicit versus implicit knowledge in the breakdown of a complex motor skill under pressure. British Journal of Psychology, 83 (3) : 343-358.

Masters, W. S. R. (2000) Theoretical aspects of implicit learning in sport. International Journal of Sport Psychology, 31: 530-541.

Maxwell, J. P., Masters, R. S. W., & Eves, F. F. (2003) The role of working memory in motor learning and performance. Consciousness and Cognition, 12 (3) : 376-402.

Mesagno, C., Marchant, D., & Morris, T. (2008) A Pre-Performance Routine to Alleviate Choking in "Choking-Susceptible" Athletes. The Sport Psychologist, 22: 439-457.

中込四郎 (2016) メンタルトレーニング・プログラム作成の原則. 日本スポーツ心理学会編, スポーツメンタルトレーニング教本 三訂版. 大修館書店, pp.35-39.

Newell, K. M. & McDonald, P. V. (1994) Learning to coordinate redundant biomechanical degrees of freedom. In: Interlimb Coordination. Academic Press, pp. 515-536.

Nieuwenhuys, A. & Oudejans, R. R. (2012) Anxiety and perceptual-motor performance: toward an integrated model of concepts, mechanisms, and processes. Psychological research, 76 (6) : 747-759.

Oki, Y., Kokubu, M. & Nakagomi, S. (2018) External versus two different internal foci of attention in long- distance throwing. Perceptual and Motor Skills, 125: 177-189.

Poolton, J. M., Masters, R. S. W., & Maxwell, J. P. (2007) Passing thoughts on the evolutionary stability of implicit motor behaviour: Performance retention under physiological fatigue. Consciousness and Cognition, 16 (2) : 456-468.

Schücker, L., Knopf, C., Strauss, B., & Hagemann, N. (2014) An internal focus of attention is not always as bad as its reputation: how specific aspects of internally focused attention do not hinder running efficiency. Journal of Sport and Exercise Psychology, 36: 233-243.

杉原 隆 (2003) 運動指導の心理学. 大修館書店.

Vickers, J. N. (2007) Perception, Cognition, and Decision Training: The Quiet Eye in Action. Human Kinetics, pp.10-13,

Vine, S. J., Moore, L. J., Cooke, A., Ring, C., & Wilson, M. R. (2013) Quiet eye training: A means to implicit motor learning. International Journal of Sport Psychology, 44 (4) : 367-386.

Vine, S. J., Moore, L., & Wilson, M. R. (2011) Quiet eye training facilitates competitive putting performance in elite golfers. Frontiers in psychology, 8. https://doi.org/10.3389/fpsyg.2001.00008

Vine, S. J., Moore, L. J., & Wilson, M. R. (2014) Quiet eye training: The acquisition, refinement and resilient performance of targeting skills. European journal of sport science, 14 (sup1) : S235-S242.

Wulf, G., McNevin, N. H., Fuchs, T., Ritter, F. & Toole, T. (2000) Attentional focus in complex skill learning. Research Quarterly for Exercise and Sport, 71 (3) : 229-239.

Wulf, G. & Su, J. (2007) An external focus of attention enhances golf shot accuracy in beginners and experts. Research quarterly for exercise and sport, 78 (4) : 384-389.

Yoshie, M., Kudo, K., Murakoshi, T., & Ohtsuki, T. (2009) Music performance anxiety in skilled pianists: Effects of social-evaluative performance situation on subjective, autonomic, and electromyographic reactions. Experimental Brain Research, 199: 117-126.

Zachry, T., Wulf, G., Mercer, J., & Bezodis, N. (2005) Increased movement accuracy and reduced EMG activity as a result of adopting an external focus of attention. Brain Research Bulletin, 67: 304-309.

注意や運動制御，運動学習の知見を活用した心理サポート　佐々木丈予

心理サポートは，動機づけ理論，認知行動理論，カウンセリング理論を基盤としてきた。一方，注意や運動制御，運動学習の研究成果が心理サポートの領域で表立って触れられることは少なかった。しかし近年，これらの研究成果を盛り込んだモデルが提出され注目されている（Carson et al., 2020）。

アスリートは，競技追求の過程で，様々な課題や挑戦にぶつかる。この解決の支援が心理サポートの役割の1つであるが，その中で注意や運動学習などの理論は，「パフォーマンス時，注意や意識を何に向けるべきか（向けるべきでないか）」や「練習の効果を高めるには，どのような環境を設定すべきか」といった問いに答えることができる。

例として，運動スキル遂行時における内的注意と外的注意に関する知見がある。これは，熟練したスキルの遂行においては，注意を内的な対象（体の動きなど）ではなく，外的な対象（ターゲットなど）に向けるほうが，より効率的で高いパフォーマンスを発揮できるというものである。この知見は，「良い動きをしたい」という思いから過度に動きへ注意を向けてしまった結果，思うようなパフォーマンスを発揮できずにいるアスリートへの助言として活用できる。

上記の例は，情報提供と意味合いが強いものである。しかしながら，筆者が心理サポートを実践する中で感じるのは，そのアスリートが取り組んでいる課題や挑戦に対し，より踏み込んでかかわることの必要性である。そこでは，研究者の立場から最新の知見を提供するばかりではなく，そのアスリートが競技を追求する過程のどの位置にいて，そこで何をテーマとしているのか，これを見極め，それに寄り添うことが求められる。

例えば，先にあげた注意の問題についても，ある一時点でのパフォーマンスに着目するならば，外的注意のほうが優れた方略と言える。しかし，持続的な向上や技術の深化に着目する場合には，一時的なパフォーマンス低下を伴いながらも，慣れ親しんだ技術やスキルを精緻化するために内的注意が利用されるべきである（Toner & Moran, 2014）。また，「コツ」を体得する過程では，動きに関する言語的な処理の増加によるスランプの時期を経るという報告もある（諏訪，2016）。

これらをふまえると，「技術の深化」をテーマに内的注意を高めているアスリートがいるとき，サポートにおいてすべきことは，「パフォーマンスが低下しないように外的注意を用いるべき」という助言ではなく，一時的なパフォーマンス低下を共に覚悟した上で，動きを表現する言葉を引き出し，磨いていくことであると考えることができる。

心理サポートは，アスリートが経験する「紆余曲折」をともにする過程である。その過程で注意や運動学習などの知見を活用するには，サポート者自身も，この領域の歴史や論争といった紆余曲折に精通することが必要かもしれない。それが，パフォーマンス発揮という基準のみにとらわれない，心理の専門家らしい柔軟なかかわりにつながる。

◆文献 ……………………………………………

Carson, H. J., Robazza, C., Collins, D., Toner, J., & Bertollo, M. (2020) Optimizing performance in sport: An action-based perspective. In: Advancements in mental skills training, Routledge, pp.15-27.

諏訪正樹（2016）「こつ」と「スランプ」の研究. 講談社.

Toner, J. & Moran, A. (2014) In praise of conscious awareness: A new framework for the investigation of "continuous improvement" in expert athletes. Frontiers in psychology, 5: 769.

7章 身体性に着目した心理サポート

秋葉茂季

1. はじめに

　アスリートを対象とした心理サポートは，競技力向上を主な目的として展開されるが，近年，心と身体の関係や心の中でも意識と無意識など心の深層までを含めた心の全体性をも重視されるようになり，人格形成や心理的・精神的発達といった一人の人間としての心身の統一的成熟についても目指されるようになった。さらに現在では，競技生活がキャリア（人生）全体に及ぼす影響やメンタルヘルスに及ぼす影響についてなど新たな領域へと裾野を広げつつあると言える。このようなアスリートの成熟過程については，スポーツメンタルトレーニングやスポーツカウンセリング，アスリートを対象とした精神科診療など臨床実践から多くの事例が提出され，その事例を検討することから研究が進められている。これら大きな枠組みとしての「アスリートを対象とした心理サポート（以下，心理サポート）」として捉えることができるが，特にスポーツカウンセリングや精神科診療の個別事例からは，支援者が心理力動的な立場からかかわることで心理的・精神的発達，あるいは人格変容が生じること，そして，その発達・変容によってアスリートの競技とのかかわりに変化が生じることから，最終的には競技力向上・実力発揮にまで至ることが示されている。つまり，心理サポートは，スポーツ場面での行動変容だけを目指すのではなく，人間としての全体性の変容に取り組むことからスポーツ場面での行動変容を望むような取り組みとも言えるのである。

2. アスリートの心理サポート

　心理サポートでは様々なことが主題となる。アスリートが心理サポートの中で訴えることとしては，イップスやパフォーマンス恐怖に代表されるプレー中の動作に関すること，チームへの不適応，指導者との人間関係など競技生活にかかわるもの，食行動異常や不眠など日常生活にかかわる問題などがあげられる。しかし，相談の初期に訴えられることと継続して相談される中で主題となることは異なることも多くあると考えられる。そのため，心理サポートの中で訴えられることやその背景にある心理的力動については，今一度の整理も必要であると考えられる。

■1 アスリートの訴え

　アスリートが心理サポートで訴える相談内容について，八木（2000）は，学業・進級・進路・就職の問題，家族・経済・生活上の問題，先輩後輩などの人間関係の問題，劣等感・神経質などの性格の問題，不安の低減とリラクセーション，精神の集中・情意のコントロール，闘志・勝利への確信と自己効力（感），目標設定と問題解決思考，リーダーシップ開発，チームワークと協調性の開発をあげている。しかし，武田（2008）の報告では，動作失調，怪我，食事睡眠といった身体にかかわる訴えも加えて報告されており，鈴木（2014）も，アスリートの訴えについて競技力向上，人間関係，身体にかかわるものに大別できるとしている。そして，米丸（2017）が特定の機関における来談者に限定した傾向としてだが，人間関係の混乱，競技における精神の安定さ，パフォーマンスの向上・改善などが訴えられることを示している。

211

以上のことから，近年の心理サポートでは，心理的な問題・課題だけが訴えられるのではなく，身体や動作・パフォーマンスにかかわる訴えが見られることが分かる。このような，身体にかかわる訴えの分類について，筆者が現在まとめているものの一部を紹介する。

心理サポートにおいて訴えられる身体にかかわる問題・課題は，動作失調のように「特定の動作がうまくいかない」「今までできていた動きができなくなった」など『①動作そのものの問題』として訴えられることも多い，また，「緊張して肩がすくんでしまう」「不安で手が震えてしまった」などのように，すでに自身で『②心理的要因を原因として身体症状が生じている』と考えて訴えに及ぶこともある。ほかにも，エクストリーム系の競技などでは，「跳んで空中にいるときに…」や「踏み切ろうとした瞬間に…」など，『③その状況や環境に身（体）をおくことで恐怖や不安といった心理症状が生じる』ことも訴えられる。さらには，物理的な身体だけでなく『④アスリート自身が体験的に感じている身体（以下，主体的身体）』も訴えとして提出されることがある。例えば「腕を鞭のようにしならせて投げたい」や「身体の軸が定まらないからプレーが安定しない」などがある。ほかにも，『⑤直接的に競技中のプレーや動きに関連しない身体的な訴え』もある。「何も体に入れたくなくなる（食べることができなくなる）」といった食行動の異常や，「どんどん呼吸が強くなってきていつの間にか苦しくなって…（過呼吸）」「お腹をくだす（下痢）」などの訴えがそれにあたる。

❷ 心理サポートにおける身体性

上述のとおり，心理サポートにおいては，心や身体についていろいろな角度，側面から訴えがなされており，心と身体のどちらか一方が個別に問題を抱えていると考えるのは難しい。心と身体が1つのまとまりとして問題・課題を提出していると考えるほうが適切と言えるであろう。河合（2000）も引用しているがデイヴィット・ボーム

（1984）は「心身は相互に影響するにあらず，むしろ，一体となって，相対的に独立した一個の総体を形成するものなり」と説明している。身体は心から分離したものと捉えることはできず，それぞれが，その人の存在の一側面として機能していると理解することが必要であろう。

武田（2021）は，心身の統一的成熟プロセスのモデル構築を目指しているが，そこでも心が身体へや身体が心へという相互に影響を及ぼすという関係性ではなく，統一的な個としての1つの総体における諸側面として心と身体の関係性を捉えることから考察が進められている。一般の心理臨床場面を想定すると，心理相談は心の面から全体性を獲得（個性化）する営みと考えられる（鈴木，2014）。しかし，中込（2012）は，アスリートは日頃から自己表現の方法として「身体」を用いているため，パフォーマンスのありようをとおして自身のありようを語ることは自然であり，アスリートは心の問題・課題を身体で表現することが多いことを示している。このような指摘からも，心理サポートではアスリートの語る身体に関する訴えをその人の全体性の象徴と捉えていくことも必要である。

一方で，心理サポートにおいて身体がテーマとして取り上げられるとしても，実際に技術練習やトレーニングをするわけではない。あくまでアスリートが内的に体験している身体について言語をとおしてやりとりすることになる。心理サポートで身体が主題となった場合，心の作業として心そのものを扱うのではなく，具体的・現実的に身体を動かすこともしない。あくまで，言語化された「主体的身体」を対話で取り交わしながら，心の深層や心と身体を含めたその人の全体性の理解を試みる作業と言える。すなわち，心理サポートの独自性は，主体的身体を扱うという身体性を活用して全体性の獲得（個性化）を目指すことにあると言える。

❸ 心理臨床における身体性

河合（2000）は，心理臨床場面において身体の

ことを考える際に客観的対象としての身体と自分が生きている身体を区別する必要があると述べている。しかし一方で，身体を対象化してとらえる態度が強くなりすぎることは，自分が生きている身体のことを忘れがちになることや，反対に身体に対する過剰な関心の高まりとなる危険性があることも指摘している。河合（2000）は，「心と身体は，個を形成している諸側面として一如ではあるが，相対的に独立した存在である」としており，一般の心理臨床場面では必ずしも心と身体が相互に因果関係でつながるものではないことを明示している。そのため，心理臨床場面では，身体症状に関して気質的な訴えであるからといって心因に限定することはせず，反対に器質的な身体症状であるからといって心が全くの無関係であるともしないのである。鈴木（2014）もアスリートの心理臨床活動も含めた見解となるが，心と身体は共時的に布置されており，一人の人間のありようを表していると考えることができるとしている。ここで重要なことは，心や身体を客観的対象ととらえることは，人間という1つの存在からそれらを切り離して考えることになるという点である。心理的危機にせよ身体症状にせよ，総体としての人間のバランスが崩れている状態であると考えられる。そのバランスの崩れが，その人が表現しやすいツールである心もしくは身体で表現される。そのため，心の悩みや身体症状のみを客観的対象としてとらえ対処しても全体性の回復は見込めないのである。一般の心理臨床場面では，心を中心として働きかけながらも総体としての人間全体のバランスを整えることが念頭に置かれるのである。

❹ 心理臨床技法・心理療法を用いたアスリートへの介入

アスリートを対象として，心理臨床技法や心理療法を介入手段として用いたアプローチはいくつか見られる。自律訓練法などを代表とした催眠にかかわるアプローチでは，リラクセーションとしての効果や受動的注意集中という態度を形成する

ことなどに用いられており，イメージトレーニングとの併用なども報告されている（長田，1995）。自律訓練法は，身体各部位の温感や重感といった身体の感覚を手掛かりとしてリラクセーションに向かうことから心理的側面だけでなく身体的・感覚的な側面も重要視される。臨床動作法を用いたアプローチでは，より直接的に身体とかかわることになる。臨床動作法では，プレーや動作の課題を解決する過程での動作の体験様式の変化が心理的変容を引き起こすと考えられている（星野，1997）。プレーの体験様式の変化は言語面接でも生じるが，星野（1997）は，「抽象性を特徴とする言語に比べ，身体を動かす動作は極めて具体的，現実的である。そのため，動作法による体験様式は言語面接よりも主動感があり，具体性・現実性も高く，本人にわかりやすい」と説明しており，アスリートへの実践例を紹介している。ほかにも現在検討が進んでいる技法にフォーカシングなどもあげられる。さらには，近年，ユングが創始した分析心理学を基盤としたアプローチも報告されており，そこでも身体が主題として取り上げられている。老松（2016）は，競技力向上を目指したアスリートを対象としてアクティブイマジネーションを用いた介入を報告している。アクティブイマジネーションとは，イメージ療法の1つと考えることができるが，老松（2016）はHannah（1981）の説明を踏襲しつつ「自我（つまり意識）と無意識とが直接やりとりを続けて，両者間の深い乖離を埋めていく…無意識に自立性があるので，そこに由来する諸々のイメージは自らの意思に基づいて振る舞うが，それは基本的に，自我の一面性をカウンターバランス（補償）するようにはたらく。自我と無意識のこの性質を利用して『やりとり』をし，もって心の全体性の回復を図るのである」と説明している。ユングは，無意識を個人的な無意識と集合的な無意識からなることを提唱しているが，李（1997）は，集合的な無意識を構成する元型は類心的性質を持つと述べており，河合（1989）の意見を取り入れながら，この領域は心と身体という明確な分類によっては把握

し難い領域であると述べている。類心的であり類身的でもあることを示している（河合，1989）。老松（2019）もユングが類心的を身体的とも表現していることを紹介している。老松（2016）が示した報告は，アクティブイマジネーションを用いて集合的無意識よりもより深い層にある類心的・類身的な領域からのメッセージを自我が受け取っていくという心的作業であったと言えるであろう。

　以上のように，アスリートを対象とした心理臨床技法や心理療法の応用は，主に心理的変容が目指され得るものであり，その結果としてパフォーマンス課題の変容にもつながっていたことが分かる。ただ，ここで指摘すべきことは，先にあげたとおり，これらは個の全体性における一部分が切り離されて取り扱われているということが言える。アクティブイマジネーションを用いた事例では，競技場面における現実的・具体的な身体が取り扱われない。また動作法においては心理的側面には着目されずに身体作業のみが進められ，言語化やイメージとしての身体など心理的作業が取り扱われていないことが言える。さらには，心理的な変容については説明がなされているものの，それがどのように競技場面でのパフォーマンス変化を引き起こしたかについての機序は説明がなされていない。

⑤ 心理サポートにおける身体性

　筆者が心理サポートで携わるA選手が，怪我をして競技離脱を余儀なくされたときに心理サポートの中で

　「これも何か意味があるんだと思います。もっとメンタル面で成長しなくては…」

　と語られたことがある。私から〈今回の怪我で何かメンタル面とのつながりが感じられるのですか？〉と尋ねると

　「私は左足での蹴り出しが弱いんです，わかっていたんだけどやってこなかった。目をつぶっていた。本当は左足にしっかり体重を乗せてスタートしないといけないのに戻りも遅くてしっかり乗

らないまま次にスタートしてしまう。結局遅くなって届かなかったり1テンポ遅れてしまったりする。ほかのところに移動するときはそうならない。これをなんとかしないといけない。」

　と語った。基本的には心理的な課題が回答されることを想定する場面と言える。しかし，回答は身体動作にかかわる課題についてであった。このようなアスリートが心理サポートの中で語る身体にかかわる語りについて，中込（2012）は，言葉だけでなくイメージレベルでの「読み」が必要であることを指摘している。つまり，この動きの問題・課題がA選手の今（全体性）を象徴的に表現したものと解釈して聴くことになる。ここではAについての詳細の説明を省くが，このように心理サポートの中でも特にスポーツカウンセリングにおいては，アスリートは，自身が抱えている問題・課題を心のこととして訴えるだけではなく，身体動作の混乱として表現し，動作がうまくいかないといった競技での問題・課題に置き換えて訴えてくることがある。このようなアスリートの語る主体的身体を活用して心理サポートを進めるために，中込（2012）は，4つの捉え方があることを示している。

「窓口としての身体」

　中込（2012）も紹介しているが，山中（2000）はクライエントがそれぞれに持つ固有の表現方法を「窓（チャンネル）」と表現している。また，河合（1986）は，その人の持つ症状は，その人の存在の根本にいたる一種の窓口として，もっと尊重すべきではないかと指摘している。中込（2012）は，これらの考え方を背景として，アスリートは心理サポートの中で身体や競技に関することが「窓」となることが多いと説明している。

「身体の象徴性」

　アスリートは，身体が無意識レベルからのメッセージを代弁し表現していると説明している。そのため，選手が訴える身体症状は心が象徴的に表現されていると捉えることができるとしている。

「守りとしての身体」

　アスリートにとって，心の問題が心のレベルで

おさまりがきかなくなるとき，そのはけ口として，身体レベルでの症状形成へとすり替わることがあると説明している。身体症状は，競技生活からの離脱などの問題行動を引き起こすこともあるが，一方でその人が人としての総体的なバランスを保つために働いている可能性もあるとしている。

「こころと体をつなぐ身体」

中込（2012）は，物質的な身体を「体」として位置付け，心と体の中間に位置するのが身体であると説明をしている。今の段階では，身体の変化と心の変化がどのように同期していくかについては言及がなされていないが，アスリートにおいて心の問題・課題が収束していくのと同期して物質的なレベルでの体（パフォーマンス）も変化を認めることがあり，そこに至るまでの心理的作業では身体が手掛かりとなることが多いことを指摘している。

⑥ これまでの心理サポート

ここまでで述べたように，これまでの心理サポート実践及び研究では，アスリートが競技中の動作など身体にかかわる問題を主訴とすることが多く報告されるようになってきたこと，心理サポート経過の中で身体の語りがアスリートの内的世界とつながるための窓口となり問題・課題の理解や解決の手掛かりとなる（中込・秋葉，2020）ことが明らかにされている。しかし，心理サポートが心身の成熟やその先にある競技力向上といった効果につながったという報告はなされているものの（中込，2012；武田，2020），このような効果につながる機序については詳細な検討がなされていない。特に主体的身体について心理サポートの中で言語化することが諸々の効果にどのようにつながるかについてや，主体的身体について聞き手が象徴的にイメージレベルで聞くことの効果も明らかにされていない。山（2003）は，山中（1991）の解説を示しながら身体レベルでの表現を言語化することの危険性について触れている。つまり，「心身症というのは，心なり，精神なりの領域に

おいて症状を出さずに，身体レベルにおいてこれを止めておこう，という戦略でもありうる」からである。このことについてあらためて検討し，心理サポートの中で主体的身体について言語化していくことにどのような意味があるのか考えることが必要となるのであろう。秋葉（2015）は，競技レベルの高いアスリートの身体化水準について心身症者と同等の水準であることを調査によって明らかにしている。これらの点をふまえると，心理サポートにおいて主体的身体を活用することについていくつかの研究課題見えてくる。

3. 主体的身体を活用した心理サポート研究

① 自己表現としてのパフォーマンス

これまでに述べたように，一般の心理臨床場面における身体は様々な側面から検討が行われている。しかし，心理サポートにおける主体的身体については，十分な検討がなされていない。アスリートは，一般の人と違い，普段から身体を用いて表現活動をしていることから，身体を通じて体験されることや体験様式も異なることも考えられる。ここでは，そのようなアスリートの身体や身体を通じた体験様式の独自性に着目しながら，主体的身体に内包する意味について検討を試みる。

「以前まで問題なくできていた動作がここのところ全くできなくなった」など競技中の動作の不調を訴える選手にしばしば出会うことがある。もう少し，詳しく尋ねると「力が地面に伝わらないんです。跳ねようとしても脚が地面からなかなか離れなくてずーっと残っている。地面を蹴ろうとしても後ろに残って伸び切った足では蹴ることもできずただ棒のようで…」このように，その動作自体は，走るという単純な動作であるが，それがアスリートの内的世界では混乱をきたしていることが分かる。このような訴えは悪いパフォーマンスのときだけではない。「何も考えてなくて，勝手に身体が進むし，足は跳ねてるだけ。自分は特

に何もしてないですし，おーおーおーいくないくなって身体のこと感じているだけです。自分で頑張って進めないといけないときもあるんですけど。」これは良いパフォーマンスをしたときの語りである。これらは，実際の競技場面でのパフォーマンスについて言語化された1つの主体的身体と言える。山中（2012）は，スポーツは身体運動領域での達成こそが問題となるが，これほど，優れて「こころのあり方」と関連する領域も珍しいと述べている。中島（1996）も，アスリートが競技場面で表す身体症状がアスリート自身の「声」を代弁しているように思えたと説明している。石福（1977）は舞踊における身体のありようを題材として「身体もまた1つのことばである」と説明している。このことばとは，言語という意味での言葉ではなく言語として外界に表現される以前にわれわれが無意識に由来して内的に体験している実態のことを示している。石福（1977）は舞踊における身体表現は紛れもなく言語化される以前にわれわれ人間が内的に抱いている実態を身体が表現したものと説明している。鈴木（2014）も「身体を動かすことは，内面にある通常ならあまり表出されない心の世界を顕在化させる。」と説明している。これらのことから競技におけるアスリートのパフォーマンスは，その現実的な出来映えに関係なく，その人の心の中でも無意識をまでも含んだ内的なありようが体を用いて表出された自己表現と考えることができるであろう。アスリートがしばしば身体のコントロール性を失い混乱する場面があるが，このような内面の無意識の部分に突き動かされた身体動作に対して意識的なコントロール性を高めようとしているのであるから，心やその人の全体性においてバランスが崩れることになり，パフォーマンスの不具合が引き起こされるのもおかしくないのである。オイゲン・ヘリゲルが著した『日本人の弓道』（1982）では，ヘリゲル氏と阿波師範による上述のことに関連した興味深いやりとりが取り上げられている。

阿波師範はヘリゲル氏に射方指導をする中で，「あなたがそんなに立派な意志を持っていること

が，かえってあなたの第一の誤りになっている…」「…あなたがまったく無になる，ということが，ひとりでに起これば，その時あなたは正しい射方ができるようになる。」と説明する。しかし，ヘリゲル氏は，それでは誰が弓を射るのだと反論する。すると阿波師範は，経験してからではないと理解できないことを言葉でどのように説明すべきであろうかと告げつつも，「あなたは無心になろうと努めている。つまりあなたは故意に無心なのである。それではこれ以上進むことはない」とまで言い放つ。

以上のやりとりは，射法という現実的な動作を題材とした対話であるが，お互いが違う水準の身体について話をしているとも見てとれる。心理サポートでは支援者が阿波師範のような視点から聴くことが重要となるのであろう。

一方で，心理療法では自己表現自体が個性化の過程であると説明されていることからも，アスリートにとって競技をすること自体が自己表現であり，創意工夫しながら動作，技術の向上を目指すことはそれがそのまま個性化の過程と言えるのではなかろうか。このような身体の体験様式は，臨床動作法だけでなく，ダンスセラピーなどでも説明されている。また，アスリートのパフォーマンスが自己表現であるのであれば，心理サポートにおいて主体的身体について言語化する作業は二次の自己表現であり表現の二重性を考えることもできる。

❷ 主体的身体の言語化

アスリートが心理サポートの中で主体的身体について言語化することについては，パフォーマンスへの影響だけでなく，言語化するという作業自体の構造についても，心身両面から検討することが必要である。そして，人格形成などに対する効果機序や心理的危険性について明らかにすることが必要である。

山（2003）は，クライエントが心理療法の中で語ることについて，言語化による受肉生を主張している。体験的な実態から離れて存在する言葉に

ついて，言語化することは言葉の深みに下降する作業となり，そこから浮上してくるときにはその言葉が新たな意味を持って存在しうるということである。さらに，一般の心理臨床における治癒過程では身体や身体動作と言葉が重要な役割を果たすことも示されている。心身症の身体症状は，感情の表現が十分に出来ないことが原因と考えられており，言葉による表現が身体的・感情的体験との結びつきを失うときに「身体症状」が生じると考えられている（鈴木，2014）。身体的・感情的体験とは，快・不快や恐怖などであり，言葉を手がかりに1つのイメージに収束され，分裂された言葉と身体的・感情的体験がイメージとして統合されるとことで心身の全体性が回復されると考えられている（鈴木，2014）。

　アスリートが心理サポートの中で主体的身体について言語化することはどうであろうか。**1**で述べたとおり，主体的身体は自己表現の意味を含む実際のパフォーマンスにおいて，アスリート自身が体験（主体的身体）したものである。そして，心理サポートは，今一度その主体的身体（体験）を思い返し言語化する作業と言える。上述のとおり，石福（1977）は，言葉として表出される以前に内面においてことばの状態があることを示している。アスリートはことばの状態に限りなく近い状態のまま言語ではなく身体で表現をしているのである。身体という物理的なものを使って外に表現された状態では内面で蠢いている状態よりもより意識で捉えやすいと考えられる。山（2003）は「言葉として，分節化，差異化される以前の状態のまま，簡単に浮かび上がらせずに，持っておく。つまり，知覚のプロセスを長引かせる。しかし，ただ長引かせるだけではない。活性化させた状態のままエネルギーを注ぎつつ，持ち続けるのである。」と述べている。アスリートにおいては，ことばを言葉とする前に身体表現が位置付けられる。これだけでもことばの状態が引き伸ばされていると考えることができるのではなかろうか。心理サポートではこのような過程の末に体験（主体的身体）を言語化するのであるから，山（2003）

が示す過程を十分に満たしているとも考えられる。山（2003）は文芸評論家であるヴィクトル・シクロフスキイ（1917）の一文を紹介しながら芸術の表現についても紹介している。「石をただの石として分かりきったこととして終わりとせず，石そのものを感じ取らせるために，芸術家はあえて知覚を困難にし，そのプロセスを長引かせるような手法を用いる。」「（芸術にあっては）知覚のプロセスそのものが目的であり…」という指摘を示した上で，このような作業は，そのまま心理療法にも当てはめて考えることができるとしている。このような作業では，支援者が分かりすぎないまま聴き続けることも重要であろう。

3 聴き手の態度とその影響

　アスリートの心理サポート研究では，支援者のかかわり方や支援者の態度，性格特性，学術的背景などがアスリートの心理的変容にどのような影響を及ぼすのかに関する研究が少ない。アスリートが生活史の中で経験した人間関係が元となって，支援者に向けて様々な感情や無意識レベルでの投影を向けてくると考えられる（転移）。このような転移は人間関係の中で生じる防ぎようのない事象だが，心理サポートのようにより心のレベルで接近する場合は特に注意が必要であろう。また，反対に支援者も自身の心の課題と似た課題を抱えたアスリートが来談すると自分の課題とアスリートの課題が混同され同情や過度な期待，課題解決に向けた強要を引き起こし，課題解決に余計に時間がかかったり，アスリートの特徴を見落とすことにつながる（逆転移）。河合（1970）は，よほど自分を知ってるつもりでも，転移と逆転移の中に知らず知らずのうちに巻きこまれていくような事柄が起こると述べている。このような観点から，目の前のアスリートと同じ競技経験（身体体験）や同じような危機体験のある支援者がどのような影響を及ぼすのかといったことについても今後の研究に期待したいところである。

　このように心理サポートでは支援者とアスリートの関係が相談の内容に大きく影響することは言

うまでもない。李（1997）は，治療者がクライエントの訴えるイメージを体現し体験することがイメージ形成に関与していることを示している。そのため主体的身体について，支援者がどのように聴くかといった聴く態度についても検討することが必要であろう。特に主体的身体は，アスリート自身が体験している実際の身体を手がかりに訴えがなされる。そのため，言語化された産物としては動きそのものが語られている。支援者がそれについてアスリートの内面の何を表したものなのかを象徴的に理解していくことが必要になるのである。この支援者の聴き方については，それがどのような質でどのように機序となるのかも今後心理サポートを学術的な意味から説明してくことが必須の研究課題となるであろう。

4. 今後に向けて

アスリートのパフォーマンス自体が自己表現と言えるのであれば，心理サポートの中で言語化される身体というのは自己表現の体験的結果を二次表現として言語化していると考えることができる。

アスリートの主体的身体と一般の心理臨床領域における身体症状の心理構造の違いやアスリートにおける主体的身体と言語化の関係性を明らかにすることによって，心理学や医学，哲学，言語学などの分野にまたがり検討されている心身論についてスポーツ心理学から新たな知見を提供することになると考える。

◆文献

秋葉茂季（2015）アスリートの身体感覚増幅度に筋の弛緩感覚が及ぼす効果．スポーツ精神医学，12: 53-60.

デイヴィット・ボーム：竹本忠雄監訳（1984）宇宙の暗在系—明在系と意識．科学と意識シリーズ1 量子力学と意識の役割．たま出版．

Hannah, B.（1981）Encounters with the soul : Active imagination as developed by C. G. Jung, Sigo Press.

星野公夫（1997）動作法から見たスポーツ選手の心身の自己コントロール．体育学研究，42: 205-214.

石福恒雄（1977）身体の現象学．精神医学文庫．

河合隼雄（2000）心理療法における身体性 心理療法と身体．河合隼雄・岸本寛史・横山 博・高月玲子・角野善宏編著，岩波書店．

河合隼雄（1989）心理療法における心身問題．精神療法，15（1）: 2-8. 金剛出版．

河合隼雄（1986）心理療法論考．新曜社．

河合隼雄（1970）カウンセリングの実際問題．誠信書房．

中込四郎・秋葉茂季（2020）スポーツカウンセリング：心の窓としての身体の語り．日本学生相談学会第39回大会抄録集．

中込四郎（2012）アスリートにおける「身体」の持つ意味．精神療法，38（5）: 600-606

オイゲンヘリゲル：柴田治三郎翻訳（1982）日本の弓術．岩波文庫．

老松克博（2019）心と身体のあいだ ユング派の類心的イマジネーションが開く視界．阪大リーブル，67.

老松克博（2016）身体系個性化の深層心理学：あるアスリートのプロセスと対座する．遠見こころライブラリー．

長田一臣（1995）日本人のメンタルトレーニング．スキージャーナル．

李 敏子（1997）心理療法における言葉と身体．ミネルヴァ書房．

鈴木 壮（2014）スポーツと心理臨床 アスリートのこころとからだ．創元社．

武田大輔（2020）心身の統一的成熟過程の確立．臨床スポーツ心理学研究会．

武田大輔（2012）アスリートの心理サポート現場．中込四郎・伊藤豊彦・山本裕二編著，よくわかるスポーツ心理学．ミネルヴァ書房．

八木孝彦（2000）7.2カウンセリング．上田雅夫監修，スポーツ心理学ハンドブック．実務教育出版．

山 愛美（2003）言葉の深みへ：心理臨床の言葉についての一考察．誠信書房．

山中康裕（2000）心に添う—セラピスト言論．金剛出版．

山中康裕（1991）子どもの心身症への理論的モデル試論．精神療法，17（2）. 金剛出版．

米丸健太・鈴木 壮（2013）身体について語る意味—心理的強化を求めて来談したアスリートへの心理サポート．スポーツ心理学研究，40（1）: 31-42.

米丸健太・鈴木 壮・鈴木 敦・秋葉茂季・奥野真由・立谷泰久（2016）国立スポーツ科学センタースポーツ科学部の個別心理サポートに来談するトップアスリートの主訴と心理的課題の特徴．Sports Science in Elite Athlete Support.

イップスの心理

松田晃二郎

■はじめに

イップスは「運動スキルの遂行に影響を及ぼす，不随意運動から成る長期的な運動障害」と定義され（Roberts et al., 2013, p. 53），ゴルフを始め，野球やクリケット，アーチェリー，ダーツ，テニスなどの多種目のスポーツ競技者を苦しめている。中には，イップス症状が現れている運動動作を避けるようになる者や引退を余儀なくされる者もいる。イップスの具体的な症状として，ゴルフでは，痙攣や硬直によって，意図したとおりのショットが打てない，野球では，投球・送球時に力加減ができない，ボールをリリースできない，腕が縮こまるなどの様々な症状が見られている。なお，ゴルフでは，ショット時に過剰な回内・回外運動，屈筋と伸筋の共収縮が生じることで，上記の症状が現れていると考えられている。このように神経生理学的な側面からの研究も進められているが，ここでは心理学の側面からイップスを捉えた研究を中心に紹介する。

■イップスと心との結びつき

〈イップス症状の出現と心のかかわり〉

イップスとスポーツ競技者の心に密接な関係があり，特に，イップスの発症とスポーツ競技者の心の関連に焦点づけた研究が多く行われてきた。そこでは，「再投資（既に自動化した動作を，再び，意識的に制御しようとする試み）」「不安」「完全主義」などの心理的要因とイップスの発症との関連について検証されてきた（例えば，Heron & Bilalić, 2022）。しかしながら，イップスの発症要因についてはいまだに一致した見解は得られていない。

〈イップス症状の継続期間・程度と心のかかわり〉

イップスは一度発症すると症状が長期化，または重篤化しやすい傾向がある。そしてこの長期化や重篤化にも競技者の心理特性が関与することが

わかっている。例えば，長期化には，こだわりの強さや予期不安，注意様式（例えば，向・古賀，2019）などがあげられている。また，イップス症状の重篤化については，不安や多様な心理的苦痛が関与する。

〈イップス症状出現後の心の変化〉

イップス症状の出現後，スポーツ競技者に生じる多様な心理的変化についての報告もなされている。例えば，羞恥心や恐怖心，苛立ち，自信の喪失，他者評価に対する懸念，競技からの逃避・離脱願望の高まりなどのイップスの症状出現後には，多くの否定的な心理的変化が見られる（例えば，Bawden & Maynard, 2001）。一方，イップスの症状出現後の肯定的な変化についても，報告されている。松田ほか（2018）は，イップスの経験がある野球選手において，「競技に対する意識の肯定的変化」「自己認知の変化」「精神的なゆとり」「他者に対する見方・考え方の変化」「競技に対する理解の深まり」などのイップスの経験に伴った肯定的な心理的変化に関する語りが得られたことを報告している。

◆文献

Bawden, M. & Maynard, I. (2001) Towards an understanding of the personal experience of the "yips" in cricketers. Journal of Sports Sciences, 19 (12) : 937-953.

Heron, J. & Bilalić, M. (2022) The Relationship Between Perfectionism, Anxiety, Putting Performance and the Yips in Golf: Replication of Chambers and Marshall (2017). International Journal of Golf Science, 10 (1) : 1-21.

松田晃二郎・須崎康臣・向 晃佑・杉山佳生 (2018) イップスを経験したスポーツ選手の心理的成長. スポーツ心理学研究, 45 (2) : 73-87.

向 晃佑・古賀 聡 (2019) イップスの長期化につながる内的体験の探索的検討. 心理臨床学研究, 37 (4) ; 386-392.

Roberts, R. J., Rotherham, M., Maynard, I., Thomas, O., & Woodman, T. (2013) Perfectionism and the'Yips': an initial investigation. Sport Psychologist, 27 (1) : 53-61.

索　引

あとがき
編集後記

　本書は日本スポーツ心理学会発足50周年を記念して刊行された学術専門書です。「はじめに」で触れられたとおり，本学会ではこれまで節目節目において記念出版を重ねてきたこともあり，50周年ではどのような企画を行うかについて，2022年度理事会において種々検討がなされました。当時の山本裕二（会長），土屋裕睦（副会長），筒井清次郎（理事長）が中心となり記念出版の企画を理事会に提案し，理事会での審議を経て編集委員会が組織されました。

　編集委員に指名された4名は当時の理事会及び2023年度理事会の構成員となった理事のうち，30周年記念誌である『最新スポーツ心理学―その軌跡と展望』の執筆者から選ばれました。30周年記念誌執筆当時は，若手ないし中堅の研究者だった杉山佳生（九州大学），荒井弘和（法政大学），工藤和俊（東京大学），土屋裕睦（大阪体育大学）の4名は，それぞれすでに大学教授となり，自身の研究を進めつつ，後進の研究指導にあたるようになっていました。筒井委員長を交えた編集委員会では，まずスポーツ心理学研究の代表的な研究領域を網羅できるよう，社会心理，健康心理，運動学習，心理サポートの4つの部に分けてその広がりや深まりを紹介することに決め，4名がそれぞれ執筆者の選定から執筆内容の目次案を作成することになりました。また執筆にあたっては，単に当該領域のこれまでの研究成果を振り返るだけでなく，今後の50年を見据えてより挑戦的，萌芽的な内容も盛り込んでもらおうと考えました。それが本書のタイトルである『スポーツ心理学の挑戦―その広がりと深まり』の目指すところでした。

　編集委員会の作業を終えて，第Ⅰ部「社会の中のスポーツ心理学」の編集を担当した杉山委員は，現実フィールドで行う研究や，その成果を実践的に活用することの重要性を感じ，この領域のさらなる進歩を期待しています。動機づけやリーダーシップ，心理社会的スキルに関する研究は，体育・スポーツ領域における心理学研究の代表的なものとして位置づけられていますが，本書では，社会的アイデンティティ，学校への適応，指導者・養育者・仲間の影響等，様々な社会的事象に焦点を当てた先駆的研究も取り上げており，今後一層この領域の研究が進展することが望まれます。

第Ⅱ部「ウェルビーイングとスポーツ・運動」の編集を担当した荒井委員は，アスリートを対象とした研究の蓄積はなされてきているものの，現代社会におけるウェルビーイングの重要性を考えると，アスリート以外にも対象を広げて研究を進める必要があると考えています。ここで取り上げられたマインドフルネスやメンタルヘルス，スポーツ・運動行動の促進に関わる研究は，コロナ禍を経験した今こそ重要です。社会における最重要課題と言える健康心理領域の研究が，スポーツ心理学でもますます活性化するよう期待されます。

第Ⅲ部「運動スキルの上達とトレーニング方法」の編集を担当した工藤委員は，30周年記念誌執筆当時に比べて，この領域の知見と具体的なスポーツスキルとの関連がより一層明確になるとともに，体育科教育学，コーチング学，脳神経科学など関連諸領域との知見統合も進んでいると感じています。改めていうまでもなく「こころとからだ/認知と身体」の問題は，スポーツ心理学の根幹にある研究テーマであることから，今後さらに関連諸領域との積極的な相互作用が求められると考えています。

第Ⅳ部「実力発揮と心理的成長を支える心理サポート」の編集を担当した土屋委員は，1964東京オリンピックに向けた心理サポート黎明期の第一世代，1973年スポーツ心理学会設立を機に研究のプラットフォームを構築した第二世代，その恩恵を受け実践研究を積み重ねた私たち第三世代に続く，執筆者たち第四世代の台頭をはっきりと認識しました。それは，トップアスリート，パラアスリート，チームスポーツといったサポート対象の広がりと，運動学習理論や生理心理学理論に基づくサポート原理の深まりに加え，身体性に着目した臨床スポーツ心理学の新たな潮流などにその深化を感じました。

各編集委員のこれらの思いが，読者の皆様，とりわけ次世代を担うスポーツ心理学者にとって，次の50年に向けて研究がさらに活性化するための指針になれば幸いです。また，編集委員会では相互に意見交換をする中で，編集委員それぞれが4つの部に分けられた他領域への理解を深めることができました。学会員を中心にスポーツ心理学に興味を持つ読者の皆様には，自身の専門分野や興味のあるテーマだけでなく，ぜひ4つの部全体を精読していただき，スポーツ心理学の分化から，その先にある統合に向けた道筋を見出してほしいと思います。

また，スポーツ心理学に興味を持ち，この学術専門書を手にしてくださった高校生や大学生，またはアスリートやスポーツ指導者の方にも，本書を通じてスポーツ心理学の魅力を感じていただければと思います。私たちはスポーツ心理学の「研究」の専門家ですが，日々現場で卓越を目指して取り組んでいるアスリート

やコーチはスポーツ心理学の「実践」の専門家だと思います。研究と実践の往還を図ってこそ，真に役立つ本物の専門家になれるのではないかと思いますので，これを機会に学会の取り組みにも注目していただければ幸いです。本書は学術専門書のため読み進めるのが難しいこともあるかと思いますが，学会HPには「中高生，市民のためのスポーツ心理学入門講座」として30本を超える無料動画を用意しています。コラムを含め，本書の執筆者を含む新進気鋭のスポーツ心理学者が研究紹介の動画を配信していますので，本書と合わせて視聴していただくことで，より理解が深まるのではないかと思います。ここでも，スポーツ心理学の挑戦に注目していただければ幸いです。

　最後に編集後記として，1つ重要なことを記載させていただきます。編集委員会として様々な作業をする中で，先行研究の整理と同時に学会の歩みについても記録として正しく残すことの重要性を痛感しました。具体的には，第IV部1章立谷泰久会員の執筆した論考には，資格検討特別委員会委員として，杉原隆先生（委員長）を筆頭として，4名の委員（徳永幹雄先生，猪俣公宏先生，中込四郎先生，竹中晃二先生）のお名前が明記されています（p.163）。この委員会は，本学会が「スポーツメンタルトレーニング指導士」資格認定を開始することを審議・検討した，学会50年の歴史の中にあって極めて重要な委員会でしたが，大変遺憾なことながら，先の40周年記念誌ではその委員のお名前が一部間違って記載されていました。またそれがスポーツメンタルトレーニング指導士資格認定20周記念誌にも誤って転載されていることが発覚したため，立谷会員には当時の会議録や関係者へのヒアリングを行っていただき，今回の論考の中で正しく記載して訂正していただきました。50周年記念誌刊行にあたり，学会としてこれまでの報告書に誤りがあったことをお詫びすると同時に，編集委員会として訂正させていただいたことをご報告いたします。

令和5年8月
本書籍編集委員を代表して
日本スポーツ心理学会理事長
土屋裕睦（大阪体育大学）

スポーツ心理学の挑戦——その広がりと深まり

©日本スポーツ心理学会, 2023　　　　　　　　　NDC780／xi，228p／26cm

初版第1刷 ——— 2023年11月1日

編　者 ——— 日本スポーツ心理学会
発行者 ——— 鈴木一行
発行所 ——— 株式会社 大修館書店
　　　　　　〒113-8541 東京都文京区湯島2-1-1
　　　　　　電話03-3868-2651（販売部）　03-3868-2297（編集部）
　　　　　　振替00190-7-40504
　　　　　　[出版情報] https://www.taishukan.co.jp/

装　丁 ——— 井之上聖子
組版所 ——— 明昌堂
印　刷 ——— 横山印刷
製　本 ——— ブロケード

ISBN978-4-469-26969-7　　Printed in Japan